Fondements de l'Analyse de Données avec Python

Première édition

Copyright © 2025 Cuantum Technologies

Première édition : Janvier 2026

Publié par Cuantum Technologies LLC

Plano, Texas (États-Unis)

ISBN: 979-8-90243-703-1

"Artificial intelligence is the new electricity."

- Andrew Ng, Co-founder of Coursera and Adjunct Professor at Stanford University

CUANTUM
TECHNOLOGIES

Qui nous sommes

Bienvenue dans ce livre créé par Cuantum Technologies. Nous sommes une équipe de développeurs passionnés, déterminés à créer des logiciels offrant des expériences créatives et résolvant des problèmes concrets. Notre objectif est de développer des applications web de haute qualité qui offrent une expérience utilisateur fluide et répondent aux besoins de nos clients.

Dans notre entreprise, nous croyons que la programmation ne se limite pas à écrire du code. Il s'agit de résoudre des problèmes et de créer des solutions qui ont un impact réel sur la vie des gens. Nous explorons en permanence de nouvelles technologies et techniques afin de rester à la pointe de l'industrie, et nous sommes ravis de partager nos connaissances et notre expérience avec vous à travers ce livre.

Notre approche du développement logiciel repose sur la collaboration et la créativité. Nous travaillons en étroite collaboration avec nos clients afin de comprendre leurs besoins et de créer des solutions adaptées à leurs exigences spécifiques. Nous pensons qu'un logiciel doit être intuitif, facile à utiliser et visuellement attrayant, et nous nous efforçons de créer des applications qui répondent à ces critères.

Ce livre vise à proposer une approche pratique et concrète pour débuter dans la **maîtrise du pouvoir créatif de l'IA**. Que vous soyez un débutant sans expérience en programmation ou un développeur expérimenté souhaitant élargir ses compétences, ce livre est conçu pour vous aider à développer vos aptitudes et à construire une base **solide en apprentissage profond génératif avec Python**.

Notre philosophie

Au cœur de Cuantum, nous croyons que la meilleure façon de créer des logiciels passe par la collaboration et la créativité. Nous valorisons les contributions de nos clients, et nous travaillons en étroite collaboration avec eux pour créer des solutions qui répondent à leurs besoins. Nous pensons également qu'un logiciel doit être intuitif, simple à utiliser et esthétiquement plaisant, et nous nous efforçons de créer des applications conformes à ces principes.

Nous croyons également que la programmation est une compétence qui peut s'apprendre et se développer avec le temps. Nous encourageons nos développeurs à explorer de nouvelles technologies et techniques, et nous leur fournissons les outils et les ressources nécessaires pour rester à l'avant-garde de l'industrie. Nous pensons aussi que programmer doit être une activité plaisante et gratifiante, et nous nous efforçons de créer un environnement de travail stimulant la créativité et l'innovation.

Notre expertise

Dans notre entreprise de logiciels, nous sommes spécialisés dans le développement d'applications web qui offrent des expériences créatives et résolvent des problèmes réels. Nos développeurs possèdent une expertise dans un large éventail de langages et de frameworks, notamment Python, l'intelligence artificielle, ChatGPT, Django, React, Three.js et Vue.js, entre autres. Nous explorons sans cesse de nouvelles technologies pour rester à la pointe de l'innovation et nous sommes fiers de notre capacité à créer des solutions adaptées aux besoins de nos clients.

Nous avons également une grande expérience dans l'analyse et la visualisation de données, l'apprentissage automatique et l'intelligence artificielle. Nous croyons que ces technologies ont le potentiel de transformer notre façon de vivre et de travailler, et nous sommes fiers de faire partie de cette révolution.

En conclusion, notre entreprise est dédiée à la création de logiciels web favorisant des expériences créatives et apportant des solutions concrètes. Nous privilégions la collaboration et la créativité, et nous nous engageons à développer des solutions intuitives, accessibles et visuellement attractives. Nous sommes passionnés par la programmation et impatients de partager avec vous nos connaissances et notre expérience à travers ce livre. Que vous soyez débutant ou développeur confirmé, nous espérons que ce livre sera pour vous une ressource précieuse dans votre parcours vers la maîtrise de votre domaine.

YOUR JOURNEY STARTS HERE...

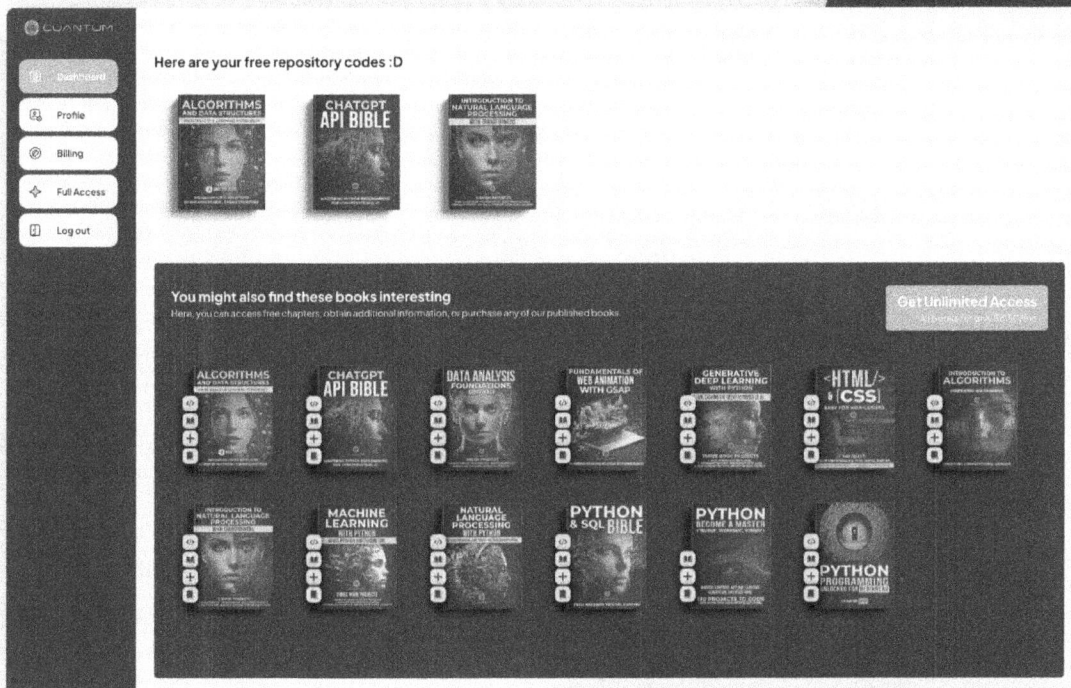

Here are your free repository codes :D

You might also find these books interesting

Here, you can access free chapters, obtain additional information, or purchase any of our published books.

Get Unlimited Access

Get access to all the benefits of being one of our valuable readers through our new **eLearning Platform:**

1. Free code repository of this book

2. Access to a **free example chapter** of any of our books.

3. Access to the **free repository code** of any of our books.

4. Premium customer support by writing to **books@cuantum.tech**

And much more...

HERE IS YOUR
FREE ACCESS

www.cuantum.tech/books/data-analysis-foundations-with-python/code/

TABLE DES MATIÈRES

Introduction

Dans un monde de plus en plus guidé par les données, la capacité à exploiter l'information est devenue le fondement sur lequel les entreprises, les décideurs politiques et diverses organisations construisent leurs cadres stratégiques et prennent des décisions éclairées. La capacité à filtrer les données et à en extraire la pertinence n'est pas seulement avantageuse ; elle est devenue indispensable. Avec l'avènement du Big Data, caractérisé par son volume écrasant, sa variété éclectique et sa vitesse fulgurante, il existe un appétit croissant pour ceux qui savent transformer ce déluge numérique en idées discernables.

« Fondements de l'Analyse de Données avec Python » est la carte de navigation pour ceux qui s'embarquent dans les vastes mers de l'analyse de données. Que vous soyez étudiant universitaire, professionnel faisant vos premiers pas, ou que vous envisagiez une reconversion professionnelle, ce volume est votre phare. Il est structuré pour fournir les connaissances de base et les compétences pratiques nécessaires pour naviguer dans les courants dynamiques du domaine de l'analyse de données. Le livre est imprégné d'une approche « apprendre par la pratique », entrelaçant des exposés théoriques avec des exercices pratiques et des projets pour consolider et appliquer ce que vous avez appris.

Python émerge comme la lingua franca de cette exploration. Réputé pour sa simplicité et l'étendue de ses bibliothèques, Python s'impose comme la langue de référence dans le domaine des données à l'échelle mondiale. C'est la référence pour la manipulation et l'analyse de données, se tissant à travers les industries de tous types. En maîtrisant Python dans le contexte de l'analyse de données, vous vous dotez d'un ensemble de compétences très recherché qui couvre plusieurs secteurs.

Le livre est organisé méticuleusement pour refléter les étapes progressives d'un projet typique d'analyse de données. Il vous introduit au langage Python, puis vous guide à travers les processus d'acquisition, de purification, d'examen et de représentation des données. En vous aventurant plus loin, il vous familiarise avec l'inférence statistique et les principes fondamentaux de l'apprentissage automatique, deux piliers qui élèvent la pratique de l'analyse de données au domaine de l'analytique prédictive et prescriptive.

Enchâssés dans ses pages se trouvent une myriade d'études de cas et de projets pratiques, conçus pour ancrer vos nouvelles connaissances dans le concret. Ces exemples ne servent pas uniquement de pratique, ce sont les creusets dans lesquels la théorie se transmue en compétence, assurant que votre apprentissage ne soit pas seulement théorique, mais profondément enraciné et facilement applicable.

L'intention du livre est bifocale. D'une part, c'est un manuel complet sur les techniques tactiques utilisées dans l'analyse de données. D'autre part, c'est un creuset pour cultiver la pensée analytique et critique, un cadre mental qui transcende l'immédiat et est vital pour quiconque aspire à laisser sa marque dans l'analyse de données, l'intelligence artificielle ou tout domaine où discerner des schémas et résoudre des problèmes est essentiel.

En tant que partie intégrante d'un programme d'études plus large conçu pour les nouveaux Ingénieurs en IA, ce livre est votre point de référence. Comprendre l'analyse de données est souvent le premier pas dans le chemin ultérieur vers des domaines plus spécialisés comme l'apprentissage automatique, le traitement du langage naturel et le monde énigmatique de l'apprentissage profond.

Nous vous invitons à vous joindre à nous dans cette odyssée intellectuelle pour devenir un analyste de données accompli. Équipez-vous de rien de plus qu'un ordinateur portable, d'une soif de connaissance et d'une ferveur pour la découverte. Plongez avec nous dans l'univers complexe et gratifiant de l'analyse de données, où chaque découverte est un échelon vers la maîtrise.

À qui s'adresse ce livre ?

À mesure que le monde devient de plus en plus axé sur les données, le public d'un livre comme « Fondamentaux de l'analyse de données avec Python » devient de plus en plus diversifié. Ce livre est méticuleusement conçu pour répondre aux besoins d'un large éventail de lecteurs ayant différents niveaux d'expérience et de parcours. Voici quelques-uns des groupes pour lesquels ce livre sera particulièrement bénéfique :

Débutants et étudiants

Si vous commencez votre parcours dans le domaine de l'analyse de données, de la programmation ou de l'informatique, ce livre constitue un excellent guide fondamental. Chaque chapitre est structuré pour s'appuyer sur le précédent, permettant une courbe d'apprentissage progressive qui n'est pas trop intimidante. Les projets pratiques et les exercices sont conçus pour renforcer les concepts théoriques abordés, ce qui le rend idéal pour les étudiants qui apprennent par la pratique.

Personnes en reconversion professionnelle

De nombreuses personnes réalisent le potentiel encore inexploité dans le domaine de l'analyse de données et sont désireuses de faire la transition vers cette industrie dynamique depuis d'autres secteurs. Si vous faites partie de ce groupe, vous trouverez que ce livre est une ressource complète qui vous dote des compétences dont vous avez besoin pour réussir cette reconversion professionnelle. Les études de cas et les projets concrets peuvent également devenir de précieux éléments de portfolio pour démontrer vos capacités à de futurs employeurs.

Professionnels occupant des postes liés aux données

Pour les professionnels qui travaillent déjà dans des rôles proches de l'analyse de données, tels que les analystes d'affaires, les journalistes de données ou les chercheurs scientifiques, ce livre peut servir de boîte à outils pour ajouter des capacités d'analyse de données à votre ensemble de compétences. Vous apprendrez comment exploiter la puissance de Python pour automatiser les tâches répétitives, analyser de grands ensembles de données et créer des visualisations de données convaincantes.

Aspirants data scientists et ingénieurs en IA

Ce livre sert également de première étape dans un parcours d'apprentissage plus large visant à devenir un data scientist ou un ingénieur en IA accompli. Comprendre les nuances de l'analyse de données est fondamental pour des domaines tels que l'apprentissage automatique, le traitement du langage naturel et l'apprentissage profond. En maîtrisant les concepts présentés dans ce livre, vous posez des bases solides pour des études plus avancées en IA.

Enseignants et formateurs

Si vous êtes dans le rôle d'enseigner ou de former d'autres personnes aux aspects de l'analyse de données ou de la programmation en Python, ce livre fournit un programme structuré que vous pouvez adapter à vos programmes éducatifs. Les exercices, les quiz et les projets sont également d'excellents outils d'évaluation pour mesurer les compétences de vos étudiants.

En résumé, ce livre vise à être inclusif, offrant de la valeur à toute personne intéressée par la maîtrise de l'art et de la science de l'analyse de données. Que vous soyez un débutant complet ou quelqu'un ayant une connaissance de base des données et de Python, vous trouverez ici quelque chose pour vous.

Comment Utiliser Ce Livre

« Fondamentaux de l'Analyse de Données avec Python » n'est pas qu'un simple livre ; c'est un parcours d'apprentissage structuré conçu pour vous faire passer du statut de débutant à celui d'analyste de données confiant. Bien que vous ayez certainement la liberté de naviguer entre les chapitres selon vos intérêts et vos besoins, nous recommandons une approche spécifique pour en tirer le maximum de bénéfices.

Commencez par le Début

Si vous êtes nouveau dans l'analyse de données ou en Python, nous vous recommandons vivement de commencer par le premier chapitre et de progresser de manière séquentielle. Chaque chapitre s'appuie sur les concepts et techniques des précédents, garantissant une expérience d'apprentissage fluide et complète.

Travaillez sur les Exercices

À la fin de chaque chapitre, vous trouverez des exercices pratiques conçus pour renforcer les thèmes abordés. Compléter ces exercices est essentiel pour consolider votre compréhension et acquérir une expérience pratique. Ils vont de tâches simples à des problèmes plus complexes, offrant un équilibre entre pratique et défi.

Réalisez les Questionnaires

Après avoir terminé chaque partie du livre, vous rencontrerez un questionnaire qui évalue votre compréhension du matériel. Ces questionnaires comprennent des questions à choix multiples et vrai/faux, servant à la fois de résumé et d'outil d'évaluation. Assurez-vous de prendre ces questionnaires au sérieux, ils sont un bon indicateur de la qualité de votre compréhension des concepts fondamentaux.

Participez aux Projets

Tout au long du livre, nous présentons divers projets et études de cas liés aux applications concrètes de l'analyse de données. Ces projets ne sont pas de simples exercices théoriques ; ils fournissent un contexte pratique pour appliquer ce que vous avez appris. Considérez ces projets comme des mini-projets finaux pour évaluer vos compétences de manière globale.

Utilisez les Ressources Supplémentaires

À la fin de chaque chapitre et partie, nous fournissons des suggestions de lectures complémentaires, de tutoriels en ligne et d'autres matériels éducatifs. Si vous trouvez un sujet particulièrement intéressant ou difficile, ces ressources offrent des explorations plus approfondies pour améliorer vos connaissances.

Collaborez et Partagez

L'apprentissage est souvent plus efficace lorsqu'il est collaboratif. Envisagez de rejoindre des forums en ligne, des groupes d'étude ou des événements communautaires liés à l'analyse de données et à la programmation en Python. Partager vos idées et vos défis avec la communauté peut apporter de nouvelles perspectives et solutions.

Expérimentez et Explorez

L'analyse de données concerne autant la curiosité et l'exploration que les techniques et les algorithmes. N'hésitez pas à aller au-delà des exemples et exercices du livre. Expérimentez avec différents ensembles de données, ajustez des fragments de code et explorez divers outils et bibliothèques. Plus vous expérimenterez, plus vous deviendrez compétent.

En suivant ce guide sur comment utiliser ce livre, vous serez sur la bonne voie pour devenir un analyste de données compétent capable de résoudre des problèmes concrets. Que vous étudiiez à des fins académiques, que vous vous prépariez pour une reconversion professionnelle ou que vous amélioriez vos compétences dans votre poste actuel, « Fondamentaux de l'Analyse de Données avec Python » aspire à être votre ressource de référence pour maîtriser ce domaine passionnant.

Remerciements

Écrire un livre n'est jamais un effort solitaire, et "Fondamentaux de l'Analyse de Données avec Python" ne fait pas exception. Une richesse d'idées, de travail acharné et d'expertise a été investie dans ses pages, et nous serions négligents si nous ne prenions pas un moment pour remercier ceux qui ont rendu ce travail possible.

Tout d'abord, un sincère remerciement va à notre incroyable équipe chez Cuantum Technologies. Votre dévouement infatigable, votre enthousiasme et votre professionnalisme ont été tout simplement inspirants. Ce livre est le reflet de notre expérience collective et de notre passion pour l'analyse de données et la programmation en Python. Chaque membre de l'équipe a joué un rôle crucial dans l'élaboration du contenu, depuis le brainstorming sur les sujets jusqu'à l'examen minutieux des détails. Votre soutien a été inestimable et ce travail n'aurait pas été possible sans vous.

Aux universités et institutions éducatives qui ont intégré nos publications dans leurs programmes d'études, nous exprimons notre plus profonde gratitude. C'est un honneur de contribuer au parcours éducatif de la prochaine génération d'analystes de données, de data scientists et d'ingénieurs en IA. Votre confiance en notre travail comme base de connaissances nourrit notre motivation à continuer de créer du contenu de haute qualité et à fort impact.

Nous souhaitons également exprimer notre reconnaissance aux divers relecteurs, correcteurs et membres de l'équipe éditoriale qui ont examiné les brouillons, offert des suggestions et corrigé les erreurs. Vos regards avisés et vos commentaires judicieux ont indéniablement amélioré la qualité de ce livre.

Enfin, et non des moindres, merci aux lecteurs qui ont choisi ce livre pour les accompagner dans leur parcours d'apprentissage. Nous espérons que vous trouverez le contenu enrichissant et pratique, et qu'il vous servira bien dans vos efforts académiques ou professionnels. Votre succès est notre récompense ultime.

Nous espérons continuer à améliorer et à actualiser notre travail en permanence, et nous accueillons favorablement tout commentaire qui nous aide à atteindre cet objectif. Merci de faire partie intégrante de ce remarquable voyage.

Partie I : Préparer le Terrain

Chapitre 1 : Introduction à l'analyse de données et Python

Bienvenue dans le monde passionnant de l'analyse de données. Si vous avez pris ce livre, il est probable que vous compreniez, ne serait-ce qu'intuitivement, que l'analyse de données est un ensemble de compétences crucial à l'ère numérique actuelle. Que vous soyez étudiant, un professionnel cherchant à changer de carrière, ou quelqu'un qui travaille déjà dans un domaine connexe, comprendre comment analyser les données sera sans aucun doute un atout précieux.

Dans ce premier chapitre, nous commencerons par explorer pourquoi l'analyse de données est importante dans divers aspects de la vie et des affaires. L'analyse de données peut vous aider à prendre des décisions éclairées, à identifier des tendances et à découvrir de nouvelles connaissances qui autrement passeraient inaperçus. Avec l'explosion des données au cours des dernières années, il existe une demande croissante de professionnels qui peuvent non seulement collecter et stocker des données, mais aussi leur donner un sens.

Nous vous présenterons également Python, un langage polyvalent qui est devenu synonyme d'analyse de données. Python est un langage de programmation open source facile à apprendre et suffisamment puissant pour aborder des tâches d'analyse de données complexes. Avec les bibliothèques et frameworks Python, des tâches qui nécessiteraient autrement des algorithmes et une programmation complexe peuvent souvent être réalisées en seulement quelques lignes de code. Cela en fait un excellent outil pour quiconque aspire à maîtriser l'analyse de données.

De plus, nous couvrirons les concepts de base de la visualisation de données et comment elle peut vous aider à communiquer vos résultats de manière plus efficace. La visualisation de données est le processus de création de représentations visuelles de données, telles que des graphiques, des diagrammes et des cartes. En présentant les données dans un format visuel, vous pouvez rendre les informations complexes plus accessibles et faciles à comprendre.

Alors installez-vous, prenez une tasse de café (ou de thé, si c'est ce que vous préférez), et embarquons ensemble dans ce voyage éclairant ! À la fin de ce livre, vous aurez une solide maîtrise des fondamentaux de l'analyse de données et les compétences nécessaires pour aborder des problèmes du monde réel.

1.1 Importance de l'analyse de données

L'analyse de données est un composant essentiel de la prise de décision dans un large éventail d'industries, de gouvernements et d'organisations. Elle implique de collecter et d'évaluer des données pour identifier des modèles, des tendances et des idées qui peuvent ensuite être utilisés pour prendre des décisions éclairées. En analysant les données, les organisations peuvent obtenir des informations précieuses sur le comportement des clients, les tendances du marché et d'autres facteurs importants qui affectent leurs résultats financiers.

Par exemple, dans l'industrie de la santé, l'analyse de données peut être utilisée pour identifier des modèles dans les données des patients qui peuvent être utilisés pour améliorer les résultats des patients. Dans l'industrie du commerce de détail, l'analyse de données peut être utilisée pour identifier les tendances et préférences des consommateurs, qui peuvent ensuite être utilisées pour développer des stratégies de marketing plus efficaces. Dans le gouvernement, l'analyse de données peut être utilisée pour identifier les domaines où davantage de ressources sont nécessaires, comme dans l'éducation ou les soins de santé.

En résumé, l'analyse de données est fondamentale pour les organisations qui souhaitent rester compétitives et prendre des décisions éclairées. Elle aide les entreprises et les gouvernements à identifier des modèles et des tendances qui peuvent ne pas être immédiatement évidents, et à prendre des décisions basées sur les données qui peuvent avoir un impact significatif sur leur succès.

1.1.1 Prise de décisions éclairées

L'analyse de données est un outil essentiel qui peut permettre aux décideurs de prendre des décisions éclairées et basées sur les données. En analysant les données sur le comportement des clients, une entreprise peut identifier des tendances clés, des préférences et des modèles qui peuvent éclairer des stratégies de marketing efficaces.

De plus, l'analyse de données peut aider à identifier des domaines d'opportunité qui peuvent avoir été négligés auparavant. Cela peut aider les entreprises à rester compétitives sur le marché en prenant des décisions éclairées qui sont basées sur des données concrètes plutôt que sur l'intuition.

En outre, l'analyse de données peut aider les entreprises à identifier les risques et défis potentiels, ce qui leur permet de se préparer et d'atténuer tout impact négatif potentiel. Cela garantit que les entreprises peuvent fonctionner de manière plus efficace et efficiente, maximisant ainsi leur retour sur investissement.

Exemple :

```
# Example code to analyze customer behavior data
import pandas as pd

# Reading customer data into a DataFrame
```

```
customer_data = pd.read_csv("customer_data.csv")

# Finding the most frequent purchase category
most_frequent_category = customer_data['Purchase_Category'].value_counts().idxmax()

print(f"The most frequently purchased category is {most_frequent_category}.")
```

1.1.2 Identification des tendances

En analysant de grands volumes de données, des tendances qui étaient auparavant invisibles deviennent évidentes, et ces informations peuvent être utilisées dans divers domaines. Par exemple, dans le domaine de la santé, l'analyse des données des patients peut aider à identifier des modèles et des facteurs de risque qui n'étaient pas reconnus auparavant, ce qui conduit à de meilleures stratégies de prévention et de traitement.

Dans le domaine financier, l'analyse des données du marché peut aider les investisseurs à prendre des décisions plus éclairées et à anticiper les changements du marché. De plus, l'analyse de données peut également être utilisée pour identifier des domaines d'amélioration dans les entreprises, tels que le comportement et les préférences des clients.

Ces informations peuvent être utilisées pour améliorer les stratégies de marketing et le développement de produits, ce qui conduit à une augmentation des revenus et de la satisfaction client. Par conséquent, l'analyse de données prend de plus en plus d'importance dans de nombreux domaines, car elle fournit des informations précieuses qui peuvent mener à une meilleure prise de décision et de meilleurs résultats.

Exemple :

```
# Example code to analyze weather trends
import numpy as np
import matplotlib.pyplot as plt

# Simulated historical weather data (temperature in Fahrenheit)
years = np.arange(1980, 2021)
temperatures = np.random.normal(loc=70, scale=10, size=len(years))

# Plotting the data
plt.plot(years, temperatures)
plt.xlabel('Year')
plt.ylabel('Temperature (F)')
plt.title('Historical Weather Data')
plt.show()
```

1.1.3 Amélioration de l'efficacité

L'automatisation de l'analyse de données peut avoir un impact profond sur la rapidité et l'efficacité de la collecte et de l'interprétation des données. En automatisant ce processus, nous pouvons non seulement réduire le temps consacré à l'analyse de données, mais aussi garantir que les données sont collectées et interprétées avec précision, ce qui conduit à une prise de décision plus efficace.

Cela est particulièrement important dans des domaines critiques comme la santé, où une analyse de données rapide et précise peut faire la différence en termes de vies sauvées. Avec la capacité d'automatiser l'analyse de données, les professionnels de la santé peuvent identifier et diagnostiquer les maladies plus facilement, suivre la propagation des maladies et développer de nouveaux traitements.

Cela peut conduire à de meilleurs résultats de santé pour les patients et à une utilisation plus efficace des ressources de soins de santé, bénéficiant en fin de compte à la société dans son ensemble.

Exemple :

```python
# Example code to analyze healthcare data
health_data = pd.read_csv("health_data.csv")

# Identifying high-risk patients based on certain conditions
high_risk_patients = health_data[(health_data['Blood_Pressure'] > 140) & (health_data['Cholesterol'] > 200)]

print(f"Number of high-risk patients: {len(high_risk_patients)}")
```

1.1.4 Allocation des ressources

Dans toute organisation, il est nécessaire de gérer les ressources de manière efficace et efficiente. L'analyse de données peut jouer un rôle important dans ce processus en fournissant des informations sur la meilleure façon d'allouer les ressources. En analysant les données, les organisations peuvent identifier les domaines qui nécessitent davantage de ressources et investir en conséquence dans ces domaines.

Par exemple, dans le cas des écoles, les données sur les performances des élèves peuvent être analysées pour déterminer quels domaines nécessitent plus d'attention et de ressources, comme l'embauche d'enseignants supplémentaires ou la fourniture de davantage de ressources éducatives.

De plus, l'analyse de données peut également aider les organisations à identifier les domaines où elles peuvent gaspiller des ressources ou fonctionner de manière inefficace, ce qui leur permet d'effectuer des changements et d'améliorer leur performance globale. Par conséquent, l'analyse de données est un outil essentiel pour toute organisation cherchant à optimiser son allocation de ressources et à améliorer ses opérations.

Exemple :

```python
# Example code to allocate educational resources based on student performance
student_scores = pd.read_csv("student_scores.csv")
```

```
# Identify subjects with lowest average scores
lowest_subject = student_scores.mean().idxmin()

print(f"Resources should be allocated to improve performance in {lowest_subject}.")
```

1.1.5 Satisfaction Client

Comprendre les préférences et le comportement des clients est d'une importance capitale pour toute entreprise. Il est essentiel d'avoir une connaissance approfondie de ce que les clients veulent et quels sont leurs besoins. L'analyse de données est un outil puissant qui peut aider les entreprises à obtenir des informations sur ce qui rend les clients heureux et ce qui les insatisfait. En analysant les données, les entreprises peuvent identifier des modèles et des tendances qui peuvent fournir des informations précieuses pour améliorer les produits et services.

De plus, analyser les données clients peut aider les entreprises à développer des campagnes marketing plus ciblées. En comprenant ce dont les clients ont besoin et ce qu'ils désirent, les entreprises peuvent créer des campagnes marketing qui répondent à leurs besoins spécifiques. Cela peut conduire à des efforts marketing plus efficaces et à une augmentation des ventes.

En outre, les données clients peuvent également être utilisées pour améliorer le service client. En analysant les commentaires des clients, les entreprises peuvent identifier les domaines dans lesquels elles échouent et prendre des mesures pour s'améliorer. Cela peut conduire à des taux de satisfaction client plus élevés et à une meilleure fidélisation de la clientèle.

En conclusion, comprendre les préférences et le comportement des clients est essentiel pour le succès de toute entreprise. En exploitant la puissance de l'analyse de données, les entreprises peuvent obtenir des informations précieuses qui peuvent conduire à de meilleurs produits, des campagnes marketing plus efficaces et un meilleur service client.

Exemple :

```
# Example code to analyze customer feedback
feedback_data = pd.read_csv("customer_feedback.csv")

# Find the most common issues mentioned in negative feedback
common_issues          =          feedback_data[feedback_data['Feedback_Type']          ==
'Negative']['Issue'].value_counts().idxmax()

print(f"The most common issue in negative feedback is {common_issues}. Immediate action
is required.")
```

1.1.6 Impact Social

L'analyse de données est devenue de plus en plus importante dans divers domaines, avec un impact qui va au-delà des affaires. Bien qu'elle ait été largement utilisée par les organisations à but lucratif, il existe de nombreuses autres applications, notamment les questions sociales.

L'une d'entre elles est la santé publique, où l'analyse de données sociales peut aider les gouvernements à créer des politiques qui peuvent améliorer la santé et le bien-être des populations à risque. Cela est particulièrement crucial compte tenu de la crise sanitaire mondiale actuelle, où l'analyse de données a joué un rôle significatif dans le suivi et le confinement de la propagation des maladies.

Grâce à l'utilisation de l'analyse de données, les gouvernements et les organisations peuvent mieux comprendre les causes sous-jacentes des problèmes de santé publique et développer des solutions ciblées pour y remédier. Par conséquent, il est crucial de reconnaître l'impact potentiel de l'analyse de données au-delà du secteur des affaires et de tirer parti de sa puissance pour le bien-être de la société dans son ensemble.

Exemple :

```python
# Example code to analyze public health data
public_health_data = pd.read_csv("public_health_data.csv")

# Identify regions with low healthcare access
low_access_regions = public_health_data[public_health_data['Healthcare_Access'] ==
'Low']['Region'].unique()

print(f"Regions with low healthcare access are {', '.join(low_access_regions)}.
Targeted policies are needed.")
```

1.1.7 Innovation et Compétitivité

Les entreprises peuvent utiliser l'analyse de données pour stimuler l'innovation de diverses manières. En analysant les tendances du marché, les préférences des clients et les avancées technologiques, les organisations peuvent développer de nouveaux produits ou services qui leur confèrent un avantage concurrentiel. De plus, l'analyse de données peut aider les entreprises à identifier des domaines potentiels de croissance ou d'expansion, ainsi qu'à optimiser leurs opérations existantes.

Par exemple, en analysant les données clients, les entreprises peuvent identifier des modèles dans le comportement et les préférences des clients, ce qui peut orienter leurs stratégies de marketing et de vente. Elles peuvent également utiliser l'analyse de données pour optimiser leur chaîne d'approvisionnement et leurs processus logistiques, réduisant ainsi les coûts et améliorant l'efficacité.

En outre, l'analyse de données peut être utilisée pour identifier et atténuer les risques ou menaces potentiels pour l'activité d'une entreprise, tels que les menaces de cybersécurité ou les récessions économiques. En analysant les données sur ces risques, les entreprises peuvent développer des stratégies pour les atténuer et protéger leur activité. Dans l'ensemble, l'analyse de données est un outil puissant qui peut aider les entreprises à stimuler l'innovation, améliorer l'efficacité et protéger leur activité contre les risques potentiels.

Exemple :

```
# Example code to analyze market trends for product innovation
market_data = pd.read_csv("market_trends.csv")

# Identify trending product categories
trending_category = market_data['Product_Category'].value_counts().idxmax()

print(f"The trending product category is {trending_category}. Consider focusing R&D
efforts here.")
```

L'analyse de données est un outil indispensable qui a le potentiel d'impacter pratiquement tous les aspects de nos vies. Elle peut être appliquée à divers domaines, notamment la santé, la finance et l'éducation, pour n'en nommer que quelques-uns. Dans le domaine de la santé, l'analyse de données peut aider les professionnels médicaux à identifier des modèles et des corrélations qui peuvent mener à la découverte de nouveaux traitements ou à la prévention de maladies. En finance, l'analyse de données peut être utilisée pour identifier les tendances du marché, faire des prévisions et améliorer les stratégies d'investissement. Dans l'éducation, l'analyse de données peut aider les enseignants et les administrateurs à identifier les domaines où les étudiants rencontrent des difficultés et à développer des interventions ciblées pour améliorer les résultats d'apprentissage.

À mesure que nous continuons à nous appuyer de plus en plus sur la technologie et Internet, nous générons et collectons plus de données que jamais. Cela signifie que l'analyse de données est devenue encore plus importante dans le monde actuel, où elle joue un rôle crucial dans la formation de nos décisions et actions. Par exemple, l'analyse de données peut nous aider à mieux comprendre le comportement humain, comme les habitudes d'achat ou les tendances de vote, ce qui peut à son tour informer les politiques publiques et la prise de décision.

L'analyse de données a des implications éthiques, en particulier en ce qui concerne la vie privée et la sécurité. À mesure que nous collectons et analysons plus de données, il est important de considérer les risques potentiels associés à leur utilisation, tels que l'utilisation abusive d'informations personnelles ou la création d'algorithmes biaisés. Par conséquent, il est essentiel que nous abordions l'analyse de données avec soin et précaution, en tenant compte de son impact potentiel sur les individus et la société dans son ensemble.

En général, l'analyse de données est un outil puissant qui a un impact significatif sur nos vies. À mesure que nous progressons dans un monde de plus en plus axé sur les données, il est important de reconnaître à la fois son potentiel et ses limites, et de l'utiliser de manière responsable et éthique.

1.2 Rôle de Python dans l'Analyse de Données

Nous avons approfondi l'immense importance de l'analyse de données dans le monde actuel. C'est un outil qui a révolutionné la façon dont nous interprétons et prenons des décisions basées sur les données. Cependant, il est compréhensible que vous puissiez vous demander pourquoi Python spécifiquement est si salué dans le domaine de l'analyse de données.

Si vous êtes nouveau dans ce domaine, cette curiosité est encore plus attendue. Mais permettez-nous de vous assurer que vous n'êtes pas seul dans cette question. Dans la prochaine section, nous vous fournirons une compréhension complète du rôle que joue Python dans l'analyse de données, et pourquoi c'est un choix si populaire tant parmi les professionnels que les passionnés.

À la fin de cette section, vous aurez une compréhension claire des avantages qui viennent avec l'utilisation de Python pour l'analyse de données et comment il peut vous aider à prendre des décisions plus intelligentes et éclairées.

1.2.1 Syntaxe Conviviale

Python est un langage de programmation largement reconnu pour sa syntaxe claire et lisible. Cet attribut est particulièrement avantageux pour les débutants, qui peuvent trouver d'autres langages de programmation comme C++ ou Java intimidants. La syntaxe claire et simple de Python est presque comme lire l'anglais, ce qui facilite grandement l'écriture et la compréhension du code.

Python est un langage interprété, ce qui signifie qu'il ne nécessite pas de compilation avant d'être exécuté, et il peut être exécuté sur diverses plateformes sans avoir besoin d'effectuer des modifications. De plus, Python dispose d'une vaste bibliothèque de modules et de packages qui peuvent être utilisés pour effectuer une large gamme de tâches, du développement web au calcul scientifique.

Cela signifie que Python peut être utilisé pour une variété d'applications, ce qui en fait un langage polyvalent à apprendre. Enfin, Python a également une communauté active de développeurs qui contribuent à son développement et fournissent un soutien aux utilisateurs. Cette communauté comprend des forums en ligne, des tutoriels et de la documentation qui peuvent aider les débutants à apprendre le langage et à résoudre tout problème qu'ils pourraient rencontrer.

Exemple :

```python
# Python code to find the sum of numbers from 1 to 10
sum_of_numbers = sum(range(1, 11))
print(f"The sum of numbers from 1 to 10 is {sum_of_numbers}.")
```

1.2.2 Écosystème Riche en Bibliothèques

Python est l'un des langages de programmation les plus polyvalents pour la science et l'analyse de données. Avec un solide écosystème de bibliothèques et de frameworks conçus spécifiquement pour l'analyse de données, Python est devenu un outil indispensable pour les scientifiques de données, les chercheurs et les analystes.

L'une des bibliothèques les plus populaires pour la manipulation de données est Pandas, qui permet aux utilisateurs de manipuler et d'analyser facilement des données dans une variété de formats. Matplotlib et Seaborn sont des bibliothèques populaires de visualisation de données qui permettent aux utilisateurs de créer des visualisations et des graphiques impressionnants. Ces bibliothèques offrent une variété d'options pour visualiser les données, allant de simples graphiques linéaires à des cartes thermiques complexes et des nuages de points.

NumPy est une autre bibliothèque essentielle pour le calcul numérique en Python. Elle fournit un ensemble complet de fonctions et d'outils mathématiques, facilitant aux utilisateurs la réalisation de calculs et d'analyses numériques complexes. De plus, NumPy offre un support pour les tableaux et matrices grands et multidimensionnels, fournissant un outil puissant et flexible pour le calcul scientifique.

En résumé, l'écosystème de bibliothèques et de frameworks d'analyse de données de Python en fait un outil précieux pour les chercheurs, les analystes et les scientifiques de données. Ces bibliothèques permettent aux utilisateurs de manipuler et d'analyser facilement des données complexes, de visualiser les données de diverses manières et de réaliser des calculs et des analyses numériques complexes.

Exemple :

```
# Example code to load data using Pandas and plot using Matplotlib
import matplotlib.pyplot as plt
import pandas as pd

# Load data into a DataFrame
data = pd.read_csv('example_data.csv')

# Plot the data
plt.plot(data['x_values'], data['y_values'])
plt.show()
```

1.2.3 Soutien de la Communauté

La communauté Python est reconnue pour être l'une des plus grandes et des plus actives dans le monde de la programmation. Cela s'explique par le fait que Python est un langage open source, ce qui signifie que n'importe qui peut contribuer à son développement. Par conséquent, il existe d'innombrables personnes à travers le monde qui sont passionnées par Python et qui se consacrent à aider les autres à apprendre et à développer leurs compétences en Python.

Si jamais vous êtes bloqué ou si vous avez besoin d'apprendre de nouvelles techniques, vous découvrirez que la communauté Python est là pour vous. Il existe d'innombrables ressources disponibles, notamment des forums, des blogs et des tutoriels. Ces ressources sont créées et partagées par des membres de la communauté Python qui souhaitent aider les autres à réussir. Vous pouvez trouver des solutions aux problèmes courants, apprendre de nouvelles astuces et même interagir avec d'autres développeurs Python pour partager des idées et collaborer sur des projets.

En plus des ressources en ligne, la communauté Python organise également des événements tels que des rencontres et des conférences. Ces événements offrent des opportunités de réseautage avec d'autres développeurs Python, d'apprendre auprès d'experts dans le domaine et de se tenir au courant des dernières tendances et meilleures pratiques. Assister à ces événements peut être un excellent moyen de faire passer vos compétences Python au niveau supérieur et de vous impliquer davantage dans la communauté.

Dans l'ensemble, la communauté Python est un groupe d'individus incroyablement solidaires et accueillants qui sont passionnés par le langage et qui veulent aider les autres à réussir. Que vous soyez débutant ou développeur expérimenté, il existe d'innombrables ressources disponibles pour vous aider à apprendre et à améliorer vos compétences en Python.

1.2.4 Intégration et Interopérabilité

Python est un langage de programmation polyvalent qui peut être utilisé dans un large éventail d'applications. L'une de ses plus grandes forces est sa capacité à fonctionner harmonieusement avec d'autres technologies. Que vous ayez besoin d'intégrer votre code Python avec un service web ou de le combiner avec une base de données, la liste exhaustive de bibliothèques et de frameworks de Python le rend possible.

En effet, Python est devenu un langage de référence pour les applications de science des données et d'apprentissage automatique, grâce à ses puissantes bibliothèques telles que TensorFlow, NumPy et Pandas. De plus, la facilité d'utilisation et la lisibilité de Python en font un choix populaire pour les débutants qui apprennent à programmer. Avec Python, vous pouvez tout faire, depuis la construction d'outils simples en ligne de commande jusqu'au développement d'applications web complexes. Les possibilités sont véritablement infinies avec ce langage de programmation polyvalent.

Exemple :

```python
# Example code to fetch data from a web service using Python's `requests` library
import requests

response = requests.get('<https://api.example.com/data>')
data = response.json()

print(f"Fetched data: {data}")
```

1.2.5 Évolutivité

La polyvalence de Python en fait un choix populaire pour l'analyse de données dans divers domaines. Un avantage clé de Python est sa syntaxe conviviale, qui facilite aux débutants l'écriture et la compréhension du code. Sa syntaxe est claire et lisible, presque comme lire l'anglais, ce qui la rend moins intimidante par rapport à d'autres langages de programmation comme C++ ou Java.

Un autre avantage de Python est son riche écosystème de bibliothèques conçues spécifiquement pour l'analyse de données. Pandas, par exemple, est une bibliothèque populaire pour la manipulation de données qui permet aux utilisateurs de manipuler et d'analyser des données dans une variété de formats. Matplotlib et Seaborn sont des bibliothèques populaires de visualisation de données qui permettent aux utilisateurs de créer des visualisations et des graphiques impressionnants. NumPy est une autre bibliothèque essentielle pour le calcul numérique en Python. Elle fournit un ensemble complet de fonctions mathématiques et d'outils, facilitant aux utilisateurs la réalisation de calculs et d'analyses numériques complexes.

Python dispose également d'une communauté solide de développeurs qui contribuent à son développement et fournissent un soutien aux utilisateurs. Cette communauté comprend des forums en ligne, des tutoriels et de la documentation qui peuvent aider les débutants à apprendre le langage et à résoudre tout problème qu'ils pourraient rencontrer. La communauté Python est reconnue pour être l'une des plus grandes et des plus actives dans le monde de la programmation.

De plus, Python est devenu un langage de référence pour les applications de science des données et d'apprentissage automatique, grâce à ses puissantes bibliothèques telles que TensorFlow, NumPy et Pandas. Avec Python, vous pouvez tout faire, depuis la construction d'outils simples en ligne de commande jusqu'au développement d'applications web complexes. Sa facilité d'utilisation et sa lisibilité en font un choix populaire pour les débutants qui apprennent tout juste à programmer.

L'évolutivité de Python est un autre avantage, car il peut gérer des projets d'analyse de données à grande échelle. Des bibliothèques comme Dask et PySpark permettent aux utilisateurs de réaliser du calcul distribué avec facilité. Cela signifie que vous pouvez distribuer vos données et vos calculs sur plusieurs nœuds, ce qui vous permet de traiter de grandes quantités de données en une fraction du temps que cela prendrait avec des méthodes de calcul traditionnelles.

Python a fait ses preuves dans des applications du monde réel, utilisé par des entreprises leaders dans divers secteurs tels que la finance, la santé et la technologie pour des tâches allant du nettoyage et de la visualisation de données à l'apprentissage automatique et à l'analyse prédictive. C'est un outil qui peut évoluer avec vous, depuis vos premiers pas dans la manipulation de données jusqu'aux modèles d'apprentissage automatique complexes.

En résumé, Python est un choix populaire pour l'analyse de données en raison de sa syntaxe conviviale, de son riche écosystème de bibliothèques, du soutien actif de la communauté, de l'évolutivité et des applications du monde réel. C'est un langage polyvalent qui peut gérer des projets tant petits qu'à grande échelle, ce qui en fait un outil précieux pour les chercheurs, les analystes et les scientifiques de données.

Exemple :

```
# Example code using Dask to handle large datasets
from dask import delayed

@delayed
def load_large_dataset(filename):
    # Simulated loading of a large dataset
    return pd.read_csv(filename)

# Loading multiple large datasets in parallel
datasets = [load_large_dataset(f"large_dataset_{i}.csv") for i in range(10)]
```

1.2.6 Applications du Monde Réel

Python, un langage de programmation de haut niveau, a gagné une large popularité en raison de sa polyvalence et de sa facilité d'utilisation. Il a fait ses preuves dans des applications du monde réel et est maintenant utilisé par de nombreuses entreprises leaders dans divers secteurs tels que la finance, la santé et la technologie.

L'une des raisons de son succès est sa capacité à gérer des tâches allant du simple nettoyage de données jusqu'à l'apprentissage automatique complexe et à l'analyse prédictive. En finance, Python est utilisé pour des tâches telles que la gestion des risques, l'optimisation de portefeuilles et la négociation algorithmique. En santé, il est utilisé pour analyser des données médicales et développer des modèles prédictifs pour les résultats des patients.

En technologie, Python est utilisé pour développer des applications web, automatiser des tâches et construire des chatbots. Avec sa vaste gamme de bibliothèques et de frameworks, Python est un outil puissant qui peut être utilisé pour résoudre un large éventail de problèmes dans divers domaines.

Exemple :

```
# Example code to perform simple linear regression using scikit-learn
from sklearn.linear_model import LinearRegression
import numpy as np

# Simulated data
X = np.array([1, 2, 3, 4, 5]).reshape(-1, 1)
y = np.array([2, 4, 3, 3.5, 5])

# Perform linear regression
model = LinearRegression()
model.fit(X, y)
prediction = model.predict([[6]])

print(f"Predicted value for input 6 is {prediction[0]}")
```

1.2.7 Polyvalence dans Divers Domaines

Python est un langage de programmation polyvalent qui possède une large gamme d'applications au-delà de l'analyse de données. En plus de l'analyse de données, Python peut être utilisé pour le développement web, l'automatisation, la cybersécurité et bien plus encore.

En apprenant Python, vous pouvez acquérir des compétences qui peuvent être appliquées dans plusieurs domaines. Par exemple, vous pouvez utiliser Python pour extraire des données de sites web et les utiliser dans votre analyse. Vous pouvez également créer un tableau de bord basé sur le web pour visualiser et présenter vos résultats d'une manière conviviale.

De plus, vous pouvez tirer parti des capacités de Python pour mettre en œuvre des protocoles de sécurité qui protègent vos données et systèmes contre les accès non autorisés. En résumé, apprendre Python peut vous fournir une variété de compétences qui peuvent être appliquées dans différents domaines et qui peuvent vous aider à atteindre vos objectifs dans divers secteurs.

Exemple :

```python
# Example code to scrape data using Beautiful Soup
from bs4 import BeautifulSoup
import requests

response = requests.get('<https://example.com>')
soup = BeautifulSoup(response.text, 'html.parser')
title = soup.title.string
print(f"The title of the webpage is {title}.")
```

1.2.8 Support robuste pour les opérations de science des données

Python est un langage de programmation polyvalent avec un paysage expansif qui comprend une large gamme de bibliothèques puissantes pour diverses applications. Par exemple, il dispose de bibliothèques pour l'analyse de données, l'apprentissage automatique, le traitement du langage naturel et le traitement d'images. Ces bibliothèques ont permis à Python de devenir un langage de référence pour de nombreux domaines spécialisés tels que l'intelligence artificielle, la science des données et la vision par ordinateur.

L'une des bibliothèques les plus populaires pour l'apprentissage automatique en Python est scikit-learn. Cette bibliothèque est un outil complet qui fournit une variété d'algorithmes pour des tâches de classification, de régression et de regroupement. Elle dispose également d'outils intégrés pour le prétraitement des données et la sélection de modèles, ce qui facilite son utilisation pour les développeurs.

Une autre bibliothèque populaire pour le traitement du langage naturel est le Natural Language Toolkit (NLTK). Cette bibliothèque fournit une variété d'outils pour le traitement de texte, la tokenisation, la lemmatisation et l'analyse syntaxique. Elle dispose également de fonctions intégrées pour l'identification de la langue, l'analyse des sentiments et la reconnaissance d'entités nommées.

La bibliothèque de traitement d'images de Python, OpenCV, est également un outil populaire pour les développeurs travaillant sur des projets de vision par ordinateur. Cette bibliothèque fournit une variété de fonctions pour la manipulation d'images, la détection de caractéristiques et la reconnaissance d'objets. Elle dispose également d'outils intégrés pour le traitement vidéo et l'étalonnage de caméras.

La disponibilité de ces bibliothèques a facilité la transition de l'analyse de données vers des domaines plus spécialisés, tels que l'apprentissage automatique et la vision par ordinateur. Les développeurs peuvent désormais tirer parti de ces outils puissants pour construire des modèles et des applications complexes avec facilité.

Exemple :

```python
# Example code to perform text analysis using NLTK
import nltk
from nltk.corpus import stopwords

nltk.download('stopwords')
stop_words = set(stopwords.words('english'))
sentence = "This is an example sentence for text analysis."
filtered_sentence = [word for word in sentence.split() if word.lower() not in
stop_words]

print(f"Filtered sentence: {' '.join(filtered_sentence)}")
```

1.2.9 Avantage de l'Open Source

Python est un langage de programmation open source, ce qui signifie qu'il est disponible pour que quiconque puisse l'utiliser, le modifier et le distribuer sans aucun frais de licence. De plus, le modèle open source de Python favorise un environnement collaboratif et solidaire dans lequel des développeurs du monde entier contribuent à son développement, ce qui en fait un langage hautement polyvalent et dynamique qui est en constante évolution.

Avec une communauté si grande et active de développeurs, Python bénéficie de mises à jour régulières qui garantissent qu'il reste à jour avec les dernières fonctionnalités, caractéristiques et optimisations. Cela fait de Python un choix idéal pour une large gamme d'applications, notamment le développement web et mobile, l'analyse de données, l'informatique scientifique, l'intelligence artificielle et bien plus encore.

1.2.10 Facile à Apprendre, Difficile à Maîtriser

Python est l'un des langages de programmation les plus populaires, et pour une bonne raison. Sa simplicité est l'une de ses plus grandes forces, ce qui le rend accessible aux débutants qui commencent tout juste avec la programmation. Mais Python est bien plus qu'un simple langage facile à utiliser pour les débutants.

Sa polyvalence et sa puissance en font un excellent choix également pour les développeurs expérimentés. En fait, certaines des applications les plus complexes et optimisées ont été construites en utilisant Python, grâce en grande partie à sa vaste gamme de bibliothèques et d'outils. Et avec tant d'entreprises et d'organisations qui dépendent de Python pour alimenter leurs applications, c'est une compétence très recherchée sur le marché du travail actuel.

Donc, que vous débutiez ou que vous soyez un développeur expérimenté cherchant à ajouter un autre outil à votre arsenal, Python est un langage qui vaut définitivement la peine d'être exploré.

Exemple :

```python
# Example code using list comprehensions, a more advanced Python feature
squared_numbers = [x ** 2 for x in range(10)]
print(f"Squared numbers from 0 to 9: {squared_numbers}")
```

1.2.11 Compatibilité multiplateforme

Python est un langage de programmation hautement polyvalent qui est capable de s'exécuter sur une large gamme de systèmes d'exploitation, de Windows et macOS à Linux et Unix. Ce niveau d'indépendance vis-à-vis de la plateforme est une caractéristique clé de Python, et en fait un choix idéal pour les projets d'analyse de données qui nécessitent une interopérabilité fluide sur plusieurs plateformes.

En plus de ses capacités multiplateformes, Python est également connu pour sa simplicité et sa facilité d'utilisation. C'est un langage interprété, ce qui signifie qu'il peut être exécuté directement par l'ordinateur sans nécessiter de compilation. Cela facilite l'écriture et le test de code rapidement, avec un temps de configuration minimal.

Python dispose également d'une communauté large et active de développeurs et d'utilisateurs, ce qui signifie qu'il existe une grande quantité de ressources disponibles pour ceux qui débutent avec le langage. Que vous ayez besoin d'aide pour résoudre un problème, apprendre une nouvelle fonctionnalité ou trouver une bibliothèque pour accomplir une tâche spécifique, il y aura toujours quelqu'un qui pourra vous fournir des conseils et du soutien.

Tous ces facteurs combinés font de Python un outil puissant et précieux pour l'analyse de données, ainsi qu'un excellent langage à apprendre pour les développeurs de tous les niveaux d'expérience.

```python
# Example code to check the operating system
import platform

os_name = platform.system()
print(f"The operating system is {os_name}.")
```

En résumant ces points supplémentaires, vous obtiendrez une compréhension encore plus complète de pourquoi Python est si largement utilisé dans l'analyse de données. C'est un langage qui non seulement simplifie le complexe, mais rend également l'impossible semblable au possible. Que vous commenciez à partir de zéro ou que vous cherchiez à approfondir vos compétences, Python est un excellent compagnon dans votre parcours à travers le paysage de l'analyse de données.

1.2.12 Sécuriser votre avenir avec Python

La popularité et l'utilité de Python sont évidentes depuis plusieurs années. Cependant, il ne s'agit pas seulement d'un phénomène actuel. Python dispose d'une communauté progressiste et s'adapte continuellement pour répondre aux besoins des technologies futures. En effet, des concepts tels que l'informatique quantique, la blockchain et l'informatique edge s'intègrent de plus en plus dans l'écosystème Python.

L'informatique quantique promet de résoudre des problèmes auparavant insolubles. Python est adapté pour gérer l'informatique quantique en raison de sa simplicité et de sa facilité d'utilisation. De plus, la capacité de Python à travailler avec de grandes quantités de données en fait un choix idéal pour les applications blockchain. À mesure que la technologie blockchain continue d'évoluer, les développeurs Python ont été rapides à s'adapter à ces changements.

Enfin, l'émergence de l'informatique edge a créé de nouveaux défis pour les développeurs. Cependant, la flexibilité et l'adaptabilité de Python en ont fait un choix idéal pour construire des applications d'informatique edge. Avec la capacité de s'exécuter sur des appareils à faible consommation d'énergie et de gérer des algorithmes complexes, Python gagne rapidement en popularité en tant que langage pour les applications d'informatique edge.

En résumé, l'utilité de Python ne se limite pas au présent. Le langage dispose d'une communauté tournée vers l'avenir qui l'adapte continuellement pour répondre aux besoins des technologies futures. À mesure que l'informatique quantique, la blockchain et l'informatique edge acquièrent une importance croissante, Python est bien positionné pour jouer un rôle critique dans ces domaines.

```python
# Example code to implement a simple blockchain in Python
import hashlib

class SimpleBlock:
    def __init__(self, index, data, previous_hash):
        self.index = index
        self.data = data
        self.previous_hash = previous_hash
        self.hash = self.calculate_hash()

    def calculate_hash(self):
        return
hashlib.sha256(f"{self.index}{self.data}{self.previous_hash}".encode()).hexdigest()

# Create a blockchain
```

```
blockchain = [SimpleBlock(0, "Initial Data", "0")]
blockchain.append(SimpleBlock(1, "New Data", blockchain[-1].hash))

# Print the blockchain hashes
for block in blockchain:
    print(f"Block {block.index} Hash: {block.hash}")
```

1.2.13 L'Aspect Éthique

L'analyse de données est un outil extrêmement puissant dans la société actuelle. Avec ce pouvoir, cependant, vient une grande responsabilité pour garantir que les données sont collectées, analysées et utilisées de manière éthique. Heureusement, la communauté Python est très consciente de cette responsabilité et a pris des mesures significatives pour éduquer les utilisateurs sur l'importance de l'informatique éthique.

Une façon dont la communauté Python a mis l'accent sur l'informatique éthique est à travers la création de bibliothèques qui aident à garantir la confidentialité des données. Ces bibliothèques fournissent aux utilisateurs les outils dont ils ont besoin pour chiffrer les données, masquer les informations sensibles et protéger la vie privée des personnes dont les données sont analysées.

En plus de ces outils pratiques, la communauté Python est également activement engagée dans des discussions sur l'intelligence artificielle éthique. À mesure que l'intelligence artificielle continue de jouer un rôle de plus en plus important dans la société, il est essentiel que les développeurs et les analystes de données considèrent les implications éthiques de leur travail. Grâce à des conversations ouvertes et honnêtes sur ces questions, la communauté Python contribue à garantir que les activités d'analyse de données sont à la fois efficaces et éthiques.

Python est un outil puissant pour l'analyse de données, mais il est important de se rappeler qu'un tel pouvoir s'accompagne d'une responsabilité significative. La communauté Python comprend cette responsabilité et a pris des mesures pour garantir que les utilisateurs disposent des outils et des connaissances nécessaires pour utiliser les données de manière éthique. Ainsi, que vous travailliez avec des données sensibles ou que vous développiez des algorithmes d'intelligence artificielle, Python est le bon choix pour ceux qui privilégient des pratiques d'informatique éthique.

```
# Example code to anonymize data using Python
import pandas as pd

# Load the dataset
data = pd.read_csv("personal_data.csv")

# Anonymize sensitive columns
data['Name'] = data['Name'].apply(lambda x: hashlib.sha256(x.encode()).hexdigest())
data['Email'] = data['Email'].apply(lambda x: hashlib.sha256(x.encode()).hexdigest())

# Save the anonymized data
data.to_csv("anonymized_data.csv", index=False)
```

En résumé, lorsqu'il s'agit d'analyse de données, Python est le choix parfait car il offre une combinaison idéale de lisibilité, de polyvalence et de puissance de calcul. Sa lisibilité facilite l'apprentissage et la compréhension pour les débutants, tandis que sa polyvalence et sa puissance de calcul le rendent adapté même aux modèles d'apprentissage automatique les plus complexes.

Python n'est pas seulement un outil pour l'analyse de données, mais aussi pour le développement web, le calcul scientifique et d'autres domaines. Cela signifie qu'apprendre Python ouvre des portes à diverses opportunités professionnelles.

De plus, la communauté Python est vaste et solidaire, ce qui facilite l'obtention d'aide et l'apprentissage auprès des autres. La communauté fournit des bibliothèques, des frameworks et des outils pour soutenir le développement et l'analyse de données.

Dans ce livre, nous sommes ravis d'explorer Python avec vous, que vous soyez un débutant absolu ou un expert chevronné. Avec Python, vous pouvez commencer par une manipulation de données simple et passer progressivement à des modèles plus complexes, et nous sommes ravis de vous guider dans ce voyage.

1.3 Vue d'ensemble du processus d'analyse de données

En vous lançant dans votre voyage à travers le monde fascinant de l'analyse de données, il est important d'avoir une compréhension approfondie du processus avant de vous y plonger. L'analyse de données ne consiste pas seulement à suivre un ensemble d'étapes isolées, mais à naviguer à travers une série d'étapes interconnectées qui s'assemblent pour former un tout cohérent.

En comprenant ce voyage, vous serez mieux préparé pour aborder les divers défis que vous rencontrerez dans vos projets d'analyse de données, et pour développer des stratégies plus efficaces pour gérer et interpréter vos données. Alors, plongeons dans les principales étapes de ce processus et explorons chacune d'elles plus en profondeur.

1.3.1 Définir le problème ou la question

Avant de vous plonger dans toute analyse de données, il est important de prendre du recul et de réfléchir au problème que vous essayez de résoudre ou à la question à laquelle vous essayez de répondre. En comprenant mieux vos objectifs, vous pouvez guider votre analyse de manière plus ciblée et plus intentionnelle.

Ce processus de réflexion peut également vous aider à identifier les biais ou hypothèses potentiels qui pourraient affecter votre approche du problème. De plus, en prenant le temps de bien comprendre le problème, vous pourriez découvrir des solutions nouvelles et innovantes que vous n'auriez pas envisagées autrement.

Par conséquent, ne vous précipitez pas dans votre analyse sans prendre le temps de réfléchir à vos objectifs et de vous assurer que vous abordez le problème de la manière la plus efficace et efficiente possible.

```
# Example: Define the Problem in Python Comments
# Problem: What is the average age of customers who purchased products in the last
month?
```

1.3.2 Collecte de données

La collecte de données est une première étape critique pour tout projet d'analyse de données. C'est le processus d'obtention et de rassemblement des données qui seront utilisées pour l'analyse. Ce processus peut impliquer une variété de méthodes, comme la recherche dans des bases de données, des feuilles de calcul et des API, ou même l'utilisation de techniques de web scraping pour extraire des données de sites web.

Une fois que les données sont collectées, elles peuvent être transformées et analysées pour extraire des informations significatives qui peuvent être utilisées pour prendre des décisions éclairées. Une collecte de données appropriée garantit que l'analyse se base sur des données précises et fiables, ce qui est essentiel pour prendre des décisions commerciales solides.

Exemple :

```
# Example: Collect Data using Python's requests library
import requests

response = requests.get("<https://api.example.com/products>")
data = response.json()
```

1.3.3 Nettoyage et Prétraitement des Données

Lorsqu'il s'agit de données du monde réel, il est important de garder à l'esprit qu'elles peuvent souvent être incroyablement désordonnées. C'est pourquoi il est essentiel de prendre le temps de nettoyer vos données avant de procéder à toute analyse supplémentaire. En nettoyant vos données, vous pouvez vous assurer de travailler avec des informations précises et fiables qui conduiront finalement à de meilleures connaissances.

L'une des principales techniques utilisées pour nettoyer les données consiste à gérer les valeurs manquantes. Lorsque vous travaillez avec de grands ensembles de données, il n'est pas rare d'avoir des points de données manquants. Cela peut se produire pour diverses raisons, allant des erreurs humaines aux problèmes techniques. Quelle que soit la cause, il est important d'avoir un plan en place pour gérer les valeurs manquantes. Cela peut impliquer l'imputation de valeurs, la suppression de lignes ou de colonnes incomplètes, ou l'utilisation de techniques avancées comme l'interpolation.

Une autre étape importante dans le nettoyage des données consiste à éliminer les valeurs aberrantes. Les valeurs aberrantes sont des points de données qui se situent en dehors de la plage typique de valeurs pour une variable donnée. Elles peuvent être causées par des erreurs de mesure, de saisie de données ou d'autres facteurs. L'élimination des valeurs aberrantes peut aider à garantir que votre analyse ne soit pas biaisée par des valeurs extrêmes qui ne sont pas représentatives du reste de l'ensemble de données.

La transformation de variables est une autre technique clé utilisée dans le nettoyage des données. Cela implique de convertir des variables d'un type à un autre pour les rendre plus appropriées à l'analyse. Par exemple, vous pourriez convertir une variable catégorielle en une variable numérique en utilisant l'encodage one-hot, ou vous pourriez transformer une distribution asymétrique en une distribution normale en utilisant des techniques telles que la transformation logarithmique.

La bibliothèque Pandas de Python est un outil puissant qui est souvent utilisé pour le nettoyage et la manipulation des données. Elle offre un large éventail de fonctions et de méthodes qui peuvent vous aider à gérer les valeurs manquantes, à éliminer les valeurs aberrantes et à transformer les variables. Avec Pandas, vous pouvez facilement charger vos données dans un DataFrame, qui est une structure de données qui facilite le travail avec des données tabulaires. À partir de là, vous pouvez utiliser Pandas pour effectuer un large éventail d'opérations et de transformations sur vos données, ce qui conduira finalement à un ensemble de données plus propre et plus précis.

Exemple :

```python
# Example: Cleaning Data using Pandas
import pandas as pd

df = pd.DataFrame(data)
df.fillna(0, inplace=True)  # Replace all NaN values with 0
```

1.3.4 Analyse Exploratoire des Données (AED)

L'Analyse Exploratoire des Données (AED) est une étape essentielle dans tout projet d'analyse de données. L'AED implique une analyse approfondie de l'ensemble de données pour identifier des modèles, des tendances et des relations entre les variables. L'objectif principal de l'AED est de résumer les principales caractéristiques de l'ensemble de données et de fournir une compréhension initiale des données.

Ceci est souvent accompli par la création de graphiques statistiques, de diagrammes et de tableaux qui aident à visualiser les données. Des bibliothèques comme Matplotlib et Seaborn sont largement utilisées à cette fin en raison de leur facilité d'utilisation et de leur flexibilité. En effectuant une AED, les analystes de données peuvent obtenir des informations précieuses sur les données, ce qui peut les aider à prendre des décisions éclairées et à développer des stratégies efficaces pour une analyse ultérieure.

Exemple :

```python
# Example: Plotting Data using Matplotlib
```

```python
import matplotlib.pyplot as plt

plt.hist(df['age'], bins=20)
plt.xlabel('Age')
plt.ylabel('Frequency')
plt.show()
```

1.3.5 Modélisation des Données

Selon la nature et la complexité de votre problème, vous pourriez avoir besoin d'appliquer différents modèles d'apprentissage automatique ou statistiques à vos données. Ces modèles peuvent vous aider à identifier des motifs, des tendances et des relations qui peuvent ne pas être immédiatement évidents.

Heureusement, il existe de nombreux outils puissants et faciles à utiliser disponibles pour vous aider. L'un de ces outils est Scikit-learn, une bibliothèque Python très populaire qui fournit une large gamme d'algorithmes d'apprentissage automatique et d'outils pour l'analyse et la modélisation de données. Avec Scikit-learn, vous pouvez facilement prétraiter vos données, sélectionner l'algorithme le plus approprié pour votre problème, entraîner vos modèles et évaluer leurs performances.

Que vous soyez un data scientist, un développeur ou simplement quelqu'un qui s'intéresse à l'exploration et à l'analyse de données, Scikit-learn peut être une ressource précieuse qui vous aidera à atteindre vos objectifs et à tirer le meilleur parti de vos données.

Exemple :

```python
# Example: Simple Linear Regression using scikit-learn
from sklearn.linear_model import LinearRegression

X = df[['age']]  # Features
y = df['purchases']  # Target variable

model = LinearRegression()
model.fit(X, y)
```

1.3.6 Évaluation et Interprétation des Résultats

Après avoir construit votre modèle, l'étape suivante consiste à évaluer ses performances en utilisant des métriques telles que la précision, la sensibilité ou les valeurs R au carré. Ces métriques peuvent fournir des informations précieuses sur les forces et les faiblesses de votre modèle.

Par exemple, la précision peut vous indiquer à quelle fréquence votre modèle prédit correctement le résultat, tandis que la sensibilité peut vous dire combien de ces prédictions étaient réellement correctes. Cependant, il est important de se rappeler qu'aucune métrique unique ne peut vous donner une image complète des performances de votre modèle. Vous pourriez avoir besoin d'utiliser plusieurs métriques et de les interpréter dans le contexte de votre problème spécifique.

De plus, n'oubliez pas de considérer d'autres facteurs qui peuvent affecter les performances de votre modèle, tels que la qualité et la quantité de vos données, la complexité de votre algorithme et le potentiel de surapprentissage. En adoptant une approche exhaustive et réfléchie pour évaluer les performances de votre modèle, vous pouvez vous assurer que vous prenez des décisions basées sur les données qui feront avancer votre projet.

Exemple :

```
# Example: Evaluating Model Accuracy
from sklearn.metrics import mean_squared_error

predictions = model.predict(X)
mse = mean_squared_error(y, predictions)
print(f"Mean Squared Error: {mse}")
```

1.3.7 Communiquer les Résultats

Enfin, il est important de communiquer les résultats de votre analyse de manière efficace et attrayante. Cela peut être accompli par divers moyens, tels qu'une présentation, un rapport écrit ou des visualisations de données.

Ces formes de communication peuvent aider à transmettre vos conclusions à un public plus large et à fournir un contexte plus approfondi à votre analyse. De plus, avec l'aide des puissantes bibliothèques et outils de Python, vous pouvez créer des graphiques visuellement attrayants et informatifs qui aident à raconter l'histoire de vos données et rendent votre analyse plus accessible à ceux qui peuvent ne pas avoir de formation technique.

En résumé, la communication efficace de vos résultats est une étape cruciale dans toute analyse, et l'utilisation des outils et techniques appropriés peut faire toute la différence pour garantir que votre public comprenne et apprécie pleinement vos conclusions.

Exemple :

```
# Example: Saving a Plot to Communicate Findings
plt.scatter(X, y, color='blue')
plt.plot(X, predictions, color='red')
plt.xlabel('Age')
plt.ylabel('Purchases')
plt.title('Age vs. Purchases')
plt.savefig('age_vs_purchases.png')
```

Comprendre le processus d'analyse de données est fondamental pour planifier et exécuter vos projets d'analyse de données. Il implique plusieurs étapes qui valent la peine d'être explorées en détail pour obtenir une compréhension globale. Dans les prochains chapitres, nous approfondirons chacune de ces étapes pour vous fournir une compréhension plus complète du processus.

Ce faisant, vous pourrez identifier les obstacles potentiels, comprendre les solutions possibles et mieux planifier et exécuter vos projets d'analyse de données. Avoir une compréhension de haut niveau de ce processus est inestimable, car cela vous aidera à prendre des décisions éclairées et à obtenir de meilleurs résultats dans votre travail.

Maintenant, nous discuterons de certains défis et problèmes courants que vous pourriez rencontrer au cours de votre parcours d'analyse de données. Cela vous fournira des conseils pratiques et aidera à établir des attentes.

1.3.8 Défis et Problèmes Courants

Dans le domaine de l'analyse de données, bien qu'il soit passionnant et gratifiant, il existe plusieurs défis auxquels on peut être confronté. Être conscient de ces défis peut vous aider à naviguer dans vos projets de manière plus efficace et à améliorer vos compétences. Voici quelques domaines supplémentaires où vous pourriez rencontrer des difficultés :

- **Qualité des données** : La qualité des données est l'un des défis les plus importants dans l'analyse de données. Une faible qualité des données peut conduire à des résultats incorrects, ce qui peut avoir un impact significatif sur les insights que vous obtenez de votre analyse. Il est important de vérifier la qualité de vos données avant de les analyser.

- **Sécurité des données** : La sécurité des données est un autre domaine important auquel vous devez prêter attention dans l'analyse de données. Il est important de vous assurer que vos données sont sécurisées et protégées contre les accès non autorisés. Vous pourriez avoir besoin de prendre des précautions supplémentaires pour protéger vos données, comme utiliser le chiffrement ou limiter l'accès à certains personnels.

- **Intégration de données** : Lorsque vous travaillez avec de grands ensembles de données provenant de multiples sources, il peut être difficile d'intégrer les données pour créer une image complète. Cela peut conduire à des incohérences et des erreurs dans votre analyse. Il est important d'avoir une solide compréhension des données avec lesquelles vous travaillez et des méthodes pour les intégrer.

En étant conscient de ces défis potentiels et en prenant les mesures nécessaires pour les aborder, vous pouvez améliorer vos compétences en analyse de données et obtenir des insights plus précis et significatifs de vos projets.

1.3.9 La Complexité des Données du Monde Réel

Les ensembles de données du monde réel sont rarement propres et directs. Ils contiennent souvent des incohérences, des redondances et parfois même des contradictions. Pour cette raison, il est important que les analystes de données disposent d'une variété de compétences et de techniques pour nettoyer et traiter correctement les données. Par exemple, les analystes peuvent avoir besoin d'utiliser des méthodes statistiques pour identifier et éliminer les valeurs aberrantes, ou ils peuvent avoir besoin de développer des algorithmes personnalisés pour gérer des structures de données uniques.

De plus, il est important de comprendre le contexte des données pour les interpréter et les analyser correctement. Cela peut impliquer de rechercher la source des données et de comprendre tout biais ou limitation qui peut être présent.

Bien que travailler avec des ensembles de données du monde réel puisse présenter des défis, c'est également une opportunité pour les analystes de données d'appliquer leurs compétences et leur créativité pour extraire des insights précieux d'informations complexes.

Exemple :

```python
# Example: Identifying Duplicate Rows in Pandas
import pandas as pd

# Create a DataFrame
df = pd.DataFrame({
    'Name': ['Alice', 'Bob', 'Alice', 'Dave'],
    'Age': [29, 34, 29, 40]
})

# Identify duplicates
duplicates = df.duplicated()
print(f"Duplicated Rows:\\n{df[duplicates]}")
```

1.3.10 Biais de Sélection

Lorsque vous effectuez tout type d'analyse, il est crucial de vous assurer que les données que vous utilisez ne sont pas seulement précises, mais également représentatives de la population qui vous intéresse. En effet, si votre échantillon n'est pas représentatif, vos conclusions peuvent être biaisées ou faussées, ce qui peut conduire à des conclusions incorrectes.

Une façon de garantir que vos données soient représentatives est d'utiliser une méthode d'échantillonnage aléatoire qui assure que chaque membre de la population ait la même probabilité d'être inclus dans l'échantillon. De plus, il est important de considérer d'autres facteurs qui peuvent affecter la représentativité de vos données, tels que la taille de l'échantillon, les méthodes de collecte de données et le contexte dans lequel les données ont été collectées.

En prenant ces mesures, vous pouvez avoir confiance que votre analyse repose sur des données fiables et représentatives, ce qui conduira finalement à des insights plus précis et significatifs.

Exemple :

```python
# Example: Checking for Sampling Bias
# Let's say our dataset should represent ages from 18 to 65
ideal_distribution = set(range(18, 66))
```

```
sample_distribution = set(df['Age'].unique())

missing_ages = ideal_distribution - sample_distribution
print(f"Missing ages in sample: {missing_ages}")
```

1.3.11 Surapprentissage et Sous-apprentissage

Lorsque vous travaillez avec des modèles d'apprentissage automatique, il est important d'être conscient de certains pièges courants qui peuvent survenir. L'un de ces pièges est le surapprentissage, qui se produit lorsqu'un modèle fonctionne exceptionnellement bien sur les données d'entraînement mais ne parvient pas à généraliser à de nouvelles données non vues en raison d'une incapacité à capturer les modèles sous-jacents.

Une autre erreur courante est le sous-apprentissage, où le modèle est trop simpliste et ne parvient pas à capturer la complexité des données, ce qui conduit à de mauvaises performances tant sur les ensembles d'entraînement que de test. En évitant ces erreurs et en garantissant un modèle d'apprentissage automatique qui fonctionne bien, vous pouvez avoir confiance en la précision et la fiabilité de vos résultats.

Exemple :

```
# Example: Checking for Overfitting
from sklearn.model_selection import train_test_split
from sklearn.metrics import accuracy_score

X_train, X_test, y_train, y_test = train_test_split(X, y, test_size=0.2)
model = LinearRegression()
model.fit(X_train, y_train)

train_accuracy = model.score(X_train, y_train)
test_accuracy = model.score(X_test, y_test)

print(f"Train Accuracy: {train_accuracy}, Test Accuracy: {test_accuracy}")
```

L'analyse de données peut être un domaine complexe et difficile à naviguer. Avec tant de variables et de facteurs différents à prendre en compte, il peut être difficile de savoir par où commencer ou sur quoi se concentrer. Cependant, en prenant le temps de comprendre les défis et les obstacles qu'implique l'analyse de données, on peut mieux se préparer à réussir dans ce domaine gratifiant.

L'un des défis clés de l'analyse de données est la grande quantité de données avec lesquelles vous devrez travailler. Cela peut être accablant, en particulier lorsqu'il s'agit de grands ensembles de données ou de systèmes complexes. Cependant, en décomposant les données en fragments plus petits et gérables, on peut commencer à leur donner un sens et à obtenir des insights significatifs.

Un autre défi de l'analyse de données est la nécessité d'identifier et de prendre en compte les biais potentiels dans les données. Cela peut être particulièrement difficile lorsque l'on travaille avec des ensembles de données ou des systèmes complexes, car les biais peuvent être subtils et difficiles à détecter. Cependant, en prenant le temps d'examiner attentivement les données et d'identifier les sources potentielles de biais, on peut s'assurer que l'analyse soit aussi précise et significative que possible.

Malgré ces défis, l'analyse de données peut être un domaine incroyablement gratifiant dans lequel travailler. En abordant chaque défi comme une opportunité d'apprendre et de grandir, on peut développer les compétences et l'expérience nécessaires pour réussir dans ce domaine passionnant et dynamique.

Exercices Pratiques pour le Chapitre 1

Exercice 1 : Définir un Problème d'Analyse de Données

- **Objectif :** Exercer votre capacité à formuler un problème approprié pour l'analyse de données.

- **Tâche :** Rédigez une déclaration de problème ou une question que vous aimeriez résoudre en utilisant l'analyse de données. Soyez aussi précis que possible.

- **Conseil :** Des exemples de déclarations de problèmes pourraient être « Quel est l'âge moyen des clients qui ont acheté un produit particulier ? » ou « Comment les changements de température affectent-ils la consommation d'électricité ? »

Exercice 2 : Collecte de Données avec Python

- **Objectif :** Se familiariser avec les capacités de Python pour la collecte de données.

- **Tâche :** Utilisez la bibliothèque **requests** de Python pour obtenir des données d'une API ouverte de votre choix.

- **Conseil :** Assurez-vous de consulter la documentation de l'API pour connaître les directives d'utilisation.

```
# Starter Code
import requests

response = requests.get("<https://api.example.com/your_endpoint>")
print(response.json())
```

Exercice 3 : Nettoyage de base des données avec Pandas

- **Objectif :** Nettoyer un ensemble de données simple en utilisant la bibliothèque Pandas de Python.

- **Tâche :** Importer un fichier CSV dans un DataFrame Pandas et remplacer toutes les valeurs NaN (nulles) par 0.

- **Conseil :** Utilisez la méthode **fillna()** dans Pandas.

```
# Starter Code
import pandas as pd

df = pd.read_csv("your_file.csv")
df.fillna(0, inplace=True)
```

Exercice 4 : Créer un Graphique de Base

- **Objectif :** Pratiquer la création d'un graphique de base en utilisant Matplotlib.

- **Tâche :** Tracer un histogramme des âges à partir du DataFrame que vous avez utilisé dans l'Exercice 3.

- **Conseil :** Utilisez la fonction **hist()** de Matplotlib.

```
# Starter Code
import matplotlib.pyplot as plt

plt.hist(df['age'], bins=20)
plt.show()
```

Exercice 5 : Évaluer un Modèle Simple

- **Objectif :** Se familiariser avec l'évaluation de base des modèles.

- **Tâche :** Utiliser la bibliothèque Scikit-learn pour ajuster un modèle de Régression Linéaire sur n'importe quelle paire de variables du DataFrame que vous avez utilisé dans l'Exercice 3. Évaluer la performance du modèle en utilisant la métrique de l'Erreur Quadratique Moyenne (MSE).

- **Conseil :** Utilisez **LinearRegression** du module **linear_model** de Scikit-learn et **mean_squared_error** du module **metrics**.

```
# Starter Code
from sklearn.linear_model import LinearRegression
from sklearn.metrics import mean_squared_error

# Your code here
```

En travaillant sur ces exercices, vous consoliderez votre compréhension du processus d'analyse de données et vous acquerrez une expérience pratique avec les bibliothèques d'analyse de données de Python. Bonne chance et rappelez-vous : la clé pour maîtriser l'analyse de données est de pratiquer, pratiquer et pratiquer !

Conclusion du Chapitre 1

Félicitations pour avoir terminé le premier chapitre de votre parcours en analyse de données ! Nous avons couvert une quantité substantielle de contenu dans ce chapitre initial, vous offrant une vue d'ensemble de ce qu'implique l'analyse de données. Vous avez appris son importance cruciale dans diverses industries, de la santé et des finances au marketing et à la technologie. Avec le besoin omniprésent de prendre des décisions fondées sur les données, maîtriser l'art de l'analyse de données n'a jamais été aussi essentiel.

Le rôle de Python dans l'analyse de données était un autre sujet fondamental. Comme vous l'avez vu, Python n'est pas simplement un langage de programmation ; c'est un outil robuste qui s'accompagne d'une large gamme de bibliothèques et de frameworks. Ces outils Python vous permettent de collecter, nettoyer, visualiser, modéliser et interpréter les données de manière efficace. Que vous soyez un débutant dans le domaine technologique ou un professionnel expérimenté, Python offre une barrière d'entrée basse associée à une fonctionnalité approfondie, ce qui le rend idéal pour les tâches d'analyse de données.

Comprendre le processus d'analyse de données, c'est comme avoir une carte pour votre voyage. Nous avons exploré les étapes par lesquelles vous passeriez typiquement dans tout projet d'analyse de données : définir le problème, collecter les données, nettoyer et prétraiter les données, effectuer une analyse exploratoire des données (EDA), appliquer des modèles de données, évaluer les résultats et, enfin, communiquer vos conclusions. Nous avons également mentionné les défis courants et les pièges auxquels de nombreux analystes de données sont confrontés et comment vous pouvez les surmonter.

Mais l'apprentissage se consolide mieux par la pratique. C'est pourquoi nous avons inclus des exercices pratiques pour compléter la théorie. Ces exercices sont conçus pour vous donner une expérience pratique avec Python et ses bibliothèques d'analyse de données comme Pandas, Matplotlib et Scikit-learn. Nous vous recommandons vivement de prendre le temps de compléter ces exercices pour consolider votre compréhension des concepts.

En refermant ce chapitre, rappelez-vous que ce n'est que le début. Chaque chapitre suivant approfondira davantage chaque étape du processus d'analyse de données, offrant des techniques plus avancées, des exemples pratiques et des applications du monde réel. Le monde de l'analyse de données est riche et en constante évolution, et il y a toujours quelque chose de nouveau à apprendre. Alors préparez-vous pour un voyage passionnant qui vous attend !

Quiz pour la Partie I : Introduction à l'Analyse de Données et Python

Questions à Choix Multiples

1. **Lequel des secteurs suivants n'utilise généralement PAS l'analyse de données ?**
   - o   a) Santé
   - o   b) Finance
   - o   c) Restauration rapide
   - o   d) Marketing

2. **Qu'est-ce qui rend Python adapté à l'analyse de données ?**
   - o   a) Lisibilité
   - o   b) Bibliothèques complètes
   - o   c) Support de la communauté
   - o   d) Toutes les réponses ci-dessus

3. **Quelle bibliothèque Python est couramment utilisée pour la manipulation et l'analyse de données ?**
   - o   a) TensorFlow
   - o   b) Pandas
   - o   c) PyTorch
   - o   d) Matplotlib

4. **Quelle est la première étape du processus d'analyse de données ?**
   - o   a) Nettoyage des données
   - o   b) Évaluation des modèles
   - o   c) Collecte des données

    o   d) Définition du problème

5. **Quel est le terme pour un modèle qui fonctionne bien sur les données d'entraînement mais mal sur les données non vues ?**

    o   a) Sous-apprentissage

    o   b) Surapprentissage

    o   c) Ajustement juste

    o   d) Sans ajustement

Questions Vrai ou Faux

1. **L'analyse de données n'est utile que pour les grandes entreprises.**

    o   a) Vrai

    o   b) Faux

2. **Python a une courbe d'apprentissage abrupte, ce qui le rend difficile pour les débutants.**

    o   a) Vrai

    o   b) Faux

3. **L'Analyse Exploratoire de Données (AED) se concentre principalement sur la visualisation des données.**

    o   a) Vrai

    o   b) Faux

4. **Les ensembles de données du monde réel sont généralement propres et bien organisés.**

    o   a) Vrai

    o   b) Faux

5. **Le biais de sélection dans les données peut conduire à des conclusions trompeuses.**

    o   a) Vrai

    o   b) Faux

Corrigé des Réponses

1. c) Restauration rapide

2. d) Toutes les réponses ci-dessus

3. b) Pandas

4. d) Définition du problème

5. b) Surapprentissage

6. b) Faux

7. b) Faux

8. b) Faux

9. b) Faux

10. a) Vrai

Partie II : Fondements de Python pour l'Analyse de Données

Chapitre 2 : Débuter avec Python

Bienvenue dans la Partie II de votre parcours en analyse de données. Dans ce chapitre, nous passerons de la compréhension de ce qu'est l'analyse de données à sa pratique réelle avec Python, notre langage de choix pour cette aventure. Nous comprenons que certains lecteurs peuvent avoir peu ou pas d'expérience en programmation, tandis que d'autres peuvent en avoir quelque peu. Par conséquent, ce chapitre vise à mettre tout le monde sur la même longueur d'onde en fournissant un aperçu détaillé des concepts de base de Python.

Nous commencerons en vous guidant à travers le processus d'installation de Python sur votre système. Cela garantira que vous ayez tout le nécessaire pour débuter avec l'analyse de données. Ensuite, nous fournirons un aperçu de la syntaxe de Python. Python est un langage simple mais puissant, et nous voulons nous assurer que vous vous sentiez à l'aise avec lui avant de nous plonger davantage dans l'analyse de données.

Après que vous vous sentiez à l'aise avec la syntaxe de Python, nous vous présenterons les structures de données de Python. Ces structures de données sont les éléments de base de nombreuses opérations d'analyse de données, il est donc important que vous les compreniez parfaitement. Nous vous offrirons une expérience pratique en vous faisant écrire vos propres scripts Python. De cette manière, non seulement vous comprendrez la théorie derrière l'analyse de données, mais vous aurez également une expérience pratique.

Alors, retroussez vos manches, commençons à coder et faisons le premier pas pour devenir un analyste de données !

2.1 Installation de Python

Installer Python est une première étape cruciale pour débloquer son immense potentiel pour l'analyse de données. Le processus en lui-même est simple, mais il existe plusieurs méthodes différentes pour y parvenir. Selon vos besoins spécifiques, vous pouvez choisir d'installer Python en utilisant l'une des plusieurs distributions populaires comme Anaconda ou Miniconda, qui sont préchargées avec bon nombre des packages Python les plus couramment utilisés pour l'analyse de données.

Alternativement, vous pourriez opter pour installer Python directement depuis le site web officiel, qui offre plus d'options mais peut nécessiter une configuration manuelle supplémentaire. Pour les besoins de ce livre, nous nous concentrerons sur la méthode la plus directe et couramment utilisée pour installer Python afin de nous assurer que vous disposiez des outils nécessaires pour réussir dans votre parcours d'analyse de données.

2.1.1 Pour les utilisateurs de Windows :

1. **Télécharger l'installateur :** Rendez-vous sur le site web officiel de Python https://www.python.org/downloads/windows/.

2. **Exécuter l'installateur :** Une fois téléchargé, localisez le fichier **.exe** et double-cliquez dessus.

3. **Assistant d'installation :** Pendant l'installation, cochez la case qui dit « Ajouter Python au PATH » en bas. Cela vous permettra d'exécuter Python depuis l'Invite de commandes.

4. **Finaliser l'installation :** Suivez les instructions à l'écran et cliquez sur « Installer maintenant ».

Voici comment vous pouvez vérifier si Python a été installé correctement :

```
# Open Command Prompt and type:
python --version
```

2.1.2 Pour les utilisateurs de Mac :

1. **Télécharger l'installateur :** Rendez-vous sur https://www.python.org/downloads/mac-osx/.

2. **Exécuter l'installateur :** Localisez le fichier téléchargé **.pkg** et double-cliquez dessus.

3. **Suivre les étapes d'installation :** Continuez avec l'assistant d'installation, en cliquant sur « Continuer » ou « Accepter » selon les besoins.

Pour vérifier l'installation :

```
# Open Terminal and type:
python3 --version
```

2.1.3 Pour les utilisateurs de Linux :

Python est généralement préinstallé sur les systèmes Linux. Pour vérifier :

```
# Open Terminal and type:
python3 --version
```

S'il n'est pas installé, vous pouvez l'installer via le gestionnaire de paquets

```
# For Ubuntu/Debian
```

```
sudo apt-get update
sudo apt-get install python3

# For Fedora
sudo dnf install python3
```

2.1.4 Testez votre installation

Après l'installation, écrivons votre premier script Python pour afficher « Bonjour, Monde ! »

```
# Type this in your preferred editor and save as hello.py
print("Hello, World!")
```

Exécutez le script :

```
# Navigate to the folder where hello.py is saved, then type:
python hello.py # Windows
python3 hello.py # Mac/Linux
```

Si vous voyez « Bonjour, monde ! » affiché sur votre écran, félicitations ! Vous avez installé Python avec succès et exécuté votre premier script. Vous êtes maintenant prêt à plonger plus profondément dans le monde fascinant de Python et de l'analyse de données.

2.2 Votre premier programme Python

Félicitations d'avoir franchi la première étape vers l'apprentissage de Python ! L'installation de Python est une étape critique dans votre parcours pour devenir programmeur. Maintenant que vous avez installé Python, vous pouvez commencer à écrire votre premier programme Python.

Écrire votre premier programme peut être excitant et aussi stressant, surtout si vous n'avez jamais programmé auparavant. Mais ne vous inquiétez pas, Python est un excellent point de départ pour les nouveaux venus dans la programmation. La syntaxe de Python est conviviale et facile à lire, ce qui facilite sa compréhension et son apprentissage.

De plus, Python est un langage de haut niveau, ce qui signifie que vous n'avez pas à vous préoccuper des détails techniques de la programmation, comme la gestion de la mémoire. Au lieu de cela, vous pouvez vous concentrer sur l'écriture de code qui résout des problèmes et crée de nouvelles choses. Alors respirez profondément et commençons avec votre premier programme Python !

2.2.1 Une fonction d'impression simple

Lors de l'apprentissage d'un nouveau langage de programmation, il est courant que les débutants commencent par un programme simple mais emblématique appelé le programme « Bonjour, monde ! ». Son but est simple : afficher un message de salutation à l'écran. Ce programme est souvent considéré comme une introduction de base à la syntaxe et à la structure d'un nouveau langage.

En Python, créer un programme « Bonjour, monde ! » est particulièrement facile en raison de la simplicité du langage. Python est connu pour sa syntaxe claire et sa lisibilité, ce qui en fait un choix populaire pour les débutants. En tant que tel, c'est un excellent langage pour commencer lorsque vous débutez votre voyage de programmation.

Une fois que vous aurez écrit votre premier programme « Bonjour, monde ! », vous pourrez commencer à explorer les nombreuses possibilités et applications de la programmation. Avec chaque nouveau concept que vous apprendrez, vous pourrez construire sur votre base et créer des programmes de plus en plus complexes. Alors n'ayez pas peur de commencer petit et d'avancer progressivement, les possibilités sont infinies !

Voici comment vous pouvez écrire un simple programme « Bonjour, monde ! » :

```python
# This is a comment, Python ignores it when running the program
# Use comments to describe what your code does

# The next line will print "Hello, World!" to the terminal
print("Hello, World!")
```

Pour exécuter ce code :

1. Ouvrez votre éditeur de texte préféré (comme Notepad++, Atom ou Visual Studio Code).

2. Copiez et collez le code dans l'éditeur.

3. Enregistrez le fichier avec l'extension **.py**, par exemple, **hello_world.py**.

4. Ouvrez votre terminal (Invite de commandes pour Windows, Terminal pour Mac/Linux).

5. Naviguez jusqu'au dossier où vous avez enregistré **hello_world.py**.

6. Exécutez la commande **python hello_world.py** (Windows) ou **python3 hello_world.py** (Mac/Linux).

Si tout se passe bien, vous devriez voir **Bonjour, monde !** affiché sur l'écran de votre terminal.

Comprendre le Code

Décomposons ce que fait chaque ligne :

- Les lignes qui commencent par **#** sont des commentaires. Python les ignore, et elles sont là pour fournir des informations sur ce que fait le code.

- La fonction **print()** est une fonction intégrée de Python utilisée pour afficher du texte à l'écran.

2.2.2 Variables et Arithmétique de Base

Vous pensez peut-être : « Afficher du texte c'est bien, mais que puis-je faire d'autre ? » Il est important de savoir qu'il y a beaucoup plus dans Python que simplement afficher du texte. Par exemple, vous pouvez utiliser Python pour effectuer des calculs complexes, comme des analyses statistiques ou des algorithmes d'apprentissage automatique.

De plus, Python est largement utilisé dans le développement web et peut être utilisé pour créer des applications web, automatiser des tâches et créer des visualisations interactives. Vous pouvez également utiliser Python pour travailler avec des bases de données, manipuler des fichiers et même contrôler des appareils matériels comme des robots ou des drones. Les possibilités sont vraiment infinies ! Donc, si vous cherchez un langage de programmation polyvalent et puissant, Python vaut définitivement la peine d'être appris.

Par exemple, vous pouvez effectuer des opérations arithmétiques de base :

```python
# Defining variables
a = 10
b = 20

# Performing arithmetic operations
sum_result = a + b
difference = b - a
product = a * b

# Displaying the results
print("The sum is:", sum_result)
print("The difference is:", difference)
print("The product is:", product)
```

Ce programme définit deux variables **a** et **b**, effectue des opérations arithmétiques de base comme l'addition, la soustraction et la multiplication, puis affiche les résultats.

2.2.3 Utilisation du Mode Interactif de Python

Parfois, vous pourriez vouloir expérimenter avec du code Python sans écrire un programme complet, tout en ayant la capacité de sauvegarder et d'exécuter le code plus tard. Une façon d'y parvenir est d'utiliser un Environnement de Développement Intégré (IDE) Python, comme PyCharm ou Spyder. Ces applications fournissent une interface conviviale pour écrire, tester et déboguer du code Python. De plus, elles offrent des fonctionnalités telles que la coloration syntaxique, l'autocomplétion de code et le contrôle de version, qui peuvent améliorer votre efficacité et votre organisation en matière de codage.

Une autre approche pour expérimenter avec du code Python consiste à utiliser Jupyter Notebook, qui est un environnement informatique interactif basé sur le web vous permettant de créer et de partager des documents combinant du code en direct, des équations, des visualisations et du texte narratif. Avec Jupyter Notebook, vous pouvez écrire et exécuter du code Python par petits fragments, appelés cellules, et voir la sortie immédiatement. Cela peut être utile pour l'analyse de données, l'apprentissage automatique et le calcul scientifique, entre autres applications.

Cependant, si vous préférez une façon plus légère et directe d'expérimenter avec du code Python, vous pouvez utiliser le mode interactif de Python. Ce mode vous permet d'écrire du code Python directement dans le terminal et de voir la sortie immédiatement. Vous pouvez y accéder en ouvrant votre terminal et en tapant simplement **python** (Windows) ou **python3** (Mac/Linux), puis en appuyant sur Entrée. À partir de là, vous pouvez tester diverses commandes, fonctions et modules Python, et voir comment ils fonctionnent en temps réel. Cela peut être un moyen rapide et facile de tester vos idées ou de résoudre un problème dans votre code.

Voici un exemple de session :

```
# Start the interactive Python session
$ python3

# You'll see the Python prompt
>>>

# Type a simple command and hit Enter
>>> print("Hello, Interactive World!")
Hello, Interactive World!

# Perform arithmetic
>>> 3 + 4
7

# When done, exit by typing 'exit()' or pressing Ctrl+D
>>> exit()
```

En mode interactif, vous pouvez écrire n'importe quel code Python et il s'exécutera immédiatement, ce qui vous permet de voir la sortie instantanément. C'est une façon fantastique d'apprendre Python et de tester rapidement des idées.

Pour Résumer

Écrire votre premier programme en Python peut être une expérience passionnante. C'est un rite de passage qui marque le début de votre voyage dans le monde fascinant de la programmation et de l'analyse de données. La joie de voir votre code prendre vie à l'écran, qu'il s'agisse d'afficher du texte ou d'effectuer des calculs complexes, est quelque chose à apprécier et à célébrer.

Pendant que vous prenez un moment pour savourer votre accomplissement, rappelez-vous que chaque ligne de code que vous écrivez est un pas vers la maîtrise de l'analyse de données. Que vous soyez complètement novice en programmation ou que vous débutiez simplement avec

Python, les compétences que vous acquérez seront inestimables dans le monde en constante évolution de la technologie. Alors, embrassez le voyage et continuez à apprendre et à grandir en tant que programmeur et analyste de données.

2.3 Variables et Types de Données

Après l'excitation d'avoir écrit votre premier programme en Python, nous pouvons maintenant jeter un regard plus approfondi au monde fascinant des variables et des types de données. Les variables sont des conteneurs pour stocker des valeurs de données, qui peuvent être de différents types tels que des chaînes de caractères, des entiers et des nombres à virgule flottante. En utilisant des variables, vous pouvez facilement manipuler les données dans votre programme et effectuer diverses opérations sur elles, telles que des opérations arithmétiques et logiques.

Les types de données, quant à eux, définissent le type de données qu'une variable peut contenir et déterminent les opérations qui peuvent être effectuées sur les données. Python possède une vaste collection de types de données intégrés, y compris les listes, les tuples et les dictionnaires, que vous pouvez utiliser pour créer des structures de données complexes pour vos programmes. En maîtrisant les variables et les types de données, vous serez sur la bonne voie pour construire des solutions puissantes d'analyse de données en Python.

2.3.1 Qu'est-ce qu'une Variable ?

Une variable est un concept fondamental en programmation informatique. On peut la considérer comme une boîte étiquetée dans laquelle vous pouvez stocker divers types d'informations, tels que des nombres, du texte ou même des listes de plusieurs éléments. La beauté d'une variable est qu'une fois que vous lui assignez une valeur, vous pouvez faire référence à cette valeur en utilisant le nom de la variable.

Cela signifie que vous pouvez facilement récupérer et utiliser les informations stockées dans la variable tout au long de votre programme. Les variables vous permettent également de manipuler et de modifier les informations stockées selon les besoins, ce qui en fait un outil incroyablement flexible et puissant en programmation. En fait, la capacité d'utiliser des variables est essentielle pour résoudre de nombreux types de problèmes en informatique et en technologie de l'information.

Alors, la prochaine fois que vous écrivez un programme informatique, n'oubliez pas d'exploiter le pouvoir des variables pour stocker et manipuler vos données.

Voici un exemple simple :

```python
# Storing a number (integer) in the variable named 'age'
age = 30

# Storing text (string) in the variable named 'name'
name = "John"
```

```
# Storing a list of items (list) in the variable named 'fruits'
fruits = ["apple", "banana", "cherry"]
```

2.3.2 Types de données en Python

```
score = 100
```

Les types de données sont un aspect important de la programmation. Ils sont utilisés pour définir et décrire le type de valeurs que les variables peuvent stocker. En informatique, les types de données sont utilisés pour représenter divers types de données comme les nombres, les caractères et les chaînes de caractères. Les variables peuvent stocker différents types de données selon le type de données qui leur est attribué.

Par conséquent, comprendre les types de données est crucial pour la programmation. En ayant une bonne compréhension des types de données, vous pouvez écrire du code plus efficace et éviter les erreurs qui peuvent survenir en utilisant le mauvais type de données. En résumé, les types de données sont un concept fondamental en programmation qui nous permet de stocker et de manipuler différents types de données.

Les types de données les plus couramment utilisés en Python incluent :

- **Entiers (int)** : Nombres entiers, par exemple, -1, 0, 1, 2, ...

```
average = 90.5
```

- **Chaînes de caractères (str)** : Texte, encadré par des guillemets simples (' ') ou doubles (" ").

```
greeting = "Hello, world!"
```

- **Listes (list)** : Collection ordonnée et modifiable d'éléments.

```
hobbies = ['reading', 'swimming', 'cycling']
```

- **Booléen (bool)** : Représente des valeurs vraies ou fausses.

```
is_happy = True
```

2.3.3 Déclaration et Utilisation de Variables

Déclarer une variable en Python est un concept fondamental qui est facile à comprendre et à exécuter. Pour déclarer une variable, on doit d'abord choisir un nom qui soit représentatif de la valeur qui sera stockée. Le nom choisi doit être significatif et descriptif, car il sera utilisé pour faire référence à la valeur dans le reste du code.

Une fois qu'un nom est sélectionné, la variable peut être déclarée simplement en utilisant le signe égal **=** pour lui attribuer une valeur. Cette valeur peut aller d'un simple nombre à une structure de données complexe, ce qui fait de Python un langage polyvalent capable de gérer une large gamme de tâches. Dans l'ensemble, comprendre comment déclarer une variable est une étape essentielle pour maîtriser Python et construire des programmes efficaces qui peuvent atteindre une variété d'objectifs.

Exemple :

```
# Variable declaration and assignment
age = 25
name = "Alice"

# Using variables
print("My name is " + name + " and I am " + str(age) + " years old.")
```

Remarquez comment nous utilisons la fonction **str()** pour convertir l'entier **age** en une chaîne de caractères. Cela s'appelle la conversion de type, et c'est nécessaire ici parce que Python ne peut pas concaténer directement des chaînes de caractères et des entiers.

2.3.4 Conversion de Types

La conversion de types est un concept important et nécessaire en programmation, en particulier lors du travail avec des variables de différents types de données. C'est parce qu'elle permet des opérations fluides entre les variables. Par exemple, nous pouvons convertir un entier en une chaîne de caractères comme démontré précédemment. De plus, nous pouvons également convertir une chaîne de caractères contenant des valeurs numériques en un entier, ce qui peut être utile lors de la réalisation d'opérations arithmétiques ou de comparaisons.

Il est important de noter que la conversion de types peut être implicite ou explicite. La conversion implicite se produit automatiquement lors d'une opération, tandis que la conversion explicite nécessite que le programmeur spécifie la conversion. En outre, certains langages de programmation ont des systèmes de types stricts, ce qui signifie que les conversions de types peuvent devoir être explicitement définies pour éviter les erreurs ou les comportements inattendus dans le code.

La conversion de types est un concept fondamental en programmation qui permet des opérations et des comparaisons fluides entre des variables de différents types de données. Savoir comment et quand effectuer la conversion de types peut considérablement améliorer l'efficacité et la fonctionnalité de votre code.

Exemple :

```
# Converting string to integer
```

```
string_number = "50"
integer_number = int(string_number)

# Now you can perform arithmetic operations
sum_result = integer_number + 25  # Result will be 75
```

2.3.5 Conventions et Meilleures Pratiques pour les Noms de Variables

Lorsqu'il s'agit de nommer vos variables, Python possède quelques directives qui sont largement suivies dans la communauté. Ces conventions sont conçues pour rendre votre code plus lisible, organisé et facile à maintenir.

Une directive importante est d'utiliser des noms descriptifs pour vos variables, plutôt que des noms courts et cryptiques. Par exemple, au lieu d'utiliser un nom de variable comme "x", il est préférable d'utiliser un nom qui décrit ce que la variable représente, comme "nombre_etudiants" ou "ventes_totales". Cela facilite la compréhension de ce que fait votre code par d'autres développeurs et aide à prévenir les erreurs et les dysfonctionnements.

Une autre convention est d'utiliser des lettres minuscules et des traits de soulignement pour séparer les mots dans les noms de variables. Cela est connu comme la convention "snake_case" et est largement utilisée dans le code Python. Par exemple, une variable représentant l'âge d'une personne pourrait être appelée "age_personne".

Il est également important d'éviter d'utiliser des mots réservés comme noms de variables, car cela peut causer des conflits et des erreurs dans votre code. Les mots réservés sont des mots qui ont une signification spéciale en Python, comme "if", "else" et "while".

En suivant ces directives et conventions, vous pouvez écrire du code Python qui n'est pas seulement fonctionnel mais aussi facile à lire, comprendre et maintenir.

- **Utilisez des Noms Descriptifs** : Lors de l'écriture de code, il est important d'utiliser des noms de variables qui décrivent leur objectif plutôt que des noms génériques comme **x** ou **temp**. Cela aide à rendre le code plus lisible et compréhensible pour d'autres développeurs qui pourraient avoir besoin de travailler avec lui à l'avenir. Par exemple, si vous calculez le prix total de quelque chose, il est préférable d'utiliser un nom de variable comme **prix_total**. De même, si vous calculez la vitesse moyenne de quelque chose, vous pouvez utiliser un nom de variable comme **vitesse_moyenne**. En utilisant des noms de variables descriptifs, vous rendez votre code plus auto-explicatif et plus facile à maintenir à long terme.

```
# Good
customer_name = "Alice"

# Bad
x = "Alice"
```

- **Commencez par une lettre minuscule :** Lors de la nomination d'une variable en Python, il est important d'adhérer à certaines conventions. L'une de ces conventions est de commencer le nom de la variable par une lettre minuscule. De plus, si le nom de la variable se compose de plusieurs mots, il est recommandé de les séparer par des traits de soulignement. Cela est communément connu comme l'utilisation du snake_case. En suivant ces conventions, non seulement votre code sera plus lisible, mais il sera également plus facile à maintenir et à modifier à l'avenir

```
# Good
order_number = 1025

# Bad
OrderNumber = 1025
```

- **Évitez d'utiliser les mots réservés de Python :** Python est un langage de programmation hautement fonctionnel qui vient avec un ensemble de mots-clés réservés pour sa fonctionnalité intégrée. Il est important de noter que ces mots, comme if, else, while, def et beaucoup d'autres, ne doivent pas être utilisés comme noms de variables. Cela est dû au fait que cela peut provoquer de la confusion et des résultats inattendus dans votre code, ce qui affecterait finalement la performance et la fonctionnalité générale de votre programme. Par conséquent, il est essentiel d'utiliser des noms de variables appropriés qui décrivent avec précision le but de la variable et sa valeur dans le programme. Cela aidera non seulement à éviter les conflits avec les mots-clés réservés, mais rendra également votre code plus lisible et plus facile à comprendre pour d'autres développeurs qui pourraient travailler sur le même projet.

```
# Bad
if = 25  # Syntax Error
```

- **Soyez Cohérent :** Une fois que vous choisissez une convention de nommage, il est important d'y adhérer dans tout votre code. La cohérence est la clé pour écrire du code qui est facile à lire et à comprendre. Par exemple, vous pouvez utiliser une convention de nommage cohérente pour les variables, les fonctions et les classes. Cela peut rendre votre code plus lisible et plus facile à comprendre pour d'autres développeurs qui pourraient travailler sur votre projet à l'avenir. De plus, les conventions de nommage cohérentes peuvent aider à prévenir les erreurs et les bugs qui peuvent surgir de noms incohérents. Lors du choix d'une convention de nommage, considérez la portée de votre projet et le langage de programmation que vous utilisez. Certaines conventions peuvent être plus appropriées pour certains langages ou tailles de projet que d'autres. Il est également important de documenter vos conventions de nommage afin que d'autres développeurs puissent facilement les comprendre et maintenir la cohérence dans la base de code.

En suivant ces simples directives, vous ferez les premiers pas vers l'écriture de code Python de qualité professionnelle.

Résumé

Une solide maîtrise des variables et des types de données est cruciale pour maîtriser la programmation Python et l'analyse de données. Les variables servent de conteneurs pour stocker des données, et les types de données définissent le type de données qui peut être stocké dans celles-ci.

En comprenant ces concepts fondamentaux, vous serez mieux équipé pour manipuler et transformer des données de manières puissantes. Il vaut la peine de souligner que les variables et les types de données ne sont pas importants seulement en Python, mais dans pratiquement tous les langages de programmation.

Au fur et à mesure que vous progresserez dans ce livre, vous rencontrerez ces concepts dans une variété de contextes, construisant à chaque fois sur vos connaissances existantes pour aborder des défis de plus en plus complexes et gratifiants.

Exercices Pratiques pour le Chapitre 2

Exercice 1 : Installer Python

Si vous ne l'avez pas encore fait, suivez les instructions de la Section 2.1 pour installer Python sur votre ordinateur. Vérifiez l'installation en exécutant **python --version** (Windows) ou **python3 --version** (Mac/Linux) dans votre terminal.

Exercice 2 : Votre Premier Script Python

Créez un script Python nommé **hello.py** et écrivez du code pour afficher "Bonjour, monde !" lorsqu'il est exécuté. Exécutez le script depuis votre terminal.

```
# Expected Output
Hello, world!
```

Exercice 3 : Travailler avec les Variables

1. Créez une variable nommée **name** et assignez-lui votre nom sous forme de chaîne de caractères.

2. Créez une variable nommée **age** et assignez-lui votre âge sous forme d'entier.

3. Affichez une phrase utilisant ces variables comme : "Je m'appelle [Votre Nom], et j'ai [Votre Âge] ans".

Exercice 4 : Conversion de Types

1. Créez une variable chaîne de caractères **string_number** avec la valeur **"25"**.

2. Convertissez cette chaîne en entier et stockez-le dans une nouvelle variable **integer_number**.

3. Multipliez **integer_number** par 4 et affichez le résultat.

Exercice 5 : Explorer les Types de Données

1. Créez une liste nommée **fruits** avec quelques-uns de vos fruits préférés.

2. Créez une variable booléenne **is_student** et définissez sa valeur sur True ou False selon votre statut actuel d'étudiant.

3. Affichez toutes ces variables et leurs types en utilisant **print()** et **type()**.

Exemple :

```
print(fruits, type(fruits))
print(is_student, type(is_student))
```

Exercice 6 : Nommage des Variables

Créez des variables en suivant les meilleures pratiques décrites dans la Section 2.3. Stockez différents types de données dans celles-ci et affichez-les. Évitez d'utiliser les mots réservés de Python pour les noms de vos variables.

Conclusion du Chapitre 2

Félicitations d'avoir terminé le Chapitre 2 : « Débuter avec Python » ! Ce chapitre constitue la pierre angulaire de votre parcours vers Python pour l'analyse de données. Nous avons commencé par installer Python, la première étape essentielle pour tout aspirant programmeur. Nous avons couvert différentes méthodes d'installation adaptées à divers systèmes d'exploitation pour nous assurer que chacun puisse trouver une option appropriée. Ensuite, nous sommes passés à l'action en écrivant votre premier script Python. C'était un simple script « Bonjour, monde ! », mais il marque le début de votre parcours en programmation et symbolise les possibilités infinies qui s'offrent à vous.

Ensuite, nous sommes passés à l'exploration des principes de base de la programmation : les variables et les types de données. Les variables sont l'essence même de tout langage de programmation. Ce sont les éléments constitutifs qui nous permettent de stocker, manipuler et gérer des données. La beauté de Python réside dans sa simplicité et sa lisibilité. Dans cette optique, vous avez appris comment déclarer des variables en utilisant une syntaxe simple et leur attribuer différents types de données. Nous avons approfondi les entiers, les flottants, les chaînes de caractères et même les listes, montrant la polyvalence de Python.

Nous sommes ensuite allés plus loin pour discuter des meilleures pratiques en matière de nommage des variables, quelque chose qui est souvent négligé mais incroyablement important pour écrire un code propre et compréhensible. Cela n'est pas seulement bénéfique pour vous, mais aussi pour d'autres qui pourraient lire votre code. Le professionnalisme en programmation ne consiste pas seulement à faire fonctionner votre code, mais aussi à le faire bien fonctionner.

Le chapitre s'est terminé par une série d'exercices pratiques conçus pour consolider votre compréhension et vous offrir l'opportunité de mettre en pratique vos nouvelles connaissances. Après tout, le véritable apprentissage en programmation vient de la pratique. Ces exercices vous prépareront aux sujets plus avancés en analyse de données qui sont à venir.

En concluant ce chapitre, je vous invite à prendre un moment pour réfléchir aux progrès que vous avez accomplis. Avec ces compétences fondamentales en main, vous êtes bien préparé pour vous plonger dans les aspects les plus passionnants et complexes de la programmation en Python et de l'analyse de données. Rappelez-vous, le voyage de mille lieues commence par un seul pas, et vous venez de faire plusieurs pas importants. En avant vers le prochain chapitre où nous approfondirons les capacités de Python et commencerons à explorer l'incroyable monde de l'analyse de données !

Chapitre 3 : Programmation de base en Python

Bienvenue au Chapitre 3. Dans ce chapitre, nous porterons vos compétences en programmation Python au niveau supérieur, en nous appuyant sur les bases solides établies au Chapitre 2. Nous commencerons par vous présenter les structures de contrôle, notamment les boucles et les instructions conditionnelles. Ces structures vous permettront de contrôler le flux de votre code et de prendre des décisions en fonction de différentes conditions.

Ensuite, nous plongerons dans les fonctions. Vous apprendrez à définir et à appeler des fonctions pour diviser votre code en parties gérables et améliorer sa lisibilité. Nous aborderons également la gestion des exceptions, qui est une compétence essentielle pour écrire un code robuste capable de gérer les erreurs inattendues sans se bloquer. En maîtrisant ces sujets, vous deviendrez un programmeur Python intermédiaire avec les compétences nécessaires pour aborder des tâches de codage plus complexes.

Mais ce n'est pas tout ! Ces compétences sont essentielles pour l'analyse de données, et dans les prochains chapitres, nous vous montrerons comment les appliquer à des scénarios du monde réel. À la fin de ce livre, vous aurez la confiance et les compétences nécessaires pour résoudre des problèmes complexes et créer de puissants programmes Python. Alors, plongez et explorez les possibilités fascinantes qu'offre la programmation en Python.

3.1 Structures de contrôle

Les structures de contrôle sont le fondement de tout langage de programmation. Elles sont essentielles pour aider les programmeurs à développer une logique algorithmique, qui permet à un programme de prendre des décisions, de répéter des actions et de naviguer à travers diverses conditions. En Python, il existe plusieurs structures de contrôle que les développeurs peuvent utiliser pour rendre leur code plus efficace et plus performant.

L'une des structures de contrôle les plus couramment utilisées en Python est l'instruction **if**. Cette instruction permet aux développeurs de spécifier une condition que le programme doit vérifier et d'exécuter un bloc de code si la condition est vraie. En plus de l'instruction **if**, Python fournit également les instructions **elif** et **else**. Ces instructions permettent aux développeurs de spécifier des conditions supplémentaires que le programme doit vérifier et d'exécuter un bloc de code différent en fonction du résultat de la condition.

Une autre structure de contrôle importante en Python est la boucle **for**. Cette boucle permet aux développeurs d'itérer sur une collection d'éléments et d'exécuter un bloc de code pour chaque élément de la collection. Cela est utile lorsque les développeurs doivent effectuer une action spécifique sur chaque élément d'une liste ou d'une autre structure de données. En plus de la boucle **for**, Python fournit également la boucle **while**. Cette boucle est utile lorsque les développeurs doivent exécuter un bloc de code de manière répétée jusqu'à ce qu'une condition spécifique soit remplie.

En utilisant ces structures de contrôle en Python, les développeurs peuvent écrire un code plus efficace et plus performant. Ils peuvent rendre leurs programmes plus adaptables à différentes conditions et peuvent s'assurer que leur code est bien organisé et facile à lire et à comprendre.

3.1.1 Instructions If, Elif et Else

Les instructions **if**, **elif** et **else** sont des instructions de contrôle de flux importantes qui permettent à votre programme d'exécuter des actions spécifiques en fonction de certaines conditions. Ces instructions sont utilisées pour tester si une condition particulière est vraie ou fausse, puis exécuter le bloc de code correspondant.

Lorsque la condition dans l'instruction **if** est vraie, le code à l'intérieur du bloc est exécuté. Si la condition dans l'instruction **if** est fausse, le code à l'intérieur du bloc est ignoré et le programme passe à l'instruction suivante. L'instruction **elif** est utilisée pour tester des conditions supplémentaires si les instructions **if** ou **elif** précédentes sont fausses.

Enfin, si aucune des conditions précédentes n'est vraie, l'instruction **else** est exécutée. En utilisant ces instructions, vous pouvez créer une logique plus complexe dans vos programmes et effectuer différentes actions en fonction d'une variété de conditions.

Voici un exemple de base :

```
age = 25

if age < 18:
    print("You are a minor.")
elif age >= 18 and age < 65:
    print("You are an adult.")
else:
    print("You are a senior citizen.")
```

Dans cet exemple, le programme vérifie la variable **age** et affiche une déclaration en fonction de sa valeur.

3.1.2 Boucles For

La boucle **for** est un concept fondamental dans la programmation Python, qui permet aux développeurs d'itérer à travers une séquence d'éléments dans une liste, un tuple ou une chaîne de caractères. En utilisant la boucle **for**, les développeurs peuvent effectuer un large éventail de tâches, allant de la recherche de valeurs spécifiques dans une liste à la réalisation de calculs complexes sur un ensemble de nombres.

En itérant à travers chaque élément d'une séquence, les développeurs peuvent facilement accéder aux données et les manipuler, ce qui en fait un outil essentiel pour tout programmeur Python. De plus, la boucle **for** peut être personnalisée avec un large éventail d'instructions de contrôle, notamment **break** et **continue**, permettant aux développeurs d'ajuster le comportement de la boucle en fonction de leurs besoins spécifiques.

Avec sa polyvalence et sa puissance, la boucle **for** est un composant clé de la programmation Python que tout développeur devrait maîtriser.

Exemple :

```
fruits = ["apple", "banana", "cherry"]

for fruit in fruits:
    print(f"I love eating {fruit}.")
```

Cette boucle itère sur chaque élément de la liste **fruits** et affiche une phrase pour chacun.

3.1.3 Boucles While

La boucle **while** est une instruction de contrôle de flux qui continue d'exécuter un bloc de code tant qu'une condition spécifiée est vraie. Cela signifie que la boucle continuera à itérer à travers le bloc de code jusqu'à ce que la condition soit évaluée comme fausse. La condition est généralement une expression booléenne qui est évaluée avant chaque itération de la boucle.

Si l'expression est vraie, le bloc de code sera exécuté à nouveau ; si elle est fausse, la boucle se terminera et le programme continuera à s'exécuter à partir de l'instruction suivante après la boucle. Par conséquent, la boucle **while** est un outil essentiel en programmation qui permet une exécution efficace et flexible du code.

Exemple :

```
counter = 0

while counter < 5:
    print(f"Counter is at {counter}.")
    counter += 1
```

Cette boucle continuera d'afficher la valeur de **counter** tant qu'elle est inférieure à 5.

Les structures de contrôle en programmation donnent à votre code la capacité de prendre des décisions comme le ferait un humain. Ceci est important lorsqu'il s'agit d'analyse de données, où les ensembles de données nécessitent beaucoup de manipulation, comme le filtrage, le tri et d'autres formes d'organisation.

Lorsque vous apprenez à utiliser ces structures de contrôle de manière efficace, vous vous dotez des outils nécessaires pour créer des programmes Python plus complexes qui peuvent gérer de grands ensembles de données avec facilité. En maîtrisant ces structures, vous serez en mesure d'écrire un code plus efficace, ce qui vous aidera à résoudre les problèmes de manière plus rapide et plus simple.

De plus, avoir une solide compréhension des structures de contrôle vous permettra de créer des programmes plus robustes qui sont moins susceptibles de se briser ou de produire des résultats incorrects. Par conséquent, il est essentiel de prendre le temps d'apprendre ces structures et de pratiquer leur utilisation dans votre code.

3.1.4 Structures de contrôle imbriquées

En Python, imbriquer une structure de contrôle dans une autre est une technique puissante qui vous permet de créer des programmes complexes et sophistiqués. En combinant plusieurs structures de contrôle, vous pouvez créer des flux logiques plus complexes qui testent plusieurs conditions et exécutent diverses tâches.

Cela peut être particulièrement utile lorsque vous travaillez avec de grands ensembles de données ou des algorithmes complexes qui nécessitent des techniques de programmation plus avancées. En maîtrisant l'art d'imbriquer des structures de contrôle en Python, vous pouvez faire passer vos compétences en programmation au niveau supérieur et créer un code plus robuste et efficace qui résout même les problèmes les plus difficiles.

Par exemple, vous pourriez avoir une instruction **if** imbriquée dans une boucle **for** :

```
numbers = [1, 2, 3, 4, 5]

for number in numbers:
    if number % 2 == 0:
        print(f"{number} is even.")
    else:
        print(f"{number} is odd.")
Ou même des boucles imbriquées :
for i in range(3):
    for j in range(3):
        print(f"i = {i}, j = {j}")
```

Ici, la boucle externe s'exécute trois fois, et à chaque fois qu'elle s'exécute, la boucle interne s'exécute également trois fois, ce qui conduit à un total de 9 itérations.

Les structures de contrôle imbriquées, qui incluent les boucles, les instructions if-else et les cas switch, sont essentielles dans le développement d'algorithmes complexes. En effet, ces structures sont fréquemment requises pour des tâches avancées d'analyse de données telles que le traitement de données, le tri et même l'apprentissage automatique. En maîtrisant ces structures, vous pouvez améliorer à la fois vos compétences en programmation et votre capacité d'analyse de données. De plus, comprendre les subtilités et les complexités de ces structures peut vous aider à écrire un code plus efficace capable de gérer des ensembles de données plus volumineux et des opérations plus complexes.

3.2 Fonctions et Modules

Les structures de contrôle servent de fondement à la programmation, fournissant la structure nécessaire pour exécuter du code de manière efficace. Cependant, la véritable polyvalence et puissance de la programmation proviennent de la capacité à créer des fonctions et des modules personnalisés. Ces composants essentiels agissent comme les piliers de la programmation, vous permettant d'interagir et de manipuler les données de manière plus efficace.

En apprenant à créer des fonctions personnalisées, vous ouvrez un monde de possibilités pour votre code. Vous pouvez créer des fonctions qui effectuent des tâches spécifiques, comme calculer des équations mathématiques complexes ou trier de grands ensembles de données. De plus, en tirant parti des modules Python, vous pouvez gagner du temps et des efforts en réutilisant du code qui a déjà été créé et testé par d'autres.

Dans cette section, nous plongerons dans le monde des fonctions personnalisées et des modules Python. Nous explorerons le processus de création de fonctions, y compris la définition de paramètres et de valeurs de retour. Nous discuterons également des différents types de modules disponibles en Python et comment les importer et les utiliser dans votre code. À la fin de cette section, vous aurez les connaissances et les compétences pour créer vos propres fonctions personnalisées et tirer parti des modules Python pour effectuer un large éventail de tâches.

3.2.1 Fonctions

En Python, une fonction est un concept fondamental utilisé pour construire du code réutilisable et modulaire. Lorsqu'un programme croît en taille et en complexité, il devient difficile à gérer et à maintenir. En utilisant des fonctions, vous pouvez diviser votre programme en morceaux plus petits et gérables, chacun effectuant une action spécifique.

Cela rend non seulement votre code plus facile à lire et à comprendre, mais vous permet également de réutiliser du code et d'éviter la duplication de code. Pour définir une fonction en Python, vous utilisez le mot-clé **def**, suivi du nom de la fonction et de ses paramètres, s'il y en a. Le corps de la fonction est ensuite indenté et contient le code qui s'exécute lorsque la fonction est appelée.

Après avoir défini une fonction, vous pouvez l'appeler de n'importe où dans votre programme, en passant tous les arguments requis. Cela rend votre code plus organisé, modulaire et plus facile à maintenir à long terme.

La syntaxe ressemble à ceci :

```
def greet(name):
    print(f"Hello, {name}!")
```

```
Pour appeler la fonction, vous utiliseriez :
greet("John")
```

Cela produira : **Bonjour, John !**

Les fonctions vous permettent de compartimenter votre code, le rendant plus lisible, réutilisable et facile à déboguer.

3.2.2 Paramètres et Arguments

Dans l'exemple de la fonction **greet()**, le paramètre **name** sert d'espace réservé pour toute valeur qui sera fournie ultérieurement. Cela permet une plus grande flexibilité dans l'application de la fonction, car elle peut être appelée avec une variété d'arguments différents selon le contexte.

Lorsque la fonction est appelée avec un argument, comme **greet("John")**, l'argument prend la place du paramètre **name** et est traité par la fonction. Cela permet une approche plus dynamique et adaptable de la programmation, car la fonction peut être facilement modifiée pour accepter différents types d'entrée sans avoir besoin de changer la structure sous-jacente du code.

3.2.3 Instruction de Retour

En programmation, les fonctions sont une partie essentielle du processus. Elles permettent aux développeurs d'effectuer une tâche spécifique ou un ensemble de tâches, qui peuvent être appelées plusieurs fois tout au long d'un programme. Une utilisation courante des fonctions est de retourner des valeurs en utilisant l'instruction **return**.

Cette instruction permet à la fonction de produire une valeur qui peut être utilisée ailleurs dans le programme, offrant aux programmeurs une plus grande flexibilité et un meilleur contrôle. Par exemple, une fonction pourrait calculer la moyenne d'un ensemble de nombres puis retourner cette valeur pour être utilisée dans une autre partie du programme.

Cela fait non seulement gagner du temps, mais réduit également la quantité de code redondant qui serait autrement nécessaire. Dans l'ensemble, les fonctions sont un outil puissant dans l'arsenal de tout programmeur et peuvent considérablement améliorer la fonctionnalité et l'efficacité d'un programme.

Exemple :

```
def add(a, b):
    return a + b

result = add(3, 4)
print(result)  # Output: 7
```

3.2.4 Modules

Les modules sont des fichiers Python qui contiennent une collection de fonctions, de variables et d'autres codes qui peuvent être importés dans vos programmes. Python possède une vaste bibliothèque standard remplie de modules qui peuvent vous aider avec une variété de tâches, y compris l'analyse de données. Avec l'aide des modules, vous pouvez effectuer des opérations complexes avec plus de facilité et d'efficacité.

L'un de ces modules est le module NumPy, qui fournit un support pour les tableaux et matrices de grande taille et multidimensionnels. Cela peut être particulièrement utile pour le calcul scientifique et l'analyse de données. Un autre module qui mérite d'être mentionné est le module Pandas, qui fournit des structures de données performantes et faciles à utiliser, ainsi que des outils d'analyse de données.

En utilisant des modules comme ceux-ci, vous pouvez gagner du temps et des efforts lorsque vous travaillez sur vos programmes Python, ce qui vous permet de vous concentrer sur la logique et la fonctionnalité de base de votre code. Donc, si vous cherchez à faire passer votre programmation Python au niveau supérieur, il vaut la peine d'explorer les nombreux modules disponibles dans la bibliothèque standard de Python et au-delà.

Par exemple, le module **math** de Python inclut une variété de fonctions mathématiques :

```
import math

print(math.sqrt(25))  # Output: 5.0
```

Vous pouvez également importer des fonctions spécifiques d'un module comme ceci :

```
from math import sqrt

print(sqrt(25))  # Output: 5.0
```

Les modules permettent non seulement de gagner du temps, mais ils rendent également vos programmes plus efficaces et organisés.

3.2.5 Créer votre propre module

Si vous constatez que vous utilisez les mêmes fonctions de manière répétée dans différents projets, une façon de rationaliser votre flux de travail est de créer votre propre module Python. Cela vous permet de sauvegarder les fonctions dans un seul fichier **.py** que vous pouvez ensuite importer selon les besoins, plutôt que de copier et coller le même code dans chaque nouveau projet.

En créant votre propre module, vous pouvez également effectuer facilement des mises à jour ou des révisions des fonctions sans avoir à apporter des modifications à chaque fichier de projet individuel. Cela peut vous faire économiser une quantité considérable de temps et d'efforts à long terme, et peut rendre votre code beaucoup plus organisé et efficace dans l'ensemble. Donc, si vous vous retrouvez à exécuter les mêmes fonctions encore et encore, envisagez de prendre le temps de créer votre propre module et de simplifier votre flux de travail.

Exemple :

```
# my_module.py

def my_function():
    print("This is my custom function!")
Pour utiliser cette fonction dans un autre fichier :
from my_module import my_function

my_function()  # Output: "This is my custom function!"
```

Maîtriser les fonctions et les modules en Python est essentiel pour faire progresser vos compétences en codage et débloquer tout le potentiel du langage. Non seulement cela vous permettra d'aborder des tâches plus complexes, mais cela vous permettra également d'écrire un code plus propre et plus efficace qui est plus facile à maintenir et à déboguer.

Avec une compréhension approfondie des fonctions et des modules, vous serez bien préparé pour aborder une variété de tâches d'analyse de données, telles que manipuler et visualiser de grands ensembles de données, implémenter des algorithmes d'apprentissage automatique et développer des applications web complexes. En investissant du temps et des efforts pour maîtriser ces concepts fondamentaux, vous ouvrirez un monde de possibilités et serez bien parti pour devenir un programmeur Python compétent.

3.2.6 Fonctions Lambda

Les fonctions lambda sont un outil incroyablement puissant dans la programmation Python. Elles vous permettent de créer des fonctions rapides et simples sans avoir à les définir formellement en utilisant le mot-clé **def**, ce qui peut faire gagner du temps et rendre votre code plus efficace. En effet, elles sont particulièrement utiles pour des opérations simples au sein d'autres fonctions comme **map()**, **filter()** et **sorted()**.

Avec les fonctions lambda, vous avez la capacité de créer des fonctions anonymes à la volée, ce qui peut vous aider à écrire un code plus concis et plus lisible. De plus, ces fonctions sont souvent utilisées pour créer des fonctions plus complexes qui restent faciles à lire et à comprendre. Dans l'ensemble, les fonctions lambda sont une partie cruciale du langage de programmation Python et peuvent considérablement améliorer vos compétences en codage.

Exemple :

```
add = lambda a, b: a + b
print(add(5, 3))  # Output: 8
```

3.2.7 Décorateurs de Fonctions

Les décorateurs sont une fonctionnalité plus avancée en Python qui peuvent être utilisés pour modifier le comportement d'une fonction sans altérer son code. Cela est particulièrement utile lorsque vous souhaitez encapsuler des comportements comme la journalisation, la mémoïsation ou le contrôle d'accès, qui peuvent être fastidieux à implémenter manuellement.

En vous permettant de modifier le comportement d'une fonction au moment de l'exécution, les décorateurs vous permettent d'ajouter ou de retirer des fonctionnalités selon les besoins. Par exemple, vous pourriez utiliser un décorateur pour ajouter la journalisation à une fonction, ce qui afficherait des informations utiles sur chaque appel de la fonction, comme les arguments passés et la valeur de retour. Ou vous pourriez utiliser un décorateur pour implémenter la mémoïsation, qui mettrait en cache les résultats de la fonction et les renverrait directement au lieu de les recalculer chaque fois que la fonction est appelée.

Un autre cas d'usage pour les décorateurs est le contrôle d'accès. En ajoutant un décorateur à une fonction, vous pouvez restreindre qui peut l'appeler et dans quelles circonstances. Par exemple, vous pourriez utiliser un décorateur pour exiger que seuls les utilisateurs disposant de certains privilèges puissent appeler une fonction, ou qu'elle ne puisse être appelée que pendant certaines heures de la journée.

Dans l'ensemble, les décorateurs sont un outil puissant pour les programmeurs Python, qui leur permet d'écrire du code plus flexible et réutilisable. En encapsulant des comportements et en modifiant le comportement des fonctions au moment de l'exécution, les décorateurs vous permettent d'ajouter de nouvelles fonctionnalités à votre code avec un effort minimal, ce qui rend vos programmes plus robustes et maintenables au fil du temps.

Exemple :

```python
def my_decorator(func):
    def wrapper():
        print("Something is happening before the function is called.")
        func()
        print("Something is happening after the function is called.")
    return wrapper

@my_decorator
def say_hello():
    print("Hello!")

say_hello()
```

3.2.8 Travailler avec des Modules Tiers

La bibliothèque standard de Python est incroyablement puissante, mais ce n'est que le point de départ. Si vous souhaitez faire passer votre développement Python au niveau supérieur, vous pouvez étendre ses capacités encore davantage avec des modules tiers. Ces modules offrent une large gamme de fonctions et de fonctionnalités qui peuvent considérablement améliorer votre expérience de programmation Python.

Un domaine où les modules tiers brillent vraiment est l'analyse de données. Par exemple, si vous travaillez avec des données numériques, vous voudrez peut-être jeter un coup d'œil à NumPy. Ce module fournit des opérations matricielles rapides et efficaces et est largement utilisé dans le calcul scientifique. Ou, si vous travaillez avec de grands ensembles de données, vous voudrez peut-être essayer pandas. Ce module offre de puissants outils de manipulation et d'analyse de données, et il est excellent pour travailler avec des données tabulaires. Enfin, si vous souhaitez créer de belles visualisations de vos données, vous voudrez jeter un coup d'œil à matplotlib. Ce module fournit une large gamme de fonctions de traçage et peut vous aider à créer depuis de simples graphiques linéaires jusqu'à des cartes thermiques complexes.

Ce qui est génial avec ces modules tiers, c'est qu'ils sont faciles à installer et à utiliser. Tout ce que vous avez à faire est d'exécuter **pip install <nom_du_module>** dans votre terminal, et vous serez prêt en un rien de temps. Alors, pourquoi ne pas les essayer et voir comment ils peuvent faire passer votre développement Python au niveau supérieur ?

Exemple :

```
pip install numpy
```

Et ensuite vous pouvez l'importer dans votre script :

```
import numpy as np

# Using NumPy to create an array
my_array = np.array([1, 2, 3])
```

3.3 Écriture de Scripts en Python

Une fois que vous aurez développé une solide compréhension des bases de Python, telles que les variables, les structures de contrôle, les fonctions et les modules, vous pourrez franchir l'étape suivante de votre parcours et vous plonger dans l'écriture de scripts en Python.

Mais qu'est-ce qu'un script Python exactement, vous demanderez-vous ? Pour l'expliquer simplement, un script est une collection de code Python qui est enregistrée dans un fichier et est conçue pour accomplir une tâche spécifique du début à la fin. La beauté des scripts Python réside dans leur capacité à automatiser une large gamme de tâches, y compris l'analyse de données, et ils peuvent être des outils incroyablement puissants pour rationaliser votre flux de travail. Dans cette section, nous n'explorerons pas seulement comment créer et exécuter des scripts Python, mais nous apprendrons également comment les gérer efficacement pour optimiser votre productivité et votre efficacité.

Que vous soyez un programmeur expérimenté ou que vous débutiez tout juste, maîtriser l'art de l'écriture de scripts en Python est une compétence essentielle qui peut vous aider à faire passer vos compétences en programmation au niveau supérieur et rendre votre vie beaucoup plus facile.

3.3.1 Écrire Votre Premier Script Python

Lorsque vous commencez à travailler avec Python, la première étape consiste à créer un nouveau fichier texte, généralement en ouvrant un éditeur de texte et en sélectionnant « Nouveau fichier » ou similaire. Une fois que vous avez ouvert votre fichier texte, vous pouvez commencer à écrire votre code Python.

Cela peut inclure l'importation de modules, la définition de variables et de fonctions, et l'écriture d'instructions conditionnelles ou de boucles pour manipuler des données. Il est important de noter que Python est un langage polyvalent avec de nombreuses applications différentes, du développement web à l'analyse de données et à l'apprentissage automatique.

En tant que tel, il est utile d'avoir une idée claire de ce que vous souhaitez accomplir avec votre script Python avant de commencer à coder. Une fois que vous avez fini d'écrire votre code, vous pouvez enregistrer le fichier avec une extension **.py**, ce qui vous permettra de l'exécuter facilement dans un interpréteur Python ou depuis la ligne de commande.

Par exemple, créons un script qui imprime les nombres de 1 à 10 :

```
# my_first_script.py

for i in range(1, 11):
    print(i)
```

Pour exécuter ce script, enregistrez-le et exécutez-le en utilisant l'interpréteur Python dans votre terminal :

```
python my_first_script.py
```

Vous verrez les nombres de 1 à 10 s'afficher sur votre écran.

3.3.2 Exécution de Script et Arguments de Ligne de Commande

Les scripts Python peuvent être plus flexibles et polyvalents en leur permettant d'accepter des arguments de ligne de commande. Cette fonctionnalité permet aux utilisateurs de transmettre des données au script pendant son exécution, personnalisant ainsi le comportement du script en temps réel.

Le module **sys** est un outil puissant qui peut être utilisé pour accéder à ces arguments de ligne de commande et les traiter selon les exigences du script. Ce module offre une large gamme de méthodes et de fonctions qui aident à analyser, valider et manipuler les arguments de ligne de commande, rendant ainsi le script plus convivial et intuitif.

En tirant parti des capacités du module **sys**, les scripts Python peuvent être plus interactifs et dynamiques, améliorant ainsi leur performance et leur utilisabilité.

Exemple :

```python
import sys

name = sys.argv[1]
print(f"Hello, {name}!")
```

Exécutez le script avec un argument :

```
python my_script.py John
```

Sortie :

```
Hello, John!
```

3.3.3 Automatisation des Tâches

Les scripts Python sont extrêmement utiles lorsqu'il s'agit d'automatiser des tâches. En fait, les possibilités de ce que vous pouvez automatiser avec des scripts Python sont infinies. Par exemple, vous pourriez créer un script pour lire automatiquement un fichier CSV, effectuer une analyse de données et générer un rapport.

Cela vous ferait gagner beaucoup de temps et d'efforts, surtout si vous devez effectuer cette tâche de manière répétée. De plus, les scripts Python peuvent être utilisés pour une large gamme de tâches, comme le web scraping, l'apprentissage automatique et la visualisation de données.

En automatisant les tâches répétitives à l'aide de scripts Python, vous pouvez libérer votre temps et vous concentrer sur des aspects plus importants de votre travail. De plus, les scripts Python peuvent être facilement personnalisés pour s'adapter à vos besoins spécifiques, ce qui en fait un outil précieux pour toute entreprise ou organisation.

Voici un exemple simple utilisant le module **csv** de Python :

```python
import csv

# Read CSV and perform analysis
with open('data.csv', 'r') as file:
    reader = csv.reader(file)
    for row in reader:
        # Your analysis code here
```

3.3.4 Débogage de Scripts

Le débogage est une partie essentielle et critique de l'écriture de scripts. Il vous permet d'identifier et de corriger les erreurs qui pourraient faire échouer votre script. Python fournit un débogueur intégré appelé **pdb**, qui est un outil puissant pour déboguer du code Python. Le module **pdb** est inclus dans la bibliothèque standard de Python, ce qui signifie que vous pouvez l'utiliser sans installer de logiciel supplémentaire.

Pour utiliser **pdb**, vous devez simplement insérer la ligne **import pdb; pdb.set_trace()** dans votre script à l'endroit où vous souhaitez que le débogueur s'arrête. Cela arrêtera l'exécution de votre script à ce point et vous donnera l'opportunité d'examiner l'état de votre programme. Ensuite, vous pouvez parcourir votre code ligne par ligne, en inspectant les variables et les objets au fur et à mesure.

En plus de mettre en pause votre script à un point spécifique, **pdb** fournit également une variété d'autres fonctionnalités de débogage. Par exemple, vous pouvez l'utiliser pour définir des points d'arrêt dans votre code, ce qui fera en sorte que le débogueur arrête le script chaque fois qu'il atteint ce point. Vous pouvez également utiliser **pdb** pour examiner la pile d'appels, afficher les valeurs des variables et même exécuter du code arbitraire pendant que le débogueur est en pause.

Dans l'ensemble, le débogueur **pdb** est un outil indispensable pour tout développeur Python. En tirant parti de ses fonctionnalités, vous pouvez déboguer votre code rapidement et facilement et vous assurer qu'il s'exécute correctement. Ainsi, la prochaine fois que vous rencontrez une erreur dans votre script Python, ne paniquez pas ; rappelez-vous simplement d'utiliser **pdb** et vous déboguerez comme un professionnel en un rien de temps !

Exemple :

```
for i in range(1, 11):
    import pdb; pdb.set_trace()
    print(i)
```

Exécutez le script et le débogueur se lancera, ce qui vous permettra d'inspecter les variables, de parcourir le code et d'identifier les problèmes.

La création de scripts est une partie essentielle de Python qui permet aux utilisateurs d'exploiter le véritable potentiel du langage de programmation. Avec la création de scripts Python, vous pouvez automatiser des tâches répétitives avec facilité, économisant ainsi du temps et augmentant la productivité.

De plus, la création de scripts fournit un moyen de mettre en œuvre des pipelines d'analyse de données complexes, ce qui vous permet de gérer de grands ensembles de données avec facilité. C'est comme avoir une paire de mains supplémentaire qui travaille incroyablement vite et ne se fatigue jamais, rendant votre travail beaucoup plus efficace et performant. Avec la création de scripts Python, vous pouvez faire passer vos compétences en programmation au niveau supérieur et obtenir encore plus de succès dans votre travail.

3.3.5 Planification de Scripts Python

Les scripts Python peuvent être planifiés pour s'exécuter automatiquement à des moments spécifiques. C'est une fonctionnalité pratique lorsque vous souhaitez que vos tâches s'exécutent sans intervention manuelle. Pour les systèmes basés sur Unix comme Linux et macOS, vous pouvez utiliser **cron**, un planificateur de tâches basé sur le temps, pour automatiser vos scripts Python.

Avec **cron**, vous pouvez facilement configurer un calendrier pour que vos scripts Python s'exécutent quotidiennement, hebdomadairement ou mensuellement. D'autre part, les utilisateurs de Windows peuvent utiliser le Planificateur de tâches pour planifier leurs scripts Python. Le Planificateur de tâches est un outil intégré qui vous permet d'automatiser diverses tâches dans Windows, y compris l'exécution de scripts Python. En configurant le Planificateur de tâches, vous pouvez spécifier l'heure et la fréquence d'exécution de votre script Python, ainsi que d'autres paramètres tels que le compte utilisateur sous lequel le script s'exécutera et s'il s'exécutera avec des privilèges élevés.

Dans l'ensemble, que vous utilisiez un système basé sur Unix ou Windows, planifier vos scripts Python pour qu'ils s'exécutent automatiquement est un moyen efficace d'optimiser votre flux de travail et de garantir que vos tâches s'exécutent en temps opportun.

Exemple (en utilisant **cron**) :

```
# Open the crontab file
crontab -e

# Add a line to run my_first_script.py every day at noon
0 12 * * * /usr/bin/python /path/to/my_first_script.py
```

3.3.6 Journalisation des Scripts

Une journalisation appropriée est un aspect essentiel de la programmation pour garantir que votre script Python s'exécute sans problème. Sans journalisation, il peut être difficile de surveiller et de déboguer votre script, surtout lorsqu'il s'agit de problèmes de performance qui pourraient surgir au fil du temps.

Heureusement, le module **logging** fournit un cadre étendu pour enregistrer presque tout ce qui se passe dans votre script. La polyvalence du module vous permet d'enregistrer des événements, des erreurs et des avertissements qui pourraient survenir pendant l'exécution de votre script Python. Avec une journalisation appropriée, vous pourrez suivre les changements dans les performances de votre script et identifier les problèmes potentiels avant qu'ils ne deviennent des problèmes graves.

Exemple :

```
import logging

logging.basicConfig(level=logging.INFO)

logging.info("This is an info message.")
```

3.3.7 Empaquetage de vos Scripts

Si vous avez créé un script utile et souhaitez le partager avec d'autres, vous pouvez l'empaqueter en utilisant **setuptools** de Python. Cela facilitera l'installation et l'exécution de votre script par d'autres sans avoir à configurer manuellement ses dépendances.

Pour ce faire, vous devrez créer un fichier **setup.py** qui décrit votre script et ses dépendances. Le fichier **setup.py** contiendra des informations telles que le nom du script, la version, l'auteur et une liste de ses dépendances.

Une fois que vous aurez créé le fichier **setup.py**, vous pourrez utiliser **setuptools** pour construire un package distribuable que d'autres pourront installer. Le package contiendra votre script, ses dépendances et tout autre fichier nécessaire à son exécution.

En empaquetant votre script avec **setuptools**, vous pouvez faciliter l'utilisation et le partage de votre code par d'autres, ce qui peut contribuer à promouvoir la collaboration et l'innovation dans la communauté Python.

Exemple (**setup.py**) :

```
from setuptools import setup

setup(
    name="my_script",
    version="0.1",
    scripts=["my_script.py"],
)
```

Pour installer le script, exécutez :

```
python setup.py install
```

Exercices Pratiques Chapitre 3

Exercice 1 : Votre Premier Script

1. Créez un script Python nommé **print_even_numbers.py**.
2. Faites en sorte que le script affiche les nombres pairs de 2 à 20.

```
# print_even_numbers.py
for i in range(2, 21, 2):
    print(i)
```

3. Exécutez votre script depuis le terminal pour vérifier qu'il fonctionne.

Exercice 2 : Arguments de Ligne de Commande

1. Créez un script Python nommé **greet_user.py**.

2. Modifiez le script pour accepter un nom d'utilisateur comme argument de ligne de commande.

```
# greet_user.py
import sys

username = sys.argv[1]
print(f"Hello, {username}!")
```

3. Exécutez le script depuis le terminal en passant différents noms d'utilisateur pour vous assurer qu'il fonctionne.

Exercice 3 : Lecteur de Fichiers CSV

1. Créez un fichier CSV avec les colonnes **Nom**, **Âge** et **Courriel**, et remplissez-le avec des données d'exemple.

2. Écrivez un script Python nommé **read_csv.py**.

```
# read_csv.py
import csv

with open('sample.csv', 'r') as file:
    reader = csv.reader(file)
    for row in reader:
        print(row)
```

3. Exécutez le script pour vous assurer qu'il fonctionne correctement.

Exercice 4 : Automatisation Simple de Tâches

1. Créez deux fichiers texte, **file1.txt** et **file2.txt**, et placez-y du texte.

2. Écrivez un script Python nommé **concat_files.py**.

```
# concat_files.py
with open('file1.txt', 'r') as f1, open('file2.txt', 'r') as f2,
open('combined.txt', 'w') as combined:
    combined.write(f1.read() + '\\n' + f2.read())
```

3. Exécutez votre script et vérifiez que **combined.txt** contient le texte des deux fichiers.

Exercice 5 : Pratique du Débogage

1. Ajoutez une erreur logique à l'un de vos scripts précédents.

2. Utilisez le débogueur intégré de Python, **pdb**, pour déboguer le script.

```
# Insert the following line where you want to start debugging
import pdb; pdb.set_trace()
```

3. Documentez vos étapes de débogage et la solution à l'erreur.

Exercice 6 : Journalisation d'Événements dans le Script

1. Choisissez l'un de vos scripts existants.

2. Ajoutez la journalisation d'événements au script en utilisant le module **logging** de Python.

```
# Add these lines at the beginning of your script
import logging
logging.basicConfig(level=logging.INFO)
```

3. Incluez différents types de messages de journalisation (par exemple, **info**, **warning**, **error**).

4. Exécutez le script et inspectez les messages de journalisation générés.

Conclusion du Chapitre 3

Dans ce chapitre, nous nous sommes lancés dans un voyage pour comprendre les éléments fondamentaux de la programmation en Python, en nous concentrant sur les structures de contrôle, les fonctions et les modules, ainsi que sur le scripting en Python. Nous avons commencé par vous présenter les structures de contrôle telles que les boucles et les instructions conditionnelles. Avec ces seuls outils, vous pouvez déjà construire des programmes assez puissants capables d'effectuer des tâches répétitives et de prendre des décisions.

Le sujet des fonctions et des modules nous a montré comment empaqueter le code en unités réutilisables. Cela rend non seulement le code plus facile à comprendre et à maintenir, mais nous permet également de tirer parti d'un riche écosystème de fonctions et de modules préconstruits disponibles dans la bibliothèque standard de Python et les paquets tiers. Nous n'avons fait qu'effleurer la surface ici, mais la compréhension de ces principes fondamentaux vous servira bien à mesure que vous vous aventurerez dans les domaines plus complexes de l'analyse de données.

Notre dernière section sur le scripting en Python a couvert les bases de l'organisation du script, les arguments de ligne de commande et le débogage. Ces connaissances sont essentielles pour toute personne souhaitant utiliser Python pour des projets plus importants ou même des tâches d'automatisation simples. En comprenant comment passer des arguments à un script, comment déboguer et comment enregistrer des événements, vous serez bien équipé pour aborder des problèmes du monde réel en utilisant Python.

Nous avons également participé à des exercices pratiques pour appliquer ces concepts directement. Apprendre en faisant est une façon puissante de consolider votre compréhension, donc si vous n'avez pas terminé les exercices, je vous recommande vivement de le faire. Les compétences que vous pratiquez aujourd'hui deviendront les fondations pour des tâches plus avancées en analyse de données, apprentissage automatique et au-delà.

Rappelez-vous, la beauté de Python ne réside pas seulement dans ses capacités, mais aussi dans sa simplicité et sa lisibilité. Même en tant que débutant, vous pouvez accomplir beaucoup avec une compréhension de base de ses fonctionnalités. Au fur et à mesure que vous continuerez avec ce livre, vous verrez comment les principes établis dans ce chapitre servent de base pour des sujets plus spécialisés tels que la manipulation de données, l'analyse statistique et les algorithmes d'apprentissage automatique.

Merci de m'avoir accompagné dans cette exploration des fondamentaux de la programmation en Python. Avec ces concepts de base en poche, vous êtes prêt à vous aventurer dans le monde passionnant, mais complexe, de l'analyse de données. J'ai hâte de vous guider à travers les prochains chapitres, où nous nous salirons les mains avec des données du monde réel et des applications pratiques.

Chapitre 4 : Configuration de votre environnement d'analyse de données

Bienvenue au Chapitre 4. Nous avons beaucoup progressé jusqu'à présent, en couvrant les fondamentaux de la programmation en Python ! Nous avons passé en revue la syntaxe, la structure et les capacités du langage, et ces connaissances serviront de base solide pour notre travail futur. Cependant, nous ne pouvons pas négliger l'importance d'avoir un environnement propice à l'analyse de données. Lorsqu'il s'agit de travailler avec de grandes quantités de données, un espace de travail bien configuré peut faire toute la différence. Il peut vous donner un accès rapide aux outils, bibliothèques et fonctions dont vous avez besoin pour effectuer des tâches d'analyse de données avec facilité.

Dans ce chapitre, nous nous concentrerons sur la configuration de votre environnement d'analyse de données. Nous nous assurerons que vous disposez de tous les outils dont vous avez besoin à portée de main, afin que vous puissiez travailler de manière efficace et efficiente. Nous couvrirons tout, des installations de base aux configurations avancées, afin que vous puissiez adapter votre environnement à vos besoins spécifiques. À la fin de ce chapitre, vous disposerez d'un espace de travail d'analyse de données entièrement fonctionnel, prêt à relever tous les défis qui se présentent.

4.1 Installation d'Anaconda

Anaconda est une plateforme hautement recommandée tant pour les débutants que pour les professionnels expérimentés dans le domaine de la science des données. C'est l'une des plateformes les plus complètes et les plus faciles à utiliser disponibles pour l'analyse de données et le calcul scientifique en Python. Anaconda, Inc. est le créateur de cette plateforme, et offre un package intégré de Python et une variété de bibliothèques préinstallées, d'outils et d'IDE incroyablement utiles pour l'analyse de données. En utilisant Anaconda, vous pouvez économiser du temps et des efforts qui seraient autrement consacrés à l'installation et à la configuration des divers outils nécessaires à l'analyse de données.

Anaconda n'est pas seulement facile à installer, mais offre également une large gamme de fonctionnalités qui en font un excellent choix pour les scientifiques des données. Certaines de ces fonctionnalités incluent Jupyter Notebook, qui est une application web open source vous permettant de créer et de partager des documents contenant du code en direct, des équations, des visualisations et du texte narratif. Une autre fonctionnalité est Spyder, qui est un Environnement de Développement Intégré (IDE) fournissant un éditeur avancé avec des fonctions de complétion de code, de débogage et de profilage. De plus, Anaconda Navigator est une interface utilisateur graphique (GUI) de bureau qui vous permet de gérer vos packages, environnements et canaux avec facilité.

En général, Anaconda est une plateforme puissante et polyvalente qui peut vous aider à optimiser votre flux de travail d'analyse de données et à augmenter votre productivité. Avec sa vaste collection d'outils et de bibliothèques préinstallés, vous pouvez commencer votre projet d'analyse de données immédiatement, sans avoir à vous soucier d'installer et de configurer les divers composants logiciels. Alors, pourquoi ne pas essayer Anaconda et découvrir les avantages de cette incroyable plateforme par vous-même ?

Pour installer Anaconda, suivez les étapes suivantes selon votre système d'exploitation :

4.1.1 Pour les utilisateurs de Windows :

1. Rendez-vous sur le site web d'Anaconda et téléchargez le programme d'installation pour Windows.

2. Exécutez le programme d'installation.

3. Suivez les instructions à l'écran. Assurez-vous de cocher la case qui dit « Ajouter Anaconda à ma variable d'environnement PATH » pendant l'installation.

```
# After the installation, you can verify it by opening a command prompt and typing:
conda --version
```

4.1.2 Pour les utilisateurs de macOS :

1. Téléchargez le programme d'installation pour macOS depuis le site web d'Anaconda.

2. Double-cliquez sur le fichier **.pkg**.

3. Suivez les instructions à l'écran.

```
# Open Terminal and verify installation:
conda --version
```

4.1.3 Pour les utilisateurs de Linux :

1. Téléchargez le script d'installation pour Linux depuis le site web d'Anaconda.

2. Ouvrez une fenêtre de terminal.

3. Naviguez jusqu'à l'emplacement où vous avez enregistré le script d'installation et exécutez :

```
bash Anaconda3-2021.05-Linux-x86_64.sh
```

4. Suivez les invites à l'écran.

```
# Verify installation:
conda --version
```

Félicitations, vous avez installé Anaconda avec succès ! Vous avez maintenant accès à un environnement robuste où vous pouvez gérer des bibliothèques, des dépendances et même créer des environnements isolés pour vos projets.

4.1.4 Dépannage et conseils

Parfois, les installations ne se déroulent pas aussi bien que nous le souhaiterions. Si vous rencontrez des problèmes pendant le processus d'installation, voici quelques conseils qui pourraient vous aider :

- **Erreurs de permissions** : Sur macOS et Linux, vous devrez peut-être ajouter **sudo** avant les commandes d'installation pour obtenir un accès administratif.

- **Problèmes de chemin** : Si la commande **conda** n'est pas reconnue après l'installation, il est probable qu'Anaconda n'ait pas été ajouté à la variable d'environnement PATH de votre système. Sous Windows, vous pouvez l'ajouter manuellement via le panneau des Variables d'environnement.

- **Problèmes de proxy** : Si vous êtes derrière un pare-feu d'entreprise, vous devrez peut-être configurer des paramètres de proxy pour Anaconda. Vous pouvez le faire en modifiant le fichier **.condarc** dans votre répertoire principal.

- **Version obsolète** : Assurez-vous toujours de télécharger la dernière version d'Anaconda depuis le site web officiel. Les versions obsolètes pourraient avoir des problèmes de compatibilité avec certains packages.

- **Anaconda Navigator** : Si les interfaces en ligne de commande ne sont pas votre tasse de thé, Anaconda est également livré avec une interface utilisateur graphique appelée Anaconda Navigator. Vous pouvez la lancer pour gérer les packages et les environnements de manière visuelle.

Rappelez-vous, la communauté et les forums d'Anaconda sont solides ; il est probable que quelqu'un d'autre ait rencontré un problème similaire, et vous pouvez trouver des solutions ou des suggestions facilement en ligne.

En installant Anaconda, vous n'installez pas seulement Python ; vous vous équipez d'un ensemble d'outils puissant pour l'analyse de données. Dans les prochaines sections, nous explorerons comment tirer le meilleur parti de cette merveilleuse plateforme. Restez à l'écoute !

4.2 Principes fondamentaux de Jupyter Notebook

Après avoir installé Anaconda, vous avez à votre disposition l'un des outils les plus polyvalents pour l'analyse de données en Python : Jupyter Notebook. Cette application basée sur le web vous permet d'écrire et d'exécuter du code, d'annoter votre analyse de données et bien plus encore. En fait, Jupyter Notebook est si largement utilisé qu'il est devenu presque synonyme d'analyse de données en Python. C'est l'outil de prédilection tant pour les scientifiques des données que pour les chercheurs.

Avec Jupyter Notebook, vous pouvez créer des documents interactifs qui combinent code, texte et visualisations. Cela facilite la communication de vos découvertes à d'autres et la collaboration avec des collègues. De plus, Jupyter Notebook prend en charge une large gamme de langages de programmation, notamment Python, R et Julia. Cela signifie que vous pouvez utiliser Jupyter Notebook pour toutes sortes de tâches d'analyse de données, depuis l'analyse exploratoire de données jusqu'à l'apprentissage automatique.

Dans cette section, nous vous présenterons les caractéristiques de base de Jupyter Notebook afin que vous puissiez commencer à l'utiliser comme votre outil principal pour l'analyse de données. Nous aborderons des sujets tels que comment créer un nouveau notebook, comment écrire et exécuter du code, comment ajouter du texte et des visualisations, et comment exporter votre travail vers différents formats. À la fin de cette section, vous vous sentirez à l'aise d'utiliser Jupyter Notebook pour tous vos besoins en analyse de données.

4.2.1 Lancer Jupyter Notebook

Lancer Jupyter Notebook est aussi simple que d'exécuter une seule commande. Ouvrez votre terminal ou invite de commandes et tapez :

```
jupyter notebook
```

Cette commande lancera Jupyter Notebook et l'ouvrira dans votre navigateur web par défaut. Vous verrez un tableau de bord qui affiche les dossiers et fichiers du répertoire où vous avez exécuté la commande. Pour créer un nouveau notebook, cliquez simplement sur le bouton 'New' et sélectionnez 'Python 3' ou la version de Python que vous avez installée.

4.2.2 L'interface du Notebook

Lorsque vous ouvrirez votre nouveau notebook pour la première fois, vous serez accueilli par une interface claire et intuitive conçue pour vous aider à démarrer rapidement. Voici ce que vous pouvez vous attendre à trouver :

- **Cellules** : Ce sont les blocs de construction de base d'un notebook. Elles peuvent contenir du code, du texte, des images ou des équations. Les cellules sont incroyablement polyvalentes et peuvent être utilisées pour présenter des informations de diverses manières. Vous pouvez exécuter le contenu d'une cellule en cliquant sur le bouton 'Exécuter' ou en utilisant le raccourci clavier **Shift + Entrée**.

- **Barre d'outils** : La barre d'outils est votre destination principale pour effectuer une variété de tâches courantes. Elle contient des boutons pour enregistrer votre travail, exécuter des cellules et modifier les types de cellules, entre autres. Vous découvrirez que la barre d'outils est incroyablement utile pour rationaliser votre flux de travail et augmenter la productivité.

- **Noyau** : Le noyau est le composant backend qui exécute votre code. Il est responsable d'interpréter vos instructions et de les exécuter en votre nom. Dans certains cas, votre code peut devenir non réactif ou commencer à se comporter de manière inattendue. Si cela se produit, vous pouvez facilement redémarrer le noyau depuis la barre d'outils pour remettre les choses sur les rails.

4.2.3 Écrire et exécuter du code

Écrire du code dans un Jupyter Notebook est similaire à écrire du code dans n'importe quel autre environnement Python, avec quelques avantages supplémentaires. Par exemple, les Jupyter Notebooks vous permettent de mélanger facilement code et texte dans le même document, ce qui en fait un excellent outil pour créer des tutoriels interactifs ou des analyses de données avec des explications accompagnatrices.

De plus, les Jupyter Notebooks offrent un moyen pratique de documenter votre code pendant que vous l'écrivez, car vous pouvez inclure des commentaires et des cellules markdown pour expliquer ce que fait votre code et pourquoi. Ainsi, pour écrire du code dans un Jupyter Notebook, créez simplement une nouvelle cellule, écrivez votre code et exécutez la cellule pour voir la sortie. C'est aussi simple que cela !

Par exemple, vous pouvez essayer d'exécuter le script classique "Bonjour, le monde !" :

```
print("Hello, World!")
```

Exécutez la cellule (**Shift + Entrée**) et vous devriez voir la sortie en dessous de la cellule :

```
Hello, World!
```

4.2.4 Markdown et annotations

L'une des caractéristiques les plus puissantes et conviviales de Jupyter Notebook est sa capacité à inclure des annotations et du texte formaté aux côtés de votre code. Avec cette fonction, vous pouvez ajouter des explications détaillées, des commentaires et des instructions dans des cellules Markdown qui sont facilement lisibles et compréhensibles.

Les cellules Markdown sont incroyablement polyvalentes et vous permettent de formater votre texte de diverses manières, y compris l'ajout de titres, de texte en gras et en italique, d'hyperliens, d'images et même de tableaux. En utilisant des cellules Markdown, vous pouvez créer un notebook plus complet et bien documenté qui est facile à lire et à suivre.

Changez simplement le type de cellule en 'Markdown' et commencez à écrire vos annotations et explications, en veillant à inclure tous les détails nécessaires pour garantir que votre code soit bien compris et puisse être facilement reproduit par d'autres.

Par exemple :

```
## This is a Heading
This is some plain text that forms a paragraph.
- This is a bullet point
```

Exécutez la cellule pour afficher le texte Markdown.

4.2.5 Enregistrement et exportation

Assurez-vous d'enregistrer votre travail fréquemment. Vous pouvez enregistrer votre notebook en cliquant sur l'icône « Enregistrer » dans la barre d'outils ou en utilisant le raccourci **Ctrl + S** sur votre clavier. Il est important de noter que les Jupyter Notebooks sont enregistrés dans un format avec l'extension **.ipynb**, mais ils peuvent également être exportés vers d'autres formats comme PDF et HTML via le menu « Fichier ».

À ce stade, vous devriez avoir une compréhension solide de la manière de naviguer et de travailler avec les Jupyter Notebooks, ce qui est une compétence essentielle pour toute personne intéressée par l'analyse de données. Dans les sections suivantes, nous approfondirons les fonctionnalités que vous utiliserez le plus souvent dans l'analyse de données, notamment la manipulation de données, la visualisation et l'analyse statistique. En maîtrisant ces compétences, vous serez en bonne voie pour devenir un analyste de données compétent, capable d'extraire des informations significatives de jeux de données complexes.

4.2.6 Fonctionnalités avancées de Jupyter Notebook

Au fur et à mesure que vous continuez à utiliser Jupyter Notebook, vous découvrirez qu'il existe de nombreuses fonctionnalités avancées qui peuvent considérablement améliorer votre flux de travail d'analyse de données. Par exemple, vous pouvez utiliser des widgets pour créer des contrôles interactifs pour votre code, ce qui vous permet d'explorer vos données de manières nouvelles et passionnantes.

De plus, vous pouvez personnaliser l'apparence de votre notebook en utilisant HTML et CSS, ce qui vous permet de créer des rapports et des présentations d'aspect professionnel. En outre, Jupyter Notebook prend en charge une grande variété de langages de programmation, notamment Python, R et Julia, vous pouvez donc choisir le langage qui correspond le mieux à vos besoins et à votre expérience.

À mesure que vous vous familiariserez davantage avec ces fonctionnalités et continuerez à explorer les capacités de Jupyter Notebook, vous découvrirez que votre analyse de données devient plus efficace, efficiente et agréable.

Voici quelques-unes qui peuvent s'avérer particulièrement utiles :

Commandes magiques

Les Jupyter Notebooks sont un outil puissant qui peut être utilisé pour un large éventail de tâches, de l'analyse de données à l'apprentissage automatique. L'une des fonctionnalités clés qui rendent les Jupyter Notebooks si utiles sont les « commandes magiques » qu'ils incluent. Ces commandes sont conçues pour simplifier les tâches courantes et rendre votre flux de travail plus efficace. Vous pouvez facilement reconnaître les commandes magiques par le symbole **%** qui les précède.

Par exemple, l'une des commandes magiques les plus couramment utilisées est **%matplotlib inline**. Cette commande est utilisée pour afficher vos graphiques Matplotlib directement dans le notebook. En utilisant cette commande, vous pouvez économiser beaucoup de temps et éviter le désagrément d'avoir à ouvrir une nouvelle fenêtre ou à basculer entre différentes applications.

Mais il existe de nombreuses autres commandes magiques disponibles dans les Jupyter Notebooks qui peuvent vous aider à être plus productif. Par exemple, **%time** et **%timeit** peuvent être utilisées pour mesurer le temps d'exécution d'un morceau de code spécifique, tandis que **%load** peut être utilisée pour charger le contenu d'un fichier externe dans votre notebook.

Dans l'ensemble, les commandes magiques dans les Jupyter Notebooks sont un outil puissant qui peut vous aider à travailler de manière plus efficace et efficiente. En tirant parti de ces commandes, vous pouvez rationaliser votre flux de travail et vous concentrer sur les aspects importants de votre projet.

Extensions

Il existe une multitude de façons d'améliorer encore davantage les capacités de Jupyter Notebook. Un exemple est l'installation et l'utilisation de **jupyter_contrib_nbextensions**. Cette extension en particulier offre une multitude de fonctionnalités aux utilisateurs, notamment le repliement de code et la vérification orthographique.

De plus, il existe de nombreuses autres extensions disponibles pour Jupyter Notebook qui peuvent être explorées et exploitées pour améliorer votre expérience avec le notebook. Alors n'hésitez pas à vous plonger et à découvrir tout ce que Jupyter Notebook a à offrir !

Pour l'installer, vous pouvez exécuter :

```
pip install jupyter_contrib_nbextensions
```

Ensuite, vous pouvez activer les extensions via l'interface du notebook ou utiliser la commande :

```
jupyter contrib nbextension install --user
```

Collaboration

Partager vos notebooks est un processus remarquablement facile et pratique, ce qui peut vous faire économiser beaucoup de temps et d'efforts. Il existe plusieurs façons de partager vos notebooks, comme les envoyer par e-mail, les télécharger sur des plateformes populaires comme GitHub et les partager via le visualiseur nbviewer de Jupyter.

Cela facilite la collaboration sur des projets d'analyse de données en équipe, où le partage et la révision de notebooks constituent un aspect crucial du travail collectif. En partageant votre travail avec des collègues, vous pouvez recevoir des commentaires et des idées précieux qui peuvent vous aider à améliorer votre analyse et à obtenir de meilleurs résultats.

De plus, cela facilite le suivi de votre travail et son partage avec d'autres, garantissant que votre recherche est accessible et disponible pour ceux qui en ont besoin. Dans l'ensemble, le partage de vos notebooks est un aspect clé de l'analyse de données moderne, et il est important de tirer le meilleur parti des divers outils et plateformes disponibles pour maximiser votre productivité et atteindre vos objectifs.

Widgets interactifs

Les notebooks Jupyter sont un outil essentiel pour les data scientists et les analystes. L'une des caractéristiques les plus précieuses de Jupyter est son support robuste pour les widgets interactifs. Avec des widgets tels que des curseurs, des boutons et d'autres éléments d'interface utilisateur, les utilisateurs peuvent manipuler les données en temps réel.

Cette capacité est particulièrement utile pour visualiser les données et explorer comment différents points de données interagissent entre eux. En offrant une expérience plus engageante et conviviale, les widgets contribuent à rendre les notebooks Jupyter plus accessibles à un plus large éventail d'utilisateurs. De plus, l'utilisation de widgets peut également améliorer la collaboration entre les membres de l'équipe en permettant une exploration et une analyse des données plus intuitives et interactives.

Dans l'ensemble, l'inclusion de widgets interactifs dans Jupyter est une caractéristique clé qui le distingue des autres outils d'analyse de données et en fait une partie indispensable de la boîte à outils de tout data scientist.

Pour commencer avec les widgets, vous devrez d'abord installer le package **ipywidgets** :

```
pip install ipywidgets
```

Ensuite, vous pouvez utiliser des widgets pour créer des fonctions interactives. Par exemple, un simple curseur peut être créé comme ceci :

```python
from ipywidgets import interact
import numpy as np
import matplotlib.pyplot as plt

def plot_sine_wave(frequency=1.0):
    x = np.linspace(0, 2*np.pi, 1000)
    y = np.sin(frequency * x)

    plt.plot(x, y)
    plt.show()

interact(plot_sine_wave, frequency=(0.5, 10.0))
```

Exécutez la cellule, et vous verrez qu'un curseur apparaît sous le graphique, vous permettant de changer la fréquence de l'onde sinusoïdale en temps réel.

4.3 Git pour le contrôle de version

Lorsque vous vous lancez dans votre parcours d'analyse de données avec Python, il est important de garder à l'esprit que le domaine est vaste et en constante évolution. Vous êtes susceptible de rencontrer des défis et des obstacles en cours de route, mais avec les bons outils et stratégies, vous pouvez les surmonter.

L'un de ces outils est Git, un système de contrôle de version qui vous permet de suivre les modifications dans vos fichiers de code et de données. En implémentant Git dans vos projets d'analyse de données, vous pouvez être certain de pouvoir suivre les modifications effectuées et revenir facilement aux versions précédentes si nécessaire.

Non seulement cela rend vos projets plus gérables, mais cela vous donne également la tranquillité d'esprit en sachant que vos données sont sécurisées et facilement accessibles. Dans la section suivante, nous approfondirons la configuration et l'utilisation de Git, en vous fournissant les connaissances et les compétences nécessaires pour faire passer vos projets d'analyse de données au niveau supérieur.

4.3.1 Pourquoi utiliser Git ?

Avant de plonger dans les détails techniques, explorons plus en profondeur les avantages de l'utilisation de Git.

Tout d'abord, Git fournit des capacités de versionnement qui vous permettent de maintenir différentes versions de vos fichiers. Cette fonctionnalité offre une vue historique de votre travail, ce qui facilite la compréhension des modifications et le débogage des problèmes. De plus, elle vous permet de revenir à une version antérieure de votre travail si nécessaire.

Un autre avantage significatif de l'utilisation de Git réside dans ses capacités de collaboration. Plusieurs personnes peuvent travailler sur le même projet sans se gêner mutuellement. Git gère la fusion des modifications provenant de plusieurs collaborateurs de manière fluide, ce qui rend la collaboration plus efficace et productive.

Enfin, Git fournit une solution de sauvegarde efficace pour votre base de code. En stockant votre travail dans un dépôt Git distant, vous pouvez facilement passer d'un ordinateur à l'autre sans perdre aucune progression. Ceci est particulièrement utile en cas de défaillance matérielle ou d'autres événements imprévus pouvant causer une perte de données.

En résumé, l'utilisation de Git offre des avantages significatifs pour les projets de développement logiciel. Elle permet le contrôle de version, la collaboration et les capacités de sauvegarde, ce qui rend le travail plus efficace, sécurisé et moins sujet aux erreurs.

4.3.2 Installation de Git

L'installation de Git est simple. Sur macOS et Linux, vous pouvez utiliser le terminal pour exécuter :

```
sudo apt-get install git  # For Ubuntu and other Debian-based systems
```

Ou,

```
brew install git  # For macOS
```

Pour Windows, vous pouvez télécharger l'installateur depuis git-scm.com et suivre les instructions d'installation.

4.3.3 Commandes de base de Git

Examinons quelques commandes de base de Git que vous utiliserez fréquemment :

1. **Initialiser un dépôt** : Pour commencer à suivre des fichiers avec Git, naviguez jusqu'au répertoire de votre projet dans le terminal et exécutez :

    ```
    git init
    ```

2. **Ajouter des fichiers** : Pour ajouter des fichiers au dépôt, utilisez :

    ```
    git add <filename>
    ```

    Pour ajouter tous les fichiers, utilisez :

    ```
    git add .
    ```

3. **Valider les modifications** : Après avoir ajouté des fichiers, validez vos modifications :

```
git commit -m "Initial commit"
```

4. **Voir le statut** : Pour voir le statut de votre dépôt, exécutez :

```
git status
```

5. **Pousser vers le dépôt distant** : Pour pousser vos modifications locales vers un dépôt distant (par exemple, GitHub), ajoutez d'abord l'URL distante :

```
git remote add origin <repository_url>
```

Ensuite, poussez les modifications :

```
git push -u origin master
```

Ces commandes ne font qu'effleurer la surface, mais elles sont suffisantes pour commencer. Au fur et à mesure que vous vous sentirez plus à l'aise, vous pourrez explorer des fonctionnalités plus avancées comme les branches, les fusions et le rebase pour améliorer vos pratiques de contrôle de version.

En intégrant Git dans votre flux de travail d'analyse de données, vous vous permettez de mieux suivre les modifications et de surveiller la progression de vos projets. Cet outil facilite également la collaboration avec des collègues, le partage de votre travail et la réception de commentaires en temps réel. De plus, les capacités de contrôle de version de Git permettent la maintenance à long terme du code, garantissant que votre code est toujours à jour, organisé et facile à comprendre. Dans le monde actuel de l'analyse de données moderne, Git n'est pas simplement un autre outil, mais une pratique essentielle pour tout professionnel du domaine.

4.3.4 Meilleures pratiques de Git pour l'analyse de données

1. **.gitignore** : Lorsque vous travaillez sur des projets d'analyse de données, il est important de maintenir votre dépôt Git léger afin qu'il puisse être facilement partagé avec d'autres. Pour y parvenir, vous devez utiliser un fichier **.gitignore** pour exclure les grands ensembles de données du versionnage. Ce faisant, vous vous assurerez que seul le code et les données nécessaires sont inclus dans le dépôt. Cela facilitera non seulement la navigation dans votre dépôt, mais garantira également qu'il reste efficace et optimisé pour les performances.Exemple de **.gitignore** :

```
# .gitignore file
*.csv
*.xlsx
data/
```

2. **Messages de commit** : Il est essentiel d'écrire des messages de commit significatifs qui peuvent aider à documenter les modifications effectuées. Lorsque vous écrivez un résumé des modifications apportées, il devient plus facile de suivre l'historique du projet et de comprendre le contexte de chaque changement. Les messages de commit peuvent également aider d'autres membres de l'équipe à comprendre ce qui a été fait et pourquoi c'était nécessaire. En plus d'écrire un résumé des modifications effectuées, il est également utile d'inclure des détails spécifiques tels que les fichiers qui ont été modifiés, les lignes de code qui ont été changées et tout problème qui a été résolu par les modifications. Ce faisant, vous pouvez vous assurer que l'historique du projet est clair et que les futurs collaborateurs peuvent facilement comprendre les modifications apportées.Bon message de commit :

```
git commit -m "Added data preprocessing steps for outlier removal"
```

3. **Branchement** : Le branchement est une technique utile qui vous permet de travailler sur différentes fonctionnalités ou analyses sans modifier la branche principale de votre projet. Cela aide à maintenir votre branche principale propre et vous permet d'expérimenter de nouvelles idées sans affecter la stabilité de votre projet. Une fois que vous avez apporté des modifications à votre branche et que vous êtes sûr qu'elles fonctionnent correctement, vous pouvez les fusionner à nouveau dans la branche principale. Cela incorporera vos modifications dans la branche principale et garantira que tout le monde a accès à la dernière version de votre travail. En utilisant les branches de manière efficace, vous pouvez améliorer la collaboration et faciliter la gestion de projets complexes.Créez une nouvelle branche :

```
git checkout -b feature/linear-regression-analysis
```

4. **Commits réguliers** : Il est recommandé d'effectuer des commits fréquents et petits plutôt que des commits grands et peu fréquents. Cette approche permet un meilleur suivi des modifications, une identification facile des problèmes et un flux de travail plus efficace. De plus, elle garantit que chaque commit se concentre sur une tâche ou une fonctionnalité spécifique, ce qui peut aider avec le débogage et la révision du code. En divisant les modifications plus importantes en morceaux plus petits et gérables, cela facilite également l'annulation des modifications si nécessaire, minimisant le risque de conséquences imprévues. En général, l'adoption d'une stratégie de commits réguliers peut conduire à un processus de développement plus organisé et efficace.

5. **Révision de code** : Avant de fusionner des branches, il est important de réviser le code pour garantir sa qualité et sa cohérence. Ce processus comprend l'examen attentif du code pour identifier tout problème et s'assurer qu'il suit les directives de style convenues. Dans les environnements d'équipe, cela implique souvent l'utilisation de demandes d'extraction (Pull Requests), qui permettent aux membres de l'équipe de

réviser le code des autres et de fournir des commentaires. Les demandes d'extraction peuvent être une excellente opportunité d'apprendre des autres et d'améliorer la qualité globale du code. De plus, la révision de code peut aider à détecter les erreurs et autres problèmes avant qu'ils n'atteignent le produit final, ce qui permet d'économiser du temps et de l'argent à long terme.

6. **Sauvegarde** : Vous devriez toujours avoir une sauvegarde distante de votre dépôt. Des plateformes comme GitHub, GitLab et Bitbucket fournissent cette fonctionnalité, généralement gratuitement. De plus, il est recommandé d'avoir une sauvegarde locale de votre dépôt en cas de problèmes de connectivité Internet ou d'interruption de service du serveur. Cela peut être réalisé en utilisant des disques durs externes ou des services de stockage dans le cloud comme Google Drive ou Dropbox. Il est important de mettre à jour régulièrement vos sauvegardes pour vous assurer d'avoir la version la plus récente de votre code en cas d'urgence. C'est également une bonne idée d'avoir plusieurs sauvegardes dans différents emplacements pour minimiser le risque de perte de données en raison de catastrophes telles que des inondations ou des incendies.

En suivant ces meilleures pratiques, vous pouvez rendre votre flux de travail d'analyse de données plus efficace et robuste. Il est important d'avoir une compréhension approfondie des données avec lesquelles vous travaillez pour extraire les informations les plus précieuses. De plus, l'utilisation d'outils comme Git peut grandement améliorer votre productivité et vous permettre de collaborer efficacement avec votre équipe.

Cependant, il est crucial de s'assurer que tous les membres de votre équipe sont compétents dans l'utilisation de Git pour maximiser son efficacité. Investir du temps dans la formation et l'éducation peut optimiser l'utilisation de Git et d'autres outils pour rationaliser votre flux de travail et obtenir de meilleurs résultats dans votre analyse de données.

Exercices Pratiques Chapitre 4

Exercice 1 : Installation d'Anaconda

1. Téléchargez le programme d'installation d'Anaconda pour votre système d'exploitation depuis le site web officiel d'Anaconda.

2. Suivez les instructions d'installation et validez l'installation en exécutant la commande suivante dans votre terminal :

```
conda --version
```

3. Partagez votre capture d'écran de l'installation réussie comme preuve d'achèvement.

Exercice 2 : Concepts de Base de Jupyter Notebook

1. Lancez Jupyter Notebook en tapant **jupyter notebook** dans le terminal.

2. Créez un nouveau carnet Jupyter et nommez-le **Mon_Premier_Carnet**.

3. Dans le carnet, créez les éléments suivants :

    o   Une cellule Markdown avec un titre de niveau 1 qui dit « Mon Premier Carnet ».

    o   Une cellule de code qui affiche **Bonjour, le Monde !**

```
print("Bonjour, le Monde !")
```

4. Enregistrez et téléchargez le carnet.

Exercice 3 : Git pour le Contrôle de Version

1. Installez Git si vous ne l'avez pas encore fait. Validez l'installation en exécutant la commande suivante dans votre terminal :

```
git --version
```

2. Créez un nouveau répertoire et initialisez un nouveau dépôt Git à l'intérieur.

```
mkdir mon_projet_git
cd mon_projet_git
git init
```

3. Créez un fichier **.gitignore** et ajoutez une règle pour ignorer les fichiers **.DS_Store** (si vous êtes sur Mac).Exemple de **.gitignore** :

```
.DS_Store
```

4. Validez le fichier **.gitignore** dans votre dépôt.

```
git add .gitignore
git commit -m "Ajouté .gitignore"
```

5. Créez un nouveau fichier nommé **README.md** et écrivez « Ceci est mon premier projet Git » à l'intérieur.

6. Validez ce nouveau fichier dans votre dépôt Git.

```
git add README.md
git commit -m "Ajouté README"
```

Ces exercices devraient vous donner une expérience pratique avec les concepts couverts dans ce chapitre. Suivez-les et vous aurez configuré votre premier environnement d'analyse de données, complet avec le contrôle de version.

Conclusion du Chapitre 4

Félicitations d'avoir complété ce chapitre crucial de votre parcours d'analyse de données avec Python ! À ce stade, vous avez construit avec succès un environnement robuste qui vous équipe pour vous plonger dans des tâches plus complexes. Que vous soyez un chercheur académique, un data scientist ou simplement quelqu'un de curieux du monde de l'analyse de données, ces outils s'avéreront être des atouts inestimables.

La distribution Anaconda offre une plateforme unifiée et simplifiée pour accéder à certains des packages Python les plus essentiels pour l'analyse de données. Grâce à son processus d'installation facile, Anaconda agit comme la première porte d'entrée vers un monde regorgeant de données, attendant d'être analysées et comprises. Son installation peut sembler une étape triviale, mais avoir les bons outils installés de manière simple peut vous faire gagner d'innombrables heures à long terme.

Jupyter Notebook étend encore davantage cet ensemble d'outils en offrant un environnement interactif où vous pouvez effectuer des analyses, visualiser des données et même documenter vos méthodologies pour le bénéfice de collaborateurs ou de votre futur vous. Sa capacité d'interactivité ne peut être exagérée. En vous permettant de visualiser les résultats de votre code en temps réel, il comble le fossé entre la théorie et la pratique, rendant l'ensemble du processus d'apprentissage plus captivant et gratifiant.

Git ajoute un autre niveau de sophistication à votre configuration. Dans le monde collaboratif d'aujourd'hui, comprendre le contrôle de version n'est pas simplement une compétence supplémentaire mais une nécessité. Avec Git, vous pouvez suivre les modifications, revenir à des versions antérieures de votre projet et collaborer de manière plus efficace. En tant qu'outil de contrôle de version, Git élimine le fossé entre le travail en solitaire et le travail collaboratif, facilitant la contribution des équipes à un projet unifié.

Les exercices de ce chapitre sont conçus pour offrir une expérience pratique et directe avec chacun de ces outils essentiels. Si vous les avez complétés, vous n'avez pas seulement lu sur ces outils, mais vous les avez réellement utilisés. Cette expérience est inestimable et servira de fondation solide sur laquelle vous pouvez construire des compétences plus avancées.

La beauté de l'analyse de données réside dans sa nature interdisciplinaire. Que vous soyez dans la santé, les affaires, les sciences sociales, l'ingénierie ou tout autre domaine, les outils que vous avez configurés dans ce chapitre vous permettront de prendre des décisions plus éclairées basées sur les données. Avec cet ensemble puissant d'outils à votre disposition, vous êtes plus que prêt à passer aux aspects plus avancés et passionnants de l'analyse de données avec Python.

Quiz pour la Partie II : Fondamentaux de Python pour l'Analyse de Données

Questions à Choix Multiples

1. **Quelle distribution de Python offre une plateforme unifiée pour l'analyse de données ?**

    - o [ ] PIP

    - o [ ] PyPy

    - o [ ] Anaconda

    - o [ ] CPython

2. **Dans un Jupyter Notebook, comment exécutez-vous une cellule ?**

    - o [ ] Alt + Entrée

    - o [ ] Shift + Entrée

    - o [ ] Ctrl + Entrée

    - o [ ] Entrée + Entrée

3. **Laquelle des structures de contrôle suivantes vous permet d'exécuter un bloc de code plusieurs fois ?**

    - o [ ] If-Else

    - o [ ] Boucle

    - o [ ] Fonction

    - o [ ] Module

4. **Quel est le rôle principal de Git ?**

    - o [ ] Visualisation de Données

    - o [ ] Développement Web

    - o [ ] Contrôle de Version

o   [ ] Analyse de Données

5. **Quel type de donnée Python est mutable ?**

o   [ ] Chaîne

o   [ ] Tuple

o   [ ] Liste

o   [ ] Entier

Questions Vrai/Faux

6. **Vous ne pouvez installer des paquets Python que via Anaconda.**

o   [ ] Vrai

o   [ ] Faux

7. **Les fonctions en Python peuvent retourner plusieurs valeurs.**

o   [ ] Vrai

o   [ ] Faux

8. **En Python, les noms de variables sont sensibles à la casse.**

o   [ ] Vrai

o   [ ] Faux

9. **Les Jupyter Notebooks sauvegardent automatiquement votre travail.**

o   [ ] Vrai

o   [ ] Faux

10. **Git vous permet de revenir à des versions antérieures de votre projet.**

o   [ ] Vrai

o   [ ] Faux

Corrigé :

1. Anaconda

2. Shift + Entrée

3. Boucle

4. Contrôle de Version

5. Liste

6. Faux

7. Vrai

8. Faux

9. Faux

10. Vrai

Partie III : Bibliothèques Essentielles pour l'Analyse de Données

Chapitre 5 : Fondamentaux de NumPy

Bienvenue dans la troisième partie de notre voyage à travers les Fondamentaux de l'Analyse de Données avec Python. Maintenant que vous avez configuré votre environnement Python et compris les concepts de base de la programmation en Python, il est temps de plonger dans les bibliothèques spécifiques qui font de Python un outil si puissant pour l'analyse de données. La première bibliothèque que nous explorerons est NumPy, qui signifie Python Numérique.

NumPy est l'une des bibliothèques les plus fondamentales pour les calculs numériques en Python. Elle fournit un support pour des tableaux et des matrices de grande taille et multidimensionnels, ainsi qu'une vaste collection de fonctions mathématiques pour opérer sur ces structures de données. Que vous effectuiez des opérations mathématiques de base ou que vous travailliez avec de l'algèbre linéaire complexe, NumPy a tout ce dont vous avez besoin. La bibliothèque est incroyablement rapide, en partie parce qu'elle est construite en C, ce qui la rend non seulement polyvalente mais aussi efficace pour gérer de grands ensembles de données.

Alors, que pouvez-vous attendre de ce chapitre ? Nous commencerons par comprendre les structures de données de base dans NumPy, telles que les tableaux et les matrices. Ensuite, nous couvrirons les opérations mathématiques et les manipulations de tableaux. Enfin, nous jetterons un coup d'œil à certaines fonctions avancées de NumPy. À la fin de ce chapitre, vous serez bien préparé pour utiliser NumPy pour une large gamme de tâches de calcul numérique.

Ne perdons pas plus de temps et commençons par les éléments de base fondamentaux de NumPy : les tableaux et les matrices !

5.1 Tableaux et Matrices

Les tableaux sont une partie essentielle de NumPy, et les comprendre est crucial pour maîtriser cette puissante bibliothèque. Un tableau est une structure de données qui peut stocker plusieurs valeurs simultanément. En utilisant des tableaux, vous pouvez effectuer des opérations sur des ensembles entiers de données, ce qui en fait un moyen efficace de traiter de grandes quantités de données.

Les tableaux NumPy sont homogènes, ce qui signifie que leurs éléments doivent être du même type de données. Cela permet un calcul plus rapide et une utilisation plus efficace de la mémoire. En général, maîtriser les tableaux dans NumPy est une étape clé pour devenir un utilisateur expert de cette impressionnante bibliothèque.

Voici comment vous pouvez créer un tableau simple dans NumPy :

```python
import numpy as np

# Create a 1-dimensional array
one_d_array = np.array([1, 2, 3, 4, 5])
print("1D Array:", one_d_array)
```

Sortie : **Tableau 1D : [1 2 3 4 5]**

Les tableaux peuvent être multidimensionnels. Par exemple, voici un tableau à 2 dimensions, que vous pouvez considérer comme une matrice :

```python
# Create a 2-dimensional array
two_d_array = np.array([[1, 2, 3], [4, 5, 6], [7, 8, 9]])
print("2D Array:")
print(two_d_array)
```

Sortie :

```
2D Array:
[[1 2 3]
 [4 5 6]
 [7 8 9]]
```

L'importance des tableaux NumPy ne peut être exagérée. Ils offrent un niveau de flexibilité et d'efficacité inégalé qui permet des opérations élément par élément aisées, des calculs statistiques et même de l'algèbre linéaire. La fonctionnalité des tableaux est à la fois large et profonde, avec de nombreuses couches de complexité à découvrir.

En effet, les tableaux ne sont pas seulement une structure de données dans NumPy ; ils représentent le fondement même sur lequel toutes les autres fonctionnalités sont construites. En investissant du temps et des efforts pour comprendre les tableaux et les matrices, vous vous préparez au succès alors que vous vous aventurez plus profondément dans le domaine de l'analyse de données avec Python.

En plus de leurs applications mathématiques, les tableaux NumPy ont un large éventail d'utilisations pratiques. Par exemple, ils peuvent être utilisés dans la manipulation et la visualisation de données, ce qui en fait un outil essentiel pour tout scientifique des données. De plus, leur capacité à gérer de grands ensembles de données avec facilité les rend indispensables dans des domaines tels que l'apprentissage automatique et l'intelligence artificielle.

En résumé, comprendre les tableaux NumPy n'est pas seulement crucial pour l'analyse de données, mais pour un large éventail d'applications dans divers domaines. En consacrant du temps à apprendre sur les tableaux et leurs nombreuses utilisations, vous disposerez d'un outil puissant qui vous aidera à atteindre vos objectifs et à résoudre des problèmes complexes avec facilité.

Tout est clair jusqu'à présent ? Merveilleux, continuons !

5.1.1 Opérations Supplémentaires sur les Tableaux

Découpage de Tableaux

Les tableaux NumPy peuvent être découpés de manière similaire aux listes Python. Cela signifie que vous pouvez extraire des portions spécifiques d'un tableau. Cependant, les tableaux NumPy ont l'avantage supplémentaire de pouvoir découper en plusieurs dimensions.

Cela vous permet d'extraire des sous-ensembles plus complexes du tableau. Par exemple, vous pouvez sélectionner une plage de valeurs d'une dimension et une valeur spécifique d'une autre dimension. De plus, vous pouvez utiliser l'indexation booléenne pour sélectionner des éléments qui remplissent certaines conditions. Cela vous offre beaucoup de flexibilité lorsqu'il s'agit de manipuler et d'analyser des données de tableau.

```
# Array slicing on 2D array
sub_array = two_d_array[0:2, 0:2]
print("Sliced Array:")
print(sub_array)
```

Sortie :

```
Sliced Array:
[[1 2]
 [4 5]]
```

Modification de la Forme des Tableaux

Modifier la forme d'un tableau est un processus simple qui peut être réalisé en appelant une méthode. Cette méthode permet au tableau d'être transformé et ajusté pour répondre aux besoins spécifiques de l'utilisateur. De plus, l'utilisateur peut modifier la forme du tableau pour travailler avec différents types de données ou pour obtenir une sortie souhaitée.

Cette capacité offre à l'utilisateur une grande flexibilité et un contrôle sur ses données, ce qui leur permet de les manipuler de diverses manières pour répondre à leurs besoins. En fin de compte, la capacité de modifier facilement la forme d'un tableau est une caractéristique importante qui permet aux utilisateurs de travailler de manière plus efficace et efficiente avec leurs données.

```
# Reshape a 1D array to a 2D array with 5 rows and 1 column
```

```
reshaped_array = one_d_array.reshape(5, 1)
print("Reshaped Array:")
print(reshaped_array)
```

Sortie :

```
Reshaped Array:
[[1]
 [2]
 [3]
 [4]
 [5]]
```

Opérations Élément par Élément

Effectuer des opérations mathématiques sur chaque élément du tableau n'a jamais été aussi facile. Que vous ayez besoin d'additionner, de soustraire, de multiplier ou de diviser des éléments individuels, ce processus peut maintenant être réalisé avec facilité.

De plus, cette capacité ne se limite pas aux opérations arithmétiques simples ; des fonctions mathématiques plus complexes, telles que les fonctions logarithmiques ou exponentielles, peuvent également être appliquées à chaque élément du tableau avec facilité. Avec ces capacités avancées, vous pouvez maintenant extraire plus de valeur et de signification de vos données que jamais auparavant.

```
# Element-wise addition
sum_array = one_d_array + 2
print("Sum Array:", sum_array)
```

Sortie : **Tableau Somme : [3 4 5 6 7]**

Méthodes Statistiques de Base

Pour analyser davantage les données, il est important de calculer non seulement des statistiques de base comme la moyenne et l'écart type, mais aussi des mesures statistiques plus avancées comme l'asymétrie, l'aplatissement et les coefficients de corrélation. Ces mesures statistiques supplémentaires fourniront une compréhension plus complète des données et permettront une analyse plus approfondie.

De plus, il peut également être bénéfique de comparer les statistiques calculées avec celles d'autres ensembles de données similaires pour déterminer toute différence ou tendance significative. En général, bien que le calcul de statistiques de base soit un bon point de départ, l'incorporation de mesures statistiques plus avancées améliorera considérablement l'analyse et l'interprétation des données.

```
# Calculate mean
mean_val = np.mean(one_d_array)
```

```
print("Mean:", mean_val)

# Calculate standard deviation
std_val = np.std(one_d_array)
print("Standard Deviation:", std_val)
```

Sortie :

```
Mean: 3.0
Standard Deviation: 1.4142135623730951
```

Les opérations mentionnées ci-dessus ne sont qu'une petite fraction de ce que vous pouvez accomplir avec les tableaux NumPy. Avec NumPy, vous disposez d'une vaste gamme d'outils pour manipuler et analyser des données, ce qui vous permet d'effectuer des opérations complexes avec facilité.

Par exemple, vous pouvez utiliser NumPy pour créer des tableaux multidimensionnels, qui sont incroyablement utiles en calcul scientifique, en analyse de données et en apprentissage automatique. NumPy inclut également des fonctions pour l'analyse statistique, comme le calcul de la moyenne, de la médiane et de l'écart type d'un ensemble de données. Ces fonctions sont hautement optimisées pour les performances, ce qui les rend beaucoup plus rapides que leurs équivalents en Python.

De plus, NumPy fournit des outils pour l'algèbre linéaire, comme la multiplication et la décomposition de matrices, qui sont essentiels dans de nombreuses applications scientifiques et d'ingénierie. En général, NumPy est une bibliothèque puissante qui peut considérablement améliorer les capacités de Python pour l'analyse de données et le calcul scientifique.

Diffusion

NumPy, abréviation de Python Numérique, est un package en Python qui est utilisé pour effectuer des calculs scientifiques. Il fournit un objet de tableau N-dimensionnel puissant qui peut être utilisé pour effectuer diverses opérations mathématiques. L'une des caractéristiques les plus importantes de NumPy est sa capacité à effectuer des opérations entre des tableaux qui n'ont pas la même forme, en diffusant les tableaux plus petits à travers les tableaux plus grands.

Cela facilite la réalisation de calculs complexes et la manipulation de grands ensembles de données. NumPy fournit également une variété de fonctions mathématiques qui peuvent être appliquées aux tableaux, y compris les fonctions trigonométriques, les logarithmes et les exponentielles. De plus, NumPy peut être utilisé pour créer des graphiques, des histogrammes et d'autres visualisations qui aident dans l'analyse de données. En général, NumPy est un outil essentiel pour quiconque travaille avec des données en Python.

```
# Adding a scalar to a 2D array
result = two_d_array + 2
```

```
print("Result of broadcasting:")
print(result)
```

Sortie :

```
Result of broadcasting:
[[3 4]
 [6 7]
 [9 10]]
```

Empilement

Une façon possible de combiner plusieurs tableaux en un seul tableau est d'utiliser la fonction **concatenate**. Cette fonction vous permet de combiner des tableaux soit verticalement soit horizontalement, selon le résultat souhaité. En combinant des tableaux verticalement, vous pouvez les empiler les uns sur les autres pour créer un nouveau tableau avec plus de lignes.

D'autre part, en combinant des tableaux horizontalement, vous pouvez les placer côte à côte pour créer un nouveau tableau avec plus de colonnes. Cela peut être utile lorsque vous devez travailler avec de grands ensembles de données ou lorsque vous souhaitez simplifier votre code en réduisant le nombre de tableaux avec lesquels vous travaillez.

```
# Stacking arrays vertically
stacked_vertically = np.vstack((one_d_array, one_d_array))
print("Vertically stacked:")
print(stacked_vertically)

# Stacking arrays horizontally
stacked_horizontally = np.hstack((one_d_array, one_d_array))
print("Horizontally stacked:")
print(stacked_horizontally)
```

Sortie :

```
Vertically stacked:
[[1 2 3 4 5]
 [1 2 3 4 5]]

Horizontally stacked:
[1 2 3 4 5 1 2 3 4 5]
```

Indexation Avancée

Une façon de rendre votre code plus efficace est d'utiliser d'autres tableaux ou des conditions pour indexer dans des tableaux. Par exemple, vous pouvez créer un tableau séparé qui contient uniquement les valeurs auxquelles vous devez accéder fréquemment, puis utiliser ce tableau comme index pour accéder au tableau original. Cela peut aider à réduire le nombre de fois où vous devez itérer à travers le tableau original, ce qui peut être particulièrement important pour les grands tableaux comportant de nombreux éléments.

Une autre façon d'optimiser votre code est d'utiliser des conditions pour filtrer les données inutiles avant d'accéder à un tableau. Cela peut aider à réduire la quantité de données qui doivent être traitées, ce qui peut être particulièrement important pour les algorithmes complexes qui nécessitent beaucoup de ressources informatiques.

En incorporant ces techniques dans votre code, vous pouvez non seulement le rendre plus efficace, mais aussi plus performant.

```python
# Boolean indexing
condition = one_d_array > 3
filtered_array = one_d_array[condition]
print("Filtered array:", filtered_array)

# Fancy indexing
indices = [0, 4]
extracted_values = one_d_array[indices]
print("Extracted values:", extracted_values)
```

Sortie :

```
Filtered array: [4 5]
Extracted values: [1 5]
```

Maintenant, plongeons dans le sujet des opérations de base que vous pouvez effectuer en utilisant NumPy. Ces opérations constituent la pierre angulaire de la manipulation de données en Python et sont essentielles pour tout aspirant ingénieur en IA ou scientifique des données. Comprendre ces opérations de base rendra non seulement votre parcours de programmation plus fluide, mais accélérera également considérablement vos processus d'analyse de données.

5.2 Opérations de Base

5.2.1 Opérations Arithmétiques

NumPy est un outil puissant qui peut vous aider à effectuer une large gamme d'opérations mathématiques sur des tableaux. L'une des caractéristiques clés qui rendent NumPy si utile est sa capacité à effectuer des opérations élément par élément. Cette fonctionnalité vous permet d'appliquer une opération à chaque élément d'un tableau sans avoir besoin d'utiliser une boucle, ce qui peut vous faire économiser une quantité considérable de temps et d'efforts.

En plus des opérations élément par élément, NumPy offre également d'autres fonctionnalités utiles pour travailler avec des tableaux. Par exemple, vous pouvez utiliser NumPy pour effectuer des opérations mathématiques de base telles que l'addition, la soustraction, la multiplication et la division sur des tableaux, ainsi que des opérations plus avancées comme la multiplication de matrices et les produits scalaires.

Un autre avantage de l'utilisation de NumPy est qu'il vous permet de travailler avec de grands ensembles de données de manière plus efficace. Parce que NumPy est optimisé pour les opérations numériques, il peut traiter de grands tableaux beaucoup plus rapidement que le code Python standard. Cela signifie que vous pouvez effectuer des calculs et des analyses complexes sur de grands ensembles de données sans avoir à vous soucier de problèmes de performance.

En général, NumPy est un outil essentiel pour toute personne travaillant avec des tableaux et ayant besoin d'effectuer des opérations mathématiques sur ceux-ci. Ses opérations élément par élément et autres fonctionnalités en font un outil puissant et efficace pour l'analyse de données, le calcul scientifique et de nombreuses autres applications.

Exemple :

```
import numpy as np

# Create two arrays for demonstration
a = np.array([1, 2, 3])
b = np.array([4, 5, 6])

# Element-wise addition
c = a + b
print("Element-wise addition:", c)

# Element-wise subtraction
d = a - b
print("Element-wise subtraction:", d)

# Element-wise multiplication
e = a * b
print("Element-wise multiplication:", e)

# Element-wise division
f = a / b
print("Element-wise division:", f)
```

Sortie :

```
Element-wise addition: [5 7 9]
Element-wise subtraction: [-3 -3 -3]
Element-wise multiplication: [ 4 10 18]
Element-wise division: [0.25 0.4  0.5 ]
```

5.2.2 Fonctions d'Agrégation

NumPy offre une large gamme de fonctions pour manipuler et analyser les données au sein d'un tableau. En plus des opérations mathématiques fondamentales, comme l'addition et la soustraction, NumPy fournit plusieurs fonctions d'agrégation pour résumer les données dans un tableau.

Ces fonctions incluent **sum**, qui calcule la somme des éléments du tableau, **mean**, qui calcule la moyenne des éléments du tableau, **std**, qui calcule l'écart type du tableau, **min**, qui retourne la valeur minimale du tableau, et **max**, qui retourne la valeur maximale du tableau.

En employant ces fonctions, les analystes de données et les chercheurs peuvent obtenir des informations plus approfondies sur leurs données et prendre des décisions plus éclairées basées sur les résultats de l'analyse de données.

Exemple :

```
# Using aggregation functions
array = np.array([1, 2, 3, 4, 5])

print("Sum:", np.sum(array))
print("Mean:", np.mean(array))
print("Standard Deviation:", np.std(array))
print("Minimum Value:", np.min(array))
print("Maximum Value:", np.max(array))
```

Sortie :

```
Sum: 15
Mean: 3.0
Standard Deviation: 1.4142135623730951
Minimum Value: 1
Maximum Value: 5
```

5.2.3 Opérations Booléennes

Les opérations booléennes sont incroyablement utiles lorsqu'il s'agit de filtrer des données en fonction de conditions spécifiques. Avec les opérations booléennes, vous pouvez manipuler les données d'une manière qui vous permet d'extraire plus facilement et plus efficacement les informations dont vous avez besoin.

Cela est particulièrement utile lorsque vous travaillez avec de grands ensembles de données, car il peut être difficile de filtrer toutes les informations pour trouver ce que vous cherchez. En utilisant des opérations booléennes, vous pouvez rapidement et efficacement affiner votre recherche pour trouver les points de données spécifiques qui sont les plus pertinents pour vos besoins.

De plus, comprendre comment utiliser les opérations booléennes est une compétence précieuse qui peut s'appliquer à un large éventail de domaines, y compris l'analyse de données, la programmation et même les mathématiques. Par conséquent, si vous cherchez à améliorer vos compétences en analyse de données, apprendre à utiliser les opérations booléennes est certainement un excellent point de départ.

Exemple :

```
# Create an array
array = np.array([1, 2, 3, 4, 5])

# Condition where array elements are greater than 2
condition = array > 2

# Using condition to filter array
filtered_array = array[condition]

print("Filtered array:", filtered_array)
```

Sortie :

```
Filtered array: [3 4 5]
```

Les opérations booléennes sont un outil puissant dans la manipulation de données, permettant des processus dynamiques et interactifs qui facilitent et rendent plus efficace l'extraction d'informations. En utilisant ces opérations, vous pouvez effectuer des tâches complexes telles que le filtrage et la fusion d'ensembles de données, ainsi que réaliser des calculs et des transformations sur vos données.

Pour devenir compétent dans l'analyse de données en utilisant Python et NumPy, il est essentiel de maîtriser les opérations booléennes de base. Ces connaissances serviront de fondation solide pour des concepts plus avancés comme l'apprentissage automatique et l'apprentissage profond, où la capacité à manipuler des tableaux et à effectuer des opérations est critique.

Au fur et à mesure que vous deviendrez plus expérimenté avec les opérations booléennes, vous découvrirez qu'elles peuvent s'appliquer à un large éventail de tâches de manipulation de données. Que vous travailliez avec de grands ou de petits ensembles de données, ces opérations fournissent une manière flexible et puissante d'extraire des informations et de prendre des décisions basées sur les données.

En résumé, maîtriser les opérations booléennes est une étape cruciale pour devenir un analyste de données performant. En comprenant comment utiliser ces opérations, vous pourrez manipuler les données de manière plus efficace et efficiente, vous préparant au succès dans votre parcours d'analyse de données.

5.2.4 Vectorisation

La vectorisation est une fonctionnalité puissante de NumPy qui permet de manipuler de grandes matrices de données avec facilité. En effectuant des opérations sur des matrices sans boucles explicites, NumPy peut augmenter considérablement la vitesse des calculs et rendre le code plus lisible. Cela signifie que les calculs mathématiques complexes peuvent être effectués de manière plus efficace et avec une plus grande précision, ce qui conduit à de meilleurs résultats et insights.

Par exemple, en utilisant la vectorisation, les scientifiques des données peuvent traiter de grands ensembles de données plus rapidement et avec une plus grande précision, ce qui leur permet d'identifier des motifs et des tendances qui seraient difficiles ou impossibles à détecter autrement. De plus, la vectorisation peut aider à simplifier le processus de codage, en réduisant les erreurs et en facilitant l'écriture et la maintenance du code au fil du temps.

Dans l'ensemble, la capacité de vectoriser les opérations est un outil essentiel pour toute personne travaillant avec de grands ensembles de données et des calculs complexes, et c'est l'une des raisons clés pour lesquelles NumPy est une bibliothèque si populaire et puissante dans le domaine de la science des données.

Exemple :

```python
# Vectorized operation
a = np.array([1, 2, 3])
b = np.array([4, 5, 6])

# Element-wise multiplication, without loops
result = a * b
print("Vectorized multiplication:", result)
```

Sortie :

```
Vectorized multiplication: [4 10 18]
```

En tirant parti des puissantes techniques de diffusion et de vectorisation, vous pouvez optimiser votre code pour atteindre une plus grande efficacité et performance. En appliquant ces techniques à vos tâches d'analyse de données, vous pouvez obtenir des temps de traitement plus rapides et une précision améliorée, même lorsque vous travaillez avec des ensembles de données extrêmement volumineux.

Avec la diffusion, vous pouvez appliquer efficacement une seule opération à plusieurs éléments d'une matrice à la fois, ce qui réduit considérablement les exigences de calcul de votre code. Pendant ce temps, la vectorisation vous permet d'effectuer des opérations mathématiques complexes sur des matrices entières, plutôt que sur des éléments individuels, ce qui vous permet d'écrire un code plus propre et concis qui est plus facile à comprendre et à maintenir.

En maîtrisant ces techniques et en les incorporant dans votre flux de travail d'analyse de données, vous pouvez débloquer de nouveaux niveaux d'efficacité et de productivité, et rester à la pointe de la concurrence dans l'environnement commercial axé sur les données d'aujourd'hui.

5.3 Fonctions NumPy Avancées

Maintenant que vous avez une compréhension solide des concepts de base de NumPy, il est temps de passer au niveau supérieur en explorant certaines de ses fonctionnalités plus avancées. Ces fonctionnalités ouvrent un monde complètement nouveau de possibilités en matière de manipulation et d'analyse de données.

En tirant parti de ces fonctions avancées, vous pourrez effectuer des opérations encore plus complexes et élaborées sur vos données, ce qui vous permettra d'obtenir des informations plus approfondies et de débloquer encore plus de valeur de vos ensembles de données. Alors préparez-vous à plonger et à découvrir l'ingrédient secret qui fait de NumPy un outil si puissant et polyvalent tant pour les scientifiques des données que pour les analystes !

5.3.1 Fonctions d'Agrégation

L'analyse de données implique souvent le processus d'agrégation des données pour dériver des statistiques récapitulatives telles que la moyenne, la somme ou l'écart type. C'est un aspect crucial de l'analyse de données car il fournit une compréhension plus claire des données et permet une prise de décision plus éclairée.

Heureusement, NumPy, une bibliothèque populaire pour l'analyse de données en Python, dispose d'une variété de fonctions d'agrégation intégrées pour simplifier ce processus pour les analystes. Ces fonctions sont conçues pour gérer de grands ensembles de données avec facilité, ce qui permet une analyse plus rapide et plus efficace.

De plus, NumPy offre également plusieurs options pour la manipulation, le nettoyage et la transformation des données qui peuvent aider davantage dans le processus d'analyse. En tirant parti de ces capacités, les analystes peuvent obtenir une vision plus approfondie des données et tirer des conclusions plus précises qui peuvent orienter les décisions et stratégies commerciales.

Exemple :

```python
import numpy as np

# Creating a sample array
arr = np.array([1, 2, 3, 4, 5])

# Summation
print("Sum:", np.sum(arr))
```

```
# Mean
print("Mean:", np.mean(arr))

# Standard Deviation
print("Standard Deviation:", np.std(arr))
```

Sortie :

```
Sum: 15
Mean: 3.0
Standard Deviation: 1.4142135623730951
```

5.3.2 Indexation et Découpage

Les listes Python peuvent être indexées et découpées. Cependant, avec les tableaux NumPy, vous avez l'avantage supplémentaire de pouvoir effectuer un découpage multidimensionnel. Cela est particulièrement utile lorsqu'il s'agit de matrices ou d'ensembles de données ayant plus de deux dimensions. Avec cette fonctionnalité, vous pouvez accéder et manipuler facilement des éléments spécifiques ou des sous-ensembles de données au sein du tableau.

Par exemple, vous pouvez découper un tableau pour extraire une ligne ou une colonne spécifique d'une matrice, ou accéder uniquement à une section particulière d'un ensemble de données de dimensions supérieures. Cette fonctionnalité est particulièrement bénéfique dans le calcul scientifique, où l'on a besoin d'analyser et de manipuler efficacement de grands ensembles de données. Par conséquent, l'utilisation de tableaux NumPy peut améliorer considérablement vos capacités d'analyse de données et rationaliser votre flux de travail.

Exemple :

```
# Creating a 3x3 matrix
matrix = np.array([[1, 2, 3], [4, 5, 6], [7, 8, 9]])

# Slicing: Getting the first two rows and first two columns
sub_matrix = matrix[:2, :2]
print("Sub Matrix:\\n", sub_matrix)
```

Sortie :

```
Sub Matrix:
 [[1 2]
 [4 5]]
```

5.3.3 Diffusion avec Opérations Avancées

Précédemment, nous avons mentionné la diffusion, qui est la capacité d'appliquer des opérations de base à des tableaux de formes et de tailles différentes. Cependant, il est important de noter que cette fonctionnalité ne se limite pas uniquement aux opérations arithmétiques simples. En fait, la diffusion peut également être utilisée avec des fonctions mathématiques beaucoup plus complexes, telles que les logarithmes et les exponentielles.

En tirant parti de la diffusion avec ces fonctions plus avancées, on peut effectuer des calculs complexes de manière rapide et efficace, sans avoir besoin de boucles fastidieuses et chronophages. Cela peut être particulièrement utile dans les applications scientifiques et d'ingénierie où il est nécessaire de traiter de grands ensembles de données de manière opportune.

Exemple :

```
# Broadcasting with the exponential function
exp_array = np.exp(arr)
print("Exponential Array:", exp_array)
```

Sortie :

```
Exponential Array: [ 2.71828183  7.3890561  20.08553692 54.59815003 148.4131591 ]
```

5.3.4 Opérations Logiques

NumPy est un outil puissant qui vous permet d'effectuer une large gamme d'opérations sur vos données. Avec NumPy, vous avez la capacité d'effectuer des opérations logiques élément par élément, ce qui est une fonctionnalité utile qui peut vous aider à filtrer vos données selon certaines conditions.

Cela peut être particulièrement utile lorsque vous travaillez avec de grands ensembles de données où le filtrage manuel peut être lent et sujet aux erreurs. De plus, NumPy offre une variété d'autres fonctionnalités et fonctions, telles que les opérations mathématiques, la manipulation de formes et la conversion de types de données, qui peuvent vous aider à analyser et manipuler vos données de manière plus efficace et performante.

En tirant parti de la puissance de NumPy, vous pouvez amener votre analyse de données au niveau supérieur et obtenir des informations précieuses qui peuvent propulser votre entreprise vers l'avant.

Exemple :

```
# Logical operation: greater than 2
logical_result = arr > 2
print("Logical Result:", logical_result)
```

Sortie :

```
Logical Result: [False False  True  True  True]
```

Il existe une multitude d'opportunités pour explorer et améliorer davantage vos compétences avec NumPy au-delà des fonctionnalités avancées discutées précédemment. Ces éléments, bien qu'ils fournissent une base solide, ne sont que la partie émergée de l'iceberg lorsqu'il s'agit d'utiliser NumPy à son plein potentiel.

En vous plongeant plus profondément dans le vaste monde de l'analyse de données, vous pourrez écrire un code de plus en plus efficace et élégant, perfectionnant encore davantage vos compétences et vous démarquant parmi vos pairs. Avec la polyvalence et la puissance de NumPy à portée de main, les possibilités sont infinies et le potentiel de croissance est illimité.

Maintenant, nous pourrions discuter de la façon d'utiliser NumPy pour gérer les données manquantes ou irrégulières, ce qui est un scénario courant dans l'analyse de données du monde réel. Cela se fait généralement en utilisant des valeurs spéciales comme **np.nan**.

5.3.5 Gestion des Données Manquantes

Dans les ensembles de données du monde réel, il n'est pas rare de rencontrer des données manquantes ou indéfinies, ce qui peut avoir un impact significatif sur l'analyse et l'interprétation des données. La présence de données manquantes peut conduire à des résultats biaisés, une réduction de la puissance statistique et même des conclusions incorrectes.

Heureusement, NumPy fournit un moyen de gérer ce type de situations grâce à l'objet **np.nan** (Not a Number - Pas un nombre). Cet objet sert de marqueur de position pour les données manquantes ou indéfinies et peut être utilisé pour créer des tableaux avec des valeurs manquantes. Ces tableaux peuvent ensuite être analysés en utilisant les fonctions de tableau de NumPy, qui ont des méthodes intégrées pour gérer les données manquantes.

En plus de **np.nan**, NumPy fournit également d'autres outils pour gérer les données manquantes, comme la fonction **np.isnan**, qui peut être utilisée pour détecter les valeurs manquantes dans un tableau, et la fonction **np.nan_to_num**, qui peut être utilisée pour remplacer les valeurs manquantes par une valeur ou une plage de valeurs spécifiée.

En résumé, la gestion des données manquantes de NumPy fournit une solution puissante et flexible pour traiter les ensembles de données du monde réel qui peuvent contenir des valeurs manquantes ou indéfinies.

Exemple :

```
# Creating an array with a missing value
arr_with_nan = np.array([1, 2, np.nan, 4, 5])

# Attempting a regular mean operation will result in nan
print("Mean:", np.mean(arr_with_nan))  # Output: nan

# To compute the mean while ignoring nan values
print("Mean without NaN:", np.nanmean(arr_with_nan))  # Output: 3.0
```

5.3.6 Réorganisation de Tableaux

Lorsque vous travaillez avec des tableaux, il est courant de rencontrer des scénarios où vous devez modifier la forme de votre tableau pour l'adapter à un besoin particulier. Cela pourrait impliquer de transformer un tableau unidimensionnel en un tableau bidimensionnel ou même en un tableau de dimensions supérieures.

Quelle que soit la forme de tableau requise, NumPy fournit une fonction utile appelée **reshape()** qui peut être utilisée pour y parvenir. Grâce à la fonction **reshape()**, vous pouvez facilement modifier la structure de votre tableau pour qu'elle s'adapte aux besoins spécifiques de vos tâches de manipulation de données avec peu d'effort.

Exemple :

```
# Creating an array with 9 elements
one_d_array = np.array([1, 2, 3, 4, 5, 6, 7, 8, 9])

# Reshaping it to a 3x3 matrix
three_d_array = one_d_array.reshape(3, 3)
print("Reshaped Array:\\n", three_d_array)
```

Sortie :

```
Reshaped Array:
 [[1 2 3]
 [4 5 6]
 [7 8 9]]
```

En comprenant comment réorganiser les tableaux et gérer les données manquantes, vous serez beaucoup mieux préparé pour faire face aux défis que vous rencontrerez dans les projets d'analyse de données. Comprendre les concepts de réorganisation de tableaux et de gestion des données manquantes est essentiel pour tout projet d'analyse de données. Avec ces connaissances, vous pouvez manipuler les ensembles de données de manière plus efficace et précise, et tirer des conclusions plus exactes de votre analyse.

De plus, maîtriser ces aspects avancés de NumPy peut améliorer considérablement votre compétence en analyse de données. NumPy possède de nombreuses capacités au-delà de la réorganisation de tableaux et de la gestion des données manquantes. Par exemple, il vous permet d'effectuer des opérations mathématiques complexes sur des tableaux, de générer des nombres aléatoires et de créer des graphiques et des visualisations.

En investissant du temps et des efforts pour apprendre ces capacités avancées de NumPy, vous pouvez devenir un analyste de données plus compétent et porter vos projets d'analyse de données au niveau supérieur.

Exercices Pratiques pour le Chapitre 5

Exercice 1 : Créer un Tableau

Créez un tableau NumPy contenant des entiers de 1 à 10. Ensuite, redimensionnez le tableau en un tableau de 2x5.

Solution :

```
import numpy as np

arr = np.array(range(1, 11))
reshaped_arr = arr.reshape(2, 5)
print("Reshaped Array:\\n", reshaped_arr)
```

Exercice 2 : Arithmétique de Tableaux

Étant donné deux tableaux **A = [1, 2, 3, 4, 5]** et **B = [5, 4, 3, 2, 1]**, effectuez l'addition, la soustraction, la multiplication et la division élément par élément.

Solution :

```
A = np.array([1, 2, 3, 4, 5])
B = np.array([5, 4, 3, 2, 1])

addition = A + B
subtraction = A - B
multiplication = A * B
division = A / B

print("Addition:", addition)
print("Subtraction:", subtraction)
print("Multiplication:", multiplication)
print("Division:", division)
```

Exercice 3 : Gestion des Données Manquantes

Créez un tableau avec les éléments **[1, 2, np.nan, 4, 5]**. Calculez la moyenne du tableau en ignorant la valeur **np.nan**.

Solution :

```
arr_with_nan = np.array([1, 2, np.nan, 4, 5])
mean_without_nan = np.nanmean(arr_with_nan)
print("Mean without NaN:", mean_without_nan)
```

Exercice 4 : Fonctions NumPy Avancées

Créez un tableau 3x3 avec des nombres entiers aléatoires entre 1 et 10. Trouvez ensuite la valeur minimale et maximale dans le tableau.

Solution :

```
random_matrix = np.random.randint(1, 11, size=(3, 3))
print("Random Matrix:\\n", random_matrix)

min_value = np.min(random_matrix)
max_value = np.max(random_matrix)

print("Minimum Value:", min_value)
print("Maximum Value:", max_value)
```

Ces exercices devraient vous donner une compréhension pratique des sujets NumPy abordés dans ce chapitre. N'hésitez pas à modifier ces exercices pour mieux les adapter au contexte de votre livre.

Conclusion du Chapitre 5

Félicitations pour avoir terminé le Chapitre 5, qui a été entièrement consacré à la puissance de la manipulation de données en Python : NumPy ! Nous avons commencé ce voyage passionnant en comprenant le concept central de NumPy, qui sont les tableaux et les matrices. Ces structures de données ne simplifient pas seulement la manipulation de données, mais l'optimisent également, offrant un avantage de performance substantiel par rapport aux listes natives de Python. Nous avons démontré comment créer, redimensionner et manipuler ces tableaux, vous dotant des compétences fondamentales que vous continuerez à utiliser tout au long de votre carrière d'analyste de données.

Ensuite, nous avons exploré une variété d'opérations de base qu'offrent les tableaux NumPy. Ces opérations ne se limitent pas seulement aux opérations arithmétiques comme l'addition ou la multiplication, mais s'étendent à des opérations plus complexes, telles que les calculs trigonométriques, logarithmiques et statistiques. Ces opérations sont hautement optimisées pour les grands ensembles de données et sont donc fondamentales pour une analyse de données efficace. Les exemples de cette section ont été conçus pour renforcer votre compréhension et vous aider à visualiser la manipulation réelle de données.

Nous sommes ensuite passés aux fonctionnalités plus avancées qu'offre NumPy. Nous nous sommes aventurés dans certaines fonctions intégrées extrêmement utiles, comme **np.where** pour le filtrage basé sur des conditions, **np.nanmean** pour gérer les données manquantes et **np.concatenate** pour joindre des tableaux. Ces caractéristiques facilitent non seulement vos tâches d'analyse de données, mais garantissent également que vous disposez d'outils robustes à votre disposition même pour les manipulations de données les plus complexes.

Les exercices pratiques à la fin ont été conçus pour tester votre compréhension et aider à solidifier les concepts que nous avons couverts. Ces exercices ont été créés spécifiquement pour couvrir un large éventail de scénarios que vous êtes susceptible de rencontrer dans des projets d'analyse de données du monde réel, depuis les manipulations simples de tableaux jusqu'aux applications de fonctions avancées. Si vous avez suivi, codant au fur et à mesure, vous êtes maintenant bien équipé pour aborder le type de tâches de manipulation de données qui sont courantes dans le pipeline d'analyse de données.

En clôturant ce chapitre, il est essentiel de comprendre que les outils et techniques que vous avez acquis sont des éléments fondamentaux pour les sujets plus avancés à venir. NumPy est comme votre couteau suisse dans le monde de l'analyse de données. Vous vous retrouverez à y recourir souvent, que ce soit pour nettoyer des données, transformer des variables ou même exécuter des algorithmes complexes. Votre maîtrise de cette bibliothèque sera un atout critique au fur et à mesure que vous progresserez dans le monde de l'analyse de données basée sur Python.

Continuons avec le prochain chapitre, où plus d'apprentissage vous attend !

Chapitre 6 : Manipulation de Données avec Pandas

Bienvenue au Chapitre 6, où nous explorerons le monde fascinant de Pandas, une bibliothèque essentielle pour l'analyse de données en Python. Pandas est un outil puissant qui offre une large gamme de capacités de manipulation de données, s'adaptant à une variété de formats et de types de données. Non seulement il peut vous aider avec le nettoyage et la transformation de données, mais il peut également contribuer à la création de visualisations impressionnantes qui peuvent améliorer considérablement votre analyse de données.

Au fur et à mesure que nous progressons dans ce chapitre, nous commencerons par vous présenter les concepts de base de Pandas, en particulier les structures de données DataFrame et Series. Ces structures seront vos alliées les plus proches lorsqu'il s'agit de gérer des tâches complexes d'analyse de données. En comprenant comment utiliser ces structures, vous pourrez effectuer une large gamme de manipulations de données, y compris la combinaison, le filtrage et la transformation de données. De plus, nous couvrirons également certaines des fonctions plus avancées de Pandas, notamment le regroupement, le pivotement et le remodelage de données.

Que vous soyez débutant ou analyste de données expérimenté, ce chapitre vous aidera à libérer tout le potentiel de Pandas. Alors préparez-vous à vous lancer dans un voyage passionnant qui vous fournira les compétences et les connaissances nécessaires pour devenir un maître de l'analyse de données !

6.1 DataFrames et Series

Pandas est une bibliothèque puissante pour la manipulation de données en Python. Elle fournit deux structures de données principales : DataFrame et Series, conçues pour vous aider à gérer et manipuler les données de manière efficace.

Dans le monde de la science des données, il est essentiel d'avoir une bonne compréhension de ces deux structures de données. Un DataFrame est un tableau bidimensionnel, où chaque colonne peut avoir un type de données différent et chaque ligne représente un enregistrement unique. Il est similaire à une feuille de calcul Excel, mais avec des fonctionnalités plus avancées. D'autre part, une Series est un objet unidimensionnel semblable à un tableau qui peut contenir n'importe quel type de données, y compris des entiers, des nombres à virgule flottante et des chaînes de texte.

DataFrame et Series offrent tous deux une large gamme de fonctions et de méthodes intégrées qui simplifient les tâches de manipulation de données. Par exemple, vous pouvez les utiliser pour filtrer, regrouper, trier, joindre et fusionner des données, entre autres choses. Ils fournissent également une syntaxe intuitive et simple qui facilite la réalisation d'opérations complexes avec un code minimal.

En conclusion, si vous souhaitez être compétent dans la manipulation de données avec Python, vous devez maîtriser DataFrame et Series. En comprenant leurs différences et leurs capacités, vous pourrez exploiter tout leur potentiel et faire passer vos compétences en analyse de données au niveau supérieur.

6.1.1 DataFrame

Un DataFrame est une structure de données très polyvalente qui est essentiellement une structure de données tabulaire bidimensionnelle, mutable en taille et potentiellement hétérogène avec des axes étiquetés (lignes et colonnes).

Semblable à une feuille de calcul ou à une table SQL, un DataFrame offre un moyen pratique de stocker et de manipuler des données. Cependant, contrairement à une feuille de calcul, un DataFrame peut gérer un ensemble de données beaucoup plus volumineux et est hautement optimisé pour les tâches d'analyse de données. De plus, les DataFrames sont largement utilisés dans le domaine de la science des données et sont considérés comme un outil essentiel pour effectuer diverses tâches d'analyse de données, notamment la manipulation de données, le nettoyage de données, la transformation de données et la visualisation de données.

Dans l'ensemble, un DataFrame est une structure de données puissante et flexible qui est un outil indispensable pour tout analyste de données ou data scientist.

Voici comment créer un DataFrame de base :

```python
import pandas as pd

# Create a DataFrame from a dictionary
data = {'Name': ['Alice', 'Bob', 'Charlie'],
        'Age': [25, 30, 35],
        'Occupation': ['Engineer', 'Doctor', 'Artist']}
df = pd.DataFrame(data)

# Display the DataFrame
print(df)
```

Sortie :

```
Name  Age Occupation
0    Alice   25    Engineer
```

```
1      Bob    30      Doctor
2   Charlie   35      Artist
```

6.1.2 Series

Une Series est un type de structure de données dans la bibliothèque Pandas. C'est un tableau unidimensionnel étiqueté qui contient des données de n'importe quel type. On peut la considérer comme une seule colonne dans un DataFrame. Cela signifie que la Series peut être utilisée pour stocker une seule colonne de données, comme une liste de nombres, de noms ou tout autre type de données. Dans Pandas, vous pouvez créer une Series à partir d'une liste, d'un tableau ou d'un dictionnaire.

La Series peut être très utile dans l'analyse et la manipulation de données, car elle vous permet d'effectuer diverses opérations sur les données qui y sont stockées. Par exemple, vous pouvez trier les données, les filtrer ou les regrouper en fonction de certaines conditions.

De plus, vous pouvez également effectuer des opérations mathématiques sur les données, telles que l'addition, la soustraction, la multiplication et la division. Dans l'ensemble, la Series est une structure de données essentielle dans Pandas qui peut vous aider à travailler avec des données de manière plus efficace et efficiente.

Exemple :

```
# Create a Series from a list
ages = [25, 30, 35]
age_series = pd.Series(ages, name='Age')

# Display the Series
print(age_series)
```

Sortie :

```
0    25
1    30
2    35
Name: Age, dtype: int64
```

6.1.3 DataFrame vs Series

Bien que les DataFrames et les Series soient tous deux très flexibles et polyvalents, il existe plusieurs différences importantes entre eux qui peuvent influencer lequel choisir en fonction de vos besoins spécifiques.

Par exemple, bien que les Series soient plus efficaces en mémoire pour les données d'une seule colonne et soient souvent renvoyées lorsque vous interrogez une seule colonne d'un DataFrame, les DataFrames offrent plus de fonctionnalités qui peuvent être utiles dans certains scénarios. Par exemple, les DataFrames permettent plusieurs colonnes avec différents types de données, ce qui peut être très utile lors du travail avec des ensembles de données complexes.

De plus, les DataFrames disposent de méthodes intégrées pour fusionner et joindre des données provenant de différentes sources, ce qui peut économiser du temps et des efforts lors du traitement de grands ensembles de données. Enfin, un autre avantage des DataFrames par rapport aux Series est qu'ils peuvent être facilement exportés vers une variété de formats de fichiers, y compris CSV et Excel, ce qui peut être très utile lors du partage de données avec d'autres ou de leur intégration dans d'autres applications.

Voici comment vous pouvez sélectionner une colonne en tant que Series à partir d'un DataFrame :

```
# Select the 'Age' column from the DataFrame
age_from_df = df['Age']

# Display the Series
print(age_from_df)
```

Sortie :

```
0    25
1    30
2    35
Name: Age, dtype: int64
```

6.1.4 Méthodes et Attributs de DataFrame

Lorsque vous travaillez avec des DataFrames, vous n'avez pas toujours besoin de plonger dans les données pour obtenir des informations. Il existe plusieurs façons de connaître un DataFrame sans même regarder son contenu. Par exemple, vous pouvez vérifier la forme du DataFrame pour voir combien de lignes et de colonnes il contient.

Vous pouvez également vérifier les types de données de chaque colonne, ce qui peut fournir des indices sur la nature des données. De plus, vous pouvez utiliser la méthode info() pour obtenir un résumé des colonnes du DataFrame, y compris leurs types de données et le nombre de valeurs non nulles. En explorant ces caractéristiques d'un DataFrame, vous pouvez mieux comprendre sa structure et prendre des décisions plus éclairées sur la façon de manipuler ou d'analyser les données qu'il contient.

Voici quelques méthodes pour explorer les informations de base :

- **df.head()** : Renvoie les 5 premières lignes du DataFrame.
- **df.tail()** : Renvoie les 5 dernières lignes du DataFrame.

- **df.info()** : Fournit un résumé concis du DataFrame, y compris les types de données et les valeurs non nulles.

- **df.describe()** : Offre des informations statistiques sur les colonnes numériques.

Exemple :

```
# Get the first 5 rows
print(df.head())

# Get summary information
print(df.info())

# Get statistical information
print(df.describe())
```

6.1.5 Méthodes et Attributs de Series

Lorsque vous travaillez avec des séries, vous découvrirez qu'elles fournissent non seulement une variété de types de données différents avec lesquels travailler, mais qu'elles sont également accompagnées d'une large gamme de méthodes et d'attributs qui peuvent rendre la manipulation et l'analyse des données plus efficaces et fluides.

En tirant parti de ces outils et fonctions intégrés, vous pouvez gagner du temps et des efforts tout en vous assurant que vos données sont précises et faciles à manipuler. Que vous soyez un analyste de données expérimenté ou un débutant qui commence tout juste, maîtriser l'utilisation des séries est une étape essentielle pour devenir un professionnel des données plus efficace et productif.

Parmi les plus importants :

- **s.size** : Renvoie le nombre d'éléments dans la Series.

- **s.mean()** : Renvoie la valeur moyenne.

- **s.std()** : Renvoie l'écart type.

- **s.unique()** : Renvoie les valeurs uniques.

Exemple :

```
# Get the size of the Series
print(age_series.size)

# Get the mean age
print(age_series.mean())

# Get unique ages
print(age_series.unique())
```

6.1.6 Modification des Types de Données

Dans certains cas, il peut être nécessaire de modifier les types de données des colonnes ou des Series pour diverses raisons. Par exemple, cela peut être essentiel pour un traitement plus efficace ou pour faciliter l'exécution d'opérations spécifiques.

De plus, ces changements peuvent être nécessaires pour répondre aux limitations d'un environnement particulier, comme lorsqu'on travaille avec une mémoire ou une puissance de traitement limitées. Dans de tels cas, il est important de considérer attentivement les implications des changements effectués et de tester minutieusement les types de données révisés pour s'assurer qu'ils continuent de soutenir les résultats souhaités.

Dans un DataFrame :

```python
# Change the data type of a single column
df['column_name'] = df['column_name'].astype('new_data_type')

# Change data types of multiple columns
df = df.astype({'column1': 'new_data_type1', 'column2': 'new_data_type2'})
```

Dans une Series :

```python
# Changing the Series data type
s = s.astype('new_data_type')
```

Par exemple, si vous avez un DataFrame df et que vous souhaitez modifier le type de données de la colonne d'âge en flottant :

```python
df['age'] = df['age'].astype('float')
```

6.2 Manipulation de Données

Bienvenue à nouveau dans notre parcours à travers l'analyse de données. Dans la section précédente, nous avons couvert les fondamentaux des DataFrames et Series de Pandas, qui sont essentiels pour tout projet d'analyse de données. Maintenant, montons d'un cran et explorons le monde passionnant du traitement des données.

Le traitement des données est le processus de préparation de vos données pour l'analyse par le nettoyage, la transformation et l'enrichissement de celles-ci. C'est une étape essentielle qui garantit la précision et la fiabilité de votre analyse. Considérez cela comme offrir à vos données une « journée au spa » avant leur grand début dans votre analyse ou modèle.

Au cours du processus de traitement des données, vous rencontrerez divers défis, tels que des données manquantes, des incohérences et des erreurs. Mais ne vous inquiétez pas, car nous vous fournirons les outils et techniques nécessaires pour surmonter ces défis. Nous couvrirons des sujets tels que le nettoyage des données, la transformation des données et l'enrichissement des données, et fournirons des exemples pratiques pour vous aider à mieux comprendre ces concepts.

Alors, êtes-vous prêt à plonger et à devenir un expert en traitement de données ? Commençons ! ☺

6.2.1 Lecture de Données depuis Diverses Sources

Avant de pouvoir commencer à manipuler des données, il est important de les lire d'abord dans un DataFrame de Pandas. Cela nous permet d'organiser et d'analyser les données de manière plus structurée. Le processus de lecture de données dans un DataFrame implique plusieurs étapes, notamment l'identification de la source des données, s'assurer que les données sont dans un format pouvant être lu par Pandas, et enfin, utiliser les fonctions read_csv ou read_excel de Pandas pour importer les données dans un DataFrame.

Une fois que les données sont dans un DataFrame, nous pouvons commencer à les explorer plus en profondeur, en recherchant des motifs et des tendances qui peuvent nous aider à obtenir des informations sur les données. En prenant le temps de lire correctement les données et de les organiser dans un DataFrame, nous pouvons rendre notre analyse de données plus efficace et performante.

Pandas facilite cela :

```
import pandas as pd

# Reading a CSV file
df_csv = pd.read_csv('data.csv')

# Reading an Excel file
df_excel = pd.read_excel('data.xlsx')
```

6.2.2 Gestion des Valeurs Manquantes

La vie est un voyage imprévisible rempli de hauts et de bas, de tournants et de détours. Parfois, il peut sembler que tout se passe parfaitement, tandis qu'à d'autres moments, nous pouvons faire face à des obstacles et tout ne peut pas se dérouler comme prévu. De même, les données ne sont pas toujours parfaites non plus.

Les valeurs manquantes peuvent être un problème courant qui peut entraver nos progrès et rendre difficile l'obtention de conclusions précises. Cependant, nous ne devons pas nous décourager face à cela, et au contraire, nous devons le prendre comme une opportunité d'améliorer nos méthodes et approches pour l'analyse de données.

Avec les bons outils et techniques, nous pouvons gérer efficacement les données manquantes et les transformer en un avantage qui nous aide à obtenir une meilleure compréhension des modèles et tendances sous-jacents. Alors, nous ne devons pas avoir peur des données manquantes, mais plutôt les considérer comme un défi et une opportunité de croître et d'apprendre.

Exemple :

```
# Drop missing values
df.dropna(inplace=True)

# Fill missing values with a specific value or using a method like forward fill or
backward fill
df.fillna(value=0, inplace=True)
df.fillna(method='ffill', inplace=True)
```

6.2.3 Transformation de Données

La transformation de données est une étape cruciale dans la préparation pour l'analyse ou la représentation graphique. Elle implique la conversion des données de leur forme initiale ou brute vers un format plus structuré et organisé qui est plus facile à manipuler. Cela peut inclure des tâches telles que le nettoyage des données par l'élimination des doublons ou des erreurs, le filtrage d'informations non pertinentes et la fusion de données provenant de multiples sources.

De plus, la transformation de données peut impliquer la création de nouvelles variables ou caractéristiques qui capturent mieux les motifs ou relations sous-jacents dans les données. Dans l'ensemble, consacrer du temps à transformer correctement vos données peut considérablement améliorer la qualité et la précision de votre analyse ou de vos visualisations.

Création de Nouvelles Colonnes

```
# Creating a new column based on existing columns
df['new_column'] = df['column1'] * df['column2']
```

Renommer les Colonnes

```
# Renaming columns
df.rename(columns={'old_name': 'new_name'}, inplace=True)
```

Filtrage de Données

```
# Filtering data based on conditions
filtered_df = df[df['column_name'] > 50]
```

6.2.4 Agrégation de Données

Lorsque vous travaillez avec de grands ensembles de données, il est important de pouvoir identifier rapidement les tendances et les motifs. Une façon d'y parvenir est l'agrégation de données pour obtenir des statistiques récapitulatives. Par exemple, si vous avez un ensemble de données comportant des milliers d'entrées, vous souhaiterez peut-être connaître la moyenne, la médiane ou le mode d'une variable spécifique.

En agrégeant les données, vous pouvez rapidement obtenir ces statistiques récapitulatives, ce qui peut ensuite vous aider à prendre des décisions éclairées basées sur les tendances et motifs que vous avez identifiés.

Exemple :

```
# Grouping data
grouped = df.groupby('column_name')

# Applying a function to each group
result = grouped.sum()
```

6.2.5 Fusion et Jointure de DataFrames

Supposons que vous ayez deux DataFrames qui contiennent des informations liées mais qui ne sont pas encore combinés. Pour créer un DataFrame unifié unique, vous devrez fusionner ou joindre les deux DataFrames. La fusion implique de combiner les DataFrames selon une colonne commune, tandis que la jointure implique de combiner les DataFrames selon un index commun.

Une fois que les deux DataFrames sont fusionnés ou joints, vous pouvez effectuer diverses opérations sur le nouveau DataFrame, telles que filtrer, trier et regrouper. En combinant les informations des deux DataFrames originaux, vous pouvez obtenir de nouvelles perspectives et prendre des décisions plus éclairées basées sur les données disponibles.

Pandas fournit plusieurs façons de le faire :

```
# Inner Join
inner_joined = pd.merge(df1, df2, on='common_column')

# Left Join
left_joined = pd.merge(df1, df2, on='common_column', how='left')
```

6.2.6 Application de Fonctions

Les fonctions personnalisées peuvent être appliquées aussi bien aux DataFrames qu'aux Series pour effectuer des opérations personnalisées. Ces opérations peuvent aller de simples calculs arithmétiques à des analyses statistiques complexes. Avec les fonctions personnalisées, les utilisateurs ont la flexibilité de créer leurs propres fonctions uniques adaptées à leurs besoins spécifiques.

Cela peut être particulièrement utile lorsque vous travaillez avec de grands ensembles de données, car les fonctions personnalisées peuvent automatiser des tâches répétitives et faire gagner du temps. De plus, les fonctions personnalisées peuvent être facilement partagées avec d'autres, ce qui permet la collaboration et le développement de nouvelles idées. Dans l'ensemble, la capacité d'appliquer des fonctions personnalisées aux DataFrames et Series est une fonctionnalité puissante qui améliore la fonctionnalité et l'utilité des outils d'analyse de données.

Exemple :

```python
def custom_function(x):
    return x * 2

# Applying custom function
df['new_column'] = df['old_column'].apply(custom_function)
```

Et voilà ! Vos données sont maintenant propres, transformées et prêtes à être analysées. Mais rappelez-vous, le traitement des données est un processus itératif et évolutif. Il se peut que vous deviez revenir en arrière et faire des ajustements, et c'est parfaitement normal. La clé est d'être curieux et explorateur. Bon traitement de données !

Vous vous sentez déjà comme un professionnel ? Ne vous inquiétez pas, il y a encore plus à apprendre et vous vous en sortez formidablement jusqu'à présent ! Maintenant, nous pouvons ajouter un peu plus de détails sur quelques techniques avancées de traitement de données pour compléter la section :

6.2.7 Tableaux Croisés Dynamiques et Tableaux Croisés

Pandas, une bibliothèque Python populaire pour l'analyse de données, offre une large gamme d'outils de traitement de données. En plus de sa fonctionnalité principale pour manipuler des données tabulaires, Pandas inclut également des fonctionnalités avancées comme les tableaux croisés dynamiques.

Les tableaux croisés dynamiques sont un outil extrêmement utile pour résumer et analyser de grands ensembles de données, vous permettant de calculer rapidement des statistiques récapitulatives, de regrouper des données et d'effectuer d'autres tâches complexes de traitement de données. Avec les tableaux croisés dynamiques, vous pouvez facilement transformer et remodeler vos données pour en extraire des informations et prendre des décisions éclairées.

Que vous travailliez avec des données financières, scientifiques ou tout autre type de données, Pandas et sa fonction de tableaux croisés dynamiques peuvent vous aider à réaliser vos tâches de traitement de données facilement.

Exemple :

```python
# Create a pivot table
pivot_table = pd.pivot_table(df, values='column_to_aggregate', index=['column1'],
columns=['column2'], aggfunc=np.sum)
```

Pour obtenir un comptage de fréquences plus simple basé sur deux colonnes catégorielles ou plus, vous pouvez utiliser crosstab :

```
# Crosstab
result = pd.crosstab(index=df['column1'], columns=df['column2'])
```

6.2.8 Manipulation de Chaînes de Caractères

Comme nous le savons, Pandas est une puissante bibliothèque Python qui permet aux utilisateurs de manipuler et d'analyser efficacement des données dans un DataFrame ou une Series. Elle fournit de nombreuses fonctions et méthodes qui permettent la transformation et la manipulation de données textuelles avec facilité. Non seulement elle peut gérer des données textuelles, mais elle peut également gérer des données numériques et catégorielles, ce qui en fait un outil polyvalent pour l'analyse de données.

Avec Pandas, les utilisateurs peuvent facilement nettoyer et prétraiter leurs données, effectuer des analyses statistiques et créer des visualisations pour obtenir des informations sur leurs données. Dans l'ensemble, Pandas est un outil précieux pour les data scientists, les analystes comme pour les chercheurs, simplifiant le processus de manipulation et d'analyse de données.

Exemple :

```
# Extracting substrings
df['new_column'] = df['text_column'].str.extract('(\\d+)')

# Replacing text
df['text_column'].str.replace('old_text', 'new_text')
```

6.2.9 Opérations sur les Séries Temporelles

Si vous travaillez avec des données qui changent au fil du temps et que vous devez les analyser, Pandas est un outil puissant qui peut vous aider. Avec son ensemble robuste de fonctionnalités, Pandas est spécifiquement conçu pour gérer des données de séries temporelles, ce qui en fait un choix idéal pour toute personne ayant besoin de travailler avec ce type d'informations.

Que vous traitiez des cours d'actions, des données météorologiques ou tout autre type de données basées sur le temps, Pandas peut vous aider à manipuler, analyser et visualiser vos données rapidement et facilement. Alors, si vous voulez rationaliser vos flux de travail d'analyse de séries temporelles et obtenir plus d'informations sur vos données, essayez Pandas dès aujourd'hui !

```
# Convert a column to DateTime format
df['datetime_column'] = pd.to_datetime(df['datetime_column'])

# Resample time series data
resampled_data = df.resample('D', on='datetime_column').sum()
```

Et voilà ! Nous avons couvert pas mal de choses, de la lecture de vos données jusqu'au nettoyage, à la transformation et à l'enrichissement pour votre parcours d'analyse de données. Le traitement des données est une compétence essentielle pour quiconque se plonge dans l'analyse de données. C'est votre couteau suisse, vous fournissant un outil pour pratiquement n'importe quel problème que vous pourriez rencontrer. Prenez votre temps pour pratiquer, et rappelez-vous : plus vous utiliserez ces techniques, plus elles deviendront naturelles.

6.3 Gestion des Données Manquantes

À ce stade, vous devriez être familiarisé avec la puissance et la polyvalence de Python en matière de manipulation de données. Cependant, il y a un sujet important que nous n'avons pas encore abordé, et c'est le problème des données manquantes. Bien qu'il serait formidable si toutes les données que nous rencontrions étaient complètes et sans erreurs, la vérité est que dans le monde réel, les données sont souvent désordonnées, incomplètes et pleines de lacunes. Cela peut être dû à diverses raisons, comme des enquêtes qui n'ont pas été entièrement remplies, des capteurs qui n'ont pas pu collecter de données, ou simplement des informations qui n'ont jamais été collectées en premier lieu.

Le défi de traiter les données manquantes est quelque chose que tout analyste de données doit affronter, et cela nécessite un ensemble de compétences et de techniques spécialisées. Dans ce module, nous explorerons certaines des approches les plus courantes pour gérer les données manquantes, notamment l'imputation, la suppression et l'interpolation. Nous discuterons également des avantages et des inconvénients de chaque méthode et fournirons des exemples pratiques illustrant comment les appliquer dans des scénarios du monde réel.

Donc, si vous êtes prêt à porter vos compétences en analyse de données au niveau supérieur et à apprendre à gérer les données manquantes comme un professionnel, rejoignez-nous pendant que nous abordons ensemble ce sujet important !

6.3.1 Détection des Données Manquantes

Il existe diverses techniques que vous pouvez utiliser pour traiter les données manquantes, mais la première étape consiste toujours à identifier où elles existent dans votre ensemble de données. Heureusement, Pandas fournit plusieurs méthodes intégrées pour vous aider à le faire.

En effet, deux des méthodes les plus couramment utilisées sont les fonctions **isna()** et **notna()**, qui peuvent être utilisées pour identifier respectivement les valeurs manquantes et les valeurs non manquantes. En utilisant ces méthodes, vous pouvez rapidement avoir une idée des parties de votre ensemble de données qui peuvent nécessiter plus d'attention ou d'imputation.

```
import pandas as pd

# Create a simple DataFrame with missing values
df = pd.DataFrame({'A': [1, 2, np.nan], 'B': [5, np.nan, np.nan], 'C': [1, 2, 3]})
```

```
# Check for missing values
print(df.isna())

# Check for non-missing values
print(df.notna())
```

Ici, **df.isna()** renverra un DataFrame de la même taille que **df**, mais avec **True** pour les valeurs manquantes et **False** pour les autres. Vous pouvez également utiliser **df.notna()** pour l'effet contraire.

6.3.2 Gestion des Valeurs Manquantes

Une fois que vous avez détecté des données manquantes, vous disposez de plusieurs stratégies pour les gérer. L'une de ces stratégies consiste simplement à exclure les données manquantes de votre analyse. Cependant, cette approche peut conduire à des résultats biaisés et à une perte de puissance statistique. Une autre stratégie consiste à imputer les valeurs manquantes en utilisant diverses techniques telles que l'imputation par la moyenne, l'imputation par régression ou l'imputation multiple.

Chacune de ces techniques a ses propres forces et limites, et le choix de la technique à utiliser dépend de l'ensemble de données spécifique et de la question de recherche en question. En fin de compte, l'objectif est de gérer les données manquantes d'une manière qui permette une analyse précise et fiable tout en préservant l'intégrité des données.

1. **Suppression des Valeurs Manquantes** : La stratégie la plus simple consiste à supprimer les lignes ou colonnes contenant des données manquantes. Cependant, cette approche peut entraîner une perte d'une quantité substantielle de données, ce qui peut être problématique si l'ensemble de données est déjà petit. Une meilleure approche peut être d'explorer les raisons des valeurs manquantes et de tenter de les imputer avec des valeurs plausibles. Cela peut être fait en utilisant diverses techniques d'imputation telles que l'imputation par la moyenne, l'imputation par le mode ou l'imputation par régression. L'imputation par la moyenne consiste à remplacer les valeurs manquantes par la valeur moyenne des valeurs non manquantes dans la même colonne. L'imputation par le mode consiste à remplacer les valeurs manquantes par la valeur la plus fréquente des valeurs non manquantes dans la même colonne. L'imputation par régression implique l'utilisation d'un modèle de régression pour prédire les valeurs manquantes en fonction des valeurs d'autres variables dans l'ensemble de données. En utilisant des techniques d'imputation, nous pouvons conserver davantage de données et potentiellement améliorer la précision de notre analyse.

```
# Remove all rows containing at least one missing value
df.dropna()

# Remove all columns containing at least one missing value
```

```
df.dropna(axis=1)
```

2. **Remplissage des Valeurs Manquantes** : Occasionnellement, il devient crucial d'éviter de perdre des données, car elles peuvent avoir une importance significative, et dans de tels cas, compléter les valeurs manquantes devient la seule option viable. La perte de données peut avoir des répercussions graves, conduisant à des conclusions erronées qui pourraient potentiellement affecter des processus de prise de décision critiques. Par conséquent, il est essentiel de s'assurer que chaque élément de données est pris en compte et traité avec précision pour produire des résultats fiables.

```
# Fill missing values with zeros
df.fillna(0)

# Forward fill (propagate the last valid observation to fill gaps)
df.fillna(method='ffill')

# Backward fill (use the next valid observation to fill gaps)
df.fillna(method='bfill')
```

3. **Interpolation** : Cette méthode dont nous discutons peut être très utile dans les situations où les données présentent une tendance discernable au fil du temps ou à travers différentes variables. En analysant la tendance, on peut obtenir de précieuses informations sur le comportement des données et éventuellement identifier des modèles ou des relations sous-jacentes qui peuvent ne pas être immédiatement évidents. De plus, cette méthode peut être appliquée dans une variété de contextes, tels que les prévisions financières, l'analyse de marché et la recherche scientifique, pour n'en nommer que quelques exemples. Par conséquent, il est important de comprendre les diverses subtilités et complexités de cette méthode et comment elle peut être appliquée efficacement dans différents scénarios.

```
# Interpolate missing values
df.interpolate()
```

4. **Utiliser des Mesures Statistiques** : Si vos données manquent de manière aléatoire, utiliser la moyenne, la médiane ou le mode pour combler les lacunes peut être une bonne stratégie. Cependant, il est important de noter que cette approche suppose que les données ont une distribution normale et que les valeurs manquantes sont complètement manquantes au hasard (MCAR) ou manquantes au hasard (MAR). Si vos données n'ont pas une distribution normale, cette approche peut ne pas être appropriée, et vous pourriez avoir besoin d'envisager d'autres méthodes telles que l'imputation ou l'analyse de régression. De plus, il convient de noter que le remplissage des données manquantes par des valeurs de moyenne, médiane ou mode peut conduire à des estimations biaisées des valeurs réelles, en particulier si les valeurs

manquantes ne sont pas MCAR ou MAR. Par conséquent, il est important d'évaluer soigneusement les données manquantes et de choisir une méthode appropriée pour l'imputation ou l'analyse.

```
# Fill missing values with mean
df.fillna(df.mean())
```

6.3.3 Stratégies Avancées

Bien que les méthodes ci-dessus fonctionnent bien dans la plupart des cas, vous pourriez parfois avoir besoin de stratégies plus sophistiquées comme l'imputation basée sur l'apprentissage automatique, mais ce sont des sujets pour des cours plus avancés. Il est important de se rappeler que traiter les données manquantes peut être une tâche complexe et nécessite beaucoup d'attention aux détails. Pour analyser les données avec précision, il est crucial d'avoir un ensemble de données complet avec le moins de valeurs manquantes possible. Cela signifie que vous devrez être familiarisé avec une variété de techniques pour gérer les données manquantes, telles que l'imputation, la suppression et l'interpolation.

Une approche populaire consiste à utiliser des méthodes d'imputation basées sur des algorithmes d'apprentissage automatique. Ces techniques impliquent d'entraîner un modèle avec les données complètes, puis d'utiliser ce modèle pour prédire les valeurs manquantes. Cela peut être une stratégie puissante lorsqu'on traite des ensembles de données complexes qui comportent un grand nombre de valeurs manquantes.

Traiter les données manquantes est presque un rite de passage dans le monde de l'analyse de données, et bien que cela puisse sembler intimidant au début, il est important de se rappeler que c'est une compétence qui peut être apprise avec de la pratique. En restant à jour avec les dernières techniques et outils, et en gardant un œil attentif aux détails, vous pourrez naviguer dans les données manquantes comme un professionnel. Et ne vous inquiétez pas si vous faites une erreur en cours de route, tout cela fait partie du processus d'apprentissage. Continuez simplement à coder, continuez à apprendre et continuez à avancer.

Comme petit complément d'information, nous ajouterions que les stratégies que vous utilisez pour gérer les données manquantes peuvent dépendre de la nature de l'ensemble de données et de la question spécifique à laquelle vous essayez de répondre.

1. **Connaissance du Domaine** : Parfois, la meilleure façon de gérer les données manquantes est de consulter des experts dans le domaine ou de vérifier des sources de données supplémentaires pour combler les lacunes. Si vous traitez des données spécialisées, comme des dossiers médicaux, parfois les données manquantes elles-mêmes peuvent être une indication de quelque chose de significatif.

2. **Marquer les Données Manquantes** : Dans certaines analyses, il peut être utile de créer une colonne supplémentaire qui indique si les données étaient manquantes pour cette ligne spécifique.

```
# Create a new column that flags missing values in column 'A'
df['A_is_missing'] = df['A'].isna()
```

Cela peut fournir un contexte supplémentaire lorsque vous explorez ou visualisez l'ensemble de données.

3. **Examiner l'Absence de Données** : Il est important de comprendre pourquoi les données pourraient être manquantes ; sont-elles manquantes complètement au hasard, ou y a-t-il un modèle ? Comprendre le « pourquoi » peut vous aider à prendre des décisions plus éclairées sur la façon de les gérer.

4. **Validation** : Après avoir appliqué l'une des stratégies ci-dessus, il est crucial de valider que votre méthode n'a introduit aucun biais ni modifié radicalement les résultats de votre analyse. Validez toujours avec des valeurs connues et non manquantes pour vérifier l'efficacité de votre méthode.

N'oubliez pas, la meilleure stratégie dépend souvent des détails spécifiques de vos données et du problème que vous essayez de résoudre. L'objectif est de rendre votre ensemble de données aussi précis et utile que possible, sans introduire de biais ni faire d'hypothèses infondées. Alors gardez ces approches nuancées dans votre arsenal pendant que vous devenez plus expérimenté dans la manipulation de données.

Et nous y voilà ! Avec ces considérations supplémentaires, vous êtes encore mieux équipé pour maîtriser l'art de gérer les données manquantes. En avant vers encore plus d'aventures de données !

Tout est clair jusqu'ici ? Merveilleux ! Passons à des territoires plus passionnants. Dans la section suivante, nous explorerons quelques exemples du monde réel sur la façon de gérer les données manquantes, et nous discuterons de certains des défis et problèmes que vous pourriez rencontrer en chemin. Au moment où vous terminerez ce cours, vous serez bien préparé pour gérer toutes les données manquantes qui se présenteront sur votre chemin, et vous serez prêt à aborder même les ensembles de données les plus complexes avec confiance.

6.4 Exemples du Monde Réel : Défis et Problèmes dans la Gestion des Données Manquantes

Après avoir appris l'essentiel sur les données manquantes et les diverses techniques pour les gérer, vous êtes peut-être impatient de les mettre en pratique. Cependant, le monde réel n'est pas aussi ordonné qu'un manuel, et vous vous retrouverez souvent face à des défis qui rendent la gestion des données manquantes compliquée. Dans cette section, nous examinerons quelques exemples du monde réel et les mises en garde que vous pourriez rencontrer.

Par exemple, imaginez que vous êtes analyste de données pour un grand site web de commerce électronique. Un jour, vous découvrez qu'il y a une quantité importante de données manquantes dans les enregistrements d'informations des clients. Vous soupçonnez que les données manquantes pourraient être dues à une erreur technique ou à une défaillance du système. Cependant, avant de tenter de résoudre le problème, vous devez déterminer la cause profonde du problème.

Un autre exemple est lorsque vous travaillez avec des données d'enquête. Vous pourriez découvrir que certains répondants laissent certaines questions sans réponse, ce qui conduit à des données manquantes. Dans ce cas, vous pourriez avoir besoin de décider s'il faut exclure ces réponses ou imputer les valeurs manquantes en fonction des données disponibles.

De plus, les données manquantes peuvent également être causées par des facteurs externes tels que les conditions météorologiques ou les catastrophes naturelles. Par exemple, un ouragan pourrait empêcher les répondants de compléter une enquête, ce qui entraîne des données manquantes. Dans de tels cas, vous pourriez avoir besoin de considérer des sources de données alternatives ou d'ajuster votre analyse pour tenir compte des données manquantes.

Ce ne sont là que quelques exemples des défis du monde réel que vous pourriez rencontrer en traitant des données manquantes. Il est important de garder à l'esprit que la gestion des données manquantes nécessite une combinaison de compétences techniques et de pensée critique. En comprenant les causes possibles des données manquantes et les diverses techniques pour les gérer, vous serez mieux équipé pour relever ces défis dans vos propres projets d'analyse de données.

6.4.1 Étude de Cas 1 : Données de Soins de Santé

Imaginez que vous travaillez avec un ensemble de données qui comprend des dossiers de patients pour un hôpital. Les valeurs manquantes dans les soins de santé peuvent être particulièrement sensibles.

```python
import pandas as pd

# Sample DataFrame with missing values in 'Blood Pressure' and 'Age' columns
df_health = pd.DataFrame({
    'Patient_ID': [1, 2, 3, 4],
    'Blood_Pressure': [120, None, 140, 130],
    'Age': [25, 30, None, 40]
})
```

Dans de tels cas, les méthodes d'imputation simples pourraient ne pas être appropriées. Par exemple, remplacer les valeurs manquantes de « Tension Artérielle » par la moyenne pourrait être irresponsable d'un point de vue médical, car cela pourrait masquer des problèmes de santé graves. Dans de tels cas, vous pourriez avoir besoin de conseils d'experts pour déterminer la meilleure marche à suivre.

6.4.2 Étude de Cas 2 : Données Financières

Supposons que vous analysez un ensemble de données de prix d'actions, qui présente quelques valeurs manquantes.

```python
# Sample DataFrame
df_stocks = pd.DataFrame({
    'Date': ['2021-01-01', '2021-01-02', '2021-01-03', '2021-01-04'],
    'Stock_Price': [100, None, 110, 105]
})
```

Utiliser les méthodes de remplissage vers l'avant ou vers l'arrière (**ffill** ou **bfill**) pourrait sembler tentant, mais le faire pourrait introduire un biais de prospection, donnant la fausse impression que vous auriez pu agir sur des informations qui n'étaient pas encore disponibles.

6.4.3 Défis et Problèmes :

1. **Connaissance du Domaine** : Il est crucial de comprendre le contexte dans lequel les données existent. Les méthodes statistiques simples peuvent parfois causer plus de tort que de bien.

2. **Biais** : Un traitement inadéquat peut introduire un biais dans les données, ce qui pourrait conduire à des conclusions incorrectes.

3. **Intégrité des Données** : Vérifiez toujours la qualité des données avant et après le traitement des valeurs manquantes. Les statistiques récapitulatives simples ou les visualisations de données peuvent être très révélatrices.

Conclusion

Gérer les données manquantes dans des scénarios du monde réel peut être une tâche difficile et multifacette qui nécessite une compréhension approfondie des données sous-jacentes et du contexte dans lequel elles sont générées. À mesure que les méthodologies de collecte de données évoluent, la quantité et la complexité des données manquantes peuvent varier considérablement entre différents domaines et applications, ce qui rend presque impossible de s'appuyer sur une méthode unique pour gérer les données manquantes.

Pour aborder ce problème de manière efficace, il est important d'adopter une approche personnalisée qui tienne compte des caractéristiques spécifiques de chaque situation. Cela peut impliquer l'utilisation d'une combinaison de différentes techniques et algorithmes, tels que l'imputation, la pondération et la sélection, et l'évaluation minutieuse de leur performance au moyen de contrôles de robustesse et de procédures de validation.

De plus, il est toujours recommandé de rechercher les conseils d'experts du domaine qui peuvent fournir de précieux aperçus sur la nature des données et les biais et limitations potentiels des différentes méthodes. En tirant parti de leur expertise, vous pouvez obtenir une compréhension plus nuancée des données et développer une stratégie de gestion des données manquantes plus efficace et fiable qui vous aide à prendre de meilleures décisions et à obtenir des résultats plus précis.

Exercices Pratiques Chapitre 6

Exercice 1 : Créer des DataFrames

1. Créez un DataFrame à partir d'un dictionnaire contenant des colonnes pour **Nom**, **Âge** et **Profession**.

2. Ajoutez une nouvelle ligne à ce DataFrame.

Solution :

```python
import pandas as pd

# 1. Create a DataFrame
df = pd.DataFrame({
    'Name': ['Alice', 'Bob', 'Charlie'],
    'Age': [28, 34, 45],
    'Occupation': ['Engineer', 'Doctor', 'Artist']
})

# 2. Add a new row
new_row = {'Name': 'David', 'Age': 22, 'Occupation': 'Student'}
df = df.append(new_row, ignore_index=True)

print(df)
```

Exercice 2 : Gestion des Données Manquantes

1. Créez un DataFrame avec quelques valeurs manquantes.

2. Remplissez les valeurs manquantes avec la moyenne de la colonne respective.

Solution :

```python
# 1. Create a DataFrame with missing values
df_missing = pd.DataFrame({
    'A': [1, None, 3],
    'B': [None, 5, 6]
})

# 2. Fill missing values with mean
df_missing.fillna(df_missing.mean(), inplace=True)

print(df_missing)
```

Exercice 3 : Manipulation de Données

1. Créez un DataFrame à partir d'un dictionnaire contenant **Produit**, **Prix** et **Quantité**.

2. Calculez le prix total pour chaque produit (Prix * Quantité) et stockez-le dans une nouvelle colonne.

Solution :

```python
# 1. Create a DataFrame
df_products = pd.DataFrame({
    'Product': ['Apple', 'Banana', 'Cherry'],
    'Price': [1.2, 0.5, 2.0],
    'Quantity': [5, 10, 3]
})

# 2. Calculate total price
df_products['Total_Price'] = df_products['Price'] * df_products['Quantity']

print(df_products)
```

Conclusion du Chapitre 6

Bien sûr ! Alors que nous fermons le rideau sur le Chapitre 6, c'est le moment opportun de réfléchir à la vaste boîte à outils que Pandas offre pour la manipulation de données. Ce chapitre avait pour objectif de vous guider à travers les fondamentaux de la gestion des données en Python, en mettant l'accent sur la fourniture d'informations exploitables dans un monde axé sur les données.

Nous avons commencé par présenter les objets **DataFrame** et **Series** comme les structures de données fondamentales dans Pandas. Avec leur aide, vous pouvez créer, manipuler et analyser des ensembles de données dans un format structuré qui imite une feuille de calcul du monde réel ou une table de base de données. Les exemples que nous avons abordés ont mis en évidence la polyvalence et la flexibilité qu'offrent ces structures de données, ouvrant la porte à des analyses sophistiquées et des transformations de données.

Notre plongée approfondie dans le traitement des données a démontré à quel point il est facile de filtrer, trier et agréger des données dans un **DataFrame**. En utilisant des fonctions comme **loc**, **iloc** et une variété de méthodes intégrées, vous avez acquis les compétences nécessaires pour passer au crible même les ensembles de données les plus complexes et extraire des informations précieuses. Ces outils sont inestimables lorsque vous vous retrouvez au milieu de données brutes et désordonnées qui nécessitent un nettoyage avant que toute analyse significative puisse avoir lieu.

Nous avons également franchi l'étape cruciale d'aborder les données manquantes, un défi du monde réel qui peut affecter l'intégrité de vos analyses s'il n'est pas géré correctement.

Comprendre les conséquences des diverses méthodes pour traiter les données manquantes préservera non seulement la validité de vos données, mais contribuera également de manière significative à produire des prédictions ou des analyses plus précises.

La section supplémentaire sur les exemples du monde réel a encore renforcé l'importance de techniques robustes pour gérer les données manquantes. En science des données, la théorie et la pratique entrent souvent en collision de manières inattendues, ce qui rend ces exemples du monde réel inestimables pour vous préparer aux défis à venir.

Enfin, les exercices pratiques à la fin de ce chapitre ont été sélectionnés pour vous offrir une pratique concrète avec la création de **DataFrames**, la manipulation de données et la gestion des valeurs manquantes. Ces exercices sont les pierres de gué qui vous permettront d'aborder des tâches de manipulation de données plus avancées dans les prochains chapitres.

La beauté de Pandas réside dans son intuitivité et sa profondeur, comme vous l'avez probablement expérimenté tout au long de ce chapitre. Que vous effectuiez un nettoyage de données de base ou des analyses statistiques complexes, Pandas fournit les outils dont vous avez besoin dans un ensemble organisé et convivial. Avec les fondations établies dans ce chapitre, vous êtes prêt à vous aventurer dans des domaines plus spécialisés de l'analyse et de la manipulation de données. Alors, préparez-vous, car le voyage des données qui vous attend est rempli de défis passionnants et d'opportunités d'apprentissage ! À la prochaine !

Chapitre 7 : Visualisation de Données avec Matplotlib et Seaborn

Bienvenue au Chapitre 7 ! Nous sommes ravis de vous avoir ici. La visualisation de données est un aspect essentiel de l'analyse de données. Elle vous aide à comprendre l'histoire que vos données racontent, en fournissant un contexte et une clarté qu'un simple tableau de chiffres ne pourrait jamais offrir. En utilisant des représentations visuelles de données, non seulement il est plus facile de comprendre vos propres données, mais cela rend également plus efficace la transmission de vos résultats aux autres.

Dans ce chapitre, nous vous présenterons deux des bibliothèques les plus populaires et puissantes pour la visualisation de données en Python - Matplotlib et Seaborn. Avec leurs fonctionnalités étendues et polyvalentes, vous pouvez créer une large gamme de visualisations qui vous aideront à explorer les données, présenter vos résultats et obtenir des informations pour prendre des décisions éclairées.

Mais pourquoi la visualisation de données est-elle si importante ? Eh bien, c'est simple - une image vaut mille mots, et lorsqu'il s'agit de visualisation de données, elle pourrait également valoir mille points de données ! Créer des visualisations peut vous aider à repérer des motifs, des tendances et des idées qui peuvent ne pas être immédiatement évidents en regardant les données brutes. De plus, cela peut vous aider à présenter vos résultats de manière claire et convaincante, vous permettant de communiquer des idées complexes de façon plus efficace.

Dans ce chapitre, nous vous guiderons à travers les concepts de base de la visualisation de données, en commençant par comprendre l'importance de la visualisation, suivi d'une introduction aux bibliothèques Matplotlib et Seaborn. Nous couvrirons différents types de visualisations, tels que les graphiques linéaires, les diagrammes de dispersion et les histogrammes, et nous vous montrerons comment les personnaliser pour qu'ils correspondent à vos besoins. À la fin de ce chapitre, vous aurez les connaissances et les compétences pour créer des visualisations convaincantes qui vous aideront à obtenir des informations et à prendre des décisions éclairées.

7.1 Tracé de Base avec Matplotlib

Matplotlib est l'une des bibliothèques Python les plus largement utilisées et polyvalentes disponibles pour créer des visualisations statiques, interactives et animées. Elle a été créée par John Hunter dans le but de la rendre aussi similaire que possible à MATLAB, permettant une transition plus facile pour les utilisateurs familiers avec MATLAB.

Avec Matplotlib, les utilisateurs peuvent facilement créer une large gamme de visualisations, y compris des graphiques linéaires, des diagrammes de dispersion, des graphiques à barres, des histogrammes et plus encore. De plus, Matplotlib fournit un haut degré de personnalisation, permettant aux utilisateurs d'adapter leurs visualisations à leurs besoins précis. Dans l'ensemble, Matplotlib est un outil essentiel pour toute personne cherchant à créer des visualisations de haute qualité en Python.

7.1.1 Installation de Matplotlib

Avant de pouvoir créer un tracé, vous devrez installer Matplotlib. Vous pouvez l'installer en utilisant pip :

```
pip install matplotlib
```

Ou, si vous utilisez Anaconda, utilisez cette commande :

```
conda install matplotlib
```

7.1.2 Votre Premier Tracé

Une fois installé, vous pouvez l'importer dans votre script ou notebook Python de la manière suivante :

```
import matplotlib.pyplot as plt
```

Traçons un graphique linéaire simple de nombres au carré :

```python
# Data
x_values = [0, 1, 2, 3, 4]
y_values = [0, 1, 4, 9, 16]

# Create the plot
plt.plot(x_values, y_values)

# Add a title and labels
plt.title('Square Numbers')
plt.xlabel('Value')
plt.ylabel('Square of Value')
```

```
# Show the plot
plt.show()
```

Dans cet exemple, nous importons le module **pyplot** de Matplotlib et le renommons **plt**. Ensuite, nous définissons nos valeurs **x** et **y**, utilisons **plt.plot()** pour créer le graphique et ajoutons un titre et des étiquettes aux axes en utilisant **plt.title()**, **plt.xlabel()** et **plt.ylabel()**. Finalement, **plt.show()** affiche le graphique.

7.1.3 Personnaliser votre Graphique

Matplotlib est une bibliothèque incroyablement polyvalente qui offre une vaste gamme d'options pour faire en sorte que vos graphiques ressemblent exactement à ce que vous souhaitez. Que vous désiriez ajuster la palette de couleurs, ajouter des annotations ou modifier la mise en page, Matplotlib vous couvre. De plus, la bibliothèque est très bien documentée, ce qui signifie que vous pouvez facilement trouver des exemples et des tutoriels pour vous aider à démarrer même avec les fonctionnalités les plus avancées.

Ajoutons un peu de couleur et des marqueurs à notre graphique linéaire :

```
plt.plot(x_values, y_values, marker='o', color='b', linestyle='-')

plt.title('Square Numbers')
plt.xlabel('Value')
plt.ylabel('Square of Value')

plt.show()
```

Ici, **marker='o'** ajoute des marqueurs circulaires à chaque point, **color='b'** définit la couleur de la ligne en bleu, et **linestyle='-'** spécifie que la ligne doit être pleine.

Et voilà, vous venez de faire vos premiers pas dans le monde de la visualisation de données avec Matplotlib ! Les possibilités sont infinies ; vous pouvez créer des graphiques à barres, des histogrammes, des diagrammes de dispersion et bien plus encore, que nous aborderons plus loin dans ce chapitre.

Rappelez-vous, la clé pour maîtriser Matplotlib réside dans l'expérimentation et la pratique. N'hésitez pas à modifier le code et à voir les effets de différents paramètres et styles. Vous ne faites pas que coder ; vous créez une œuvre d'art avec vos données.

Maintenant, nous pourrions inclure quelques aspects supplémentaires qui sont souvent utiles.

7.1.4 Sous-graphiques

Lorsque vous travaillez avec la visualisation de données, il est courant d'avoir besoin de comparer plusieurs graphiques côte à côte pour mieux comprendre les tendances et les motifs. Dans cette optique, il est utile d'avoir la capacité de créer plusieurs graphiques au sein d'une même figure.

Heureusement, Matplotlib fournit un moyen facile de faire précisément cela grâce à sa fonction de sous-graphiques intégrée. En utilisant les sous-graphiques, vous pouvez facilement organiser plusieurs graphiques au sein d'une même figure, ce qui permet une comparaison et une analyse de données plus efficace et efficiente.

Exemple :

```python
import matplotlib.pyplot as plt
import numpy as np

# Create some data
x = np.linspace(0, 10, 100)
y1 = np.sin(x)
y2 = np.cos(x)

# Create a figure
fig, axs = plt.subplots(2, 1)

# Create the first subplot
axs[0].plot(x, y1)
axs[0].set_title('Sine Function')

# Create the second subplot
axs[1].plot(x, y2)
axs[1].set_title('Cosine Function')

# Show the plot
plt.tight_layout()
plt.show()
```

Ici, nous créons une grille de sous-graphiques 2x1 et nous les remplissons avec les fonctions sinus et cosinus.

7.1.5 Légendes et Annotations

Ajouter des légendes et des annotations peut rendre votre graphique beaucoup plus facile à comprendre. Cela s'explique par le fait que les légendes peuvent vous aider à identifier différents éléments du graphique, comme les lignes ou les points, tandis que les annotations peuvent fournir un contexte supplémentaire ou des informations sur des parties spécifiques du graphique. Par exemple, vous pourriez utiliser des annotations pour mettre en évidence certains points de données ou pour expliquer toute tendance que vous observez dans les données.

De plus, l'ajout de ces fonctionnalités peut également rendre votre graphique plus attrayant visuellement et lui donner un aspect plus professionnel, ce qui peut être particulièrement important si vous présentez votre travail à d'autres personnes. Dans l'ensemble, l'intégration de légendes et d'annotations est un moyen simple mais efficace d'améliorer la clarté et l'impact de votre visualisation de données.

Voici comment vous pouvez les ajouter :

```python
# Create some data
x = np.linspace(0, 10, 100)
y = np.sin(x)

# Create the plot
plt.plot(x, y, label='Sine Function')

# Add a title and labels
plt.title('Sine Function with Legend and Annotation')
plt.xlabel('X')
plt.ylabel('Y')

# Add a legend
plt.legend()

# Add an annotation
plt.annotate('Peak', xy=(1.5, 1), xytext=(3, 1.5),
            arrowprops=dict(facecolor='black', shrink=0.05))

# Show the plot
plt.show()
```

7.1.6 Barres d'Erreur

En informatique scientifique, il est crucial de prendre en compte et de représenter la variabilité des données. Une façon de le faire est d'ajouter des barres d'erreur à vos graphiques, lesquelles fournissent une représentation visuelle de la plage de valeurs possibles pour chaque point de données.

Les barres d'erreur peuvent être utilisées pour transmettre des informations sur la précision et l'exactitude des mesures, ainsi que l'incertitude associée aux estimations ou aux prédictions. En incluant des barres d'erreur dans vos graphiques, vous pouvez aider à garantir que votre public ait une compréhension claire des limitations et des sources potentielles d'erreur dans vos données, ce qui peut en fin de compte conduire à des conclusions scientifiques plus précises et fiables.

Exemple :

```python
# Create some data
x = [0, 1, 2, 3]
y = [0, 2, 4, 6]
y_error = [0.2, 0.4, 0.2, 0.6]

# Create a plot with error bars
plt.errorbar(x, y, yerr=y_error, fmt='o-', label='Data with error bars')

# Add a title and labels
plt.title('Plot with Error Bars')
```

```
plt.xlabel('X')
plt.ylabel('Y')

# Add a legend
plt.legend()

# Show the plot
plt.show()
```

Et voilà ! À travers ces sujets, vous avez acquis une compréhension complète des techniques de base de traçage en utilisant Matplotlib. Vous pouvez maintenant créer en toute confiance divers types de graphiques tels que des lignes, des nuages de points, des barres et des histogrammes. De plus, vous avez appris comment personnaliser vos graphiques en modifiant les couleurs, les étiquettes et les styles pour les rendre visuellement attrayants.

Au fur et à mesure que vous continuerez à pratiquer, vous deviendrez plus compétent et pourrez créer des visualisations encore plus complexes pour communiquer efficacement vos idées sur les données. Continuez ainsi et en un rien de temps vous pourrez visualiser vos données comme un professionnel !

7.2 Visualisations Avancées

Bonjour à nouveau, chers lecteurs ! J'espère que vous êtes prêts à vous embarquer dans un voyage pour découvrir le vaste et passionnant monde des visualisations avancées. Dans cet article, nous élargirons nos connaissances au-delà des bases et approfondirons les aspects les plus complexes de la visualisation de données en utilisant la puissante bibliothèque Matplotlib. Nous explorerons ses diverses fonctionnalités, y compris sa capacité à créer des visualisations interactives et à personnaliser des graphiques pour répondre à nos besoins spécifiques.

De plus, nous vous présenterons également Seaborn, une bibliothèque de visualisation de données Python qui utilise Matplotlib comme base. Avec Seaborn, vous pourrez créer des graphiques visuellement attrayants et informatifs avec un effort de codage minimal, grâce à son interface de haut niveau et à ses thèmes prédéfinis. À la fin de cet article, vous aurez une compréhension plus approfondie des visualisations avancées et serez équipé des outils pour créer des visualisations impressionnantes qui vous aideront à communiquer vos idées de manière plus efficace.

7.2.1 Personnalisation des Styles de Graphiques

Lorsqu'il s'agit de créer un rapport ou une présentation, il est essentiel de s'assurer que le graphique que vous choisissez correspond à l'esthétique générale. Heureusement, Matplotlib offre une large gamme d'options qui vous permet de personnaliser les styles de vos graphiques selon vos préférences.

Vous pouvez expérimenter avec différentes couleurs, polices et styles pour trouver la combinaison parfaite pour vos besoins. De plus, vous pouvez ajuster la taille et la résolution de votre graphique pour vous assurer qu'il soit superbe peu importe où vous le présentez. Alors prenez le temps d'explorer tout ce que Matplotlib a à offrir, et vous trouverez sûrement le style de graphique parfait pour votre prochain projet.

Voici comment changer la couleur de fond, les lignes de la grille et plus encore :

```python
import matplotlib.pyplot as plt

plt.style.use('dark_background')  # Change to dark mode
fig, ax = plt.subplots()

ax.plot([1, 2, 3], [1, 4, 9], 'r--', label='Sample Data')
ax.set_title("Customized Plot")
ax.set_xlabel("X-axis")
ax.set_ylabel("Y-axis")

ax.grid(True, linestyle='--', linewidth=0.7, color='white')
plt.show()
```

7.2.2 Graphiques 3D

Les graphiques 3D peuvent être incroyablement utiles dans certains scénarios. En fournissant une troisième dimension, ils peuvent offrir une perspective plus complète et précise sur les données présentées. Matplotlib, l'une des bibliothèques Python les plus populaires pour la visualisation de données, prend en charge assez bien les graphiques 3D. Avec Matplotlib, les utilisateurs peuvent créer une variété de graphiques 3D, notamment des graphiques en ligne, des graphiques de surface et des nuages de points, pour n'en nommer que quelques-uns.

Ces graphiques peuvent être personnalisés de plusieurs manières, permettant aux utilisateurs d'ajuster tout, du jeu de couleurs à l'angle de perspective. De plus, l'intégration de Matplotlib avec les notebooks Jupyter et d'autres outils Python facilite l'incorporation de graphiques 3D dans des projets et des analyses plus vastes. Dans l'ensemble, la capacité de créer des graphiques 3D avec Matplotlib est un outil précieux pour quiconque travaille avec des données complexes et multidimensionnelles.

Voici un exemple simple d'un nuage de points 3D :

```python
from mpl_toolkits.mplot3d import Axes3D

fig = plt.figure()
ax = fig.add_subplot(111, projection='3d')

x = [1, 2, 3, 4, 5]
y = [2, 4, 6, 8, 10]
z = [1, 4, 9, 16, 25]

ax.scatter(x, y, z, c='r', marker='o')
```

```
ax.set_xlabel('X Label')
ax.set_ylabel('Y Label')
ax.set_zlabel('Z Label')

plt.show()
```

7.2.3 La Beauté de Seaborn

Seaborn est une bibliothèque populaire de visualisation de données qui peut grandement simplifier le processus de création et de personnalisation de visualisations pour l'analyse de données. Avec Seaborn, nous pouvons facilement créer des visualisations plus complexes avec moins de code, ce qui nous permet de nous concentrer sur l'interprétation des données plutôt que sur les aspects techniques de la création d'un graphique.

De plus, Seaborn offre une variété de styles et de palettes de couleurs, ce qui nous permet de créer des visualisations visuellement attrayantes et informatives. En utilisant Seaborn, nous pouvons non seulement simplifier notre code, mais aussi améliorer la qualité et la profondeur de nos visualisations, ce qui conduit à davantage d'insights et à une meilleure prise de décision.

Voyons un diagramme en boîte simple mais élégant :

```
import seaborn as sns

tips = sns.load_dataset("tips")
sns.boxplot(x=tips["total_bill"])
plt.show()
```

Seaborn ajuste automatiquement l'esthétique et fournit un graphique beaucoup plus propre, le tout avec seulement quelques lignes de code !

7.2.4 Cartes Thermiques

Les cartes thermiques peuvent être un outil incroyablement efficace pour visualiser des données. Avec leur capacité à afficher des motifs et des corrélations de manière claire et concise, c'est un excellent moyen de mieux comprendre des ensembles de données complexes. De plus, les cartes thermiques peuvent être utilisées pour identifier des zones de haute et basse intensité, facilitant l'identification de tendances importantes.

En incorporant des schémas de couleurs et des légendes, les cartes thermiques peuvent être personnalisées pour s'adapter à une variété de besoins, de la recherche scientifique à l'analyse commerciale. Dans l'ensemble, l'utilisation de cartes thermiques peut considérablement améliorer l'analyse de données et les processus de prise de décision, ce qui en fait un outil précieux pour diverses industries et domaines.

Dans Seaborn, créer une carte thermique est super simple :

```
import seaborn as sns; sns.set_theme()
```

```
import numpy as np

data = np.random.rand(10, 12)
ax = sns.heatmap(data)
plt.show()
```

Les visualisations avancées ne sont pas réservées uniquement aux utilisateurs « avancés ». En fait, n'importe qui peut créer des visualisations de qualité professionnelle avec seulement quelques lignes de code. Ces types de visualisations vous aident à transmettre l'histoire de vos données de manière plus convaincante et efficace.

Pour commencer, prenez votre temps pour expérimenter et explorer ces fonctionnalités avancées. Vous pouvez commencer par des visualisations simples, comme des graphiques linéaires, des graphiques à barres ou des nuages de points. Une fois que vous aurez maîtrisé ceux-ci, vous pourrez passer à des visualisations plus complexes comme les cartes thermiques, les treemaps et les graphiques de réseaux. Les possibilités sont infinies !

Dans notre prochaine section, nous aborderons les visualisations interactives. Les visualisations interactives sont un excellent moyen d'impliquer votre public et de lui permettre d'explorer vos données selon ses propres termes. Nous discuterons de la façon de créer des visuels interactifs en utilisant des outils comme D3.js et Plotly. D'ici là, bon traçage et n'ayez pas peur de repousser les limites de ce qui est possible avec la visualisation de données !

7.2.5 Création de Visualisations Interactives

Matplotlib et Seaborn offrent tous deux des moyens de rendre vos graphiques interactifs. En ce qui concerne Matplotlib, une façon d'ajouter de l'interactivité à vos graphiques est d'utiliser la bibliothèque **mpl_connect**. Cela vous permet de définir un ensemble d'actions qui s'exécutent lorsque certains événements se produisent, comme cliquer sur un élément du graphique ou appuyer sur une touche de votre clavier.

Une autre option pour ajouter de l'interactivité à vos graphiques Matplotlib est d'utiliser le module **widgets**, qui fournit des contrôles interactifs comme des curseurs, des cases à cocher et des boutons. En ce qui concerne Seaborn, il offre également des options d'interactivité grâce à son intégration avec Matplotlib.

En utilisant la méthode **.plot** dans Seaborn avec le paramètre **interactive** défini sur **True**, vous pouvez créer un graphique qui vous permet de zoomer, de faire défiler et de survoler des points de données pour voir plus d'informations. Dans l'ensemble, Matplotlib et Seaborn fournissent tous deux diverses façons de rendre vos graphiques interactifs et attrayants pour votre public.

Voici un exemple simple :

```
import matplotlib.pyplot as plt
import numpy as np

fig, ax = plt.subplots()
```

```
x = np.linspace(0, 10, 100)
y = np.sin(x)
line, = ax.plot(x, y)

def on_click(event):
    if event.button == 1:  # Left mouse button
        line.set_ydata(np.cos(x))
    else:  # Right mouse button
        line.set_ydata(np.sin(x))
    fig.canvas.draw()

fig.canvas.mpl_connect('button_press_event', on_click)
plt.show()
```

Dans cet exemple, cliquer avec le bouton gauche de la souris modifiera le graphique pour représenter la fonction cosinus, tandis que le bouton droit de la souris le ramènera à la fonction sinus.

7.2.6 Exportation de vos Visualisations

La création de visualisations est un aspect fondamental de l'analyse de données, et elle ne se limite pas à un usage personnel. Il est souvent nécessaire de partager les insights que vous avez obtenus de votre analyse avec d'autres, et c'est là que la capacité d'exporter vos visualisations devient cruciale.

Avec Matplotlib et Seaborn, vous pouvez facilement exporter vos visualisations dans une variété de formats, tels que PNG, PDF, SVG et plus encore, ce qui facilite le partage de vos insights avec vos collègues, clients ou autres parties prenantes.

De plus, la capacité d'exporter vos visualisations dans différents formats vous permet de choisir le format le plus approprié pour votre public cible, garantissant que votre message soit transmis de manière efficace. Par conséquent, ne sous-estimez jamais l'importance de la capacité d'exporter vos visualisations, car elle peut vous aider à communiquer vos découvertes de manière plus claire et efficace.

Voici comment vous pouvez le faire dans Matplotlib :

```
import matplotlib.pyplot as plt

# Create a simple plot
plt.plot([1, 2, 3], [4, 5, 6])
plt.title('Sample Plot')

# Save the plot
plt.savefig('sample_plot.png')
```

Cela sauvegardera le graphique dans le même répertoire que votre script, au format PNG.

Pour le sauvegarder dans un format différent, vous pouvez modifier l'extension du fichier :

```
plt.savefig('sample_plot.pdf')
```

Un autre aspect que nous étudierons est « Conseils de performance pour les grands ensembles de données ». Cela sera bénéfique pour ceux qui ont besoin de visualiser de grands ensembles de données et qui s'inquiètent des goulots d'étranglement de performance.

7.2.7 Conseils de Performance pour les Grands Ensembles de Données

Visualiser un grand ensemble de données peut être coûteux en termes de calcul et pourrait entraîner des problèmes de performance. Cela est particulièrement vrai pour les visualisations complexes qui nécessitent une quantité importante de ressources informatiques pour être générées. Cependant, il existe plusieurs techniques qui peuvent être utilisées pour atténuer ces problèmes.

Par exemple, une approche consiste à utiliser des techniques d'échantillonnage de données pour réduire la taille de l'ensemble de données qui doit être visualisé. Une autre approche consiste à utiliser des agrégations précalculées pour accélérer le processus de rendu. De plus, l'utilisation de matériel plus puissant ou de ressources informatiques distribuées peut également contribuer à améliorer les performances lors du traitement de grands ensembles de données.

Voici quelques conseils pour gérer efficacement les grands ensembles de données :

Utilisation de FuncAnimation pour les Mises à Jour en Temps Réel

Si vos données sont mises à jour en temps réel, envisagez d'utiliser **FuncAnimation** du module d'animation de Matplotlib.

```python
import numpy as np
import matplotlib.pyplot as plt
from matplotlib.animation import FuncAnimation

fig, ax = plt.subplots()
xdata, ydata = [], []
ln, = plt.plot([], [], 'r')

def init():
    ax.set_xlim(0, 2*np.pi)
    ax.set_ylim(-1, 1)
    return ln,

def update(frame):
    xdata.append(frame)
    ydata.append(np.sin(frame))
    ln.set_data(xdata, ydata)
    return ln,
```

```
ani = FuncAnimation(fig, update, frames=np.linspace(0, 2*np.pi, 128), init_func=init,
blit=True)
plt.show()
```

Agrégation de Données

Parfois, il n'est pas nécessaire de tracer chaque point de données, surtout lorsque vous travaillez avec de grands ensembles de données. En fait, l'agrégation de données peut considérablement accélérer le processus de visualisation, vous permettant d'identifier les tendances et les motifs plus facilement. En résumant les données et en les présentant de manière plus simplifiée, vous pouvez vous concentrer sur les informations les plus importantes et prendre des décisions mieux informées.

De plus, l'agrégation de données peut aider à réduire le bruit dans vos visualisations, facilitant la détection de valeurs aberrantes et d'anomalies qui peuvent nécessiter une enquête supplémentaire. Dans l'ensemble, adopter une approche d'agrégation de données peut conduire à une analyse de données plus efficiente et efficace, sans sacrifier la précision ou la perspicacité.

```
import seaborn as sns
import pandas as pd

# Assuming df is a DataFrame with a large dataset
# df = pd.read_csv('large_dataset.csv')

# Aggregate data
agg_df = df.groupby('some_column').mean()

# Use Seaborn to create the plot
sns.barplot(x=agg_df.index, y=agg_df['another_column'])
```

En suivant ces simples conseils de performance, vous pourrez économiser une quantité significative de temps et de ressources informatiques. Cela, à son tour, vous permettra de vous concentrer davantage sur l'analyse de données elle-même plutôt que de passer du temps à résoudre des problèmes de performance.

De plus, la mise en œuvre de ces conseils de performance aidera à améliorer l'efficacité globale de votre flux de travail, vous permettant de réaliser des tâches plus rapidement et avec une plus grande précision. En conséquence, vous pourrez accomplir davantage en moins de temps et avec moins d'effort, ce qui conduira finalement à une productivité accrue et de meilleurs résultats.

7.3 Introduction à Seaborn

Salutations, cher lecteur ! Je suis ravi de voir que vous êtes intéressé à faire passer vos compétences en visualisation de données au niveau supérieur. Dans notre dernière leçon, nous avons couvert les fondamentaux du traçage avec Matplotlib, et il est maintenant temps d'explorer un autre outil précieux dans votre arsenal de visualisation de données : Seaborn.

Seaborn est une puissante bibliothèque construite sur Matplotlib qui offre une interface de haut niveau et facile à utiliser. Elle s'intègre étroitement avec les structures de données de pandas et incorpore les meilleures pratiques pour une visualisation de données efficace. Avec Seaborn, vous aurez accès à une large gamme de palettes de couleurs, des graphiques visuellement plus attrayants et une syntaxe plus simple.

En utilisant Seaborn, vous pourrez créer des visualisations plus complexes avec facilité. Vous pourrez personnaliser vos graphiques de manière plus efficace en ajustant les schémas de couleurs, en ajustant les limites des axes et en ajoutant des annotations. Seaborn offre également une variété de graphiques statistiques qui peuvent vous aider à visualiser les relations entre les variables dans vos données.

Alors plongez dans Seaborn et explorez toutes les choses étonnantes qu'il a à offrir. Une fois que vous verrez ce qu'il peut faire, je suis certain que vous serez d'accord pour dire que c'est un outil essentiel pour tout passionné de visualisation de données. Commençons !

7.3.1 Installation

Si vous n'avez pas encore installé Seaborn, c'est aussi simple que d'exécuter la commande suivante dans votre terminal :

```
pip install seaborn
```

7.3.2 Traçage Basique avec Seaborn

Seaborn est exceptionnel par sa syntaxe simple. Pour dessiner un graphique linéaire simple, vous pouvez faire ce qui suit :

```
import seaborn as sns
import matplotlib.pyplot as plt

# Sample data
x = [0, 1, 2, 3, 4]
y = [0, 1, 4, 9, 16]

# Create the plot
sns.lineplot(x=x, y=y)

# Show the plot
plt.show()
```

En utilisant Seaborn, vous pouvez créer un graphique linéaire qui n'est pas seulement simple, mais aussi soigné. Seaborn s'occupe de nombreux détails, comme les lignes de grille et les schémas de couleurs, qui peuvent faire qu'une visualisation paraisse professionnelle. De plus, Seaborn s'intègre avec Matplotlib, ce qui signifie que vous pouvez personnaliser vos graphiques encore davantage en utilisant les fonctions de Matplotlib.

Cette intégration vous permet d'explorer des visualisations plus complexes en tirant parti de la vaste bibliothèque de Matplotlib. Avec Seaborn, vous pouvez créer des graphiques de qualité publication avec un effort minimal, ce qui vous donne plus de temps pour vous concentrer sur l'analyse de vos données.

7.3.3 Graphiques Catégoriels

Bien que Matplotlib soit une bibliothèque compétente pour visualiser des données catégorielles, Seaborn va un cran plus loin en fournissant une gamme plus diversifiée de graphiques qui peuvent gérer non seulement les données catégorielles, mais aussi les données statistiques et de distribution avec facilité. Seaborn offre également un niveau de personnalisation plus élevé, avec la capacité de créer des graphiques plus détaillés et complexes qui peuvent mieux transmettre l'information souhaitée.

Avec Seaborn, vous pouvez choisir parmi une variété de styles de graphiques et de palettes de couleurs pour satisfaire vos besoins, et il fournit des fonctions intégrées pour l'analyse statistique et la modélisation de régression, ce qui en fait un outil précieux pour l'exploration et la visualisation de données.

Voyons un graphique à barres basique :

```
# Sample data
tips = sns.load_dataset("tips")

# Create the bar plot
sns.barplot(x="day", y="total_bill", data=tips)

# Show the plot
plt.show()
```

Dans cet exemple, nous utilisons la fonction **load_dataset** intégrée de Seaborn pour charger un ensemble de données d'exemple sur les pourboires. Ensuite, nous créons facilement un graphique à barres qui montre la moyenne de **total_bill** pour chaque **day**.

7.3.4 Styles et Thèmes

Seaborn est une bibliothèque de visualisation très appréciée par les analystes de données et les scientifiques des données. C'est un excellent outil pour créer des visualisations informatives et magnifiques qui peuvent être utilisées pour communiquer des idées à partir des données. L'un des attributs charmants de Seaborn est sa collection de thèmes intégrés.

Ces thèmes fournissent une variété de styles pour vos visualisations, ce qui facilite la transmission de votre message de manière efficace. De plus, les thèmes de Seaborn sont conçus pour être esthétiquement agréables, donc vos visualisations auront l'air professionnelles et impressionnantes. Avec Seaborn, vous pouvez avoir la certitude que vos visualisations ne seront pas seulement informatives, mais aussi visuellement attrayantes.

Par exemple, pour passer à un style de grille blanche, faites simplement ce qui suit :

```
# Set the style
sns.set_style("whitegrid")

# Continue plotting as usual
```

N'est-ce pas charmant ? La fonction **set_style** fournit un moyen rapide de personnaliser l'esthétique de vos graphiques. N'hésitez pas à expérimenter avec différents styles comme **darkgrid**, **white**, **dark** et **ticks**.

Comme on peut l'observer, Seaborn est un outil extrêmement polyvalent en matière de visualisation de données. Il offre une variété de types et de styles de graphiques qui peuvent vous aider à mieux comprendre vos données.

Cela inclut, sans s'y limiter, les graphiques en lignes, les graphiques de dispersion, les graphiques à barres, les diagrammes en boîte, les graphiques en violon et les graphiques en essaim. Seaborn fournit également une variété d'options de personnalisation pour vous aider à adapter vos visualisations à vos besoins spécifiques. Par exemple, vous pouvez ajuster la palette de couleurs, les tailles de police et les étiquettes des axes, parmi de nombreuses autres caractéristiques.

Il convient de noter que les capacités mentionnées de Seaborn ne sont que la pointe de l'iceberg. Il existe de nombreuses autres caractéristiques et fonctionnalités que nous explorerons dans les prochaines sections, ce qui augmentera sans aucun doute votre connaissance de Seaborn et sa valeur potentielle dans l'analyse de données.

7.3.5 Seaborn pour l'Analyse Exploratoire de Données

Seaborn est un outil impressionnant pour l'analyse de données, en particulier dans les étapes initiales lorsque vous essayez encore de comprendre vos données. Sa simplicité et sa polyvalence en font un choix idéal pour visualiser vos données d'une manière qui vous aide à identifier leurs caractéristiques clés.

Avec Seaborn, vous pouvez obtenir une vue claire de la distribution, de la tendance centrale, de la variance et des relations entre variables, qui sont essentielles pour toute analyse statistique ou modèle d'apprentissage automatique ultérieur. Seaborn fournit une large gamme de visualisations qui peuvent vous aider à explorer vos données et découvrir des motifs que vous auriez pu autrement manquer.

L'outil est également hautement personnalisable, ce qui vous permet d'ajuster les visualisations à vos besoins spécifiques. Dans l'ensemble, Seaborn est un outil puissant et flexible qui peut vous aider à obtenir des informations précieuses de vos données et à prendre des décisions mieux éclairées en fonction de ces informations.

Graphiques de Paires

Seaborn est un excellent outil qui offre plusieurs fonctionnalités pour l'analyse exploratoire de données. L'une des fonctionnalités les plus utiles est le **pairplot**. Ce graphique montre les relations entre les paires de variables dans un ensemble de données. Le **pairplot** est non seulement utile pour identifier les motifs et les tendances dans les données, mais il aide également à déterminer la corrélation entre les variables. De plus, il peut être utilisé pour identifier toute valeur aberrante ou anomalie dans l'ensemble de données.

Le **pairplot** est un outil idéal pour visualiser la distribution de variables individuelles dans un ensemble de données. Il fournit un moyen rapide et facile de vérifier la normalité ou l'asymétrie dans les données. De plus, il peut être utilisé pour identifier le type de distribution que suit chaque variable, qu'il s'agisse d'une distribution normale, bimodale ou asymétrique.

Un autre avantage du **pairplot** est qu'il peut être utilisé pour identifier les relations entre deux variables. Cela peut être extrêmement utile pour identifier les motifs ou les tendances dans les données. Par exemple, s'il existe une relation linéaire entre deux variables, le **pairplot** affichera une ligne droite. S'il existe une relation non linéaire, le **pairplot** affichera une courbe.

Le **pairplot** est un outil puissant qui aide à identifier les motifs, les tendances et les relations dans les données. Il fournit un moyen rapide et facile de visualiser la distribution de variables individuelles et les relations entre deux variables. En utilisant cet outil, les analystes de données peuvent obtenir des informations précieuses sur leurs données, ce qui peut conduire à une meilleure prise de décision et à de meilleurs résultats.

Voici comment vous pouvez créer un graphique de paires :

```python
import seaborn as sns
import matplotlib.pyplot as plt

# Load a sample dataset
df = sns.load_dataset('iris')

# Create a pair plot
sns.pairplot(df, hue='species')

# Show the plot
plt.show()
```

Dans cet exemple, le paramètre **hue** est utilisé pour colorer les points selon l'espèce des fleurs d'iris. Cette simple ligne de code fournit beaucoup d'informations.

Cartes de Chaleur

Les cartes de chaleur sont une excellente méthode pour représenter visuellement des données au moyen de couleurs. Elles sont particulièrement utiles lorsque vous souhaitez démontrer où sont concentrées les valeurs dans les variables, en fournissant une représentation complète et détaillée des données.

Avec Seaborn, la création de cartes de chaleur devient un processus simple et facile, ce qui vous permet de personnaliser et d'affiner vos cartes de chaleur selon vos préférences et besoins. Vous pouvez également utiliser des cartes de chaleur pour analyser les tendances, les motifs et les relations dans vos données, ce qui vous permet d'obtenir des informations approfondies et de prendre des décisions éclairées en fonction de vos découvertes.

En résumé, les cartes de chaleur sont un outil puissant dans l'analyse de données qui peuvent vous aider à comprendre et interpréter des ensembles de données complexes avec facilité, et Seaborn est l'outil parfait pour les créer de manière rapide et efficace.

Exemple :

```
# Create a correlation matrix
corr = df.corr()

# Create a heat map
sns.heatmap(corr, annot=True)

# Show the plot
plt.show()
```

Dans cet exemple, **annot=True** annote chaque cellule de la carte de chaleur avec la valeur numérique de la corrélation, ce qui facilite sa lecture.

Graphiques en Violon

Les graphiques en violon sont une méthode polyvalente et informative pour visualiser les distributions de fréquence et leur densité de probabilité. Ils sont particulièrement utiles dans l'analyse exploratoire de données d'ensembles de données complexes. En présentant la distribution d'une variable dans différentes catégories, les graphiques en violon permettent de détecter des motifs et des tendances qui peuvent ne pas être évidents avec d'autres méthodes.

De plus, ils fournissent une représentation intuitive de la forme, de l'asymétrie et de l'aplatissement de la distribution, ainsi que de la localisation et de la dispersion des données. Cela peut être utile pour identifier les valeurs aberrantes, évaluer l'hypothèse de normalité et sélectionner des tests statistiques appropriés.

En général, les graphiques en violon sont un outil précieux pour l'analyse et la visualisation de données qui peuvent améliorer la compréhension et l'interprétation d'ensembles de données complexes.

Exemple :

```
# Create a violin plot
sns.violinplot(x='species', y='petal_length', data=df)

# Show the plot
plt.show()
```

Ici, les paramètres **x** et **y** spécifient les données à tracer le long de ces axes, et **data** spécifie le DataFrame duquel extraire les données.

Seaborn fournit une large gamme de visualisations pour l'analyse exploratoire de données (EDA). Des histogrammes aux cartes de chaleur, Seaborn offre une variété d'options pour vous aider à mieux comprendre vos données. Avec Seaborn, vous pouvez facilement identifier les tendances, les motifs et les valeurs aberrantes qui peuvent ne pas être immédiatement évidents dans les données brutes.

Avoir accès à ces outils peut être extrêmement utile lors de la première rencontre avec un nouveau jeu de données. En utilisant les visualisations de Seaborn, vous pouvez répondre aux questions initiales et obtenir des informations sur les données. Par exemple, les histogrammes peuvent montrer la distribution d'une variable, tandis que les graphiques de dispersion peuvent révéler des corrélations entre les variables. En explorant les données visuellement, vous pouvez prendre des décisions éclairées sur les tests statistiques ou les techniques de modélisation à utiliser ensuite.

De plus, la flexibilité de Seaborn signifie que vous pouvez personnaliser vos visualisations pour mieux répondre à vos besoins. Vous pouvez ajuster les couleurs, les étiquettes et d'autres caractéristiques pour mettre en évidence des aspects spécifiques de vos données. Avec Seaborn, vous pouvez être sûr que vous présentez vos résultats de manière claire et convaincante, ce qui vous aidera à communiquer vos conclusions de manière efficace et à prendre des décisions éclairées.

7.3.6 Grilles de Facettes

Les grilles de facettes sont incroyablement utiles pour visualiser la distribution et les relations des variables au sein d'un jeu de données. En créant une matrice de graphiques, les grilles de facettes vous permettent d'examiner des sous-ensembles de vos données et d'explorer des motifs qui peuvent être cachés dans les données dans leur ensemble.

Par exemple, disons que vous avez un jeu de données de plusieurs espèces de fleurs avec leurs longueurs et largeurs de pétales, ainsi que les types d'espèces. En utilisant une grille de facettes, vous pourriez créer plusieurs graphiques, chacun montrant la relation entre la longueur et la largeur du pétale pour une espèce spécifique.

Ce faisant, vous pourriez identifier tout motif ou tendance qui existe au sein de chaque espèce, ainsi que toute différence ou similitude entre les espèces. En plus d'explorer les relations entre les variables, les grilles de facettes peuvent également être utilisées pour comparer les distributions d'une variable entre différents sous-ensembles de données.

Par exemple, vous pourriez utiliser une grille de facettes pour comparer la distribution des longueurs de pétales entre différentes espèces de fleurs, ce qui vous permettrait de voir facilement quelles espèces ont des pétales plus longs ou plus courts. Dans l'ensemble, les grilles de facettes sont un outil incroyablement puissant pour l'exploration et la visualisation de données, et peuvent vous aider à obtenir une compréhension plus approfondie de vos données et des motifs qui existent en leur sein.

Exemple :

```python
import seaborn as sns
import matplotlib.pyplot as plt

# Load the example tips dataset
df = sns.load_dataset('iris')

# Create a FacetGrid
g = sns.FacetGrid(df, col="species")
g.map(sns.scatterplot, "petal_length", "petal_width")
g.add_legend()

plt.show()
```

7.3.7 Graphiques Conjoints

jointplot est un outil de visualisation puissant dans Seaborn qui fournit une compréhension complète de la relation entre deux variables numériques. Il trace les deux variables l'une contre l'autre, ce qui permet à l'utilisateur de les comparer de manière efficace. De plus, il montre la distribution de chaque variable de chaque côté du graphique, ce qui offre une vision plus détaillée des données.

Cette fonction est particulièrement utile lors de l'exploration de grands ensembles de données, car elle permet à l'utilisateur d'identifier des motifs et des tendances qui autrement pourraient ne pas être évidents immédiatement. Avec **jointplot**, vous pouvez détecter facilement des corrélations, des valeurs aberrantes et d'autres caractéristiques intéressantes qui passeraient autrement inaperçues. En résumé, **jointplot** est un outil essentiel pour tout analyste de données ou chercheur qui souhaite obtenir une compréhension plus approfondie de ses données et améliorer ses connaissances.

Exemple :

```python
# Create a joint plot of petal_length and petal_width
sns.jointplot(data=df, x="petal_length", y="petal_width", kind="scatter")
plt.show()
```

7.3.8 Personnalisation des Styles

Seaborn est une bibliothèque de visualisation de données incroyablement polyvalente qui fournit à l'utilisateur une large gamme d'options pour personnaliser l'esthétique de ses graphiques. Non seulement vous pouvez changer le contexte et l'apparence de vos graphiques, mais Seaborn vous permet également de modifier les couleurs, tailles, formes et étiquettes des divers éléments dans vos visualisations.

En utilisant Seaborn, vous pouvez créer des graphiques complexes et informatifs qui communiquent vos données avec clarté et précision, tout en étant esthétiquement agréables à l'œil. De plus, la bibliothèque est constamment mise à jour avec de nouvelles fonctionnalités et améliorations, ce qui garantit que vous avez toujours accès aux derniers outils et techniques pour la visualisation de données. Avec Seaborn, les possibilités sont infinies et la seule limite est votre propre créativité.

Exemple :

```
# Customizing Seaborn plots
sns.set_style("whitegrid")  # set the background style of the plot
sns.set_context("talk")  # set the context as "talk" for larger labels and lines

# Draw a simple line plot
sns.lineplot(x=[0, 1, 2, 3, 4], y=[0, 1, 4, 9, 16])
plt.show()
```

Voilà, un petit aperçu de ce que Seaborn est capable de faire au-delà des bases. Ces capacités avancées ouvrent des portes à de nouvelles façons de comprendre vos données. Par exemple, avec les outils de visualisation complexes de Seaborn, vous pouvez créer des visualisations détaillées et informatives qui vous permettent d'identifier des motifs et des tendances dans vos données qui autrement pourraient passer inaperçus. De plus, les options de personnalisation de Seaborn vous permettent de créer des visualisations adaptées à vos besoins spécifiques. Vous pouvez ajuster les couleurs, polices et styles de vos visualisations pour les rendre plus attrayantes visuellement et plus faciles à lire.

Nous recommandons vivement que vous expérimentiez avec ces capacités avancées à mesure que vous vous sentez plus à l'aise avec la bibliothèque. Plus vous expérimenterez avec Seaborn, plus vous découvrirez son potentiel complet pour vos besoins d'analyse de données. Et la bonne nouvelle est qu'il existe de nombreuses ressources disponibles pour vous aider à en apprendre davantage sur ces fonctionnalités. En plus de la documentation officielle de Seaborn, il existe également des tutoriels en ligne, des forums d'utilisateurs et d'autres ressources où vous pouvez obtenir de l'aide et des conseils d'autres utilisateurs de Seaborn. Alors n'ayez pas peur de vous plonger et d'explorer tout ce que Seaborn a à offrir !

Exercices Pratiques - Chapitre 7

Exercice 1 : Graphique Linéaire de Base

Créez un graphique linéaire simple en utilisant Matplotlib pour visualiser la fonction $y = x^2$ pour x dans la plage de 0 à 10.

Solution :

```python
import matplotlib.pyplot as plt
import numpy as np

x = np.linspace(0, 10, 100)
y = x ** 2

plt.plot(x, y)
plt.xlabel('x')
plt.ylabel('y')
plt.title('y = x^2')
plt.show()
```

Exercice 2 : Graphique à Barres avec Seaborn

Créez un graphique à barres en utilisant Seaborn pour visualiser la longueur moyenne du pétale pour chaque espèce dans l'ensemble de données Iris.

Solution :

```python
import seaborn as sns

df = sns.load_dataset('iris')
sns.barplot(x='species', y='petal_length', data=df)
plt.show()
```

Exercice 3 : Matrice de Graphiques de Dispersion

Utilisez Seaborn pour créer une matrice de graphiques de dispersion de l'ensemble de données Iris en vous concentrant sur les variables 'sepal_length', 'sepal_width', 'petal_length' et 'petal_width'.

Solution :

```python
sns.pairplot(df, vars=['sepal_length', 'sepal_width', 'petal_length', 'petal_width'],
hue='species')
plt.show()
```

Exercice 4 : Graphique Avancé - Carte de Chaleur

Visualisez une matrice de corrélation de l'ensemble de données Iris en utilisant une carte de chaleur dans Seaborn.

Solution :

```
correlation_matrix = df.corr()
sns.heatmap(correlation_matrix, annot=True, cmap='coolwarm')
plt.show()
```

Exercice 5 : Personnalisez Votre Graphique

Prenez le graphique linéaire que vous avez créé dans l'Exercice 1 et personnalisez-le en ajoutant des lignes de grille, en changeant le style de ligne et en ajoutant des marqueurs.

Solution :

```
plt.plot(x, y, linestyle='--', marker='o', color='b')
plt.xlabel('x')
plt.ylabel('y')
plt.title('y = x^2')
plt.grid(True)
plt.show()
```

Nous espérons que vous trouverez ces exercices bénéfiques. Rappelez-vous, plus vous pratiquez, plus vous deviendrez compétent. Amusez-vous bien à créer des graphiques !

Conclusion du Chapitre 7

Félicitations d'être arrivé jusqu'à la fin du Chapitre 7, une immersion profonde dans la visualisation de données en utilisant Matplotlib et Seaborn ! La visualisation est un outil puissant dans le monde de l'analyse de données. Non seulement elle aide à comprendre des structures de données complexes, mais elle aide également à transmettre des idées complexes de manière simple. Nous avons commencé ce voyage en vous présentant Matplotlib, une bibliothèque qui offre une base fondamentale pour des visualisations personnalisées. Sa structure flexible permet aussi bien des graphiques simples que complexes.

Des graphiques linéaires de base aux options de traçage plus avancées comme les graphiques circulaires, les graphiques 3D et les sous-graphiques, Matplotlib fournit un répertoire riche pour présenter vos données. En chemin, nous vous avons présenté divers composants d'un graphique, tels que les titres, les étiquettes et les légendes. Ces composants sont essentiels pour toute visualisation, car ils aident à fournir un contexte clair pour les données présentées.

Après Matplotlib, nous nous sommes aventurés dans le domaine de Seaborn, une bibliothèque construite sur Matplotlib qui fournit une interface de niveau supérieur et plus accessible pour créer des graphiques statistiques. Nous avons vu comment elle peut aider à créer des visualisations complexes comme des cartes de chaleur, des graphiques de paires et des graphiques en violon en seulement quelques lignes de code. En automatisant de nombreux aspects de l'esthétique et de la structure du graphique, Seaborn vous permet de vous concentrer davantage sur l'interprétation et la compréhension des données.

Pour compléter votre compréhension théorique, nous avons incorporé des exercices pratiques à la fin de ce chapitre. Ces exercices ont été conçus pour fournir une expérience pratique dans la création de graphiques et pour vous encourager à explorer la vaste gamme de possibilités qu'offrent ces bibliothèques. Les exercices allaient de la création de graphiques linéaires simples à des représentations visuelles plus avancées comme des cartes de chaleur et des matrices de graphiques de dispersion.

En résumé, ce chapitre avait pour objectif de vous équiper des compétences nécessaires pour donner vie à vos données à travers la narration visuelle. Nous espérons que cela prépare le terrain pour les prochains chapitres où vous appliquerez ces compétences dans des domaines plus spécialisés de l'analyse de données. Rappelez-vous, le pouvoir de l'analyse de données ne réside pas seulement dans le calcul de nombres, mais dans votre capacité à transmettre des idées significatives qui en découlent.

Continuez à créer des graphiques, continuez à explorer et laissez votre créativité s'envoler pendant que vous plongez plus profondément dans le monde de l'analyse de données !

Quiz pour la Partie III : Bibliothèques Principales pour l'Analyse de Données

Chapitre 5 : Fondamentaux de NumPy

1. À quoi sert principalement NumPy ?

    - o   a) Manipulation de texte

    - o   b) Calcul scientifique

    - o   c) Développement web

    - o   d) Développement de jeux

2. Comment crée-t-on une matrice 3x3 remplie de 7 dans NumPy ?

    - o   a) **np.array(3,3,7)**

    - o   b) **np.full((3,3), 7)**

    - o   c) **np.zeros((3,3)) + 7**

    - o   d) **np.ones((3,3)) * 7**

Chapitre 6 : Manipulation de Données avec Pandas

1. Quelle structure de données de Pandas est généralement utilisée pour les données tabulaires ?

    - o   a) Array

    - o   b) DataFrame

    - o   c) Dictionnaire

    - o   d) Série

2. Comment supprimer une colonne nommée 'Âge' d'un DataFrame **df** ?

    - o   a) **df.remove('Âge')**

    - o   b) **df.drop(columns=['Âge'])**

- o c) **df.delete('Âge')**
- o d) **df.pop('Âge')**

Chapitre 7 : Visualisation de Données avec Matplotlib et Seaborn

1. Quelle fonction dans Matplotlib est généralement utilisée pour créer un graphique linéaire simple ?

    - o a) **plt.bar()**
    - o b) **plt.scatter()**
    - o c) **plt.plot()**
    - o d) **plt.pie()**

2. Dans Seaborn, que représente généralement le paramètre **hue** ?

    - o a) Le titre du graphique
    - o b) La couleur basée sur une variable
    - o c) La taille des marqueurs
    - o d) Le style du graphique

Corrigé

1. b) Calcul scientifique
2. b) **np.full((3,3), 7)**
3. b) DataFrame
4. b) **df.drop(columns=['Âge'])**
5. c) **plt.plot()**
6. b) La couleur basée sur une variable

Partie IV : Analyse Exploratoire des Données (AED)

Chapitre 8 : Comprendre l'Analyse Exploratoire des Données (AED)

À ce stade, vous avez progressé de manière significative dans votre parcours pour devenir un expert en analyse de données. Vous avez appris les concepts de base de Python et vous êtes maintenant à l'aise pour manipuler des données avec NumPy et Pandas. Vous avez également acquis les compétences nécessaires pour visualiser vos données en utilisant Matplotlib et Seaborn. Cependant, le voyage est loin d'être terminé, et il reste encore beaucoup à apprendre.

Dans ce chapitre, nous explorerons l'art et la science de l'Analyse Exploratoire des Données (AED) de manière plus approfondie. C'est ici que votre collection d'outils et de techniques prendra vie, et vous obtiendrez une compréhension plus large de la façon d'extraire des informations des données. Vous apprendrez comment vous plonger dans les ensembles de données, identifier des modèles et des tendances, et créer des visualisations significatives qui fourniront des informations précieuses pour la prise de décision.

Il convient de noter que le processus d'AED n'est pas une approche universelle, et il existe diverses techniques et méthodologies qui peuvent être employées selon la nature des données et le problème en question. En tant que tel, ce chapitre vous fournira un aperçu général des concepts et techniques d'AED, en mettant l'accent sur les applications pratiques.

Nous espérons que vous êtes enthousiaste à l'idée de vous plonger davantage dans le monde de l'analyse de données et que vous trouverez ce chapitre à la fois informatif et captivant. Alors commençons et poursuivons notre voyage vers l'excellence dans l'analyse de données !

8.1 Importance de l'AED

Si vous pensez à l'analyse de données comme une chasse au trésor, alors l'Analyse Exploratoire des Données (AED) est la carte au trésor qui guide votre chemin. L'AED fournit une vision complète de vos données, y compris leurs dimensions, caractéristiques et motifs cachés. En ayant cette « carte » de vos données avant de décider de la meilleure « route » pour trouver des informations, vous pouvez mieux comprendre ce qui vous attend.

Supposons que vous ayez un ensemble de données qui enregistre le comportement des clients dans un magasin de détail. Simplement regarder les données brutes ne vous donnera pas d'informations réelles. Cependant, avec l'AED, vous pouvez répondre à des questions telles que

: Y a-t-il un modèle dans le moment où les ventes augmentent ? Quel est l'âge moyen des clients ? Les personnes qui achètent le Produit A ont-elles également tendance à acheter le Produit B ? En trouvant les réponses à ces questions, vous pouvez obtenir une meilleure compréhension de vos données et, en fin de compte, prendre des décisions plus éclairées.

8.1.1 Pourquoi l'AED est-elle Cruciale ?

Nettoyage des Données

L'Analyse Exploratoire des Données (AED) est une étape cruciale dans tout projet de science des données, car elle vous permet d'obtenir une compréhension plus approfondie de vos données et d'identifier des modèles ou des relations qui peuvent ne pas être évidents immédiatement.

En plus de vous aider à identifier les valeurs aberrantes, les valeurs manquantes ou les erreurs humaines qui peuvent nécessiter une attention avant la modélisation, l'AED vous permet également d'explorer la distribution de vos données, d'évaluer la qualité de vos variables et de déterminer tout problème potentiel avec votre processus de collecte de données. En réalisant une AED exhaustive, vous pouvez vous assurer que vos données sont propres, fiables et prêtes pour l'analyse, ce qui conduira en fin de compte à des informations plus précises et exploitables.

Test des Hypothèses

Les modèles statistiques sont construits sur certaines hypothèses concernant les données. Ces hypothèses sont souvent faites sur la distribution et la variabilité des données. Cependant, il n'est pas toujours clair si les données respectent ou non ces hypothèses.

C'est là qu'intervient l'analyse exploratoire des données (AED). L'AED est un processus d'examen des données pour mieux comprendre leurs propriétés et découvrir tout modèle ou anomalie qui pourrait être présent. En réalisant une AED, nous pouvons vérifier si les hypothèses faites sur les données sont valides ou non. Cela aide à garantir que les modèles statistiques que nous construisons sont précis et fiables.

Ingénierie des Caractéristiques

L'Analyse Exploratoire des Données (AED) est une étape essentielle dans le processus de développement d'un modèle d'apprentissage automatique. Durant cette étape, il est possible que vous découvriez que certaines caractéristiques nécessitent une transformation, une mise à l'échelle ou même une création pour améliorer la précision du modèle.

Par exemple, vous pouvez constater qu'une caractéristique particulière présente des valeurs aberrantes qui doivent être identifiées et traitées, ou que certaines caractéristiques sont fortement corrélées et doivent être combinées en une seule caractéristique. De plus, l'AED peut vous aider à identifier des modèles dans les données qui peuvent informer la sélection de modèles et d'algorithmes appropriés, ou conduire à la découverte de nouvelles variables qui peuvent être pertinentes pour le problème en question.

Par conséquent, il est crucial d'investir du temps et des efforts dans l'AED pour produire un modèle d'apprentissage automatique solide et efficace.

Sélection de Modèle

L'Analyse Exploratoire des Données (AED) est une phase critique dans la préparation des données pour les modèles d'apprentissage automatique. Ce processus implique d'identifier des modèles, des tendances et des relations dans les données qui peuvent fournir des informations précieuses sur les facteurs qui influencent la variable de résultat.

En explorant les données de cette manière, vous pouvez obtenir une compréhension plus approfondie de la structure sous-jacente des données et identifier tout problème potentiel qui pourrait devoir être abordé avant la modélisation.

De plus, les informations obtenues de l'AED peuvent vous aider à sélectionner le modèle d'apprentissage automatique le plus approprié pour votre problème particulier. Par conséquent, consacrer du temps à réaliser une AED est une étape essentielle dans tout projet de science des données impliquant l'apprentissage automatique.

Informations pour les Entreprises

L'Analyse Exploratoire des Données (AED) est un outil crucial qui peut aider les entreprises à obtenir des informations précieuses. En analysant les données, l'AED peut révéler des informations importantes sur une entreprise de vente au détail, comme les meilleurs mois pour les ventes, les habitudes d'achat des clients ou même les inefficacités dans la chaîne d'approvisionnement. Avec ces informations, les entreprises peuvent prendre des décisions basées sur les données pour améliorer leurs opérations, accroître l'efficacité et maximiser les profits.

De plus, l'AED peut fournir une compréhension plus approfondie du comportement, des préférences et des besoins des clients, ce qui peut conduire au développement de meilleurs produits et services qui répondent à leurs besoins. En résumé, l'AED joue un rôle essentiel pour aider les entreprises à comprendre leurs données, obtenir des informations précieuses et prendre des décisions éclairées pour optimiser leur performance et leur succès.

8.1.2 Exemple de Code : AED Simple en utilisant Pandas

Pour commencer notre exploration des données, nous utiliserons Pandas, une bibliothèque Python polyvalente et puissante, pour réaliser une analyse préliminaire sur un ensemble de données hypothétique de ventes au détail. L'ensemble de données peut contenir des informations telles que le nom du produit, son prix, la quantité vendue et la date d'achat.

En utilisant Pandas, nous pouvons facilement manipuler et visualiser les données, obtenir des informations sur les tendances des ventes et identifier des domaines pour une analyse plus détaillée. Par exemple, nous pourrions examiner la performance des ventes de certains produits au fil du temps, identifier les produits les plus rentables ou explorer la relation entre le prix et la quantité vendue. Dans l'ensemble, Pandas nous fournit un ensemble d'outils précieux pour analyser nos données de ventes au détail et prendre des décisions commerciales éclairées.

Exemple :

```python
import pandas as pd

# Load the dataset
df = pd.read_csv('retail_sales.csv')

# Get a sense of the data
print(df.head())

# Summary statistics
print(df.describe())

# Checking for missing values
print(df.isnull().sum())

# Frequency of sales in each month
print(df['Month'].value_counts())
```

L'Analyse Exploratoire des Données (AED) est un composant essentiel de tout projet de science des données. Elle implique une approche systématique pour analyser et comprendre les données, ce qui est indispensable pour obtenir des insights significatifs et prendre des décisions éclairées. Bien que l'affirmation précédente puisse sembler que nous avons tout couvert, en réalité, l'AED est un processus complexe qui nécessite l'utilisation de multiples outils et techniques. Dans ce chapitre, nous explorerons certains de ces outils et techniques de manière plus détaillée pour vous donner une meilleure compréhension de la façon de mener une AED réussie.

Il est important de noter que l'AED n'est pas un processus unique. Il s'agit plutôt d'un processus itératif et créatif qui nécessite un dialogue continu avec vos données. Chaque fois que vous rencontrez de nouvelles données, vous devrez réviser votre processus d'AED pour vous assurer que vous découvrez de nouveaux insights et prenez des décisions éclairées. Cela signifie que l'AED n'est pas simplement une étape du processus, mais une conversation continue que vous avez avec vos données, et un composant critique de tout projet réussi de science des données.

8.1.3 Importance dans le Big Data

Dans le monde actuel où les données sont omniprésentes, l'importance du « Big Data » ne peut être exagérée. Disposer d'une grande quantité de données peut être bénéfique pour parvenir à des conclusions plus précises, mais cela peut également poser des défis tels que la gestion du « grand bruit ». Le bruit est l'information non pertinente ou redondante dans les données qui peut fausser l'analyse.

L'AED (Analyse Exploratoire des Données) est un outil puissant pour le nettoyage initial des données qui peut vous aider à filtrer le bruit et à identifier les caractéristiques les plus importantes pour une analyse ultérieure. C'est une étape cruciale dans le processus d'analyse des données qui vous permet de donner du sens aux données, et avec l'aide de l'AED, vous pouvez obtenir des insights précieux et prendre des décisions éclairées.

8.1.4 Élément Humain

L'apprentissage automatique et l'intelligence artificielle ont révolutionné l'analyse des données, mais il est important de garder à l'esprit que la « touche humaine » joue toujours un rôle crucial. Bien que l'IA puisse traiter de grandes quantités de données rapidement et avec précision, elle manque de l'intuition qui provient d'années d'expérience et de connaissances.

Lors de l'analyse exploratoire des données (AED), il est essentiel que les analystes humains apportent leur perspective unique. Par exemple, alors qu'une machine peut avoir du mal à différencier la causalité de la corrélation dans un ensemble de variables, un analyste humain peut intuiter la relation et fournir des insights plus nuancés.

En résumé, bien que la technologie ait énormément progressé dans le domaine de l'analyse des données, c'est l'expertise humaine qui peut véritablement libérer son plein potentiel.

8.1.5 Atténuation des Risques

L'Analyse Exploratoire des Données (AED) peut être un outil d'atténuation des risques très efficace, en particulier dans des secteurs critiques comme la finance et la santé. En exploitant l'AED, les industries peuvent identifier des problèmes potentiels ou des valeurs aberrantes qui, autrement, pourraient passer inaperçus. Ce processus peut aider à détecter des activités frauduleuses dans les transactions financières, qui peuvent ensuite être prévenues ou atténuées.

De plus, dans le domaine de la santé, l'AED peut être utilisée pour détecter des données de patients anormales, ce qui pourrait conduire au diagnostic de conditions graves à un stade précoce. Cela peut aider à fournir une assistance médicale en temps opportun et à améliorer les résultats pour les patients.

En outre, l'AED peut également révéler des modèles et des tendances qui peuvent ne pas être immédiatement évidents, ce qui permet aux organisations de prendre des décisions basées sur les données qui peuvent améliorer leurs résultats ou leur efficacité globale.

Exemple :

```python
# Simple code to identify outliers in a dataset
import numpy as np

data = np.array([1, 2, 3, 50, 5, 6, 7])
mean = np.mean(data)
std_dev = np.std(data)

# Identifying outliers
outliers = [x for x in data if abs(x - mean) > 2 * std_dev]
print("Outliers:", outliers)
```

8.1.6 Exemples de Différents Secteurs

La polyvalence de l'AED est véritablement remarquable et cela se voit dans son utilisation extensive dans une variété de secteurs. Par exemple, dans l'industrie du commerce électronique, l'AED joue un rôle critique dans le suivi du comportement des utilisateurs, permettant aux entreprises d'identifier des tendances et des modèles clés qui peuvent informer les stratégies de marketing et de vente.

De même, dans le secteur de la santé, l'AED est un outil vital pour analyser des données importantes de patients, telles que les signes vitaux, ce qui permet aux professionnels médicaux de prendre des décisions mieux informées concernant les soins aux patients. Avec sa capacité à révéler des insights et des tendances précieux dans les données, l'AED est devenue une première étape essentielle pour prendre des décisions basées sur les données dans de nombreux secteurs et industries.

8.1.7 Comparaison d'Ensembles de Données

Lorsqu'il s'agit d'analyse de données, il n'est pas rare d'avoir des données provenant de différentes périodes ou départements qui doivent être comparées. L'Analyse Exploratoire des Données (AED) peut vous aider à obtenir des informations sur la compatibilité de ces ensembles de données. Avec l'AED, vous pouvez déterminer si les ensembles de données doivent être analysés séparément ou s'ils peuvent être fusionnés pour une analyse plus complète.

De plus, l'AED peut également vous donner une compréhension plus approfondie des ensembles de données individuels et vous aider à identifier tout modèle ou tendance sous-jacent qui peut ne pas être immédiatement évident. En réalisant une AED complète, vous pouvez vous assurer que vous prenez les décisions les plus éclairées basées sur les données disponibles, ce qui conduit à de meilleurs résultats.

Exemple :

```python
# Python code to compare two datasets using simple statistical measures
data1 = np.array([1, 2, 3, 4, 5])
data2 = np.array([2, 3, 4, 5, 6])

mean1, mean2 = np.mean(data1), np.mean(data2)
std_dev1, std_dev2 = np.std(data1), np.std(data2)

print("Mean of dataset 1:", mean1)
print("Mean of dataset 2:", mean2)
print("Standard Deviation of dataset 1:", std_dev1)
print("Standard Deviation of dataset 2:", std_dev2)
```

8.1.8 Fragments de Code pour AED Visuelle

L'AED visuelle est un outil indispensable lorsqu'il s'agit d'analyser des données. En effet, on dit souvent qu'une image vaut mille mots. En utilisant des graphiques simples comme des histogrammes, des diagrammes en boîte ou des nuages de points, nous pouvons obtenir des insights instantanés sur nos données et identifier des modèles qui pourraient ne pas être évidents en observant les données brutes.

De plus, l'AED visuelle peut nous aider à détecter des valeurs aberrantes, à explorer les relations entre les variables et même à identifier des domaines potentiels pour une analyse supplémentaire. En résumé, il est indéniable que l'AED visuelle est une technique puissante qui peut nous aider à mieux comprendre nos données et à prendre des décisions plus éclairées basées sur nos découvertes.

Exemple :

```python
# Simple code for histogram using matplotlib
import matplotlib.pyplot as plt

data = [1, 2, 3, 4, 4, 4, 5, 6, 6, 7, 8, 9]
plt.hist(data, bins=9, alpha=0.5, color='blue')
plt.xlabel('Value')
plt.ylabel('Frequency')
plt.title('Simple Histogram')
plt.show()
```

Maintenant, nous discuterons des différents types de données que vous rencontrerez couramment. Comprendre la nature de vos données est crucial pour une AED efficace, car cela vous guidera dans la sélection des outils et techniques appropriés pour l'exploration et l'analyse. Nous allons catégoriser les types de données en groupes principaux et fournir des exemples pour faciliter leur compréhension.

8.2 Types de Données

8.2.1 Données Numériques

Les données numériques sont un élément essentiel de la recherche scientifique et représentent des mesures quantitatives de divers phénomènes. Elles se divisent en deux types principaux : les données discrètes et les données continues. Les données discrètes se réfèrent à des données qui ne peuvent prendre que certaines valeurs spécifiques et sont souvent obtenues par comptage.

Par exemple, le nombre de voitures dans un parking peut être compté, et le résultat est un nombre discret. D'autre part, les données continues se réfèrent à des données qui peuvent prendre n'importe quelle valeur dans une plage spécifique et peuvent être mesurées à l'aide d'une échelle. Par exemple, le poids d'un objet peut être mesuré à l'aide d'une balance, et le résultat est une donnée continue. Les deux types de données sont importants dans la recherche scientifique et peuvent fournir des informations précieuses sur divers phénomènes.

Données Discrètes

Ce type de données consiste en valeurs distinctes et séparées qui ne peuvent pas être subdivisées en unités plus petites. Il est souvent composé de décomptes de choses qui sont facilement mesurables. Un bon exemple de données discrètes est le nombre d'employés dans une entreprise.

Cependant, il est important de noter que les données discrètes peuvent également inclure d'autres types d'informations comme les groupes d'âge, les pointures de chaussures et le nombre d'étudiants dans une salle de classe. L'analyse des données discrètes implique de déterminer la fréquence d'occurrence de chaque valeur et d'identifier les modèles et tendances qui émergent.

Ce type de données est extrêmement utile dans divers domaines tels que les statistiques, la finance et le marketing, où il est utilisé pour obtenir des insights significatifs et prendre des décisions éclairées.

Données Continues

Ce sont des points de données qui peuvent prendre n'importe quelle valeur dans une plage. Les données continues peuvent être exprimées en valeurs décimales ou fractionnaires. Les données continues peuvent être mesurées avec un haut degré de précision, c'est pourquoi elles sont fréquemment utilisées dans la recherche scientifique. La taille, le poids et la température sont des exemples de données continues.

De plus, d'autres exemples de données continues incluent la distance, le temps et l'âge. Les données continues peuvent être subdivisées en deux types : les données d'intervalle et les données de rapport. Les données d'intervalle se réfèrent à des données qui n'ont pas de point zéro véritable, tandis que les données de rapport se réfèrent à des données qui ont un point zéro véritable.

Exemple :

```python
# Example code to plot discrete and continuous data
import matplotlib.pyplot as plt
import numpy as np

# Discrete Data
discrete_data = np.random.choice([1, 2, 3, 4, 5], 50)
plt.subplot(1, 2, 1)
plt.hist(discrete_data, bins=5)
plt.title('Discrete Data')

# Continuous Data
continuous_data = np.random.normal(5, 2, 50)
plt.subplot(1, 2, 2)
plt.hist(continuous_data, bins=5)
plt.title('Continuous Data')
```

```
plt.tight_layout()
plt.show()
```

8.2.2 Données Catégorielles

Les données catégorielles sont un type de données utilisé pour représenter différentes caractéristiques ou étiquettes. Les données catégorielles peuvent être divisées en deux catégories, à savoir les catégories nominales et ordinales. Les catégories nominales sont utilisées pour représenter des données qui n'ont pas d'ordre inhérent, comme les couleurs d'un arc-en-ciel ou les différentes races de chiens.

D'autre part, les catégories ordinales sont utilisées pour représenter des données qui ont un ordre naturel, comme les différentes tailles de t-shirts (petit, moyen, grand). Il est important de noter que les données catégorielles peuvent être utiles dans de nombreux domaines différents, tels que le marketing, les sciences sociales et l'analyse de données.

Données Nominales

Celles-ci n'ont pas d'ordre ou de classement naturel. Les exemples incluent les couleurs, le genre et les types de fruits. Les données nominales sont un type de données qui n'ont pas d'ordre ou de classement naturel. Cela signifie qu'il n'y a pas de hiérarchie ou d'ordre inhérent dans les données, et chaque valeur est considérée comme égale. Par exemple, lorsque nous collectons des données sur les couleurs, le genre ou les types de fruits, nous traitons des données nominales.

Une façon de penser aux données nominales est de considérer les catégories que représentent les données. Chaque catégorie est considérée comme distincte et séparée des autres, ce qui signifie qu'il n'y a aucun moyen de les comparer ou de les classer. Par exemple, lorsque nous collectons des données sur les différentes couleurs de voitures, nous ne classons pas une couleur comme meilleure ou pire qu'une autre. Au contraire, chaque couleur est simplement une catégorie séparée.

Il est important de noter que les données nominales ne sont pas le seul type de données que nous pouvons collecter. D'autres types de données incluent les données ordinales, d'intervalle et de rapport. Chacun de ces types de données a ses propres propriétés et caractéristiques uniques, qui les rendent utiles pour différents types d'analyses.

En résumé, les données nominales sont un type de données qui n'ont pas d'ordre ou de classement naturel. Elles consistent en catégories qui sont distinctes et séparées les unes des autres, et chaque valeur est considérée comme égale. Les exemples de données nominales incluent les couleurs, le genre et les types de fruits.

Données Ordinales

Ce type de données a un ordre naturel dans lequel les catégories sont organisées, mais les intervalles entre les catégories ne sont pas égaux. Il est utilisé pour représenter des données qui impliquent des jugements subjectifs, comme les évaluations de satisfaction client.

Dans ce cas, les données peuvent être classées en catégories comme « Médiocre », « Moyen » et « Excellent ». Les données ordinales peuvent également être utilisées pour représenter des données d'enquête qui demandent aux répondants d'évaluer leur niveau d'accord avec une affirmation en utilisant des catégories comme « Totalement en désaccord », « En désaccord », « Neutre », « D'accord » et « Totalement d'accord ». Étant donné que les catégories sont classées, mais que les intervalles entre elles ne sont pas uniformes, les données ordinales peuvent être délicates à analyser.

Par conséquent, il est important de choisir une méthode statistique appropriée pour analyser ce type de données, comme des tests non paramétriques tels que le test des rangs signés de Wilcoxon ou le test de Kruskal-Wallis.

Exemple :

```
# Example code to plot nominal and ordinal data using bar plots
import seaborn as sns

# Nominal Data
sns.countplot(x=["Apple", "Banana", "Apple", "Orange", "Banana", "Apple", "Orange"])
plt.title('Nominal Data')
plt.show()

# Ordinal Data
sns.countplot(x=["Poor", "Average", "Excellent", "Poor", "Average"])
plt.title('Ordinal Data')
plt.show()
```

8.2.3 Données Textuelles

Les données textuelles font référence à tout type de données non structurées, telles que les publications sur les réseaux sociaux, les commentaires et les articles de presse. Ces types de données n'étaient traditionnellement pas analysés avec l'AED, mais avec les progrès du Traitement du Langage Naturel (NLP, pour Natural Language Processing), il est maintenant possible d'extraire des informations significatives des données textuelles.

Les techniques de NLP peuvent être utilisées pour identifier des modèles et des tendances dans de grandes quantités de données textuelles. De plus, une analyse de sentiment peut être effectuée pour comprendre le ton émotionnel du texte et le catégoriser en positif, négatif ou neutre.

Cela permet aux entreprises et aux organisations de mieux comprendre les retours des clients et le sentiment général du public envers leur marque ou produit. En outre, les données textuelles peuvent être utilisées pour détecter des sujets et des problèmes émergents, ce qui peut aider les entreprises à rester en avance et à répondre de manière proactive aux tendances changeantes.

Exemple :

```
# Simple example using word frequency
from collections import Counter

text_data = "Exploratory Data Analysis is important for data science."
word_count = Counter(text_data.split())
print("Word Frequency:", word_count)
```

8.2.4 Données de Séries Temporelles

Les données de séries temporelles font référence à un type particulier de données qui sont collectées ou enregistrées à des points successifs dans le temps. Ces points de données peuvent être capturés à des intervalles réguliers ou irréguliers et sont souvent utilisés pour analyser des modèles ou des tendances au fil du temps.

Une application pratique des données de séries temporelles se trouve sur le marché boursier, où les prix des actions et d'autres instruments financiers sont suivis au fil du temps pour éclairer les décisions d'investissement. Un autre exemple est celui des données météorologiques, qui sont collectées à des intervalles réguliers pour surveiller les changements de température, de précipitations et d'autres phénomènes météorologiques.

Ces dernières années, la croissance explosive des réseaux sociaux a également donné lieu à la création de vastes quantités de données de séries temporelles. Par exemple, les données d'activité de Twitter peuvent être analysées pour suivre les changements dans l'opinion publique ou pour identifier des tendances et des thèmes émergents.

En général, l'utilisation de données de séries temporelles dans une variété de domaines est devenue de plus en plus importante, car elle fournit un outil précieux pour comprendre et prédire des modèles au fil du temps.

Exemple :

```
# Simple time-series plot
import pandas as pd

time_series_data = pd.DataFrame({
    'Date': pd.date_range(start='1/1/2022', periods=10, freq='D'),
    'Stock_Price': [1, 2, 3, 4, 3, 4, 5, 6, 7, 8]
})
time_series_data.plot(x='Date', y='Stock_Price', kind='line')
plt.title('Time-Series Data')
plt.show()
```

Comprendre les divers types de données est un aspect fondamental de l'analyse exploratoire des données (AED). Cela implique d'apprendre à visualiser et à gérer les données de manière efficace, ce qui est crucial pour votre parcours d'exploration des données. Dans les sections suivantes, nous fournirons des informations détaillées sur la façon dont chaque type de données nécessite une approche distincte pour une analyse efficace.

En maîtrisant ces techniques, vous serez bien préparé pour traiter des ensembles de données complexes et en tirer des conclusions significatives. Cela vous permettra d'obtenir des informations précieuses et de prendre des décisions éclairées dans divers domaines, notamment les affaires, la finance, les soins de santé et bien d'autres.

8.2.5 Données Multivariées

L'analyse de données multivariées est une technique qui implique d'examiner plusieurs variables simultanément pour découvrir des modèles, des tendances ou des corrélations qui pourraient passer inaperçus lors de l'analyse des variables de manière indépendante. Par exemple, lors de la prise de décision concernant l'achat d'une voiture, vous pouvez considérer des facteurs tels que le kilométrage, le prix, l'année de fabrication et la marque. En examinant comment ces variables sont liées, vous pouvez prendre une décision plus éclairée.

Une façon populaire de visualiser les données multivariées consiste à utiliser un graphique de paires (pairplot). Un pairplot est une matrice de diagrammes de dispersion pour chaque paire de variables, qui fournit une vue panoramique des relations entre toutes les variables impliquées. Grâce à l'utilisation d'un pairplot, on peut facilement identifier les corrélations et les valeurs aberrantes dans les données. De plus, ce graphique peut être utilisé pour déterminer quelles variables sont les plus influentes sur un résultat donné.

En plus des graphiques de paires, les techniques d'analyse de données multivariées peuvent être utilisées pour développer des modèles capables de prédire des résultats en fonction de la relation entre plusieurs variables. Ces modèles peuvent être utilisés pour prévoir des tendances, identifier des modèles et prendre des décisions éclairées. En utilisant l'analyse de données multivariées, on peut obtenir une compréhension plus complète d'ensembles de données complexes et prendre des décisions éclairées basées sur les relations entre plusieurs variables.

Voici un exemple en Python qui utilise Seaborn pour créer un pairplot :

```python
import seaborn as sns
import matplotlib.pyplot as plt
import pandas as pd

# Create a DataFrame
df = pd.DataFrame({
    'Height': [5.9, 5.8, 5.6, 6.1, 5.7],
    'Weight': [75, 80, 77, 89, 94],
    'Age': [21, 22, 20, 19, 18]
})

# Create a pairplot
sns.pairplot(df)
plt.suptitle('Multivariate Data Visualization', y=1.02)
plt.show()
```

Dans le pairplot ci-dessus, vous pouvez examiner visuellement comment **Taille**, **Poids** et **Âge** interagissent entre eux. Cela peut être très utile pour identifier des modèles ou des anomalies dans les données.

8.2.6 Données Géospatiales

Les données géospatiales sont un type de données qui contiennent des informations sur la localisation géographique d'objets ou d'événements. Ce type de données est extrêmement précieux car il fournit une large gamme d'informations qui peuvent être utilisées dans divers domaines.

Par exemple, elles peuvent fournir des informations détaillées sur les modèles climatiques d'une région particulière, l'emplacement des ressources naturelles et la densité de population d'une zone. Ces données peuvent également être utilisées pour étudier l'impact des activités humaines sur l'environnement et développer des stratégies pour les atténuer.

La complexité des données géospatiales peut varier considérablement, depuis de simples coordonnées de latitude et longitude d'une ville jusqu'à une carte multicouche contenant une vaste gamme d'informations. En général, les données géospatiales sont un outil essentiel dans de nombreuses industries et jouent un rôle crucial dans notre compréhension du monde qui nous entoure.

Voici un exemple simple qui représente les coordonnées géographiques (latitude et longitude) de trois villes : New York, Los Angeles et Chicago.

```python
import matplotlib.pyplot as plt

# Sample coordinates: [latitude, longitude]
locations = [
    [40.7128, -74.0060],  # New York
    [34.0522, -118.2437],  # Los Angeles
    [41.8781, -87.6298],  # Chicago
]

# Unzip the coordinates
latitudes, longitudes = zip(*locations)

# Create a scatter plot
plt.scatter(longitudes, latitudes)
plt.xlabel('Longitude')
plt.ylabel('Latitude')
plt.title('Geospatial Data Visualization')
plt.show()
```

Il s'agit d'un exemple de base qui peut être étendu de plusieurs façons pour améliorer sa fonctionnalité et son utilité. Par exemple, vous pouvez inclure des couches supplémentaires telles que des routes, des points de repère ou d'autres données pertinentes qui pourraient être utiles pour votre application spécifique.

En introduisant ces types supplémentaires de données, vous pouvez obtenir une compréhension plus complète des types de données que vous pourriez rencontrer dans des scénarios réels d'analyse de données. Cela peut vous aider à mieux vous préparer à de tels scénarios et à développer des modèles d'analyse de données plus précis et fiables. De plus, en incorporant davantage de couches de données dans votre analyse, vous pouvez également augmenter la profondeur et la complexité de votre analyse, ce qui vous permettra de découvrir plus d'informations et de tendances qui pourraient ne pas être évidentes dans une analyse plus basique.

8.3 Statistiques Descriptives

Bonjour, cher lecteur ! Je suis ravi de vous présenter le monde fascinant des Statistiques Descriptives, une pierre angulaire essentielle de l'Analyse Exploratoire des Données (AED). Si vous avez suivi un cours d'introduction aux statistiques ou aux sciences, vous avez peut-être déjà rencontré ce terme.

Les statistiques descriptives sont un ensemble d'outils et de techniques utilisés pour résumer et décrire les caractéristiques importantes d'un ensemble de données. Avec les statistiques descriptives, vous pouvez obtenir une compréhension plus approfondie de vos données, identifier des motifs et des valeurs aberrantes, et communiquer vos résultats de manière claire et concise.

Ne vous laissez pas intimider par le nom formel ; les statistiques descriptives sont en réalité un concept très accessible qui peut grandement améliorer vos compétences en analyse de données. Alors plongeons et explorons ensemble le merveilleux monde des statistiques descriptives !

8.3.1 Que sont les Statistiques Descriptives ?

Les statistiques descriptives sont une méthode pour résumer les données de manière significative, ce qui vous permet d'obtenir une compréhension rapide des données au lieu de vous perdre dans les données brutes. En fournissant une « première impression » de l'ensemble de données, les statistiques descriptives vous aident à comprendre les caractéristiques clés des données, telles que leur tendance centrale, leur variabilité et leur distribution.

C'est comme rencontrer quelqu'un pour la première fois. Vous avez une idée générale de qui il est en vous basant sur son apparence, sa façon de parler et quelques informations de base à son sujet. De la même manière, les statistiques descriptives vous donnent un aperçu des données, afin que vous puissiez comprendre leurs caractéristiques et prendre des décisions éclairées en vous basant sur elles.

De plus, les statistiques descriptives peuvent être utilisées pour identifier des motifs et des relations au sein des données, ce qui peut être utile pour prédire des tendances futures ou prendre des décisions éclairées. En général, les statistiques descriptives sont un outil puissant pour comprendre et interpréter les données, et elles constituent une partie essentielle de tout processus d'analyse de données.

8.3.2 Mesures de Tendance Centrale

La tendance centrale est un concept statistique qui fait référence au « centre » des données. C'est une façon de décrire l'emplacement de la plupart des données. Pour comprendre la tendance centrale, il est important de connaître trois mesures clés.

La première mesure est la moyenne, également connue sous le nom de moyenne arithmétique. Cette mesure est calculée en additionnant toutes les valeurs de l'ensemble de données et en divisant par le nombre total de valeurs. La moyenne est une mesure utile car elle prend en compte toutes les valeurs de l'ensemble de données et fournit une valeur unique qui représente le centre des données.

La deuxième mesure est la médiane, qui est la valeur du milieu lorsque les données sont ordonnées. Pour trouver la médiane, vous devez trier toutes les valeurs du plus petit au plus grand (ou vice versa), puis trouver la valeur qui se trouve exactement au milieu. S'il y a un nombre pair de valeurs, alors la médiane est la moyenne des deux valeurs du milieu. La médiane est une mesure utile car elle est moins affectée par les valeurs extrêmes que la moyenne.

La troisième mesure est le mode, qui est la ou les valeurs qui apparaissent le plus fréquemment dans l'ensemble de données. Le mode est utile lorsque vous voulez savoir quelle valeur ou quelles valeurs apparaissent le plus souvent dans l'ensemble de données. S'il n'y a aucune valeur qui apparaît plus d'une fois, alors l'ensemble de données n'a pas de mode.

En résumé, comprendre la tendance centrale et ces trois mesures clés peut vous aider à avoir une meilleure idée de la distribution de vos données et fournir des informations utiles pour une analyse plus approfondie.

Voici un exemple simple en Python qui utilise Pandas pour trouver ces mesures :

```
import pandas as pd

# Create a DataFrame
df = pd.DataFrame({
    'Age': [25, 30, 35, 40, 45, 50, 55, 60, 65, 70]
})

# Calculate mean, median, and mode
mean_age = df['Age'].mean()
median_age = df['Age'].median()
mode_age = df['Age'].mode()

print(f"Mean Age: {mean_age}")
print(f"Median Age: {median_age}")
print(f"Mode Age: {mode_age.tolist()}")
```

8.3.3 Mesures de Variabilité

Pour obtenir une compréhension plus approfondie des données, vous pouvez explorer diverses mesures de dispersion qui vous aident à comprendre à quel point les données sont dispersées. En plus de l'étendue, qui est la différence entre les valeurs maximale et minimale, il existe d'autres mesures qui fournissent des informations précieuses.

L'une de ces mesures est la **variance**, qui calcule à quelle distance chaque valeur de l'ensemble de données se trouve de la moyenne. Cette métrique peut être particulièrement utile, car elle prend en compte toutes les valeurs de l'ensemble de données et quantifie combien elles varient par rapport à la moyenne.

Une autre mesure de dispersion qui est **étroitement** liée à la variance est l'écart-type. Cette métrique est simplement la racine carrée de la variance et constitue également un moyen utile d'obtenir une compréhension plus approfondie des données.

En explorant différentes mesures de dispersion, vous pouvez obtenir une compréhension complète des données et découvrir des modèles et des idées qui ne sont pas immédiatement évidents en regardant simplement les chiffres bruts.

Voici comment vous pouvez trouver ces mesures :

```python
# Calculate range, variance, and standard deviation
range_age = df['Age'].max() - df['Age'].min()
variance_age = df['Age'].var()
std_deviation_age = df['Age'].std()

print(f"Range of Age: {range_age}")
print(f"Variance of Age: {variance_age}")
print(f"Standard Deviation of Age: {std_deviation_age}")
```

8.3.4 Pourquoi est-ce utile ?

Les statistiques descriptives sont un outil essentiel dans l'analyse de données. Elles fournissent un résumé des données de manière claire et concise, ce qui facilite leur compréhension et l'extraction d'informations. Lors de l'analyse du comportement client ou de dossiers médicaux, par exemple, les statistiques descriptives peuvent révéler des informations précieuses sur les motifs, les tendances et les relations dans les données.

En plus de Python, il existe plusieurs autres options d'outils et de logiciels disponibles pour effectuer ces calculs, comme Excel, R et des logiciels statistiques spécialisés. Cependant, avoir une solide connaissance des concepts de base est essentiel pour appliquer ces concepts de manière universelle et prendre des décisions éclairées basées sur les données. Avec cette connaissance, vous pouvez analyser les données en toute confiance et obtenir des informations précieuses qui vous aident à prendre de meilleures décisions.

8.3.5 Exemple : Examen des Données de Ventes

Supposons que vous ayez un ensemble de données de ventes avec les revenus mensuels de votre entreprise au cours de la dernière année. Vous voulez comprendre les tendances centrales et les variabilités au sein de ces données.

Voici comment vous pourriez le faire en Python :

```python
# Sample sales data for the past 12 months (in $1000s)
sales_data = pd.DataFrame({
    'Month': ['Jan', 'Feb', 'Mar', 'Apr', 'May', 'Jun', 'Jul', 'Aug', 'Sep', 'Oct',
'Nov', 'Dec'],
    'Revenue': [200, 220, 250, 275, 300, 320, 350, 370, 400, 420, 450, 475]
})

# Calculate mean, median, and mode
mean_sales = sales_data['Revenue'].mean()
median_sales = sales_data['Revenue'].median()
mode_sales = sales_data['Revenue'].mode()

print(f"Mean Revenue: ${mean_sales}k")
print(f"Median Revenue: ${median_sales}k")
print(f"Mode Revenue: ${mode_sales.tolist()}k")
```

8.3.6 Exemple : Analyse des Avis Clients

Supposons que vous examinez les avis des clients sur une échelle de 1 à 5. Vous aimeriez savoir comment les notes sont réparties, à quel point elles sont variables et où se situe la tendance centrale.

```python
# Sample customer review ratings
reviews_data = pd.DataFrame({
    'CustomerID': range(1, 21),
    'Rating': [5, 4, 5, 3, 2, 4, 5, 3, 2, 1, 5, 4, 3, 2, 5, 4, 4, 3, 2, 1]
})

# Calculate mean, median, and mode
mean_rating = reviews_data['Rating'].mean()
median_rating = reviews_data['Rating'].median()
mode_rating = reviews_data['Rating'].mode()

# Calculate range, variance, and standard deviation
range_rating = reviews_data['Rating'].max() - reviews_data['Rating'].min()
variance_rating = reviews_data['Rating'].var()
std_deviation_rating = reviews_data['Rating'].std()

print(f"Mean Rating: {mean_rating}")
print(f"Median Rating: {median_rating}")
print(f"Mode Rating: {mode_rating.tolist()}")
print(f"Range of Ratings: {range_rating}")
print(f"Variance of Ratings: {variance_rating}")
```

```
print(f"Standard Deviation of Ratings: {std_deviation_rating}")
```

En exécutant ces simples lignes de code, vous obtiendrez une compréhension complète de l'ensemble de données avec lequel vous travaillez. C'est une première étape importante pour analyser vos données et obtenir des informations précieuses. Les statistiques descriptives que ces lignes de code produisent vous permettent de prendre des ensembles de données complexes et volumineux et de les simplifier en informations significatives sur lesquelles vous pouvez agir.

En effet, les statistiques descriptives sont un outil essentiel pour tout analyste de données ou chercheur. Elles fournissent un moyen de résumer et de communiquer les aspects clés de vos données, tels que la tendance centrale, la variabilité et la forme de votre ensemble de données. En comprenant ces caractéristiques clés de vos données, vous pouvez commencer à identifier des tendances et des modèles qui peuvent être cachés dans les chiffres.

Alors, n'hésitez pas à adapter les exemples de code avec vos données pour voir quel type de tendances et de modèles émergent. Vous pourriez être surpris par ce que vous découvrez ! Et rappelez-vous, plus vous explorez vos données en utilisant des statistiques descriptives, plus vous obtiendrez d'informations et plus vos décisions seront éclairées.

8.3.7 Asymétrie et Kurtosis

L'asymétrie est une mesure statistique utilisée pour déterminer le degré de symétrie dans une distribution. Une valeur d'asymétrie proche de 0 indique que les données sont relativement symétriques. Si la valeur d'asymétrie est négative, on dit que les données sont « asymétriques vers la gauche », ce qui indique que la queue du côté gauche de la distribution est plus longue que la queue du côté droit. À l'inverse, si la valeur d'asymétrie est positive, on dit que les données sont « asymétriques vers la droite », ce qui signifie que la queue du côté droit de la distribution est plus longue que la queue du côté gauche.

D'autre part, le Kurtosis est une mesure statistique qui détermine « l'aplatissement » de la distribution. Une valeur de kurtosis supérieure à 3 (pour une distribution normale) indique plus de valeurs aberrantes, ce qui signifie que les points de données sont plus concentrés autour de la moyenne et moins dispersés vers les queues de la distribution. À l'inverse, une valeur plus faible indique moins de valeurs aberrantes, ce qui signifie que les points de données sont plus dispersés vers les queues de la distribution et moins concentrés autour de la moyenne. Le kurtosis est utile pour comprendre la forme de la distribution et la présence de valeurs extrêmes dans les données.

Voici un exemple rapide en Python utilisant nos données de ventes :

```
# Calculate skewness and kurtosis
skewness = sales_data['Revenue'].skew()
kurtosis = sales_data['Revenue'].kurt()

print(f"Skewness of Revenue: {skewness}")
```

```
print(f"Kurtosis of Revenue: {kurtosis}")
```

Incorporer ces métriques pourrait fournir une image plus complète de vos données et vous aider à prendre des décisions mieux informées.

Exercices Pratiques pour le Chapitre 8

Exercice 1 : Comprendre l'Importance de l'AED

Chargez un ensemble de données de votre choix. Effectuez des explorations initiales telles que **.head()**, **.info()** et **.describe()** pour comprendre les données.

```python
import pandas as pd

# Example Solution:
df = pd.read_csv('your_dataset.csv')
print(df.head())
print(df.info())
print(df.describe())
```

Exercice 2 : Identifier les Types de Données

Identifiez au moins deux colonnes dans votre ensemble de données qui contiennent des données catégorielles et deux qui contiennent des données numériques.

```python
# Example Solution:
# Categorical: 'Gender', 'Country'
# Numerical: 'Age', 'Income'
```

Exercice 3 : Calculer les Statistiques Descriptives

Calculez la moyenne, la médiane et l'écart-type d'une colonne numérique dans votre ensemble de données.

```python
# Example Solution:
mean_age = df['Age'].mean()
median_age = df['Age'].median()
std_age = df['Age'].std()

print(f"Mean Age: {mean_age}")
print(f"Median Age: {median_age}")
print(f"Standard Deviation of Age: {std_age}")
```

Exercice 4 : Comprendre l'Asymétrie et le Kurtosis

Calculez l'asymétrie et le kurtosis pour une colonne numérique dans votre ensemble de données.

```
# Example Solution:
skewness = df['Income'].skew()
kurtosis = df['Income'].kurt()

print(f"Skewness of Income: {skewness}")
print(f"Kurtosis of Income: {kurtosis}")
```

Conclusion du Chapitre 8

Dans ce chapitre riche et complet, nous avons exploré le domaine multifacette de l'Analyse Exploratoire des Données (AED), en commençant par son importance cruciale jusqu'aux divers types de données et en approfondissant le rôle des statistiques descriptives. L'AED sert de pierre angulaire à tout projet de science des données, agissant comme le pont entre les données brutes et les informations exploitables. C'est une étape où les données commencent à raconter une histoire, permettant aux scientifiques des données d'identifier des modèles, des anomalies et des relations qui alimentent une analyse ultérieure et la modélisation prédictive.

Notre discussion initiale a souligné pourquoi l'AED ne peut être négligée. La profondeur de compréhension qu'elle fournit est fondamentale pour l'intégrité de tout travail analytique ou d'apprentissage automatique ultérieur. Tout comme un peintre n'appliquerait pas de couleur sans d'abord esquisser les contours, un scientifique des données ne devrait jamais omettre la phase d'AED. Nous avons illustré cette importance en nous plongeant dans un ensemble de données et en observant comment l'AED peut rapidement nous donner un aperçu de ce à quoi nous avons affaire, nous guidant pour prendre des décisions plus nuancées par la suite.

La section sur les types de données a mis en lumière l'importance de savoir avec quel type de données vous travaillez. Notre parcours à travers les données catégorielles et numériques a démontré que la nature des données dicte le type de techniques d'AED applicables. Nous avons découvert que comprendre le type de données en main peut rendre le processus d'analyse plus fluide et moins sujet aux erreurs. Ce contexte est indispensable lorsqu'il s'agit d'ensembles de données vastes et complexes, car même de petites incompréhensions peuvent entraîner des erreurs significatives.

Notre dernier parcours à travers le monde des statistiques descriptives a servi de témoignage du pouvoir des chiffres pour résumer des données complexes. Des mesures de tendance centrale comme la moyenne et la médiane aux mesures de dispersion comme l'écart-type, l'asymétrie et le kurtosis, nous avons démontré comment ces métriques encapsulent une multitude d'informations sous une forme à la fois compréhensible et exploitable. Nous avons également complété notre apprentissage avec des exemples de code en Python, vous fournissant les outils pour mettre en œuvre ces concepts immédiatement.

Les exercices pratiques à la fin du chapitre offrent une opportunité pour la pratique concrète, cruciale pour intérioriser les concepts expliqués. Les exercices ont été conçus pour aborder chaque domaine significatif que nous avons couvert, solidifiant ainsi votre compréhension et vous préparant pour des sujets plus avancés.

En concluant ce chapitre, nous espérons que vous emporterez avec vous une profonde appréciation et compréhension du rôle essentiel de l'AED dans la science des données. Ces concepts fondamentaux vous serviront bien dans le fascinant voyage guidé par les données qui vous attend.

Chapitre 9 : Prétraitement des Données

9.1 Nettoyage des Données

Le nettoyage des données est une étape cruciale dans le processus de prétraitement des données qui est souvent négligée. C'est analogue à peindre sur une toile sale ; une toile en désordre affecterait la qualité de la peinture. De même, travailler avec des données non nettoyées peut conduire à des résultats inexacts ou trompeurs.

Par conséquent, il est impératif de comprendre l'importance du nettoyage des données et comment le réaliser efficacement. Pour nettoyer les données, il est nécessaire d'identifier et de résoudre divers problèmes tels que les valeurs manquantes, les entrées dupliquées et les types de données incorrects.

De plus, il est parfois nécessaire de transformer les données pour les rendre plus significatives et interprétables à des fins d'analyse. En outre, nettoyer les données nécessite une compréhension approfondie des données et de leur contexte, ce qui est essentiel pour garantir que les données nettoyées soient précises et fiables. Par conséquent, il est important d'investir du temps et des efforts dans le nettoyage des données pour s'assurer que les données soient de haute qualité et puissent être utilisées efficacement pour l'analyse et la prise de décision.

9.1.1 Types de Données « Sales »

Données Manquantes

Champs qui sont vides ou remplis de valeurs « null ». L'un des problèmes clés qui peuvent survenir lors du travail avec des données est le manque d'information. Cela peut se produire lorsque certains champs dans un ensemble de données sont vides ou remplis de valeurs « null ». Pour analyser correctement et tirer des conclusions des données, il est crucial d'avoir des informations complètes et précises.

Lors du traitement de données manquantes, il existe plusieurs techniques qui peuvent être utilisées pour estimer des valeurs et combler les lacunes. Ces techniques incluent l'imputation de valeurs basée sur des valeurs moyennes ou médianes, l'utilisation d'analyses de régression pour prédire les valeurs manquantes et l'utilisation d'algorithmes d'apprentissage automatique pour identifier des modèles et compléter les informations manquantes.

Il est important de considérer attentivement quelle technique utiliser selon l'ensemble de données spécifique et l'analyse prévue. En abordant correctement les données manquantes, il est possible d'améliorer la qualité et la précision de l'analyse des données et, en fin de compte, de prendre des décisions plus éclairées basées sur les résultats.

Données Dupliquées

Les enregistrements qui se répètent peuvent être problématiques pour plusieurs raisons. Par exemple, ils peuvent occuper un espace de stockage précieux et ralentir le traitement des données. De plus, les enregistrements dupliqués peuvent conduire à des erreurs dans l'analyse des données et la prise de décision.

Une façon d'aborder les données dupliquées est par le biais de techniques de nettoyage des données telles que la déduplication, qui implique d'identifier et de supprimer ou de fusionner les enregistrements dupliqués. D'autres techniques peuvent inclure la normalisation des données ou l'établissement de meilleurs protocoles de saisie des données pour éviter que des doublons ne soient créés en premier lieu.

En prenant des mesures pour aborder les données dupliquées, les organisations peuvent améliorer la précision et l'efficacité de leurs processus de gestion des données.

Données Incohérentes

Cela fait référence à des données qui ne sont pas uniformes dans la façon dont elles sont présentées. En d'autres termes, des données qui devraient être dans un format standardisé mais ne le sont pas. Cela peut entraîner des difficultés lors de la tentative d'analyse des données, car il peut être difficile de comparer différents points de données. Les données incohérentes peuvent se produire pour diverses raisons, notamment des erreurs de saisie de données, des différences dans le format des données entre différentes sources et des changements dans le format des données au fil du temps.

Il est important d'aborder les données incohérentes pour s'assurer que des conclusions précises peuvent être extraites de l'analyse des données. Une façon d'aborder les données incohérentes est d'établir des directives claires de format de données et de s'assurer que toutes les données sont saisies conformément à ces directives.

De plus, des contrôles de validation des données peuvent être mis en œuvre pour identifier et corriger les données incohérentes. En prenant ces mesures, il est possible de garantir que les données soient cohérentes et puissent être analysées efficacement pour extraire des conclusions significatives.

Valeurs Aberrantes

Points de données qui sont significativement différents du reste de l'ensemble de données. Il est important d'identifier les valeurs aberrantes car elles peuvent grandement affecter l'interprétation et l'analyse des données. De plus, les valeurs aberrantes peuvent parfois

FONDEMENTS DE L'ANALYSE DE DONNÉES AVEC PYTHON

indiquer des erreurs dans le processus de collecte ou de mesure des données, ce qui rend crucial de les examiner plus en détail.

En outre, comprendre les raisons derrière l'existence de valeurs aberrantes peut fournir des informations précieuses et conduire à des améliorations dans les méthodes de collecte et d'analyse des données. Par conséquent, il est essentiel d'examiner et d'aborder minutieusement toute valeur aberrante dans l'ensemble de données pour garantir des résultats précis et fiables.

9.1.2 Gestion des Données Manquantes

Les données manquantes sont un problème courant rencontré par les analystes et les scientifiques des données lorsqu'ils travaillent sur des ensembles de données. Les raisons des données manquantes peuvent varier des erreurs humaines aux défaillances techniques dans le processus de collecte des données. Pour nettoyer et traiter de tels ensembles de données, gérer les données manquantes est souvent la première et cruciale étape.

Python fournit plusieurs bibliothèques et outils pour gérer les données manquantes. L'une de ces bibliothèques est Pandas, qui offre plusieurs méthodes pour traiter les données manquantes. Par exemple, vous pouvez utiliser la méthode fillna() pour remplir les valeurs manquantes avec une valeur spécifiée ou la méthode interpolate() pour estimer les valeurs manquantes en fonction des points de données disponibles.

De plus, vous pouvez également utiliser la méthode dropna() pour supprimer les lignes ou colonnes contenant des données manquantes. En outre, les méthodes isnull() et notnull() peuvent être utilisées pour identifier les valeurs manquantes dans l'ensemble de données.

Par conséquent, il est important d'avoir une bonne compréhension de ces méthodes lors du travail sur des ensembles de données avec des données manquantes, car cela vous aidera à prendre des décisions éclairées lors de la gestion de telles données.

Tout d'abord, importons Pandas et créons un DataFrame avec quelques valeurs manquantes.

```
import pandas as pd
import numpy as np

# Create a DataFrame
df = pd.DataFrame({
    'Name': ['Alice', 'Bob', 'Charlie', 'David'],
    'Age': [25, np.nan, 35, 40],
    'Occupation': ['Engineer', 'Doctor', 'NaN', 'Artist']
})
```

Pour vérifier les valeurs manquantes :

```
print(df.isnull())
Pour supprimer les lignes avec des valeurs manquantes :
df_dropped = df.dropna()
```

```
print(df_dropped)
Alternativement, pour remplir les valeurs manquantes avec une valeur ou méthode
spécifique :
df_filled = df.fillna({
    'Age': df['Age'].mean(),
    'Occupation': 'Unknown'
})
print(df_filled)
```

Dans le nettoyage des données, il est important de combler les valeurs manquantes pour éviter les biais dans l'analyse. Une façon simple de le faire est de combler les âges manquants avec l'âge moyen de l'ensemble de données et la colonne « Occupation » avec « Inconnu ». Cependant, ce n'est que la pointe de l'iceberg. Selon les données, des techniques plus sophistiquées telles que l'interpolation ou l'imputation de données peuvent être nécessaires pour garantir une analyse précise et impartiale.

Pensez au nettoyage des données comme à l'esquisse préparatoire d'une peinture. Tout comme une esquisse est essentielle au résultat final d'une peinture, le nettoyage des données est essentiel pour une analyse précise. Cette section vous a donné un ensemble de base d'outils pour commencer à nettoyer vos données, mais au fur et à mesure que vous progresserez dans votre parcours de science des données, vous découvrirez qu'il s'agit d'une compétence qui évolue continuellement.

Avec chaque nouvel ensemble de données, vous rencontrerez de nouveaux défis et opportunités pour affiner votre approche du nettoyage des données. Alors continuez à apprendre et à perfectionner vos compétences pour libérer tout le potentiel de vos données.

9.1.3 Traitement des Données Dupliquées

Les données dupliquées peuvent grandement affecter les résultats de votre analyse en introduisant des biais, en déséquilibrant les statistiques et en entravant les performances de vos modèles. Par conséquent, il est impératif d'identifier et d'éliminer les doublons pour garantir la précision et la fiabilité de vos données.

Cela peut être réalisé par diverses méthodes, telles que l'utilisation d'outils logiciels intégrés, la réalisation d'inspections manuelles ou la mise en œuvre d'algorithmes pouvant détecter des similitudes et des modèles dans vos données. En prenant ces mesures, vous pouvez non seulement améliorer la qualité de votre analyse, mais aussi améliorer l'efficacité globale de vos processus de prise de décision basés sur les données.

Exemple :

```
# Check for duplicate rows
duplicates = df.duplicated()
print(f"Number of duplicate rows = {duplicates.sum()}")

# Remove duplicate rows
```

```
df = df.drop_duplicates()
```

9.1.4 Standardisation des Données

Lorsque vous travaillez avec des données provenant de sources multiples, il est courant de rencontrer des formats variables. Cela peut être particulièrement vrai lorsqu'il s'agit de dates. Par exemple, une source de données peut utiliser le format « JJ-MM-AAAA », tandis qu'une autre peut utiliser « JJ/MM/AAAA » et une autre « AAAA-MM-JJ ». Ces divergences peuvent compliquer le travail avec les données, car vous devrez tenir compte de chacun de ces différents formats.

Cependant, en standardisant les données, vous pouvez simplifier considérablement votre flux de travail. En convertissant tous les formats de date en un format unique et cohérent, vous pouvez éviter la nécessité de créer des pipelines de traitement de données séparés pour chaque format. Cela vous fait non seulement gagner du temps, mais réduit également la probabilité d'erreurs dans votre analyse. Par conséquent, bien que cela puisse nécessiter un peu d'effort de standardiser vos données au départ, cela finira par en valoir la peine à long terme en rendant votre travail plus efficace et précis.

Voici un exemple simple pour standardiser une colonne avec des valeurs de pourcentage :

```
# Sample DataFrame with 'percentage' in different formats
df = pd.DataFrame({
    'Name': ['Alice', 'Bob', 'Charlie'],
    'Percentage': ['90%', '0.8', '85']
})

# Standardize 'Percentage' to float type
df['Percentage'] = df['Percentage'].replace('%', '', regex=True).astype('float') / 100
print(df)
```

9.1.5 Détection des Valeurs Aberrantes

Les valeurs aberrantes peuvent être le résultat d'une erreur ou d'une anomalie. Une erreur peut survenir en raison d'erreurs dans la collecte de données, la saisie de données ou le traitement de données. D'autre part, une anomalie peut être causée par des événements ou des conditions inhabituels qui ne sont pas représentatifs de la situation normale. Dans tous les cas, les valeurs aberrantes peuvent fausser l'image réelle et conduire à des conclusions incorrectes.

Il est important d'identifier et d'analyser les valeurs aberrantes pour garantir que l'analyse de données soit précise et fiable. De plus, comprendre les raisons derrière les valeurs aberrantes peut fournir des informations sur les facteurs sous-jacents qui affectent les données et le système étudié.

Voici comment vous pouvez détecter les valeurs aberrantes dans la colonne 'Age' en utilisant le score Z :

```
from scipy import stats
```

```
# Calculate Z-scores
z_scores = np.abs(stats.zscore(df['Age'].dropna()))
outliers = (z_scores > 3)

# Display outliers
print(df['Age'][outliers])
```

Ces couches supplémentaires de nettoyage peuvent davantage préparer vos données, les rendant plus appropriées comme entrée pour vos analyses et modèles d'apprentissage automatique. Avec des données plus propres, vous établissez une base solide pour le reste de vos tâches de prétraitement des données et, en fin de compte, pour des résultats plus fiables et précis.

9.1.6 Traitement des Données Déséquilibrées

Parfois, la distribution des catégories dans votre variable cible peut être déséquilibrée, ce qui fait que votre modèle est biaisé vers la classe majoritaire. Cela peut conduire à de mauvaises performances et à des prédictions inexactes, en particulier pour la classe minoritaire. Pour résoudre ce problème, plusieurs techniques peuvent être utilisées.

Par exemple, vous pourriez essayer de sur-échantillonner la classe minoritaire pour équilibrer la distribution, ou sous-échantillonner la classe majoritaire pour réduire sa dominance. Une autre approche consiste à générer des échantillons synthétiques en utilisant des techniques telles que SMOTE (Technique de Sur-échantillonnage de la Minorité Synthétique) ou ADASYN (Échantillonnage Synthétique Adaptatif).

En utilisant ces techniques, vous pouvez améliorer les performances de votre modèle et garantir qu'il fait des prédictions précises pour toutes les classes, pas seulement pour la majorité.

Voici un exemple rapide utilisant la bibliothèque **imblearn** pour sur-échantillonner une classe minoritaire :

```
from imblearn.over_sampling import RandomOverSampler

ros = RandomOverSampler(random_state=42)
X_resampled, y_resampled = ros.fit_resample(X, y)
```

9.1.7 Renommer les Colonnes

Lorsque vous travaillez avec des ensembles de données provenant de diverses sources, il n'est pas rare de rencontrer des noms de colonnes qui sont incohérents entre eux. Ce manque de cohérence peut provoquer de la confusion et des erreurs lors de la tentative de fusionner ou d'analyser les données. Une façon d'atténuer ce problème est de renommer les colonnes pour avoir des noms plus uniformes et cohérents.

En faisant cela, vous pouvez faciliter la compréhension et la navigation des données pour vous et d'autres personnes qui pourraient travailler avec elles. De plus, avoir des noms de colonnes cohérents peut également faciliter l'automatisation de certains processus, tels que le nettoyage ou l'analyse de données, ce qui vous fait gagner du temps et des efforts à long terme.

Exemple :

```python
# Rename columns
df.rename(columns={'old_name1': 'new_name1', 'old_name2': 'new_name2'}, inplace=True)
```

9.1.8 Encodage des Variables Catégorielles

Si votre ensemble de données comprend des variables catégorielles, vous pourriez avoir besoin de les convertir en valeurs numériques pour qu'elles soient compatibles avec certains algorithmes d'apprentissage automatique. Une méthode courante d'encodage des variables catégorielles est l'encodage one-hot, où chaque catégorie est représentée comme un vecteur binaire avec une dimension pour chaque catégorie possible.

Une autre approche est l'encodage ordinal, où chaque catégorie se voit attribuer une valeur numérique en fonction de son ordre ou de son rang. Quel que soit le méthode d'encodage choisie, il est important de s'assurer que les représentations numériques résultantes capturent avec précision l'information sous-jacente transmise par les variables catégorielles d'origine.

Voici un exemple simple utilisant **LabelEncoder** :

```python
from sklearn.preprocessing import LabelEncoder

# Initialize encoder
le = LabelEncoder()

# Fit and transform 'species' column
df['species_encoded'] = le.fit_transform(df['species'])
```

9.1.9 Enregistrer les Changements

Lorsque vous effectuez plusieurs modifications dans votre code ou vos données, il est souvent utile de tenir un journal détaillé ou de commenter abondamment votre code. Cela vous aidera non seulement à suivre vos modifications et facilitera la compréhension de ce que vous avez fait, mais cela rendra également plus facile pour les autres (ou pour vous dans le futur) de comprendre les modifications que vous avez apportées.

En plus de tenir un journal, il est important de prendre en compte quelques autres points lors du nettoyage de vos données. Premièrement, assurez-vous d'utiliser des formats et des conventions de nommage cohérents dans l'ensemble de votre ensemble de données. Cela facilitera le travail avec vos données et aidera à éviter des erreurs plus tard. Deuxièmement, assurez-vous de supprimer tous les points de données en double ou non pertinents, car ceux-ci peuvent biaiser vos analyses et modèles. Enfin, envisagez d'utiliser des outils de visualisation de données pour vous aider à identifier toute valeur aberrante ou incohérence dans vos données.

En tenant compte de ces points supplémentaires, vous ne nettoyez pas seulement vos données, mais vous les préparez également pour une analyse et un entraînement de modèles plus efficaces à l'avenir. Le nettoyage des données, bien que chronophage, est une étape vitale dans le processus de science des données qui peut en fin de compte vous faire gagner du temps et améliorer la précision de vos résultats.

Maintenant, plongeons dans le monde fascinant de l'Ingénierie des Caractéristiques, une pratique essentielle qui détermine souvent le succès ou l'échec de vos modèles d'apprentissage automatique. L'ingénierie des caractéristiques est comme l'assaisonnement dans un plat ; mieux vous le faites, meilleur sera le résultat. Pensez-y comme une manière créative de débloquer le potentiel caché de vos données.

9.2 Ingénierie des Caractéristiques

9.2.1 Qu'est-ce que l'Ingénierie des Caractéristiques ?

L'ingénierie des caractéristiques est un aspect crucial de l'apprentissage automatique qui implique la création de nouvelles caractéristiques à partir de celles existantes, ainsi que la sélection uniquement des caractéristiques les plus pertinentes qui contribuent à la performance du modèle. Ce processus peut impliquer la transformation de caractéristiques dans une forme plus appropriée, comme leur mise à l'échelle ou leur normalisation. Ce faisant, notre objectif est d'améliorer la précision, le pouvoir prédictif ou l'interprétabilité du modèle.

L'ingénierie des caractéristiques est un processus complexe et itératif qui nécessite une compréhension approfondie du domaine du problème et des données. Elle implique de tester différentes combinaisons de caractéristiques, d'analyser leur impact sur le modèle et d'ajuster l'ensemble de caractéristiques pour optimiser la performance du modèle.

De plus, l'ingénierie des caractéristiques n'est pas une tâche ponctuelle, mais plutôt un processus continu qui nécessite une surveillance et une amélioration continues pour garantir que le modèle reste pertinent et efficace.

9.2.2 Types d'Ingénierie des Caractéristiques

1. Caractéristiques Polynomiales

Parfois, en traitant la relation entre la cible et la caractéristique, la connexion peut ne pas toujours être linéaire. Cela peut rendre la modélisation de la relation un peu plus complexe, mais il est important d'explorer toutes les possibilités pour développer le modèle le plus précis possible.

Une approche possible pour modéliser les relations non linéaires consiste à ajouter des termes polynomiaux. En incluant ces termes, nous pouvons capturer des motifs plus complexes qui peuvent ne pas être évidents avec des termes linéaires seuls. De plus, cette approche peut nous aider à éviter le sous-ajustement et le sur-ajustement, qui peuvent être problématiques lors du travail avec des relations non linéaires.

Dans l'ensemble, bien que cela puisse nécessiter plus d'efforts pour modéliser des relations non linéaires, le faire peut être crucial pour développer des modèles efficaces qui capturent avec précision la véritable nature des données.

Voici comment cela se fait en utilisant Scikit-learn :

```
from sklearn.preprocessing import PolynomialFeatures

poly = PolynomialFeatures(degree=2)
X_poly = poly.fit_transform(X)
```

2. Caractéristiques d'Interaction

Les caractéristiques d'interaction, dans le domaine de l'apprentissage automatique, sont un aspect essentiel de la modélisation prédictive. Ces caractéristiques représentent la relation combinée entre plusieurs variables et leur corrélation avec la variable cible.

En identifiant ces interactions, nous pouvons obtenir une compréhension plus profonde des motifs sous-jacents dans les données et développer des modèles plus précis. Par exemple, si nous essayons de prédire les ventes d'un produit particulier, nous pourrions utiliser des caractéristiques d'interaction qui capturent la relation entre le prix du produit, sa disponibilité et la période de l'année.

En analysant les interactions entre ces variables, nous pouvons mieux prédire les ventes et affiner nos stratégies marketing pour maximiser la rentabilité.

Exemple en Python :

```
# Create a new feature by multiplying two existing features
df['interaction_feature'] = df['feature1'] * df['feature2']
```

3. Regroupement en Intervalles

Parfois, lors du travail avec des caractéristiques numériques, il peut être utile de les transformer en intervalles discrets. Cela peut faciliter la capture de l'information par le modèle, car les données sont maintenant regroupées en catégories qui peuvent être plus facilement analysées et interprétées.

En faisant cela, vous pouvez potentiellement découvrir de nouveaux motifs ou relations au sein des données qui n'étaient pas précédemment évidents. De plus, il peut être utile d'expérimenter avec différentes tailles d'intervalles ou techniques de regroupement, car cela peut également affecter la performance du modèle.

Dans l'ensemble, bien que cela puisse nécessiter un effort supplémentaire au départ pour transformer les caractéristiques numériques en intervalles discrets, les avantages potentiels en termes de précision et d'interprétabilité du modèle peuvent en valoir la peine à la fin.

Exemple :

```
# Bin ages into intervals
bins = [20, 30, 40, 50, 60]
labels = ['20-29', '30-39', '40-49', '50-59']
df['age_group'] = pd.cut(df['age'], bins=bins, labels=labels, right=False)
```

4. Encodage One-hot

Lorsque vous avez des données catégorielles, une façon courante de les rendre utilisables dans les modèles d'apprentissage automatique est par l'encodage one-hot. Cela implique de créer une colonne binaire pour chaque catégorie possible, avec une valeur de 1 indiquant la présence de cette catégorie dans les données et une valeur de 0 indiquant son absence.

L'encodage one-hot peut considérablement améliorer la précision des modèles d'apprentissage automatique qui utilisent des données catégorielles, car il permet au modèle de comprendre et d'analyser correctement les données d'une manière qui serait autrement impossible. De plus, l'encodage one-hot peut être particulièrement utile lors du travail avec de grands ensembles de données comportant un grand nombre de variables catégorielles, car il permet une analyse efficace et précise des données sans nécessiter un encodage manuel fastidieux.

Cependant, il existe certains inconvénients potentiels à l'encodage one-hot, notamment une complexité computationnelle accrue et la possibilité de sur-ajustement si les données contiennent trop de catégories. Néanmoins, lorsqu'il est utilisé correctement, l'encodage one-hot peut être un outil incroyablement puissant pour analyser des données catégorielles dans les modèles d'apprentissage automatique.

```
# One-hot encode the 'species' column
df = pd.get_dummies(df, columns=['species'], drop_first=True)
```

5. Mise à l'Échelle

Les différentes caractéristiques dans un ensemble de données ont souvent des unités et des échelles différentes. Cela est dû au fait que chaque caractéristique est mesurée d'une manière différente. Par exemple, le poids d'une personne est mesuré en kilogrammes, tandis que son âge est mesuré en années. Ces échelles différentes peuvent avoir un impact significatif sur la performance du modèle.

Les caractéristiques avec des échelles plus grandes peuvent avoir un impact disproportionnellement plus important sur le modèle par rapport aux caractéristiques avec des échelles plus petites. Par conséquent, il est important de normaliser les caractéristiques pour qu'elles soient à la même échelle avant d'entraîner un modèle. La normalisation garantit que chaque caractéristique est également importante et contribue à la sortie du modèle de manière équilibrée. Cela peut conduire à une meilleure performance du modèle et à des prédictions plus précises.

Exemple :

```
from sklearn.preprocessing import StandardScaler

scaler = StandardScaler()
df[['feature1', 'feature2']] = scaler.fit_transform(df[['feature1', 'feature2']])
```

6. Transformation Logarithmique

Une transformation logarithmique est un processus mathématique qui peut être appliqué à des données numériques continues. Ce processus peut être particulièrement utile lors du travail avec des données qui ont une large plage de valeurs, car il peut aider à « aplatir » les données et les rendre plus gérables. En prenant le logarithme des données, les valeurs sont transformées d'une manière qui peut aider à révéler des motifs ou des relations qui peuvent avoir été cachés auparavant.

De plus, la transformation logarithmique peut aider à réduire l'impact de valeurs aberrantes extrêmes dans l'analyse, rendant les résultats plus fiables et robustes. Dans l'ensemble, la transformation logarithmique est un outil précieux pour les analystes de données et les chercheurs travaillant avec des données numériques continues, et il vaut la peine de la considérer dans le cadre de tout flux de travail d'analyse de données.

Exemple :

```
# Apply a log transformation
import numpy as np
df['log_feature1'] = np.log(df['feature1'] + 1)
```

9.2.3 Considérations Clés

Voici quelques détails supplémentaires à considérer lors de la création de caractéristiques pour votre modèle :

1. **Comprendre le Contexte** : Il est important d'avoir une compréhension approfondie du contexte du problème avant de créer des caractéristiques. Cela implique de prendre en compte les besoins métier, les données disponibles et toute contrainte qui peut exister.

2. **Colinéarité** : Lors de la création de nouvelles caractéristiques, il est important de faire attention à celles qui peuvent être fortement corrélées avec celles existantes. Cela peut rendre votre modèle instable et conduire à des prédictions incorrectes. Envisagez de supprimer les caractéristiques redondantes ou d'utiliser des techniques de réduction de dimensionnalité pour aborder la colinéarité.

3. **Sur-ajustement** : Bien que créer plus de caractéristiques puisse potentiellement améliorer la performance du modèle, cela peut également provoquer un sur-ajustement. Le sur-ajustement se produit lorsque le modèle est trop complexe et s'ajuste trop aux données d'entraînement, ce qui entraîne une mauvaise généralisation à de nouvelles données. Vérifiez toujours la performance du modèle avec une validation croisée et envisagez d'utiliser des techniques de régularisation pour prévenir le sur-ajustement.

4. **Complexité Computationnelle** : Certaines méthodes d'ingénierie des caractéristiques peuvent augmenter considérablement la taille de l'ensemble de données, ce qui rend l'entraînement des modèles coûteux en termes de calcul. Cela peut conduire à des temps d'entraînement plus longs et à une utilisation accrue des ressources. Envisagez d'utiliser des méthodes telles que la sélection ou l'extraction de caractéristiques pour réduire le nombre de caractéristiques et améliorer l'efficacité computationnelle.

L'ingénierie des caractéristiques est un aspect crucial de l'apprentissage automatique, car elle implique de sélectionner et de transformer les variables d'entrée les plus pertinentes pour améliorer la performance du modèle. Bien que les méthodes ci-dessus offrent une approche systématique, l'art de l'ingénierie des caractéristiques va au-delà du simple respect d'un ensemble de règles. Elle nécessite une compréhension approfondie des données et du problème en question, ainsi que de la créativité et de l'intuition pour concevoir les caractéristiques les plus efficaces.

Par conséquent, il est important non seulement de s'appuyer sur des techniques établies, mais aussi d'expérimenter et d'explorer différentes approches qui peuvent fournir de nouvelles perspectives sur les données. Ce faisant, vous pouvez découvrir des motifs et des relations cachés qui étaient auparavant inconnus, ce qui conduit finalement à un modèle plus précis et robuste.

9.2.4 Importance des Caractéristiques

Le concept d'« Importance des Caractéristiques » est un aspect crucial de l'ingénierie des caractéristiques qui joue un rôle vital dans le raffinement de vos modèles prédictifs. En tant que scientifique des données, lorsque vous créez de nombreuses caractéristiques pour améliorer la précision de votre modèle, toutes ne contribueront pas de manière significative à la performance de votre modèle. Certaines pourraient même avoir un impact négatif sur celui-ci.

Par conséquent, il est important d'évaluer la valeur de chaque caractéristique et d'identifier celles qui ont le plus grand impact sur la performance du modèle. Ce faisant, vous pouvez vous concentrer sur le raffinement et l'optimisation des caractéristiques les plus importantes pour obtenir une meilleure précision de prédiction et une meilleure performance du modèle.

Comment Cela Fonctionne

Dans l'apprentissage automatique, l'une des techniques les plus largement utilisées pour comprendre l'importance des différentes caractéristiques dans un modèle consiste à calculer un score d'importance des caractéristiques. Ce score aide à quantifier la contribution de chaque caractéristique aux prédictions du modèle. En analysant le score d'importance des caractéristiques, nous pouvons identifier quelles caractéristiques sont les plus significatives pour influencer les prédictions faites par le modèle.

Il existe plusieurs algorithmes qui peuvent être utilisés pour calculer le score d'importance des caractéristiques. Par exemple, les algorithmes basés sur les arbres comme les Forêts Aléatoires et les Machines à Gradient Boosté offrent une importance des caractéristiques basée sur le nombre de fois qu'une caractéristique est utilisée pour diviser les données parmi tous les arbres. D'autres algorithmes, comme la Régression Linéaire et la Régression Logistique, utilisent des méthodes statistiques pour calculer le score d'importance des caractéristiques.

En calculant le score d'importance des caractéristiques, nous pouvons non seulement identifier les caractéristiques les plus importantes dans un modèle, mais aussi obtenir des informations sur le fonctionnement du modèle et apporter des améliorations. Par exemple, nous pouvons éliminer les caractéristiques moins importantes du modèle pour le simplifier et réduire le risque de surajustement. Alternativement, nous pouvons nous concentrer sur l'amélioration de la performance des caractéristiques les plus importantes pour améliorer la capacité prédictive du modèle.

Métriques d'Importance

Les métriques utilisées pour déterminer l'importance des caractéristiques peuvent varier selon l'algorithme. Dans le cas des méthodes basées sur les arbres, elle est généralement évaluée en utilisant des métriques telles que l'« Importance de Gini » ou la « Diminution Moyenne de l'Impureté ». Ces métriques fournissent des informations sur l'influence de chaque caractéristique dans le processus de prise de décision du modèle.

Cependant, d'autres algorithmes peuvent utiliser des métriques différentes, telles que la « Magnitude du Coefficient » ou l'« Élimination Récursive des Caractéristiques », pour évaluer l'importance des caractéristiques. Il est important de considérer l'algorithme spécifique et les métriques correspondantes utilisées pour déterminer l'importance de chaque caractéristique dans le modèle.

De plus, comprendre la relation entre les métriques choisies et le processus de prise de décision spécifique du modèle peut fournir davantage d'informations sur la performance globale de l'algorithme.

Exemple de Code

Voici comment vous pourriez utiliser les Forêts Aléatoires de scikit-learn pour trouver l'importance des caractéristiques :

```
from sklearn.ensemble import RandomForestClassifier
import pandas as pd

# Create a random forest classifier
```

```
clf = RandomForestClassifier()

# Assuming X_train contains your training features and y_train contains your labels
clf.fit(X_train, y_train)

# Get feature importances
feature_importances = clf.feature_importances_

# Create a DataFrame to hold features and their importance
importance_df = pd.DataFrame({
    'Feature': X_train.columns,
    'Importance': feature_importances
})

# Sort DataFrame by the importances
importance_sorted = importance_df.sort_values(by='Importance', ascending=False)

print(importance_sorted)
```

Interprétation

Après avoir généré le DataFrame de sortie, vous pourrez obtenir un classement complet de diverses caractéristiques basé sur leur importance. Bien qu'il soit vrai que certaines caractéristiques peuvent avoir un faible niveau d'importance, il est important de noter qu'elles peuvent encore contribuer à la précision globale du modèle prédictif.

Cependant, dans certains cas, éliminer les caractéristiques ayant une faible importance peut être une option viable pour améliorer la performance globale du modèle. En éliminant les caractéristiques non pertinentes, vous pouvez simplifier la structure du modèle, ce qui peut également conduire à des temps de calcul plus rapides.

Il est important de noter que la décision d'éliminer des caractéristiques doit être basée sur les exigences spécifiques de votre projet et la nature des données disponibles. Par conséquent, l'examen attentif et l'évaluation de l'impact de chaque caractéristique sur la précision et l'efficacité du modèle sont cruciaux avant d'arriver à une décision finale.

Avertissements

L'importance des caractéristiques est un aspect crucial de l'apprentissage automatique, mais il est important de reconnaître que ce n'est pas le seul facteur à considérer. Il est possible que certains algorithmes montrent un biais envers certains types de caractéristiques.

Par exemple, les algorithmes basés sur les arbres ont tendance à accorder une plus grande importance aux caractéristiques avec plus de niveaux. En tant que tel, l'importance des caractéristiques doit être vue comme une seule pièce du puzzle dans un processus d'apprentissage automatique plus large. La connaissance du domaine, la visualisation des données et plusieurs autres techniques d'analyse de données sont également importantes pour garantir des modèles précis et robustes.

En comprenant quelles caractéristiques sont les plus importantes, il est possible d'obtenir des informations sur comment une ingénierie de caractéristiques supplémentaire peut être réalisée. De plus, cette information peut aider à augmenter l'interprétabilité du modèle et permettre une collecte de données plus ciblée à l'avenir, ce qui conduit à des modèles d'apprentissage automatique encore plus précis et efficaces.

9.3 Transformation de Données

La transformation de données est un processus critique dans le domaine de l'apprentissage automatique. Elle implique de prendre vos données brutes et non structurées et de les transformer en une forme plus organisée et structurée, qui soit plus facile à analyser et à travailler. Ce faisant, vous pouvez obtenir une meilleure compréhension de vos données et en extraire des idées plus précieuses.

La transformation de données vous permet d'aborder des problèmes courants tels que les valeurs manquantes, les valeurs aberrantes et les incohérences dans les données, qui peuvent affecter significativement la précision de vos modèles. Par conséquent, il est essentiel d'avoir un pipeline de transformation de données robuste dans le cadre de votre flux de travail d'apprentissage automatique.

9.3.1 Pourquoi la Transformation de Données ?

Premièrement, comprenons pourquoi nous avons besoin de la transformation de données. La transformation de données est une étape importante dans le prétraitement des données qui aide à adapter les données pour satisfaire les exigences de différents algorithmes d'apprentissage automatique. Cela est dû au fait que différents algorithmes ont des hypothèses et des particularités différentes.

Par exemple, certains algorithmes comme K-Nearest Neighbors (K-NN) sont sensibles à l'échelle des données. Par conséquent, si les données ne sont pas mises à l'échelle, l'algorithme peut ne pas fonctionner correctement. De même, certains algorithmes comme la Régression Linéaire supposent que les données suivent une relation linéaire.

Si les données ne suivent pas une relation linéaire, il est possible que l'algorithme ne puisse pas faire des prédictions précises. Dans de tels cas, la transformation de données aide à modifier les données pour qu'elles soient adaptées à l'algorithme. Par conséquent, la transformation de données est une étape cruciale dans le pipeline d'apprentissage automatique qui garantit la précision et l'efficacité du modèle.

9.3.2 Types de Transformation de Données

Normalisation

Une technique importante dans l'analyse de données est la normalisation, qui assure que les caractéristiques sur différentes échelles soient ramenées à une échelle similaire. Ce faisant, nous pouvons éviter le problème que certaines caractéristiques dominent les autres et nous pouvons les comparer plus facilement.

La normalisation est généralement effectuée en transformant les données dans une plage entre 0 et 1, mais d'autres échelles peuvent être utilisées selon les besoins spécifiques de l'analyse. Sans la normalisation, il est possible que certaines caractéristiques soient négligées ou sous-évaluées, ce qui conduit à des conclusions et décisions inexactes. Par conséquent, il est crucial de tenir compte de l'importance de la normalisation dans tout processus d'analyse de données.

Exemple de Code : Normalisation Min-Max

```
from sklearn.preprocessing import MinMaxScaler

scaler = MinMaxScaler()
data = [[3, 4], [1, -1], [4, 3], [0, 2]]
scaled_data = scaler.fit_transform(data)
print(scaled_data)
```

Standardisation

La standardisation est une étape importante dans le prétraitement des données. Elle implique de transformer chaque caractéristique pour qu'elle ait la même échelle. Cela est accompli en déplaçant la distribution de chaque caractéristique pour qu'elle ait une moyenne de zéro et un écart type de un.

En faisant cela, nous pouvons nous assurer que nos données sont plus comparables et plus faciles à interpréter. La transformation aide également à réduire l'impact des valeurs aberrantes, qui peuvent biaiser les résultats de notre analyse. En général, la standardisation est une technique utile qui peut nous aider à mieux comprendre nos données et à faire des prédictions plus précises.

Exemple de Code : Standardisation Z-Score

```
from sklearn.preprocessing import StandardScaler

scaler = StandardScaler()
scaled_data = scaler.fit_transform(data)
print(scaled_data)
```

Transformation Logarithmique

C'est une technique largement utilisée dans l'analyse de données pour aborder le problème des données asymétriques ou pour minimiser l'influence des valeurs extrêmes, également connues sous le nom de valeurs aberrantes. Le but de cette technique est de créer un échantillon plus représentatif qui reflète avec précision la population sous-jacente étudiée.

En ajustant la distribution des données, il est possible de mieux comprendre les relations entre les variables et d'identifier des motifs qui pourraient être négligés lors du travail avec les données originales non transformées. De cette manière, cette technique peut être un outil précieux pour les chercheurs et analystes qui cherchent à obtenir des informations à partir d'ensembles de données complexes.

Exemple de Code :

```python
import numpy as np

data = np.array([1, 2, 3, 4, 5])
log_transformed_data = np.log(data)
print(log_transformed_data)
```

Encodage One-Hot

Cette technique, connue sous le nom d'encodage one-hot, est principalement utilisée pour les variables catégorielles. En convertissant chaque valeur de catégorie unique en une nouvelle caractéristique catégorielle, cette méthode attribue une valeur binaire de 1 ou 0 à chaque variable. L'ensemble de données étendu résultant sert ensuite comme entrée utile pour les modèles d'apprentissage automatique qui nécessitent des données numériques pour l'analyse.

De plus, l'encodage one-hot peut aider à aborder les problèmes de multicolinéarité dans l'ensemble de données, où des variables corrélées peuvent affecter négativement la précision du modèle. Par conséquent, cette méthode est un moyen efficace de prétraiter les données et d'améliorer le pouvoir prédictif des algorithmes d'apprentissage automatique.

Exemple de Code

```python
import pandas as pd

data = {'Animal': ['Dog', 'Cat', 'Horse']}
df = pd.DataFrame(data)
one_hot = pd.get_dummies(df['Animal'])
print(one_hot)
```

Caractéristiques Polynomiales

Dans les situations où la relation entre les caractéristiques et l'objectif est compliquée, il peut être bénéfique de générer des caractéristiques polynomiales et d'interaction supplémentaires pour aider à capturer la complexité de la relation. En introduisant ces caractéristiques supplémentaires, vous pouvez créer un modèle plus nuancé qui reflète mieux les complexités des données.

Cette approche peut être particulièrement utile dans les cas où il existe des relations non linéaires entre les caractéristiques et l'objectif, ou lorsqu'il y a des interactions entre différentes caractéristiques qui ne sont pas facilement capturées par l'ensemble existant de caractéristiques.

En prenant le temps de générer et d'incorporer ces caractéristiques supplémentaires, il se peut que vous puissiez améliorer la précision et la fiabilité de votre modèle d'apprentissage automatique, et obtenir une compréhension plus profonde des motifs et des relations sous-jacentes dans vos données.

Exemple de Code :

```python
from sklearn.preprocessing import PolynomialFeatures

poly = PolynomialFeatures(degree=2)
transformed_data = poly.fit_transform([[1, 2], [2, 3], [3, 4]])
print(transformed_data)
```

Quand il s'agit de données, il n'est pas toujours facile de savoir quelle transformation est la plus appropriée. Il y a plusieurs facteurs à considérer, tels que la nature des données, le problème spécifique que vous essayez de résoudre et les algorithmes que vous prévoyez d'utiliser. Par conséquent, c'est une bonne idée d'expérimenter avec différentes transformations et de voir laquelle fonctionne le mieux pour votre cas spécifique.

Il est également important d'évaluer l'efficacité de la transformation en utilisant des techniques de validation croisée. De cette façon, vous pouvez vous assurer que la transformation que vous avez choisie améliore réellement la performance de votre modèle.

N'oubliez pas d'observer comment les transformations s'alignent avec les hypothèses ou exigences des algorithmes spécifiques que vous utilisez. Cela peut vous aider à éviter des problèmes potentiels plus tard.

La transformation de données est un aspect complexe mais crucial de l'analyse de données. En expérimentant avec différentes transformations et en validant leur efficacité, vous pouvez obtenir une compréhension complète de la meilleure façon de préparer vos données pour l'analyse. Alors allez-y et amusez-vous à manipuler vos données, en sachant que vous prenez les mesures nécessaires pour garantir le succès !

9.3.3 Transformation Inverse

Après avoir effectué la transformation des données et alimenté les données transformées dans un modèle d'apprentissage automatique, les prédictions sont générées dans l'espace transformé. Cependant, dans certains cas, comme si vous devez expliquer les résultats ou satisfaire d'autres exigences commerciales, il pourrait être nécessaire de ramener ces prédictions dans l'espace de données original.

La bonne nouvelle est que de nombreuses transformations appliquées lors du traitement des données, telles que la mise à l'échelle Min-Max, la standardisation du score Z et les transformations logarithmiques sont réversibles. Cela signifie que vous pouvez facilement convertir les prédictions de retour dans l'espace de données original sans perdre d'informations ou d'idées précieuses. De plus, cela peut vous aider à mieux comprendre les résultats et à trouver des motifs plus significatifs dans les données, ce qui peut finalement conduire à une meilleure prise de décision.

Voici un exemple rapide pour illustrer :

Supposons que vous avez transformé vos données avec un logarithme de cette manière :

```python
import numpy as np

data = np.array([1, 10, 100, 1000])
log_data = np.log10(data)
```

Après avoir fait des prédictions dans l'espace transformé par le logarithme, vous pouvez simplement appliquer l'inverse de la transformation logarithmique pour revenir à l'espace original :

```python
inverse_transform = 10 ** log_data
```

Les scalers de Scikit-learn tels que **MinMaxScaler** et **StandardScaler** fournissent également une méthode **inverse_transform** à cette fin :

```python
from sklearn.preprocessing import MinMaxScaler

scaler = MinMaxScaler()
scaled_data = scaler.fit_transform(data.reshape(-1, 1))

# Inverse transform
original_data = scaler.inverse_transform(scaled_data)
```

Pour rendre cette section encore plus complète, nous pourrions également discuter de l'importance des transformations inverses dans le contexte du flux de travail d'apprentissage automatique. Non seulement cette étape est cruciale pour interpréter et communiquer les résultats à un public non technique, mais elle joue également un rôle significatif dans la garantie de la précision et de la fiabilité du processus dans son ensemble.

En incluant une explication détaillée de la façon dont fonctionnent les transformations inverses et pourquoi elles sont nécessaires, les lecteurs obtiendront une compréhension plus approfondie de l'ensemble du flux de travail d'apprentissage automatique et seront mieux préparés pour appliquer ces techniques dans leurs propres projets.

Exercices Pratiques : Chapitre 9

Exercice 1 : Nettoyage des Données

Vous avez un ensemble de données avec des valeurs manquantes et des valeurs aberrantes.

```
import pandas as pd
import numpy as np

# Create a sample DataFrame
data = {'Name': ['Alice', 'Bob', 'Charlie', None, 'Eve'],
        'Age': [25, np.nan, 35, 40, 50],
        'Salary': [50000, 70000, 120000, 110000, 90000],
        'Experience': [2, 10, np.nan, 7, 15]}

df = pd.DataFrame(data)
```

1. Supprimez les lignes où le **Nom** est manquant.

2. Remplissez les valeurs manquantes dans les colonnes **Âge** et **Expérience** avec leurs moyennes respectives.

Solution

```
# Remove rows where Name is missing
df.dropna(subset=['Name'], inplace=True)

# Fill missing values with mean
df['Age'].fillna(df['Age'].mean(), inplace=True)
df['Experience'].fillna(df['Experience'].mean(), inplace=True)
```

Exercice 2 : Ingénierie des Caractéristiques

Créez une nouvelle caractéristique appelée **GroupeÂge** dans le DataFrame précédent basée sur la colonne **Âge**. Utilisez les groupes suivants : "Jeune" pour Âge <=30, "D'âge moyen" pour Âge entre 31 et 45, et "Senior" pour Âge > 45.

Solution

```
df['AgeGroup'] = pd.cut(df['Age'], bins=[0, 30, 45, np.inf], labels=['Young', 'Middle-aged', 'Senior'])
```

Exercice 3 : Transformation des Données

Appliquez la mise à l'échelle Min-Max à la colonne **Salaire** du DataFrame.

Solution

```
from sklearn.preprocessing import MinMaxScaler
```

```
scaler = MinMaxScaler()
df['Salary'] = scaler.fit_transform(df[['Salary']])
```

Conclusion du Chapitre 9

Le prétraitement des données est bien plus qu'une simple étape préliminaire dans l'analyse de données ou l'entraînement de modèles ; c'est un processus fondamental qui influence significativement les résultats de tout projet dépendant de données. Ce chapitre a eu pour objectif d'élucider que le prétraitement est un domaine vaste qui couvre des éléments essentiels tels que le nettoyage des données, l'ingénierie des caractéristiques et la transformation des données.

Nous avons commencé en nous plongeant dans l'importance du nettoyage des données. Les données brutes incluent souvent des valeurs manquantes, des valeurs aberrantes et des erreurs qui doivent être traitées avec soin. Ignorer ces problèmes pourrait conduire à des conclusions trompeuses et à des modèles prédictifs moins précis. Nous avons discuté de diverses techniques comme la suppression ou l'imputation de valeurs manquantes et la détection et la gestion des valeurs aberrantes.

Ensuite, nous avons exploré le concept d'ingénierie des caractéristiques. Cette étape vous permet de dériver de nouvelles variables qui peuvent potentiellement améliorer la performance des modèles d'apprentissage automatique. Il est important de souligner que l'ingénierie des caractéristiques est à la fois une science et un art, qui combine une expertise du domaine avec des compétences analytiques. Dans ce chapitre, nous avons vu des exemples comme le regroupement des âges en catégories, et nous avons élargi notre discussion pour inclure le concept d'importance des caractéristiques, démontrant que toutes les caractéristiques ne sont pas également informatives.

La transformation des données a complété notre chapitre, montrant la nécessité de mettre à l'échelle ou de normaliser les caractéristiques pour qu'elles soient comparables et adaptées aux algorithmes d'apprentissage qui seront appliqués par la suite. Nous avons parlé de techniques comme la mise à l'échelle Min-Max, la standardisation et la transformation logarithmique, chacune ayant ses avantages uniques et ses cas d'usage appropriés.

Nous avons complété nos discussions par des exercices pratiques pour vous aider à consolider votre compréhension de ces étapes de prétraitement et pour expérimenter de première main comment ces processus peuvent être réalisés en utilisant des bibliothèques Python comme pandas et scikit-learn.

En résumé, le prétraitement des données établit les bases de toutes les étapes analytiques qui suivent. Les erreurs ou raccourcis à cette étape peuvent avoir des conséquences à long terme. En tant que tel, il nécessite une compréhension approfondie, de la patience et, souvent, de multiples itérations pour bien faire les choses. Rappelez-vous, des données de mauvaise qualité en entrée donnent des résultats de mauvaise qualité en sortie, mais des données de qualité en entrée donnent des insights de qualité en sortie. Nous espérons que vous trouverez ce chapitre à la fois informatif et fonctionnel, vous fournissant les compétences pour aborder votre prochain projet de données avec confiance.

Chapitre 10 : Analyse Exploratoire Visuelle des Données

Nous sommes ravis de vous présenter le Chapitre 10, qui plonge dans le monde fascinant de l'Analyse Exploratoire Visuelle des Données, ou Visual EDA en abrégé. Au fur et à mesure que nous poursuivons notre voyage dans le domaine de l'analyse de données, nous commençons à apprécier la remarquable capacité du cerveau humain à détecter des motifs, des tendances et des anomalies dans les données visuelles.

Souvent, les visualisations sont plus efficaces pour mettre en évidence des idées que les chiffres ou tableaux bruts, et c'est pourquoi dans ce chapitre nous explorerons une variété de techniques de Visual EDA. Nous commencerons par couvrir l'Analyse Univariée, qui se concentre sur l'analyse d'une variable à la fois. Dans cette section, nous apprendrons comment créer des histogrammes, des graphiques de densité et des diagrammes en boîte pour obtenir une compréhension plus approfondie de nos données.

Nous discuterons également de l'importance de choisir des visualisations appropriées pour différents types de données et explorerons quelques erreurs courantes à éviter lors du travail avec les visualisations. Avec le Visual EDA, nous débloquerons un outil puissant qui nous permet de voir nos données sous des formes nouvelles et passionnantes, ce qui nous amène à obtenir des insights plus significatifs et à prendre de meilleures décisions. Alors, plongeons et explorons ensemble le monde du Visual EDA !

10.1 Analyse Univariée

L'analyse univariée est une forme cruciale d'analyse qui sert de première étape fondamentale pour comprendre votre ensemble de données. Elle implique l'examen d'une seule variable, ce qui peut sembler une tâche simple, mais c'est une étape importante qui fournit des informations précieuses sur la nature de vos données. En visualisant des variables individuelles, vous pouvez obtenir une meilleure compréhension de leur distribution, de leurs tendances et de leurs particularités.

Ce processus peut vous aider à identifier les tendances et les motifs qui peuvent être présents dans vos données, vous permettant de prendre des décisions éclairées basées sur vos découvertes. Par exemple, si vous examinez un ensemble de données sur les achats des clients, l'analyse univariée peut vous aider à comprendre les produits les plus populaires, la fréquence des achats et le montant moyen dépensé par transaction.

Cela peut vous aider à adapter vos stratégies de marketing et de vente pour mieux répondre aux besoins et préférences de vos clients. Par conséquent, il est essentiel de mener une analyse univariée dans le cadre de votre processus d'analyse de données pour obtenir une compréhension globale de vos données.

10.1.1 Histogrammes

Les histogrammes sont un outil essentiel dans l'analyse de données univariées. Ils nous fournissent une représentation visuelle de la distribution d'une variable numérique, ce qui nous permet d'évaluer la forme des données et d'identifier des motifs ou des tendances. En examinant l'histogramme, nous pouvons obtenir des informations sur la tendance centrale des données, ainsi que sur leur variabilité et leur dispersion.

De plus, les histogrammes sont hautement personnalisables et peuvent être utilisés pour explorer une large gamme de types de données et de variables, ce qui en fait un outil polyvalent et précieux pour tout analyste de données ou chercheur. Dans l'ensemble, les histogrammes sont une pierre angulaire de l'analyse exploratoire des données et une technique fondamentale pour obtenir une compréhension plus approfondie de nos données.

Voici comment tracer un histogramme en utilisant Matplotlib :

```python
import matplotlib.pyplot as plt

# Sample data: ages of a group of people
ages = [25, 30, 35, 40, 45, 50, 55, 60, 65, 70]

# Create a histogram
plt.hist(ages, bins=5, color='blue', edgecolor='black')
plt.title("Age Distribution")
plt.xlabel("Ages")
plt.ylabel("Frequency")

# Show the plot
plt.show()
```

10.1.2 Diagrammes en Boîte

Les diagrammes en boîte, également connus sous le nom de boîtes à moustaches, sont un type de représentation graphique qui est fréquemment utilisé dans l'analyse statistique. Ils sont particulièrement utiles pour représenter la dispersion d'une variable, fournissant un résumé visuel de sa distribution. Les diagrammes en boîte sont construits en utilisant cinq mesures statistiques : le minimum, le premier quartile, la médiane, le troisième quartile et le maximum.

La boîte dans le diagramme représente l'intervalle interquartile (IQR), qui est la distance entre le premier et le troisième quartile. Les moustaches s'étendent de la boîte jusqu'aux valeurs minimale et maximale, en excluant tout point de données identifié comme valeur aberrante. L'utilisation de diagrammes en boîte permet une manière rapide et facile de comparer la dispersion de différentes variables et d'identifier d'éventuelles valeurs aberrantes dans les données.

Voici un simple diagramme en boîte en utilisant Matplotlib :

```
# Sample data: exam scores of a class
exam_scores = [45, 60, 55, 70, 75, 50, 90, 85]

# Create a box plot
plt.boxplot(exam_scores)
plt.title("Exam Score Distribution")
plt.ylabel("Scores")

# Show the plot
plt.show()
```

10.1.3 Graphiques de Comptage pour Données Catégorielles

Lorsqu'il s'agit de données catégorielles, un graphique de comptage peut être un outil extrêmement informatif à utiliser dans l'analyse de données. Dans un graphique de comptage, chaque catégorie est représentée par une barre dont la hauteur correspond à la fréquence de cette catégorie dans l'ensemble de données. En examinant la hauteur de chaque barre, nous pouvons rapidement déterminer quelles catégories sont les plus courantes et lesquelles sont moins fréquentes.

Cette information peut être utilisée pour identifier des motifs ou des tendances dans les données qui peuvent ne pas être évidents lors d'une simple inspection des données brutes. De plus, les graphiques de comptage peuvent être utilisés pour comparer la fréquence des catégories dans différents sous-groupes de données. Par exemple, nous pourrions créer un graphique de comptage qui montre la fréquence de chaque catégorie ventilée par sexe ou groupe d'âge.

Cela peut nous aider à identifier toute différence ou similitude dans la façon dont différents sous-groupes de données sont répartis entre les catégories. Par conséquent, les graphiques de comptage sont un outil précieux dans l'arsenal de l'analyste de données, fournissant une manière simple mais puissante d'explorer et de visualiser les données catégorielles.

Voici comment vous pouvez en créer un en utilisant Seaborn :

```
import seaborn as sns

# Sample data: favorite fruits of a group
fruits = ['Apple', 'Banana', 'Apple', 'Apple', 'Banana', 'Cherry', 'Cherry']

# Create a count plot
sns.countplot(x=fruits)
```

```
plt.title("Favorite Fruits")
plt.xlabel("Fruits")
plt.ylabel("Frequency")

# Show the plot
plt.show()
```

Ce sont quelques-unes des nombreuses techniques que vous pouvez employer pour l'analyse univariée. Chacune de ces méthodes fournit une perspective unique à travers laquelle vous pouvez examiner vos variables. Alors allez-y et plongez ; vous serez surpris de ce que ces simples visualisations peuvent révéler sur vos données.

L'analyse univariée est un outil essentiel dans l'exploration des données. En utilisant diverses techniques pour comprendre la distribution, la dispersion et la tendance centrale d'une variable, nous pouvons découvrir des motifs et des informations cachés. Par exemple, les histogrammes et les graphiques de densité peuvent nous aider à visualiser la forme d'une distribution, tandis que les diagrammes en boîte peuvent nous montrer la médiane et l'étendue d'une variable. De plus, nous pouvons utiliser des statistiques récapitulatives telles que la moyenne, la médiane et le mode pour avoir une idée de la tendance centrale d'une variable.

Il est important de noter que l'analyse univariée n'est que la première étape de l'analyse de données. Une fois que nous avons une bonne compréhension de nos variables, nous pouvons passer à des analyses plus complexes telles que l'analyse bivariée et multivariée, qui nous permettent d'explorer les relations entre les variables. Cependant, maîtriser l'analyse univariée est crucial pour toute personne qui souhaite être compétente en analyse de données et prendre des décisions éclairées basées sur les données.

10.1.4 Statistiques Descriptives avec Visualisations

Les graphiques fournissent un excellent moyen de représenter visuellement les données, mais il est également essentiel de considérer les valeurs numériques car elles offrent une perspective différente. Combiner à la fois les données visuelles et numériques peut fournir une compréhension plus complète de l'ensemble de données.

Dans l'exemple ci-dessous, nous avons un code qui crée un histogramme pour un ensemble de données aléatoires et calcule sa moyenne et son écart type. L'analyse de l'histogramme nous fournit une représentation visuelle de la distribution des données, tandis que la moyenne et l'écart type nous fournissent des valeurs numériques qui décrivent la tendance centrale et la variabilité de l'ensemble de données. En analysant à la fois les données visuelles et numériques, nous pouvons obtenir une compréhension plus approfondie de l'ensemble de données et prendre des décisions plus éclairées basées sur les données.

Exemple :

```
import matplotlib.pyplot as plt
import numpy as np
```

```python
# Generate a random dataset
data = np.random.normal(0, 1, 1000)

# Calculate mean and standard deviation
mean_value = np.mean(data)
std_value = np.std(data)

# Create the histogram
plt.hist(data, bins=30, alpha=0.7, label='Frequency')

# Mark mean and standard deviation
plt.axvline(mean_value, color='r', linestyle='dashed', linewidth=1, label=f'Mean:
{mean_value:.2f}')
plt.axvline(mean_value + std_value, color='g', linestyle='dashed', linewidth=1,
label=f'Standard Deviation: {std_value:.2f}')
plt.axvline(mean_value - std_value, color='g', linestyle='dashed', linewidth=1)

plt.legend()
plt.show()
```

Cela nous donne une vue d'ensemble complète de la distribution de nos points de données.

10.1.5 Graphique de Densité de Noyau

Le Graphique de Densité de Noyau est un outil utile pour la visualisation de données lorsque l'on souhaite une représentation plus lisse. Au lieu de l'aspect en blocs des histogrammes, le Graphique de Densité de Noyau fournit une courbe lisse qui peut rendre les motifs et tendances dans les données plus évidents.

Ce type de graphique est particulièrement utile pour les grands ensembles de données, car la courbe lisse peut aider à identifier des pics et vallées plus petits qui pourraient être perdus dans un histogramme. De plus, le Graphique de Densité de Noyau peut être utilisé pour estimer la fonction de densité de probabilité d'une variable, ce qui peut fournir des informations précieuses sur la distribution des données.

Par conséquent, c'est un outil précieux pour les analystes de données et les chercheurs qui souhaitent obtenir une compréhension plus approfondie de leurs ensembles de données.

Exemple :

```python
import seaborn as sns

sns.kdeplot(data)
plt.show()
```

10.1.6 Diagramme en Violon

Les diagrammes en violon sont un type de visualisation de données qui combine les avantages d'un diagramme en boîte et d'un graphique de densité de noyau. La composante du diagramme en boîte du diagramme en violon montre la médiane, les quartiles et l'étendue des données, tandis que la composante du graphique de densité de noyau montre la forme de la distribution.

Cette combinaison unique fait des diagrammes en violon un excellent outil pour comparer la distribution des données entre différentes catégories. En utilisant des diagrammes en violon, vous pouvez facilement identifier les différences dans la forme et la dispersion des données entre catégories, ce qui permet une analyse plus nuancée de vos données.

De plus, les diagrammes en violon peuvent être particulièrement utiles lorsque la distribution des données n'est pas normale ou lorsque vous avez un grand nombre de points de données, car ils fournissent une représentation plus informative et précise des données par rapport aux diagrammes en boîte traditionnels.

Exemple :

```
# Example using seaborn
sns.violinplot(x='species', y='petal_length', data=iris)
plt.show()
```

10.1.7 Asymétrie et Aplatissement des Données

Les visualisations peuvent souvent être très utiles pour montrer la distribution des données, en particulier en termes d'asymétrie (skewness) et d'aplatissement (kurtosis). Il est important d'avoir une bonne compréhension de si les données ont une asymétrie positive ou négative, car cette connaissance peut être essentielle pour prendre des décisions basées sur les données. Pour calculer l'asymétrie et l'aplatissement des données, on peut utiliser le module **scipy.stats**.

Ce module fournit une variété de fonctions statistiques qui peuvent être utilisées pour analyser les données de diverses manières, y compris le calcul de l'asymétrie et de l'aplatissement. En utilisant ces fonctions, il est possible d'obtenir une compréhension plus approfondie des données et de prendre des décisions plus éclairées basées sur les résultats.

Exemple :

```
from scipy.stats import skew, kurtosis

# Calculate skewness and kurtosis
data_skewness = skew(data)
data_kurtosis = kurtosis(data)

print(f"Skewness: {data_skewness}")
print(f"Kurtosis: {data_kurtosis}")
```

10.2 Analyse Bivariée

Maintenant que vous avez une bonne compréhension de l'analyse univariée, qui se concentre sur l'étude d'une seule variable, il est temps de plonger dans le monde de l'analyse bivariée. Cette méthode implique l'examen de deux variables pour mieux comprendre la relation qui existe entre elles.

C'est un processus vital en science des données, car il vous permet d'identifier des motifs, des corrélations et des interdépendances plus complexes dans un espace multidimensionnel. En termes simples, alors que l'analyse univariée fournit des informations sur les caractères individuels dans une histoire, l'analyse bivariée aide à révéler les interactions et relations entre eux, vous donnant ainsi une image plus complète du récit.

10.2.1 Graphiques de Dispersion

Un graphique de dispersion est un outil incroyablement utile dans votre arsenal de visualisation de données. Il vous permet d'afficher visuellement la relation entre deux variables de manière claire et concise. En traçant des points de données contre deux axes, un graphique de dispersion fournit une façon rapide et facile de voir les motifs et tendances.

De plus, les graphiques de dispersion peuvent être utilisés pour une large gamme d'applications, de l'analyse des tendances du marché à l'examen de données scientifiques. En outre, les graphiques de dispersion peuvent être personnalisés pour mettre en évidence des points de données spécifiques ou pour comparer plusieurs ensembles de données. Dans l'ensemble, maîtriser l'utilisation des graphiques de dispersion est une compétence essentielle pour toute personne travaillant avec l'analyse ou la visualisation de données.

Générons un simple graphique de dispersion en utilisant Matplotlib :

```
import matplotlib.pyplot as plt
import numpy as np

# Generate some data
x = np.random.rand(50)
y = 2 * x + 1 + 0.1 * np.random.randn(50)  # y is somewhat linearly dependent on x

# Create scatter plot
plt.scatter(x, y)
plt.xlabel('X-values')
plt.ylabel('Y-values')
plt.title('Scatter Plot of X vs Y')
plt.show()
```

10.2.2 Coefficient de Corrélation

Comprendre la corrélation entre deux variables est un aspect crucial de l'analyse de données. Il est important de savoir à quel point une variable est fortement liée à l'autre. Cette connaissance peut nous aider à obtenir des informations significatives à partir des données.

Le coefficient de corrélation de Pearson est une mesure statistique qui est fréquemment utilisée pour quantifier la corrélation entre deux variables. Il varie de -1 à 1, où -1 indique une forte corrélation négative, 0 indique aucune corrélation et 1 indique une forte corrélation positive. En analysant le coefficient de corrélation, nous pouvons déterminer la force et la direction de la relation entre les deux variables.

De plus, il convient de noter qu'il existe d'autres types de coefficients de corrélation, tels que la corrélation de rangs de Spearman et la corrélation tau de Kendall, qui sont utilisés pour les relations non linéaires ou les données non normales. Par conséquent, comprendre les différents types de coefficients de corrélation et leurs applications est essentiel pour une interprétation et une analyse précises des données.

Exemple :

```python
import numpy as np

# Calculate correlation
correlation_coefficient = np.corrcoef(x, y)[0, 1]
print(f'Correlation Coefficient: {correlation_coefficient}')
```

10.2.3 Graphiques Linéaires

Les graphiques linéaires, également connus sous le nom de diagrammes linéaires, sont une façon populaire d'afficher des données lorsque les deux variables sont continues. Ils sont particulièrement utiles lorsque l'on souhaite observer des tendances sur une plage ou une période. Lors de la création d'un graphique linéaire, il est important de choisir l'échelle appropriée pour vos axes afin de garantir que vos données soient représentées avec précision.

En plus des cours des actions, les graphiques linéaires peuvent être utilisés pour montrer les changements de température au fil du temps, la croissance d'une population ou le nombre de visiteurs d'un site web par jour. En utilisant un graphique linéaire pour visualiser vos données, vous pouvez facilement identifier des motifs et des tendances qui ne sont peut-être pas aussi évidents dans un tableau ou une feuille de calcul.

Exemple :

```python
# Create line plot
plt.plot(x, y)
plt.xlabel('Time')
plt.ylabel('Stock Price')
plt.title('Stock Price Over Time')
plt.show()
```

10.2.4 Cartes de Chaleur

Les cartes de chaleur sont un excellent outil pour la visualisation et l'analyse de données, en particulier lorsqu'il s'agit de multiples variables ou d'ensembles de données complexes. En utilisant des cellules codées par couleur pour représenter différentes valeurs, les cartes de chaleur permettent à l'utilisateur d'identifier rapidement des motifs et des tendances dans les données.

En plus d'étudier la corrélation de chaque paire de variables, les cartes de chaleur peuvent également être utilisées pour identifier des valeurs aberrantes, détecter des groupes et mettre en évidence des zones d'intérêt. Cela en fait un outil précieux pour les chercheurs, les analystes et les scientifiques de données dans un large éventail de domaines, de la biologie et de la médecine à la finance et au marketing.

Seaborn le rend simple :

```python
import seaborn as sns
import pandas as pd

# Create DataFrame
df = pd.DataFrame({'A': x, 'B': y})

# Create heatmap
sns.heatmap(df.corr(), annot=True)
plt.show()
```

10.2.5 Pairplots

Lorsque l'on travaille avec un ensemble de données qui possède plusieurs caractéristiques numériques, il est souvent utile d'utiliser des pairplots (également appelés matrices de graphiques de dispersion) pour visualiser les distributions bivariées par paires. Les pairplots permettent de comparer rapidement et facilement les relations entre chaque paire de caractéristiques, ce qui facilite l'identification de tendances et de motifs dans les données.

En examinant les graphiques de dispersion au sein du pairplot, il devient possible de voir comment différentes caractéristiques numériques sont liées entre elles et s'il existe une corrélation entre elles. De plus, les pairplots peuvent également être utilisés pour identifier des valeurs aberrantes ou des anomalies dans l'ensemble de données qui pourraient nécessiter une investigation supplémentaire. Dans l'ensemble, l'utilisation de pairplots peut grandement améliorer la compréhension d'ensembles de données complexes et aider dans l'analyse et l'interprétation des données.

Exemple :

```python
# Create pairplot
sns.pairplot(df)
plt.show()
```

L'analyse bivariée est un composant crucial de l'analyse de données car elle fournit une compréhension plus approfondie de la manière dont les variables peuvent s'affecter mutuellement. Cette méthode statistique vous permet d'examiner la relation entre deux variables et de déterminer s'il existe une corrélation ou une causalité entre elles. En examinant l'interaction entre les variables, vous pouvez obtenir une meilleure compréhension des motifs et des tendances sous-jacentes dans vos données.

L'analyse bivariée peut également vous aider à identifier toute valeur aberrante ou anomalie qui pourrait être présente dans vos données, ce qui peut faire l'objet d'une investigation plus approfondie pour obtenir une compréhension plus complète des données. En utilisant l'analyse bivariée, vous pouvez construire des récits plus significatifs et informatifs à partir de vos données, ce qui vous permet de raconter l'histoire que vos données attendent de révéler.

Par conséquent, il est important de prêter attention à l'analyse bivariée, car cela peut vous aider à extraire les meilleures informations possibles de vos données et à prendre des décisions éclairées basées sur ces informations.

10.2.6 Signification Statistique dans l'Analyse Bivariée

Bien qu'il soit important d'observer visuellement la relation entre deux variables, ce n'est que le début du processus. Il est important de valider statistiquement ces résultats pour s'assurer qu'ils ne sont pas simplement des motifs aléatoires. Cette étape est cruciale pour obtenir des résultats fiables et précis. Il existe différents tests statistiques qui peuvent être utilisés à cette fin, en fonction de la nature des variables impliquées.

Par exemple, le test de corrélation de Pearson peut être utilisé pour mesurer la force et la direction de la relation entre deux variables numériques. De même, le test du Chi-carré est un outil utile pour analyser la relation entre des variables catégorielles. En utilisant ces tests, nous pouvons obtenir une compréhension plus approfondie de la relation entre différentes variables et créer une analyse plus complète des données en question.

Voici un exemple rapide en Python utilisant **scipy.stats** pour vérifier la corrélation de Pearson pour la signification :

```python
from scipy import stats

# Generate some example data
x = [10, 20, 30, 40, 50]
y = [15, 25, 35, 45, 55]

# Perform Pearson correlation test
correlation, p_value = stats.pearsonr(x, y)

print(f'Correlation: {correlation}, P-value: {p_value}')
```

La valeur P vous indiquera si la corrélation est statistiquement significative. Généralement, on considère qu'une valeur P inférieure à 0,05 indique une signification statistique.

10.2.7 Gestion des Variables Catégorielles dans l'Analyse Bivariée

Lorsqu'une variable est numérique et l'autre est catégorielle, les diagrammes en boîte (box plots) et les diagrammes en violon peuvent offrir des informations précieuses. Par exemple, en regroupant la variable numérique par la variable catégorielle et en créant un diagramme en boîte ou en violon pour chaque groupe, nous pouvons comparer visuellement la distribution de la variable numérique dans différentes catégories.

De plus, nous pouvons ajouter des mesures statistiques telles que la médiane, les quartiles et l'étendue au graphique pour fournir une vision plus complète des données. En outre, nous pouvons personnaliser le graphique en changeant la couleur, la taille ou la forme des éléments du graphique pour mettre en évidence des motifs ou des tendances spécifiques que nous souhaitons souligner. En général, les diagrammes en boîte et en violon sont des outils puissants qui peuvent nous aider à mieux comprendre la relation entre les variables numériques et catégorielles dans nos données.

Voici un exemple utilisant Seaborn pour générer un diagramme en boîte :

```python
import seaborn as sns
import matplotlib.pyplot as plt

# Generate example data
data = sns.load_dataset("tips")

# Create a boxplot
sns.boxplot(x='day', y='total_bill', data=data)
plt.show()
```

Ce diagramme en boîte fournit un bon résumé de la manière dont le **total_bill** varie selon les différents jours de la semaine.

10.2.8 Applications de l'Analyse Bivariée dans le Monde Réel

Dans le monde actuel axé sur les données, la capacité d'analyser la relation entre deux variables est cruciale pour toute personne travaillant avec des données. En examinant comment deux variables sont liées l'une à l'autre, nous pouvons obtenir des idées précieuses qui peuvent nous aider à prendre des décisions plus éclairées. Par exemple, dans le domaine de la santé, nous pourrions utiliser l'analyse bivariée pour comprendre la relation entre l'âge du patient et le temps de récupération après une chirurgie. Ce faisant, nous pourrions identifier toute tendance ou tout motif qui pourrait nous aider à développer des plans de traitement plus efficaces.

De même, en marketing, comprendre la relation entre les dépenses publicitaires et l'acquisition de clients peut être extrêmement précieux. En analysant cette relation, nous pouvons déterminer combien d'argent nous devons dépenser en publicité pour acquérir un certain nombre de clients. Ces informations peuvent nous aider à optimiser nos campagnes marketing et à allouer nos ressources de manière plus efficace.

Bien que l'analyse bivariée soit un outil puissant pour les scientifiques des données, ses applications ne se limitent pas à une seule industrie. En effet, cette technique analytique a des applications de grande portée dans différentes industries, de la finance au commerce de détail en passant par le sport. En tirant parti de la puissance de l'analyse bivariée, nous pouvons découvrir des idées cachées qui peuvent nous aider à prendre de meilleures décisions et à obtenir de meilleurs résultats.

10.3 Analyse Multivariée

À mesure que nous nous enfonçons davantage dans les royaumes des données, nous arrivons à un point où nous pouvons explorer un domaine nouveau et passionnant : l'analyse multivariée. Si vous avez trouvé les analyses univariée et bivariée fascinantes, la complexité de l'analyse multivariée vous ouvrira vraiment tout un monde nouveau. Imaginez le concept d'étudier des relations, mais maintenant avec de multiples variables en jeu au lieu de seulement une ou deux.

L'idée d'analyser ces variables et leurs relations peut sembler écrasante, mais c'est un outil incroyablement précieux pour comprendre et interpréter les données. En analysant plusieurs variables à la fois, nous pouvons obtenir une compréhension plus profonde des données et prendre des décisions plus éclairées. L'analyse multivariée peut nous aider à découvrir des relations, des motifs et des connaissances cachés qui peuvent ne pas être évidents avec une analyse plus simple. Alors, êtes-vous prêt à plonger et à explorer ce domaine passionnant de l'analyse de données ?

10.3.1 Qu'est-ce que l'Analyse Multivariée ?

L'analyse multivariée est une branche de la statistique qui implique l'étude simultanée de multiples variables. C'est un outil puissant qui peut nous aider à comprendre les relations entre différentes variables et comment elles interagissent les unes avec les autres. En observant plusieurs variables en même temps, nous pouvons obtenir une compréhension plus complète des données et découvrir des motifs et des structures qui peuvent ne pas être évidents en observant chaque variable séparément.

L'un des principaux avantages de l'analyse multivariée est qu'elle nous permet d'explorer des relations complexes entre variables. Par exemple, nous pouvons être intéressés à comprendre comment les changements dans une variable affectent d'autres variables, ou comment différentes variables interagissent de manières complexes pour produire certains résultats. En utilisant l'analyse multivariée, nous pouvons identifier ces relations et obtenir une compréhension plus profonde des données.

Un autre avantage de l'analyse multivariée est qu'elle peut nous aider à identifier des motifs cachés dans les données. En examinant plusieurs variables simultanément, nous pouvons découvrir des motifs et des structures qui peuvent ne pas être visibles en observant chaque variable séparément. Ces motifs peuvent être utilisés pour faire des prédictions sur les résultats futurs ou pour identifier des domaines où davantage de recherche est nécessaire.

En résumé, l'analyse multivariée est un outil statistique puissant qui peut nous aider à obtenir une compréhension plus profonde d'ensembles de données complexes. En observant plusieurs variables simultanément, nous pouvons identifier des relations et des motifs complexes qui peuvent ne pas être évidents en observant chaque variable séparément.

10.3.2 Types d'Analyse Multivariée

- Il existe plusieurs techniques statistiques qui peuvent être utilisées pour analyser des données et extraire des idées significatives. Certaines des techniques les plus couramment utilisées incluent :

- **Analyse en Composantes Principales (ACP)** : L'ACP est un outil puissant qui peut être utilisé pour extraire des motifs et des relations importants d'ensembles de données complexes. En mettant l'accent sur la variation et en réduisant le nombre de variables, l'ACP peut aider à simplifier l'analyse des données et faciliter l'interprétation des résultats. Cette technique est particulièrement utile lorsqu'on a un grand nombre de variables corrélées qui sont difficiles à analyser en utilisant des méthodes traditionnelles.

- **Analyse de Clusters** : Ce type d'analyse est utilisé pour regrouper des variables en clusters homogènes basés sur leurs similitudes. En identifiant ces clusters, les chercheurs peuvent obtenir une meilleure compréhension de la manière dont différentes variables se rapportent les unes aux autres et comment elles contribuent aux motifs généraux dans les données. Cette technique est souvent utilisée dans la segmentation de marché, où elle peut aider les entreprises à identifier différents segments de clients et à développer des stratégies marketing ciblées.

- **Analyse de Régression Multiple** : Cette technique étend la régression linéaire simple pour inclure plusieurs prédicteurs, ce qui permet aux chercheurs de construire des modèles plus complets de la variabilité des données. En incluant plusieurs prédicteurs, les chercheurs peuvent obtenir une compréhension plus nuancée de la manière dont différentes variables contribuent aux motifs généraux dans les données. Cette technique est couramment utilisée dans des domaines tels que l'économie, les sciences sociales et la psychologie pour analyser des relations complexes entre variables.

10.3.3 Exemple : Analyse en Composantes Principales (ACP)

Nous explorerons un exemple d'ACP en utilisant la bibliothèque scikit-learn de Python.

```
from sklearn.decomposition import PCA
import numpy as np

# Generate example data
```

```
X = np.array([[-1, -1], [-2, -1], [-3, -2], [1, 1], [2, 1], [3, 2]])

# Perform PCA
pca = PCA(n_components=2)
pca.fit(X)

print("Explained variance:", pca.explained_variance_)
print("Components:", pca.components_)
```

Dans cet exemple, **explained_variance_** nous indique combien d'information (variance) peut être attribuée à chaque composante principale.

10.3.4 Exemple : Analyse de Clusters

Voici comment effectuer une simple analyse de clusters k-means avec scikit-learn :

```
from sklearn.cluster import KMeans

# Example data
X = np.array([[1, 2], [5, 8], [1.5, 1.8], [8, 8], [1, 0.6], [9, 11]])

# Perform clustering
kmeans = KMeans(n_clusters=2)
kmeans.fit(X)

centroids = kmeans.cluster_centers_
labels = kmeans.labels_

print("Centroids:", centroids)
print("Labels:", labels)
```

La variable **centroids** contient les coordonnées des centres des clusters, et **labels** contient les étiquettes de catégorie pour chaque point de données.

10.3.5 Applications de l'Analyse Multivariée dans le Monde Réel

L'analyse multivariée est un outil puissant qui a trouvé sa place dans de nombreuses industries. Dans le domaine de la santé, elle peut être utilisée pour examiner les relations complexes entre divers marqueurs biologiques, ce qui permet aux chercheurs de découvrir de nouvelles connaissances sur le corps humain et les maladies. En finance, l'analyse multivariée peut nous aider à mieux comprendre les relations complexes entre différentes variables financières, telles que le risque, le ROI et les tendances du marché, ce qui nous permet de prendre des décisions plus éclairées lors de la gestion de nos portefeuilles.

Cependant, il est important de noter que bien que l'analyse multivariée puisse fournir des connaissances solides, ce n'est pas une solution miracle. Comme pour toute méthode statistique, il est important d'être prudent et attentif à la qualité de vos données et aux hypothèses sous-jacentes à l'analyse.

Il faut toujours être conscient des limitations potentielles de son analyse et prendre des mesures pour atténuer tout biais potentiel ou sources d'erreur. Par conséquent, il est important d'aborder l'analyse multivariée avec un œil critique et d'évaluer et d'affiner constamment ses méthodes au fur et à mesure que de nouvelles données et connaissances deviennent disponibles.

10.3.6 Cartes de Chaleur pour les Matrices de Corrélation

La carte de chaleur est un outil graphique incroyable qui peut nous aider à comprendre la relation entre plusieurs variables. Nous pouvons l'utiliser pour afficher les données dans un format codé par couleurs afin d'identifier des motifs et des tendances. Python fournit de nombreuses bibliothèques qui peuvent nous aider à créer des cartes de chaleur étonnamment belles et informatives, comme Seaborn.

Avec Seaborn, nous pouvons personnaliser le schéma de couleurs, les annotations et d'autres paramètres pour obtenir le résultat souhaité. De plus, nous pouvons également utiliser des cartes de chaleur interactives qui nous permettent de zoomer, de survoler et de cliquer sur les cellules pour obtenir plus d'informations. En explorant les cartes de chaleur, nous pouvons obtenir des informations précieuses sur les données et prendre des décisions éclairées basées sur les résultats.

Voici un exemple :

```python
import seaborn as sns
import matplotlib.pyplot as plt
import pandas as pd
import numpy as np

# Generate some random data
np.random.seed(42)
data = {'Feature1': np.random.randn(100),
        'Feature2': np.random.randn(100),
        'Feature3': np.random.randn(100),
        'Feature4': np.random.randn(100)}
df = pd.DataFrame(data)

# Compute the correlation matrix
corr = df.corr()

# Draw the heatmap
sns.heatmap(corr, annot=True, cmap='coolwarm')
plt.show()
```

Dans cette carte de chaleur, chaque carré montre la corrélation entre deux caractéristiques. Une valeur proche de 1 implique une forte corrélation positive : lorsqu'une caractéristique augmente, l'autre caractéristique a tendance à augmenter également. Une valeur proche de -1 implique une forte corrélation négative : lorsqu'une caractéristique augmente, l'autre caractéristique a tendance à diminuer.

10.3.7 Exemple utilisant l'Analyse de Régression Multiple

L'analyse multivariée est une technique statistique puissante qui permet aux chercheurs d'explorer les relations complexes entre plusieurs variables. Un exemple en est la régression multiple, qui est particulièrement utile lorsqu'on tente de comprendre comment deux variables indépendantes ou plus sont liées à une unique variable dépendante.

En analysant l'impact de chaque variable indépendante sur le résultat, nous pouvons obtenir une compréhension plus approfondie des facteurs sous-jacents qui influencent la variable dépendante. Grâce à cette méthode, les chercheurs peuvent générer des connaissances plus nuancées sur les phénomènes du monde réel, tels que le comportement des consommateurs, les tendances économiques et les dynamiques sociales, entre autres.

En définitive, la capacité à réaliser des analyses multivariées est un outil précieux dans l'arsenal de tout chercheur, car elle nous permet d'obtenir des conclusions plus précises à partir d'ensembles de données complexes et de développer des solutions plus efficaces pour les problèmes du monde réel.

Exemple :

```python
import statsmodels.api as sm

# Generating some example data
np.random.seed(42)
X = np.random.randn(100, 3)  # 3 features
y = 2 * X[:, 0] + 1.5 * X[:, 1] + 0.7 * X[:, 2] + np.random.randn(100)  # dependent
variable

# Fitting multiple linear regression
X_with_const = sm.add_constant(X)
model = sm.OLS(y, X_with_const).fit()

# Summary of regression, including both univariate and multivariate statistics
print(model.summary())
```

10.3.8 Points de Précaution

1. **Surapprentissage** : Inclure trop de variables peut rendre votre modèle trop complexe, ce qui pourrait faire qu'il fonctionne bien sur les données d'entraînement mais mal sur des données nouvelles et non vues. Une façon d'aborder le surapprentissage est par l'utilisation de techniques de régularisation telles que la régularisation L1 ou L2, qui peuvent aider à réduire l'impact des variables moins importantes et prévenir le surapprentissage. Une autre approche consiste à utiliser la validation croisée pour évaluer la performance de votre modèle sur de nouvelles données.

2. **Multicolinéarité** : Cela se produit lorsque les variables indépendantes sont fortement corrélées entre elles, ce qui rend difficile l'isolement de l'effet de chaque variable. Vous pouvez utiliser des techniques telles que le Facteur d'Inflation de la Variance (VIF) pour détecter la multicolinéarité. Une fois la multicolinéarité identifiée, vous pouvez envisager d'éliminer une ou plusieurs des variables fortement corrélées de votre modèle. Alternativement, vous pouvez utiliser des techniques comme l'analyse en composantes principales (ACP) pour réduire la dimensionnalité de votre ensemble de données et traiter la multicolinéarité.

10.3.9 Autres Techniques de Réduction de Dimensionnalité

En plus de l'ACP, il existe d'autres techniques de réduction de dimensionnalité qui sont utiles dans l'analyse multivariée :

1. **t-SNE (t-Distributed Stochastic Neighbor Embedding)** : Cet algorithme est un outil puissant pour visualiser des données de haute dimensionnalité. Il fonctionne en cartographiant les données dans un espace de plus faible dimensionnalité où elles peuvent être facilement visualisées et analysées. t-SNE est particulièrement utile lorsqu'on traite des ensembles de données complexes qui ne peuvent pas être facilement compris en utilisant des techniques de visualisation traditionnelles.

2. **UMAP (Uniform Manifold Approximation and Projection)** : Semblable à t-SNE, UMAP est une autre manière efficace de réduire la dimensionnalité de données de haute dimensionnalité. Il fonctionne en projetant les données dans un espace de plus faible dimensionnalité tout en préservant la structure topologique des données originales. Cela en fait un choix populaire pour la visualisation de données, en particulier dans les cas où les données sont trop complexes pour être facilement visualisées en utilisant des techniques traditionnelles.

Voici comment vous pourriez appliquer t-SNE en utilisant la bibliothèque scikit-learn :

```
from sklearn.manifold import TSNE
X_embedded = TSNE(n_components=2).fit_transform(X)
```

Et pour UMAP, vous pouvez utiliser la bibliothèque **umap-learn** de la manière suivante :

```
import umap
reducer = umap.UMAP()
X_embedded = reducer.fit_transform(X)
```

Exercices Pratiques Chapitre 10

Les exercices pratiques sont une excellente manière de consolider votre compréhension des concepts. Voici quelques exercices centrés sur l'analyse exploratoire visuelle des données, accompagnés de leurs solutions.

Exercice 1 : Analyse Univariée avec Histogrammes

Tâche : Étant donné un ensemble de données de notes d'examen pour des étudiants, tracez un histogramme pour comprendre la distribution des notes.

```python
# Sample data: Exam scores of 50 students
exam_scores = [55, 80, 74, 61, 90, 85, 68, 95, 60, 66, 70, 99, 53, 79, 62, 89, 75, 69,
94, 71, 83, 88, 57, 45, 73, 91, 76, 84, 64, 58, 98, 63, 78, 92, 82, 77, 72, 65, 59,
86, 87, 67, 46, 93, 81, 97, 54, 50, 96, 100]

# Your code here
```

Solution

```python
import matplotlib.pyplot as plt

plt.hist(exam_scores, bins=10, color='blue', edgecolor='black')
plt.xlabel('Exam Scores')
plt.ylabel('Frequency')
plt.title('Distribution of Exam Scores')
plt.show()
```

Exercice 2 : Analyse Bivariée avec Graphique de Dispersion

Tâche : Créez un graphique de dispersion pour visualiser la relation entre les tailles et les poids d'un groupe d'individus.

```python
# Sample data: Heights and weights of 10 individuals
heights = [160, 165, 170, 175, 180, 185, 190, 195, 200, 205]
weights = [55, 60, 65, 70, 75, 80, 85, 90, 95, 100]

# Your code here
```

Solution

```python
plt.scatter(heights, weights, c='red', marker='o')
plt.xlabel('Heights (cm)')
plt.ylabel('Weights (kg)')
plt.title('Relationship between Heights and Weights')
plt.show()
```

Exercice 3 : Analyse Multivariée en utilisant une Carte de Chaleur

Tâche : Étant donné un ensemble de données avec plusieurs caractéristiques, créez une carte de chaleur pour visualiser les corrélations entre ces caractéristiques.

```python
# Sample data: Randomly generated for 4 features
import numpy as np
import pandas as pd
import seaborn as sns

np.random.seed(42)
data = {'Feature1': np.random.randn(100),
        'Feature2': np.random.randn(100),
        'Feature3': np.random.randn(100),
        'Feature4': np.random.randn(100)}
df = pd.DataFrame(data)

# Your code here
```

Solution

```python
corr = df.corr()
sns.heatmap(corr, annot=True, cmap='coolwarm')
plt.show()
```

Conclusion du Chapitre 10

Dans ce chapitre complet, nous nous sommes lancés dans un voyage enrichissant à travers le monde de l'Analyse Exploratoire Visuelle des Données (EDA), en abordant des concepts pivots qui constituent la pierre angulaire de l'analyse de données et de la visualisation. Nous avons commencé par éplucher les couches de l'Analyse Univariée, en disséquant l'importance des visualisations à une seule variable telles que les histogrammes et les graphiques à barres. Ces représentations graphiques servent de premières étapes dans le processus d'EDA, nous fournissant une compréhension générale des attributs individuels.

De là, nous avons progressé vers l'Analyse Bivariée, un ensemble d'outils essentiels pour identifier et comprendre les relations ou les motifs entre deux variables. À travers les graphiques de dispersion, les graphiques de lignes et les graphiques de surface, nous avons exploré comment deux variables interagissent entre elles, une facette critique pour prendre des décisions éclairées dans les applications du monde réel. Comprendre l'interaction entre les variables ouvre souvent les portes à des idées convaincantes, démêlant les complexités cachées dans nos données.

Notre voyage ne s'est pas arrêté là ; nous nous sommes aventurés dans le monde de l'Analyse Multivariée, en affrontant les défis posés par le traitement de multiples variables. Nous avons couvert comment les cartes de chaleur et les graphiques de paires aident à visualiser les relations complexes entre plusieurs variables simultanément. Ce type de visualisation vous aide à donner un sens aux données multidimensionnelles, qui sont l'essence même des problèmes de big data.

Les exercices pratiques inclus dans ce chapitre ont été conçus pour renforcer votre expérience pratique et mettre au défi votre compréhension des concepts discutés. En participant à ces exercices, vous auriez acquis les compétences nécessaires pour employer différents types d'analyses pour différents types de données. L'EDA visuelle ne fait pas qu'effleurer la surface ; elle approfondit les données, en extrayant des idées et des motifs qui sont souvent perdus avec uniquement des statistiques numériques. C'est un art autant qu'une science : un moyen de raconter des histoires avec les données, les rendant plus interprétables et accessibles pour la prise de décision.

En clôturant ce chapitre, il est essentiel de se rappeler que l'EDA visuelle n'est pas une fin en soi, mais un moyen pour parvenir à une fin. Elle fournit les fondations pour la manipulation ultérieure des données, l'ingénierie des caractéristiques et, en fin de compte, la construction de modèles, que nous explorerons dans les prochains chapitres. Les outils et techniques couverts ici vous serviront bien tandis que vous poursuivez votre voyage à travers le paysage fascinant de la science des données.

Les compétences et les connaissances que vous avez acquises dans ce chapitre sont plus que des concepts théoriques ; ce sont des outils pratiques qui peuvent aider à résoudre des problèmes du monde réel. Continuez à pratiquer, continuez à explorer et, surtout, continuez à visualiser, car une image vaut mille nombres.

Quiz pour la Partie IV : Analyse Exploratoire des Données (EDA)

1. Qu'est-ce que l'Analyse Exploratoire des Données (EDA) ?

   a) Une technique statistique pour faire des prédictions

   b) Un processus initial pour résumer les principales caractéristiques des données

   c) Le processus de mise en production de modèles d'apprentissage automatique

   d) L'acte de collecter des données

2. Dans l'Analyse Univariée, combien de variables sont généralement analysées à la fois ?

   a) Deux

   b) Trois

   c) Une

   d) Plusieurs

3. Qu'utilise-t-on couramment pour l'Analyse Bivariée ?

   a) Graphique de dispersion

   b) Carte de chaleur

   c) Graphique de paires

   d) Graphique linéaire

4. Qu'implique l'Analyse Multivariée ?

   a) Analyser une seule variable

   b) Analyser deux variables

   c) Analyser plus de deux variables

   d) Aucune des réponses ci-dessus

5. Qu'est-ce que le Nettoyage des Données ?

a) Modifier les données pour une meilleure visualisation

b) Supprimer ou imputer les valeurs manquantes, gérer les valeurs aberrantes, etc.

c) Extraire des caractéristiques à partir de données existantes

d) Transformer les données dans un autre format

6. Qu'est-ce que l'Ingénierie des Caractéristiques ?

a) Le processus de sélection uniquement des variables les plus importantes

b) L'acte de créer de nouvelles caractéristiques à partir des existantes pour améliorer la performance d'un modèle

c) Le processus d'élimination des caractéristiques redondantes

d) À la fois a et c

7. Laquelle des suivantes est une technique de Transformation des Données ?

a) Normalisation

b) Encodage d'Étiquettes

c) Encodage One-Hot

d) Toutes les réponses ci-dessus

8. Que représente une Carte de Chaleur dans l'Analyse Multivariée ?

a) Corrélations entre deux variables

b) Corrélations entre plusieurs variables

c) Distributions d'une seule variable

d) Aucune des réponses ci-dessus

9. Pourquoi la Statistique Descriptive est-elle importante dans l'EDA ?

a) Elle aide à comprendre la distribution des données

b) Elle aide à identifier les valeurs aberrantes

c) Elle aide à faire des inférences sur les données

d) Toutes les réponses ci-dessus

10. Laquelle des suivantes peut être considérée comme une étape de prétraitement ?

a) Nettoyage des données

b) Ingénierie des caractéristiques

c) Transformation des données

d) Toutes les réponses ci-dessus

Réponses :

1. b
2. c
3. a
4. c
5. b
6. b
7. d
8. b
9. d
10. d

Projet 1 : Analyse des Avis Clients

Projet 1 : Analyse des Avis Clients

Félicitations pour avoir terminé la Partie IV de ce livre ! Vous devriez être fier de maîtriser les bases de Python pour l'Analyse de Données, les subtilités de NumPy, la puissance de manipulation de données de Pandas et les capacités de visualisation de Matplotlib et Seaborn. Ces compétences sont essentielles pour tout data scientist et vous seront utiles dans vos futurs projets.

Maintenant, il est temps de faire passer vos compétences au niveau supérieur avec un projet de science des données du monde réel. Dans ce projet pratique, nous explorerons le monde fascinant des avis clients. Les avis sont une mine d'informations tant pour les consommateurs que pour les entreprises. Ils fournissent aux consommateurs des informations précieuses sur la qualité des produits et services, tandis que pour les entreprises, ils offrent des retours critiques pour des améliorations et des perfectionnements. En analysant ces données, nous pouvons obtenir des insights profonds sur le comportement des clients, la qualité des produits et l'efficacité globale du service.

En nous lançant dans ce projet, ne soyez pas intimidé ! Nous vous guiderons à chaque étape du processus, de la collecte de données à l'analyse et à la visualisation. À la fin de ce projet, vous aurez une compréhension plus approfondie de la science des données et de la manière dont elle peut être appliquée aux problèmes du monde réel. Alors préparez-vous à retrousser vos manches et à plonger dans le monde passionnant des avis clients. Êtes-vous enthousiaste ? Nous aussi !

1.1 Collecte de Données

Avant de commencer la phase d'analyse de notre projet de science des données, il est impératif de rassembler d'abord nos matériaux bruts qui, dans ce cas, sont des données. Les données sont la pierre angulaire de tout projet de science des données et peuvent être obtenues à partir de diverses sources selon les exigences du projet.

Cependant, pour ce projet spécifique, nous devrons extraire les avis clients du site web d'un détaillant en ligne. Il est important de noter que l'extraction de données web peut ne pas être autorisée par les conditions d'utilisation de certains sites web, il est donc crucial de vous assurer d'être au courant de ces conditions avant de procéder au processus de collecte de données.

De plus, il convient de mentionner que le processus d'extraction de données web peut nécessiter des outils et techniques spécialisés qui dépassent le cadre de ce document. Par conséquent, il est recommandé de faire des recherches et de vous familiariser avec les outils et techniques nécessaires avant de poursuivre le processus de collecte de données.

1.1.1 Extraction de Données avec BeautifulSoup

Voici un script Python simple utilisant le package BeautifulSoup pour extraire les avis clients d'une page web hypothétique :

```python
# Import necessary libraries
from bs4 import BeautifulSoup
import requests

# Define the URL for the product's reviews page
url = '<https://www.example.com/product-reviews>'

# Send an HTTP request to fetch the raw HTML content
response = requests.get(url)

# Parse the HTML content
soup = BeautifulSoup(response.text, 'html.parser')

# Extract reviews
reviews = []

for review in soup.find_all('div', {'class': 'review-text'}):
    reviews.append(review.text)

# Display the first 5 reviews
print(reviews[:5])
```

N'oubliez pas de remplacer **https://www.exemple.com/avis-produit** par l'URL réelle à partir de laquelle vous souhaitez extraire des avis.

1.1.2 Utilisation des API

De nombreuses plateformes offrent des API qui vous permettent de collecter des données de manière plus structurée et fiable. Voici un exemple de code pour obtenir des avis à partir d'une API hypothétique.

```python
# Import necessary libraries
import requests
import json

# Define the API endpoint and parameters
api_url = '<https://api.example.com/reviews>'
params = {
    'product_id': '12345',
    'count': 100,
```

```
}

# Fetch data from API
response = requests.get(api_url, params=params)
data = json.loads(response.text)

# Extract and display the first 5 reviews
reviews = [review['text'] for review in data['reviews']]
print(reviews[:5])
```

Dans l'exemple ci-dessus, nous avons utilisé la bibliothèque **requests** pour effectuer un appel à l'API, puis nous avons analysé la réponse JSON pour extraire les avis.

C'est tout pour notre premier sujet dans ce projet ! Les prochaines sections vous guideront à travers le nettoyage, l'analyse et la visualisation de ces données. Mais pour l'instant, il est essentiel de se familiariser avec la collecte de données, car c'est la fondation de tout ce qui suit. Prenez votre temps pour explorer différentes sources et méthodes, et lorsque vous serez prêt, nous serons là pour vous guider dans le reste de ce voyage fascinant.

1.2 : Nettoyage des Données

Félicitations pour avoir terminé la première étape de votre parcours en science des données ! Collecter des données brutes est une tâche cruciale et souvent difficile, mais ce n'est que le début. Vous êtes maintenant prêt pour l'étape cruciale suivante qui déterminera la qualité et la fiabilité de vos résultats : le Nettoyage des Données.

Dans le monde réel, les données sont souvent désordonnées et peuvent contenir des doublons, des valeurs manquantes ou des valeurs aberrantes qui peuvent affecter considérablement votre analyse. Cependant, grâce à un nettoyage approprié des données, vous pouvez résoudre ces problèmes et garantir la qualité de vos résultats.

Pour commencer le processus de nettoyage des données, vous devez comprendre la structure de vos données et identifier tout problème potentiel. Cela peut impliquer la suppression de doublons, le comblement de valeurs manquantes ou même l'élimination de valeurs aberrantes qui pourraient biaiser votre analyse.

Une fois que vous avez nettoyé vos données, vous pouvez passer aux étapes suivantes de votre parcours en science des données, comme l'analyse exploratoire des données ou l'apprentissage automatique. N'oubliez pas, le nettoyage des données est une étape critique qui peut affecter la validité de vos résultats, alors prenez votre temps et faites-le correctement.

Alors retroussons nos manches, prenez une tasse de café et commençons la tâche passionnante et gratifiante de nettoyer les données !

1.2.1 Suppression des Doublons

Tout d'abord, nous devons nous occuper des entrées en double. Les avis en double peuvent biaiser considérablement votre analyse, faisant paraître un produit ou un service meilleur ou pire qu'il ne l'est réellement. L'une des raisons pour lesquelles les doublons peuvent poser problème est qu'ils peuvent être difficiles à détecter. Parfois, les évaluateurs utiliseront différents noms d'utilisateur ou adresses e-mail, ou même créeront plusieurs comptes pour laisser plus d'un avis.

Cela signifie que vous devrez peut-être examiner de nombreux avis, en recherchant des similitudes dans le langage ou le ton. Cependant, une fois que vous avez identifié des doublons, vous devrez décider comment les gérer. Une option consiste simplement à supprimer tous les doublons sauf un, en ne gardant que l'avis le plus informatif ou le mieux rédigé.

Une autre option est de conserver tous les avis, mais d'attribuer un poids moindre aux doublons, afin qu'ils aient moins d'impact sur votre analyse globale. En fin de compte, le choix dépendra des détails de votre analyse et de la nature des doublons que vous avez trouvés.

Voici comment vous pouvez supprimer les avis en double en utilisant Pandas :

```python
import pandas as pd

# Let's assume 'reviews' is a Pandas DataFrame containing your scraped reviews
# Each row corresponds to a review, and it has a column called 'review_text'

# Remove duplicate reviews
reviews.drop_duplicates(subset=['review_text'], inplace=True)

# Display the first few rows to verify duplicates are removed
print(reviews.head())
```

1.2.2 Gestion des Valeurs Manquantes

Les avis peuvent parfois être incomplets, ce qui peut compliquer votre analyse.

Voyons comment gérer ces valeurs manquantes :

```python
# Check for missing values in all columns
print(reviews.isnull().sum())

# Drop rows where the 'review_text' column is missing
reviews.dropna(subset=['review_text'], inplace=True)
```

1.2.3 Prétraitement du Texte

Pour les données textuelles comme les avis clients, vous devez souvent prétraiter le texte pour le rendre approprié à l'analyse. Cela implique généralement de convertir le texte en minuscules, de supprimer les caractères spéciaux et d'appliquer une lemmatisation ou une racinisation au texte.

```python
import re
from nltk.stem import PorterStemmer

stemmer = PorterStemmer()

def preprocess_text(text):
    text = text.lower()  # Lowercasing
    text = re.sub(r'[^\\w\\s]', '', text)  # Remove special characters
    text = ' '.join([stemmer.stem(word) for word in text.split()])  # Stemming
    return text

# Apply the function to the 'review_text' column
reviews['cleaned_review_text'] = reviews['review_text'].apply(preprocess_text)
```

1.2.4 Valeurs aberrantes et anomalies

Enfin, considérons les colonnes numériques comme les notes des avis. Parfois, vous rencontrerez des anomalies ou des valeurs aberrantes qui peuvent fausser votre analyse.

```python
# Let's assume you have a 'rating' column containing numerical ratings

# Display basic statistics
print(reviews['rating'].describe())

# Remove rows where rating is above 5 or below 1 (assuming it's a 1-5 scale)
reviews = reviews[(reviews['rating'] >= 1) & (reviews['rating'] <= 5)]
```

Félicitations pour avoir terminé la section de Nettoyage des Données ! Ce n'est peut-être pas la partie la plus glamour de la science des données, mais c'est sans aucun doute l'une des étapes les plus cruciales. Avec votre ensemble de données nettoyé en main, vous êtes maintenant prêt à explorer et à découvrir des informations qui étaient cachées il y a à peine un instant.

Alors, comment cela s'est-il passé ? Avez-vous rencontré des défis ? N'hésitez pas à revenir en arrière et à réviser. Le nettoyage des données est un processus itératif, et chaque passage rend votre ensemble de données, et votre future analyse, un peu meilleur. Rendez-vous à la prochaine étape de ce voyage, la Visualisation des Données.

1.3 : Visualisation des Données

Maintenant que vous avez nettoyé votre ensemble de données, vous êtes prêt à le faire briller, littéralement, avec quelques visualisations splendides. Cette étape est plus qu'un simple relooking cosmétique ; c'est là que vos données commencent à révéler leurs informations cachées. Avec les bons graphiques et visualisations, vous pouvez raconter une histoire convaincante qui peut influencer les décisions commerciales, la satisfaction client et même le développement de produits.

La beauté de la visualisation des données est qu'elle vous aide à voir les motifs, tendances et valeurs aberrantes dans votre ensemble de données qui seraient autrement invisibles. En créant des visualisations significatives, vous pouvez mieux comprendre les relations entre les variables et identifier de nouvelles opportunités et risques. Vous pouvez également communiquer vos découvertes plus efficacement à vos collègues, clients et parties prenantes, ce qui facilite l'obtention de soutien pour vos propositions.

De plus, les visualisations peuvent vous aider à identifier les domaines où vos données sont incomplètes ou inexactes. En visualisant vos données, vous pouvez rapidement repérer les lacunes ou anomalies qui doivent être traitées, et vous pouvez utiliser ces informations pour améliorer la qualité de vos données. Cela, à son tour, peut conduire à une prise de décision améliorée et à des prédictions plus précises.

En résumé, la visualisation des données est une étape essentielle dans le processus d'analyse de données, et elle peut avoir un impact significatif sur le succès de votre projet. En créant des visualisations convaincantes, vous pouvez transformer vos données en informations exploitables qui stimulent la croissance et l'innovation commerciale.

1.3.1 Distribution des Notes

Commençons par visualiser la distribution des notes des clients. Cela peut fournir une idée générale de la qualité du produit ou du service.

```
import matplotlib.pyplot as plt
import seaborn as sns

# Plotting the distribution of ratings
sns.countplot(x='rating', data=reviews)
plt.title('Distribution of Ratings')
plt.xlabel('Rating')
plt.ylabel('Number of Reviews')
plt.show()
```

1.3.2 Nuage de Mots pour les Avis

Les nuages de mots peuvent offrir une façon amusante et rapide de découvrir les termes les plus fréquents dans vos données textuelles.

```
from wordcloud import WordCloud

# Create a WordCloud object
wordcloud                =                WordCloud(background_color='white').generate('
'.join(reviews['cleaned_review_text']))

# Display the word cloud
```

```python
plt.figure(figsize=(10, 10))
plt.imshow(wordcloud, interpolation='bilinear')
plt.axis("off")
plt.title("Most Frequent Words in Reviews")
plt.show()
```

1.3.3 Analyse de Sentiment

Créons maintenant une visualisation basée sur l'analyse de sentiment. Cela peut nous fournir une compréhension du ton général des avis.

Tout d'abord, nous devons catégoriser chaque avis comme 'Positif', 'Neutre' ou 'Négatif'. Voici une façon simple de le faire en se basant sur les notes :

```python
def categorize_sentiment(rating):
    if rating >= 4:
        return 'Positive'
    elif rating == 3:
        return 'Neutral'
    else:
        return 'Negative'

reviews['sentiment'] = reviews['rating'].apply(categorize_sentiment)

# Plotting sentiment distribution
sns.countplot(x='sentiment', data=reviews, order=['Positive', 'Neutral', 'Negative'])
plt.title('Distribution of Sentiments')
plt.xlabel('Sentiment')
plt.ylabel('Number of Reviews')
plt.show()
```

1.3.4 Analyse de Séries Temporelles

Si vous disposez de données d'horodatage pour chaque avis, vous pourriez également effectuer une analyse de séries temporelles pour observer les tendances ou motifs au fil du temps.

```python
# Convert the timestamp column to datetime format (assuming the column name is
'timestamp')
reviews['timestamp'] = pd.to_datetime(reviews['timestamp'])

# Resample the data to monthly counts and plot
monthly_reviews = reviews.resample('M', on='timestamp').size()
monthly_reviews.plot(title='Number of Reviews Over Time')
plt.xlabel('Time')
plt.ylabel('Number of Reviews')
plt.show()
```

À ce stade, vos données ne sont pas seulement propres, elles resplendissent d'informations visuelles ! C'est le moment de marquer une pause et de tout assimiler. Que vous disent ces visualisations ? Les clients sont-ils majoritairement satisfaits ou insatisfaits ? Y a-t-il certains mots ou sentiments qui se démarquent ? Y a-t-il une tendance qui nécessite de l'attention ?

Dans le monde des données, une image vaut plus que mille feuilles de calcul. Vos visualisations servent de lentille à travers laquelle les parties prenantes peuvent voir et comprendre les données collectées, alors soyez fier de votre travail. Ensuite, nous approfondirons l'analyse. À bientôt !

1.4 : Analyse de Sentiment de Base

À ce stade de votre parcours d'analyse de données, vous êtes déjà passé par les étapes cruciales de collecte et de nettoyage de vos données, ainsi que de création de visualisations perspicaces pour vous aider à mieux comprendre les motifs et tendances.

Cependant, il reste encore une étape importante avant de pouvoir tirer des conclusions significatives de vos données : l'analyse de sentiment. Cette étape finale est particulièrement importante car elle vous permet de découvrir le ton émotionnel caché dans les avis et commentaires que vous avez collectés. En appliquant des techniques d'analyse de sentiment, vous pouvez classer efficacement les avis comme positifs, neutres ou négatifs en vous basant uniquement sur leur contenu textuel.

Cela vous aidera non seulement à obtenir une compréhension plus approfondie de vos données, mais vous permettra également de prendre des décisions plus éclairées et d'entreprendre des actions pertinentes en fonction des informations que vous avez découvertes. Alors, plongez dans le monde passionnant de l'analyse de sentiment et apprenez comment libérer tout le potentiel de vos données !

1.4.1 TextBlob pour l'Analyse de Sentiment

Pour cet exemple, utilisons la bibliothèque TextBlob, qui est excellente pour les débutants. Elle nous donnera deux propriétés : polarité et subjectivité pour chaque avis.

Tout d'abord, assurez-vous d'installer TextBlob :

```
pip install textblob
```

Ensuite, procédez à l'analyse :

```
from textblob import TextBlob

# Function to apply sentiment analysis
def analyze_sentiment(text):
    analysis = TextBlob(text)
    if analysis.sentiment.polarity > 0:
        return 'Positive'
    elif analysis.sentiment.polarity == 0:
```

```
        return 'Neutral'
    else:
        return 'Negative'

reviews['text_blob_sentiment']                                          =
reviews['cleaned_review_text'].apply(analyze_sentiment)

# Display some reviews and their sentiment
print(reviews[['cleaned_review_text', 'text_blob_sentiment']].head())
```

1.4.2 Visualisation des Résultats de TextBlob

Maintenant, visualisons la distribution des sentiments selon l'analyse de TextBlob.

```
sns.countplot(x='text_blob_sentiment', data=reviews, order=['Positive', 'Neutral',
'Negative'])
plt.title('Distribution of Sentiments - TextBlob')
plt.xlabel('Sentiment')
plt.ylabel('Number of Reviews')
plt.show()
```

1.4.3 Comparaison des Sentiments de TextBlob avec les Notes

Il pourrait être intéressant de comparer les résultats de l'analyse de sentiment de TextBlob avec les sentiments que nous avons catégorisés en nous basant sur les notes.

```
# Creating a crosstab
sentiment_comparison              =              pd.crosstab(reviews['sentiment'],
reviews['text_blob_sentiment'])
print(sentiment_comparison)
```

Cela vous aidera à évaluer dans quelle mesure l'analyse de sentiment de TextBlob s'aligne avec les notes réelles données par les utilisateurs.

Et voilà ! Vous avez parcouru avec succès tout le parcours, de la collecte de données à l'analyse de sentiment, dans le Projet 1. Réfléchissez à ce que vous avez appris. Le sentiment est-il généralement positif, négatif ou neutre ? Comment ces données de sentiment corroborent-elles ou contredisent-elles les notes numériques ou vos visualisations précédentes ?

Rappelez-vous, l'analyse de données consiste autant à poser les bonnes questions qu'à trouver des réponses. Vos nouvelles compétences en Python, pandas, matplotlib, seaborn et TextBlob vous ont préparé à poursuivre votre parcours en science des données avec confiance.

À bientôt dans le prochain chapitre, cher lecteur. D'ici là, que vos données soient toujours propres et vos graphiques toujours perspicaces !

Partie V : Fondements Statistiques

Chapitre 11 : Théorie des probabilités

Salutations, cher lecteur ! Félicitations pour votre incursion impressionnante dans le monde fascinant de la manipulation et de l'exploration des données ! Vous avez même terminé un projet complet sur les avis clients, très bien fait ! Mais il est maintenant temps d'amener votre parcours en science des données au niveau supérieur avec la théorie des probabilités. Ce cadre mathématique essentiel nous permet de comprendre et de quantifier l'incertitude, servant essentiellement de sauce secrète qui assaisonne le monde des données.

Vous vous demandez peut-être pourquoi la théorie des probabilités est un composant si crucial de la science des données. Pour le dire simplement, elle constitue la base fondamentale sur laquelle reposent la modélisation prédictive, l'apprentissage automatique et l'inférence statistique. C'est l'outil que nous utilisons pour donner du sens au hasard, prédire les événements futurs et même sélectionner la série Netflix la plus convaincante à regarder ensuite. En résumé, la théorie des probabilités est une partie indispensable de l'arsenal de tout scientifique des données.

Alors, sans plus tarder, plongeons dans les subtilités de la théorie des probabilités et explorons ses nombreuses utilisations dans le monde passionnant de la science des données. À la fin de ce voyage, vous serez bien équipé pour appliquer ces concepts à vos propres projets et analyses, et vous aurez une plus grande appréciation du rôle essentiel que joue la théorie des probabilités dans le domaine de la science des données.

11.1 Concepts de base

Lorsque nous commençons à explorer le concept de probabilité, nous pouvons nous demander ce qu'il signifie réellement. Essentiellement, la probabilité est une façon de quantifier les chances qu'un résultat particulier se produise dans une situation où il existe un certain degré d'incertitude. En attribuant une valeur numérique à la probabilité d'un événement donné, nous pouvons nous doter d'un outil puissant pour prendre des décisions éclairées, analyser des données et faire des projections sur l'avenir.

Cela peut être particulièrement utile dans une variété de contextes, comme dans les affaires, la finance ou même dans nos vies personnelles lorsque nous sommes confrontés à des décisions difficiles ou à des situations complexes. En comprenant la probabilité, nous pouvons mieux nous équiper pour naviguer dans le monde qui nous entoure et prendre des décisions éclairées basées sur les meilleures connaissances et preuves disponibles.

Pour mieux comprendre ces concepts, il est important d'approfondir chacun d'entre eux. Nous explorerons chaque terme clé plus en détail :

1. **Expérience** : Une expérience est toute procédure qui a la capacité de produire un ensemble de résultats bien définis. Cela peut inclure une grande variété d'activités, comme lancer un dé, lancer une pièce ou mener une étude scientifique. En réalisant une expérience, nous pouvons obtenir des connaissances précieuses sur le monde qui nous entoure et en apprendre davantage sur les processus sous-jacents qui régissent nos expériences.

2. **Espace d'échantillonnage** : L'espace d'échantillonnage est l'ensemble de tous les résultats possibles qui peuvent résulter d'une expérience. Par exemple, si nous lançons un dé, l'espace d'échantillonnage serait {1, 2, 3, 4, 5, 6}. Comprendre l'espace d'échantillonnage est crucial pour analyser les résultats de toute expérience, car il fournit un cadre pour catégoriser et évaluer les différents résultats possibles.

3. **Événement** : Un événement est tout sous-ensemble de résultats qui peut se produire dans l'espace d'échantillonnage. Par exemple, si nous lançons un dé, un événement pourrait être de lancer un nombre impair, ce qui correspond au sous-ensemble {1, 3, 5}. En identifiant différents événements dans l'espace d'échantillonnage, nous pouvons obtenir une compréhension plus nuancée de la probabilité que différents résultats se produisent.

11.1.1 Probabilité d'un événement

La probabilité qu'un événement A se produise est définie comme le rapport entre le nombre de résultats favorables et le nombre total de résultats dans l'espace d'échantillonnage :

$P(A)$ = Nombre total de résultats ÷ Nombre de résultats favorables

11.1.2 Exemple en Python : Lancer de dés

Nous allons simuler un simple lancer de dés en Python pour obtenir une meilleure compréhension de la probabilité. Dans cette simulation, nous lancerons un dé standard à six faces 1 000 fois et vérifierons la probabilité qu'un nombre impair sorte.

Pour commencer, nous créerons une fonction qui générera un nombre aléatoire entre un et six, imitant le lancer d'un dé. Ensuite, nous utiliserons une boucle pour lancer le dé 1 000 fois et nous tiendrons un registre du nombre de lancers impairs.

Une fois que nous aurons nos résultats, nous pouvons calculer la probabilité qu'un nombre impair sorte en divisant le nombre de lancers impairs par le nombre total de lancers. Cela nous donnera une estimation de la probabilité qu'un nombre impair sorte.

La simulation de lancers de dés en Python peut être un outil utile pour comprendre la probabilité et peut être appliquée à de nombreuses situations différentes. En ajustant le code et en utilisant différents types de dés, nous pouvons explorer différents scénarios de probabilité et obtenir une compréhension plus approfondie de ce concept important.

Exemple :

```
import random

# Simulate 1000 dice rolls
n_rolls = 1000
odd_rolls = 0

for _ in range(n_rolls):
    roll = random.choice([1, 2, 3, 4, 5, 6])
    if roll % 2 != 0:
        odd_rolls += 1

probability_odd = odd_rolls / n_rolls
print(f"The experimental probability of rolling an odd number is {probability_odd}")
```

Lorsque vous exécutez ce code, vous constaterez peut-être que la probabilité expérimentale est proche de la probabilité théorique de 1/2 ou 0,5, ce qui est ce à quoi vous vous attendriez après un grand nombre d'essais.

Nous espérons que vous avez apprécié l'apprentissage de la probabilité d'une manière pratique et passionnante ! Au fur et à mesure que vous poursuivez votre voyage pour explorer ce sujet fascinant, les sections suivantes s'appuieront sur ces concepts de base et approfondiront des sujets plus avancés.

Il est important de s'assurer d'avoir une compréhension solide de ces concepts fondamentaux avant d'avancer, alors prenez le temps nécessaire pour réviser et pratiquer selon les besoins. En faisant cela, vous serez bien préparé pour affronter les défis futurs et approfondir votre compréhension de la probabilité de manières encore plus significatives. Alors continuez à explorer, continuez à apprendre et, surtout, amusez-vous !

11.1.3 Événements complémentaires

Ce sont des événements qui ne peuvent pas se produire en même temps. En théorie des probabilités, deux événements sont mutuellement exclusifs s'ils ne peuvent pas se produire en même temps. Par exemple, si l'événement **A** est d'obtenir un nombre impair sur un dé, l'événement complémentaire **A'** serait d'obtenir un nombre pair. Il est important de souligner que la somme des probabilités d'événements mutuellement exclusifs est égale à 1. Par conséquent, la probabilité de **A'** peut être calculée comme **P(A') = 1 - P(A)**.

De plus, il convient de mentionner que les événements mutuellement exclusifs ne sont pas la même chose que les événements indépendants. Deux événements sont indépendants si la survenue de l'un n'affecte pas la probabilité de l'autre. Par exemple, l'événement de lancer une pièce et d'obtenir face est indépendant de l'événement de lancer un dé et d'obtenir un nombre pair. Cependant, l'événement de lancer un dé et d'obtenir un nombre impair n'est pas indépendant de l'événement de lancer un dé et d'obtenir un nombre supérieur à 2, car si le dé montre un nombre impair, il ne peut pas montrer un nombre supérieur à 2.

11.1.4 Événements indépendants et dépendants

Deux événements **A** et **B** sont dits indépendants si la survenue de l'un n'affecte pas la survenue de l'autre. Cela signifie que si l'événement **A** se produit, cela ne change pas la probabilité que l'événement **B** se produise, et vice versa. D'autre part, les événements dépendants sont ceux qui affectent les probabilités les uns des autres.

En d'autres termes, la survenue d'un événement affecte la probabilité que l'autre événement se produise. Cela signifie que si l'événement **A** se produit, cela change la probabilité que l'événement **B** se produise, et vice versa. Il est important de comprendre la différence entre les événements indépendants et dépendants car cela peut avoir un impact significatif sur la façon dont vous abordez les problèmes de probabilité et prenez des décisions basées sur eux.

11.1.5 Probabilité conditionnelle

La probabilité conditionnelle est un concept fondamental en théorie des probabilités et en statistique qui décrit la probabilité qu'un événement se produise étant donné qu'un autre événement s'est déjà produit. En d'autres termes, c'est la probabilité qu'un événement se produise à condition qu'un autre événement se soit déjà produit.

Ce type de probabilité est noté *P(A|B)*, qui se lit « la probabilité que l'événement **A** se produise étant donné que l'événement **B** s'est déjà produit ». Il est important de noter que la probabilité conditionnelle est un outil utile dans de nombreux domaines d'étude, notamment la finance, la biologie et l'ingénierie, entre autres.

11.1.6 Exemple en Python : Événements complémentaires

Voici un exemple simple en Python pour illustrer le concept d'événements complémentaires avec le lancer d'un dé.

```python
import random

# Simulate 1000 dice rolls
n_rolls = 1000
even_rolls = 0

for _ in range(n_rolls):
    roll = random.choice([1, 2, 3, 4, 5, 6])
    if roll % 2 == 0:
        even_rolls += 1

probability_even = even_rolls / n_rolls
probability_odd_complement = 1 - probability_even
```

```
print(f"The experimental probability of rolling an even number is {probability_even}")
print(f"The experimental probability of NOT rolling an even number (i.e., rolling an
odd number) is {probability_odd_complement}")
```

Cela vous aidera à vérifier que *P(A) + P(A') = 1*, où *A* est l'obtention d'un nombre impair, et *A'* est l'événement complémentaire d'obtenir un nombre pair.

11.2 : Distributions de Probabilité

Ah, le monde fascinant des distributions de probabilité ! C'est ici que les statistiques prennent véritablement vie. Comprendre la distribution de vos données peut vous donner des aperçus profonds sur la nature de votre ensemble de données et les phénomènes que vous étudiez. Que vous dirigiez une entreprise, meniez des recherches scientifiques ou essayiez simplement de donner un sens au monde, comprendre les distributions de probabilité est une compétence inestimable.

Les distributions de probabilité sont fondamentales pour l'analyse statistique et sont utilisées pour décrire les modèles qui émergent des ensembles de données. En examinant la forme d'une distribution, nous pouvons obtenir des informations sur la tendance centrale, la variabilité et l'asymétrie des données. De plus, les distributions de probabilité peuvent être utilisées pour faire des prédictions sur les événements et résultats futurs.

Il existe de nombreux types différents de distributions de probabilité, chacune avec ses propres caractéristiques et applications uniques. Par exemple, la distribution normale est couramment utilisée pour modéliser de nombreux phénomènes naturels, tels que la taille, le poids et les scores de QI. La distribution de Poisson est utilisée pour décrire des événements qui se produisent aléatoirement dans le temps, comme le nombre de clients qui visitent un magasin à une heure donnée.

Dans l'ensemble, comprendre les distributions de probabilité est essentiel pour quiconque travaille avec des données. En apprenant les différents types de distributions et comment elles peuvent être utilisées, vous pouvez obtenir une compréhension plus profonde du monde qui vous entoure et prendre de meilleures décisions basées sur des connaissances fondées sur les données.

11.2.1 Qu'est-ce qu'une Distribution de Probabilité ?

Une distribution de probabilité est un concept fondamental en statistique qui nous fournit un moyen de décrire comment sont réparties les valeurs d'une variable aléatoire. Cela implique d'examiner les résultats possibles d'un événement et d'attribuer des probabilités à chaque résultat. Ce faisant, nous pouvons déterminer la probabilité que chaque résultat se produise.

Il existe deux types principaux de variables aléatoires : discrètes et continues. Une variable aléatoire discrète ne peut prendre que des valeurs spécifiques et séparées. Par exemple, le nombre de faces qui sortiront lors du lancer d'une pièce est une variable aléatoire discrète, car elle ne peut prendre que les valeurs 0 ou 1. D'autre part, une variable aléatoire continue peut prendre n'importe quelle valeur dans une certaine plage. Un exemple de variable aléatoire continue est la taille d'une personne, car elle peut prendre n'importe quelle valeur dans une certaine plage, comme de 5'0" à 6'0".

11.2.2 Types de Distributions de Probabilité

Les distributions de probabilité sont des fonctions mathématiques qui décrivent la probabilité que différents résultats se produisent dans un événement aléatoire. Dans cette section, nous explorerons cinq types principaux de distributions de probabilité, chacune avec ses caractéristiques uniques.

1. **Distribution Uniforme** : La distribution uniforme est la distribution de probabilité la plus simple, où tous les résultats ont la même probabilité. Par exemple, imaginez un dé équitable à six faces ; chaque face a une probabilité égale de 1/6 de sortir.

2. **Distribution Normale** : Également connue sous le nom de distribution gaussienne, c'est la classique distribution de probabilité en forme de « courbe en cloche ». Dans cette distribution, les valeurs sont plus susceptibles de se produire près de la moyenne, créant une courbe symétrique en forme de cloche. La distribution normale est largement utilisée en statistique et est souvent utilisée pour modéliser des phénomènes du monde réel comme les tailles, les poids et les scores de QI.

3. **Distribution de Poisson** : La distribution de Poisson est une distribution de probabilité qui est utile pour compter les événements qui se produisent aléatoirement dans le temps ou l'espace, comme le nombre d'e-mails que vous recevez en une heure. Elle décrit la probabilité qu'un certain nombre d'événements se produisent dans un intervalle de temps fixe, étant donné le taux moyen d'occurrence.

4. **Distribution Binomiale** : La distribution binomiale concerne le nombre de succès dans un nombre fixe d'essais de Bernoulli indépendants, où chaque essai a la même probabilité de succès. Par exemple, lancer une pièce est un essai de Bernoulli, où la probabilité d'obtenir face est de 0,5. La distribution binomiale est souvent utilisée dans le contrôle qualité et les sondages électoraux.

5. **Distribution Exponentielle** : La distribution exponentielle décrit le temps entre les événements dans un processus de Poisson. Elle est souvent utilisée pour modéliser le temps entre les pannes d'une machine ou le temps entre l'arrivée de clients dans un magasin.

Dans l'ensemble, comprendre ces différents types de distributions de probabilité est essentiel dans divers domaines tels que la finance, l'ingénierie et la science, où les événements aléatoires jouent un rôle significatif dans les processus de prise de décision.

11.2.3 Exemple en Python : Tracer une Distribution Normale

Pour comprendre visuellement les distributions, utilisons les bibliothèques **matplotlib** et **scipy** de Python pour tracer une Distribution Normale.

```python
import matplotlib.pyplot as plt
import numpy as np
from scipy.stats import norm

# Generate data points
x = np.linspace(-5, 5, 1000)

# Create the normal distribution for those points
y = norm.pdf(x, 0, 1)

# Plotting
plt.plot(x, y)
plt.title('Normal Distribution')
plt.xlabel('X-axis')
plt.ylabel('Probability Density')
plt.show()
```

Ce code génère une Distribution Normale centrée autour de 0, avec un écart type de 1. L'axe x représente les résultats possibles, et l'axe y représente leurs probabilités.

11.2.4 Pourquoi les Distributions de Probabilité sont-elles importantes ?

Il est important d'avoir une compréhension approfondie du type de distribution que suivent vos données, car cela peut avoir un impact significatif sur votre approche pour résoudre les problèmes. Par exemple, si vous mesurez des scores de satisfaction client et découvrez qu'ils suivent une distribution normale, vous pourriez vouloir examiner les valeurs aberrantes pour comprendre ce qui motive des niveaux de satisfaction extrêmement élevés ou bas.

En modélisation prédictive, connaître la distribution de vos données peut être extrêmement utile pour guider la sélection d'algorithmes qui s'adaptent le mieux à des distributions particulières. De plus, cette connaissance peut aider dans l'ingénierie des caractéristiques, où vous pourriez avoir besoin de normaliser ou transformer les caractéristiques de vos données pour s'ajuster à une distribution spécifique, ce qui peut finalement améliorer la performance de votre modèle.

En résumé, les distributions de probabilité sont un composant essentiel de la science des données et de la statistique, car elles fournissent une base théorique pour comprendre et prédire les phénomènes du monde réel avec une plus grande précision. Cette compréhension peut vous aider à prendre des décisions éclairées et à extraire des connaissances significatives de vos données, ce qui conduit finalement à de meilleurs résultats.

Maintenant, à ce stade, nous pouvons discuter du concept d'« Asymétrie et Kurtosis », qui sont des mesures qui décrivent la forme d'une distribution. Comprendre ces concepts peut offrir des couches supplémentaires d'information sur vos données.

11.2.5 Asymétrie

L'asymétrie est une mesure statistique qui nous permet de décrire l'asymétrie de la distribution de probabilité d'une variable aléatoire réelle autour de sa moyenne. L'asymétrie est utilisée pour quantifier le degré de déviation de la symétrie horizontale en mesurant la quantité et la direction de l'asymétrie.

Une asymétrie négative se produit lorsque la queue gauche de la distribution est plus longue ou plus épaisse que la queue droite, ce qui indique que la distribution est biaisée vers la gauche. D'autre part, une asymétrie positive se produit lorsque la queue droite de la distribution est plus longue ou plus épaisse que la queue gauche, ce qui indique que la distribution est biaisée vers la droite.

Il convient de noter que l'asymétrie est un outil utile en statistique pour identifier et comprendre la forme des données, ce qui peut fournir des informations précieuses sur les processus sous-jacents qui les ont générées. En résumé, l'asymétrie est un concept qui nous fournit une compréhension plus profonde de la distribution des données en mesurant le degré d'asymétrie dans la distribution.

11.2.6 Kurtosis

Le kurtosis est une mesure statistique qui quantifie le degré d'aplatissement et des queues de la distribution de probabilité d'une variable aléatoire réelle. C'est une mesure du degré auquel une distribution a plus ou moins de « queues » qu'une distribution normale. En d'autres termes, le kurtosis aide à identifier et mesurer la présence de valeurs aberrantes ou extrêmes dans les queues d'une distribution donnée.

Une valeur élevée de kurtosis indique que la distribution a des déviations plus fréquentes et extrêmes de la moyenne qu'une distribution normale, tandis qu'une valeur faible de kurtosis suggère le contraire. Par conséquent, la mesure du kurtosis est un outil important dans le domaine de la statistique et de l'analyse de données, fournissant des informations précieuses sur la nature des données et la distribution sous-jacente.

11.2.7 Exemple en Python : Calcul de l'Asymétrie et du Kurtosis

Ajoutons un exemple en Python utilisant la bibliothèque **scipy.stats** pour calculer l'asymétrie et le kurtosis pour un ensemble de données distribué normalement.

```python
from scipy.stats import kurtosis, skew, norm
import numpy as np

# Generate normally distributed data
data = np.random.normal(0, 1, 1000)
```

```
# Calculate skewness and kurtosis
data_skewness = skew(data)
data_kurtosis = kurtosis(data)

print(f'Skewness of the data: {data_skewness}')
print(f'Kurtosis of the data: {data_kurtosis}')
```

Avoir une compréhension de l'asymétrie et du kurtosis est essentiel lorsqu'on travaille avec des données du monde réel. Ces concepts statistiques permettent une compréhension plus approfondie de la distribution des données qui peut ne pas être évidente à travers de simples visualisations ou des mesures de tendance centrale.

De plus, ces concepts sont cruciaux lors du développement de modèles prédictifs. En analysant l'asymétrie et le kurtosis, vous pouvez identifier le besoin de techniques de transformation des données comme la racine carrée, le logarithme ou des transformations personnalisées. Ces techniques peuvent être appliquées pour améliorer la précision de vos modèles prédictifs et garantir qu'ils reposent sur les données les plus robustes et fiables possibles.

En outre, il est important de noter que l'asymétrie et le kurtosis peuvent également être utilisés dans l'analyse exploratoire des données pour identifier des motifs et des tendances qui peuvent ne pas être apparents initialement. Ce processus implique d'examiner attentivement la distribution de vos données pour découvrir des insights cachés qui peuvent vous aider à prendre des décisions plus éclairées et à obtenir de meilleurs résultats dans vos recherches ou efforts commerciaux.

11.3 : Distributions de Probabilité Spécialisées

11.3.1 Distribution Exponentielle

La distribution Exponentielle est une distribution de probabilité qui est utilisée pour modéliser le temps entre les événements dans un processus ponctuel de Poisson. Ce processus se caractérise par l'occurrence d'événements qui se produisent continuellement et indépendamment à un taux constant, noté par λ. En d'autres termes, la distribution Exponentielle est une distribution de probabilité continue qui décrit la quantité de temps qui s'écoule avant qu'un événement ne se produise dans un processus de Poisson.

Cette distribution est largement utilisée dans divers domaines, notamment l'ingénierie, l'économie et la physique, où elle est utilisée pour modéliser le temps entre les occurrences de certains événements. Par exemple, la distribution Exponentielle peut être utilisée pour modéliser le temps entre les pannes d'un système mécanique, le temps entre les arrivées de clients dans une file d'attente ou le temps entre les événements de désintégration radioactive.

La distribution Exponentielle est un concept fondamental dans la théorie des probabilités et constitue un outil essentiel pour modéliser et analyser une large gamme de phénomènes du monde réel.

Fonction de Densité de Probabilité (PDF) :

$$f(x; \lambda) = \lambda e^{-\lambda x} \, pour \, x \geq 0.$$

Exemple : Temps d'Attente pour l'Arrivée d'un Bus

Disons que vous attendez un bus qui arrive, en moyenne, toutes les 15 minutes. Le taux λ serait alors de 1/15 bus par minute. La probabilité que vous deviez attendre exactement 10 minutes serait :

```
import math

lmbda = 1/15
x = 10

prob = lmbda * math.exp(-lmbda * x)
```

11.3.2 Distribution de Poisson

La distribution de Poisson est un concept statistique qui décrit la probabilité qu'un nombre spécifique d'événements (k) se produise dans un intervalle de temps fixe. Cette distribution de probabilité est utilisée dans un large éventail de domaines, notamment l'ingénierie, la physique et la biologie. Elle est particulièrement utile lors de l'analyse d'événements rares qui se produisent à des intervalles aléatoires, comme le nombre de défauts dans un lot de produits, le nombre d'appels reçus par un centre d'appels dans une heure donnée, ou le nombre d'accidents qui se produisent sur un tronçon de route particulier en un mois.

La distribution de Poisson porte le nom du mathématicien français Siméon Denis Poisson, qui a introduit le concept au début du XIXe siècle. Elle est liée à d'autres distributions de probabilité, telles que les distributions binomiale et normale, et peut être dérivée de celles-ci dans certaines conditions.

Pour calculer la distribution de Poisson, vous devez connaître le taux moyen d'occurrence de l'événement (λ) et l'intervalle de temps spécifique qui vous intéresse. Une fois que vous avez ces valeurs, vous pouvez utiliser la formule de Poisson pour calculer la probabilité que k événements se produisent dans cet intervalle de temps.

En général, la distribution de Poisson est un outil puissant pour comprendre la probabilité que des événements rares se produisent dans une période de temps fixe. En utilisant ce concept, les chercheurs et analystes peuvent prendre des décisions plus éclairées et obtenir une compréhension plus approfondie des phénomènes qu'ils étudient.

Fonction de Masse de Probabilité (PMF) :

$$P(k; \lambda) = \frac{\lambda^k e^{-\lambda}}{k!}$$

Exemple : Automobiles Passant par un Tunnel

Imaginez un tunnel où, en moyenne, 5 voitures passent chaque minute. Quelle est la probabilité qu'exactement 3 voitures passent dans la prochaine minute ?

```
from scipy.stats import poisson

lmbda = 5  # average number of cars per minute
k = 3  # number of occurrences

prob = poisson.pmf(k, lmbda)
```

11.3.3 Distribution Bêta

La distribution Bêta est une famille largement utilisée de distributions de probabilité continues qui est définie sur l'intervalle [0, 1]. Elle est paramétrée par deux paramètres de forme positifs, α et β . La distribution Bêta est une distribution polyvalente qui peut être utilisée pour modéliser une large gamme de phénomènes, notamment les proportions, les rapports de succès et d'échecs, et le comportement de variables aléatoires qui prennent des valeurs dans l'intervalle [0, 1].

Cette distribution est souvent utilisée en statistique bayésienne, où elle sert à modéliser les distributions a priori et a posteriori de probabilités, ainsi qu'en apprentissage automatique, où elle est utilisée dans la construction de modèles probabilistes. De plus, la distribution Bêta possède de nombreuses propriétés intéressantes, comme le fait qu'elle est une distribution conjuguée de la distribution binomiale et qu'elle peut être utilisée pour modéliser le comportement de variables aléatoires qui sont limitées dans l'intervalle [0, 1].

PDF :

$$f(x; \alpha, \beta) = \frac{x^{\alpha-1}(1-x)^{\beta-1}}{B(\alpha, \beta)}$$

Où $B(\alpha, \beta)$ est la fonction bêta.

Exemple : Notes d'Examens

Supposons que les notes d'examens suivent une distribution Bêta avec les paramètres $\alpha = 2$ et $\beta = 5$. Pour trouver la probabilité qu'une note d'examen sélectionnée au hasard se situe entre 0,4 et 0,6 :

```
from scipy.stats import beta

a, b = 2, 5
prob = beta.cdf(0.6, a, b) - beta.cdf(0.4, a, b)
```

11.3.4 Distribution Gamma

La distribution Gamma est une distribution de probabilité polyvalente et utile qui est caractérisée par deux paramètres. Cette distribution est largement utilisée dans divers domaines d'étude, notamment la physique, l'ingénierie, la finance et la biologie.

La distribution Gamma est en réalité une généralisation de deux autres distributions importantes, à savoir les distributions exponentielle et d'Erlang. Elle est utilisée pour modéliser un large éventail de phénomènes, du temps entre les tremblements de terre au temps d'attente entre les appels téléphoniques entrants.

La distribution Gamma est également utile dans l'analyse de fiabilité, où elle est utilisée pour modéliser les données de temps jusqu'à la défaillance. De plus, elle a des applications en analyse bayésienne, où elle est utilisée comme prior conjuguée pour certaines fonctions de vraisemblance. En général, la distribution Gamma est un outil puissant pour analyser des ensembles de données complexes et constitue une partie essentielle de la boîte à outils de tout statisticien.

PDF :

$$f(x; \alpha, \beta) = \frac{\beta^{\alpha} x^{\alpha-1} e^{-\beta x}}{\Gamma(\alpha)}$$

Où $\Gamma(\alpha)$ est la fonction gamma.

Exemple : Temps d'Attente pour un Événement Spécifique

Supposons que vous connaissez le temps d'attente moyen pour un événement rare qui suit une distribution Gamma avec $\alpha = 2$ and $\beta = 1$. En utilisant Python :

```python
from scipy.stats import gamma

alpha, beta = 2, 1
prob = gamma.pdf(x, alpha, scale=1/beta)
```

11.3.5 Distribution Log-Normale

La distribution Log-Normale est une distribution de probabilité qui est utilisée pour modéliser des variables aléatoires continues qui sont asymétriques positivement et qui ont une distribution qui n'est pas normale. Cette distribution est particulièrement utile lorsque le logarithme de la variable suit une distribution normale. Elle est couramment utilisée en finance, en économie et en ingénierie pour modéliser des choses comme les prix des actions, les revenus et la taille des particules dans une solution.

La distribution Log-Normale possède de nombreuses propriétés importantes et peut être utilisée pour faire des prédictions sur la probabilité que certains événements se produisent. De plus, elle peut être utilisée pour calculer des intervalles de confiance et pour effectuer des tests d'hypothèses afin de déterminer si certaines hypothèses sur un ensemble de données sont valides. Dans l'ensemble, la distribution Log-Normale est un outil puissant pour analyser et modéliser des données dans une variété de domaines.

PDF :

$$f(x; \mu, \sigma) = \frac{1}{x\sigma\sqrt{2\pi}} \; e^{-\frac{(ln(x)-\mu)^2}{2\sigma^2}}$$

Exemple : Prix des Actions

Supposons que les prix des actions suivent une distribution log-normale avec $\mu = 0$ et $\sigma = 1$.

```
from scipy.stats import lognorm

mu, sigma = 0, 1
prob = lognorm.pdf(x, sigma, scale=math.exp(mu))
```

11.3.6 Distribution de Weibull

Utilisée dans l'analyse de fiabilité et définie par deux paramètres : le paramètre de forme **k** et le paramètre d'échelle λ.

PDF :

$$f(x; k, \lambda) = k/\lambda \times (x/\lambda)^{(k-1)} \times e^{-(x/\lambda)^k}$$

Exemple : Durée de Vie d'un Produit

Supposons que la durée de vie **T** d'un produit suit une distribution de Weibull avec $k = 1.5$ et $\lambda = 5000$.

```
from scipy.stats import weibull_min

k, lmbda = 1.5, 5000
prob = weibull_min.pdf(x, k, scale=lmbda)
```

11.4 Théorie Bayésienne

Bienvenue dans la section qui vous emmènera dans un voyage pour explorer le monde fascinant de la théorie bayésienne. Si vous vous êtes déjà posé des questions comme : « Quelle est la probabilité que ce traitement soit efficace pour un nouveau patient compte tenu de ses résultats passés ? » ou « Quelles sont les chances qu'il pleuve demain en nous basant sur les conditions météorologiques d'aujourd'hui ? » alors vous pensez déjà comme un bayésien !

La théorie bayésienne est un outil puissant qui fournit un cadre pour actualiser les probabilités en fonction de nouvelles preuves. Cela signifie que vous pouvez prendre des décisions plus éclairées basées sur les informations les plus récentes disponibles. Dans le monde actuel, où l'information change constamment, avoir la capacité d'actualiser vos probabilités est une compétence essentielle.

Plongeons dans le monde de la théorie bayésienne et libérons son plein potentiel. Ensemble, nous explorerons les diverses applications de la théorie bayésienne et apprendrons comment l'utiliser pour résoudre des problèmes complexes et faire des prédictions plus précises. Êtes-vous prêt à amener votre compréhension de la théorie bayésienne au niveau supérieur ? Commençons !

11.4.1 Concepts de Base de la Théorie Bayésienne

Classiquement, la théorie des probabilités traite de la fréquence des événements. Elle est principalement préoccupée par la prédiction de la probabilité d'un résultat spécifique basée sur le nombre de fois que le même événement s'est produit dans le passé. Par exemple, si nous lançons un dé à six faces, nous pouvons prédire la probabilité d'obtenir un six en nous basant sur le nombre de fois que le même événement s'est produit dans le passé. Cette approche est utile lorsqu'il s'agit d'événements bien définis et répétables.

Cependant, la théorie bayésienne nous permet de gérer l'incertitude de manière plus flexible. Elle le fait en calculant la probabilité d'une hypothèse (H) étant donné la preuve observée (E). Cela signifie que nous pouvons actualiser nos croyances sur une hypothèse en fonction de nouvelles preuves. Par exemple, si nous observons un résultat inattendu, nous pouvons ajuster nos croyances en conséquence. De cette façon, la théorie bayésienne est particulièrement utile dans les cas où il y a beaucoup d'incertitude dans les données ou lorsque nous devons actualiser nos croyances en fonction de nouvelles informations.

De plus, la théorie bayésienne a une large gamme d'applications, des diagnostics médicaux aux prévisions météorologiques. C'est un outil puissant pour faire des prédictions et prendre des décisions dans des situations où il y a beaucoup d'incertitude. En calculant la probabilité d'une hypothèse étant donné la preuve observée, nous pouvons prendre des décisions et faire des prédictions éclairées basées sur les informations disponibles.

La formule de base pour l'inférence bayésienne est le Théorème de Bayes :

$$P(H|E) = \frac{P(E|H) \times P(H)}{P(E)}$$

- **P(H)** est la probabilité a priori que **H** soit vrai.
- **P(E|H)** est la probabilité que **E** se produise étant donné que **H** est vrai.
- **P(H|E)** est la probabilité a posteriori que **H** se produise étant donné **E**.
- **P(E)** est la probabilité totale de **E**, parfois appelée preuve.

En d'autres termes, nous actualisons nos croyances (**P(H|E)**) en fonction de nouvelles données (**E**) et de nos croyances antérieures (**P(H))**.

En d'autres termes, nous actualisons nos croyances (P(H|E)) en fonction de nouvelles données (E) et de nos croyances antérieures (P(H)).

11.4.2 Exemple : Test Diagnostique

Imaginez un test médical qui est précis à 99 % et vous obtenez un résultat positif pour une maladie rare qui affecte 1 personne sur 1 000. Quelle est la probabilité que vous ayez réellement la maladie ?

Voici comment vous résoudriez cela en utilisant le Théorème de Bayes.

- **P(H)**, la probabilité a priori d'avoir la maladie, est 1/1000 = 0,001.

- **P(E|H)**, la probabilité d'obtenir un résultat positif si vous avez la maladie, est 0,99.

- **P(E)**, la probabilité totale d'obtenir un résultat positif, est assez difficile à calculer directement. Mais elle peut être trouvée en utilisant la loi de la probabilité totale.

D'abord, nous trouvons **P(E)** :

$$P(E) = P(E|H) \times P(H) + P(E|\neg H) \times P(\neg H) = 0.99 \times 0.001 + 0.01 \times 0.999 = 0.01098$$

Maintenant, nous pouvons utiliser le Théorème de Bayes :

$$P(H|E) = \frac{0.99 \times 0.001}{0.01098} \approx 0.090$$

Vous pouvez faire ce calcul en Python de la manière suivante :

```python
# Prior probability
P_H = 0.001

# Likelihood
P_E_given_H = 0.99

# Total probability of a positive test
P_E = (0.99 * 0.001) + (0.01 * 0.999)

# Posterior probability using Bayes' Theorem
P_H_given_E = (P_E_given_H * P_H) / P_E

print("The probability of actually having the disease if you tested positive is:", P_H_given_E)
```

Donc, même si vous obtenez un résultat positif à un test précis à 99 % pour une maladie rare, il n'y a que 9 % de probabilité que vous ayez réellement la maladie !

11.4.3 Réseaux Bayésiens

Dans des scénarios plus complexes où vous avez plusieurs variables, les Réseaux Bayésiens (également connus sous le nom de réseaux de croyances) entrent en jeu. Ce sont des modèles graphiques qui représentent les relations probabilistes entre un ensemble de variables. Les Réseaux Bayésiens sont très utiles car ils peuvent être utilisés pour modéliser des systèmes complexes comportant de nombreuses variables et dépendances.

En représentant graphiquement les relations entre variables, les Réseaux Bayésiens permettent aux utilisateurs de visualiser et de comprendre plus facilement les relations entre variables. De plus, comme les Réseaux Bayésiens sont probabilistes, ils peuvent être utilisés pour faire des prédictions sur la probabilité de différents résultats ou événements.

Par exemple, un Réseau Bayésien pourrait représenter les relations probabilistes entre maladies et symptômes, ce qui permettrait aux médecins de prendre des décisions éclairées sur les maladies à tester en fonction de la présence de certains symptômes. Dans l'ensemble, les Réseaux Bayésiens sont un outil puissant pour modéliser des systèmes complexes et prendre des décisions éclairées basées sur des relations probabilistes entre variables.

```python
# Using the pgmpy library to define a simple Bayesian Network
from pgmpy.models import BayesianNetwork

# Define the structure
model = BayesianNetwork([('Disease', 'Symptom1'), ('Disease', 'Symptom2')])

# Here, 'Disease' is the parent node, and 'Symptom1' and 'Symptom2' are the child
nodes.
```

Ensuite, vous pouvez procéder à l'entraînement de ce réseau avec des données et effectuer une inférence sur de nouvelles données.

Résumé

Nous espérons que cette section vous a fourni une compréhension complète de la Théorie Bayésienne, qui est considérée comme l'un des blocs fondamentaux du raisonnement probabiliste. Les statistiques bayésiennes sont un outil incroyablement puissant qui est largement utilisé dans divers domaines, notamment le diagnostic médical, la prévision météorologique et même le filtrage des spams.

Les méthodes bayésiennes vous permettent d'intégrer des connaissances préalables et des preuves actuelles pour prendre de meilleures décisions, ce qui est particulièrement utile lorsqu'il s'agit de situations complexes et incertaines. En incorporant la pensée bayésienne dans votre processus de prise de décision, vous pouvez avoir plus de confiance dans vos conclusions et prédictions.

Il est vraiment remarquable de voir comment les chiffres et les théories peuvent nous aider à naviguer à travers les incertitudes du monde qui nous entoure. Nous vous encourageons donc à continuer d'explorer la Théorie Bayésienne et à l'appliquer à votre vie quotidienne. Bonne réflexion bayésienne !

Exercices Pratiques pour le Chapitre 11

Ah, le moment que tout le monde attendait, les exercices pratiques ! Nous vous promettons que le travail pratique n'est pas seulement immensément éducatif, mais aussi très amusant. Ces exercices vous aideront à comprendre plus profondément le concept de probabilité et la Théorie Bayésienne. Allons-y !

Exercice 1 : Lance le Dé

Simulez le lancement d'un dé équilibré à six faces 1 000 fois. Tracez un histogramme pour montrer la distribution des résultats.

```python
import matplotlib.pyplot as plt
import random

results = [random.randint(1, 6) for _ in range(1000)]

plt.hist(results, bins=6, edgecolor='black')
plt.xlabel('Die Face')
plt.ylabel('Frequency')
plt.title('Frequency Distribution of 1,000 Die Rolls')
plt.show()
```

Exercice 2 : Inférence Bayésienne pour le Lancement d'une Pièce

Vous avez une pièce biaisée qui tombe sur face 60 % du temps. Si la pièce est lancée 10 fois, quelle est la probabilité qu'elle tombe sur face exactement 7 fois ?

Vous pouvez utiliser la formule de probabilité binomiale pour cela :

$$P(x = k) = \binom{n}{k} \times p^k \times (1-p)^{(n-k)}$$

Où $\binom{n}{k}$ est la combinaison $\frac{n!}{k! \times (n-k)!}$.

```python
from scipy.stats import binom

n = 10  # Number of trials
k = 7   # Number of successes
p = 0.6 # Probability of success

# Compute the binomial probability
prob = binom.pmf(k, n, p)

print(f"The probability of getting exactly 7 heads in 10 tosses is {prob:.4f}")
```

Exercice 3 : Diagnostic de Maladie Bayésien

Élargissez l'exemple de diagnostic de maladie de la section de Théorie Bayésienne pour gérer plusieurs résultats de tests. Supposons que vous ayez deux tests avec les probabilités suivantes :

- Test 1 : $P(E_1|H) = 0.98$

- Test 2 : $P(E_2|H) = 0.95$

Calculez la probabilité a posteriori $P(H|E_1, E_2)$.

```python
# Prior probability
P_H = 0.001

# Likelihoods
P_E1_given_H = 0.98
P_E2_given_H = 0.95

# Total probabilities of positive tests
P_E1 = (0.98 * 0.001) + (0.02 * 0.999)
P_E2 = (0.95 * 0.001) + (0.05 * 0.999)

# Compute the joint probability of both tests
P_E1_and_E2_given_H = P_E1_given_H * P_E2_given_H

# Compute the joint total probability of positive tests
P_E1_and_E2 = P_E1 * P_E2

# Posterior probability using Bayes' Theorem
P_H_given_E1_and_E2 = (P_E1_and_E2_given_H * P_H) / P_E1_and_E2

print(f"The probability of actually having the disease if both tests are positive is
{P_H_given_E1_and_E2:.4f}")
```

N'hésitez pas à essayer ces exercices et ne vous inquiétez pas si vous ne les réussissez pas correctement du premier coup. La beauté de l'apprentissage réside dans le voyage lui-même. Bon codage !

Conclusion du Chapitre 11

En refermant ce chapitre exhaustif sur la Théorie des Probabilités, prenons un moment pour apprécier le chemin parcouru. Ce chapitre a servi de tremplin vers le royaume des fondements statistiques, en se concentrant sur le pivot central qu'est la probabilité. Vous constaterez que ce concept constitue le fondement de nombreux algorithmes de science des données et processus de prise de décision que vous rencontrerez en chemin, rendant ainsi le temps investi ici extrêmement précieux.

Nous avons entamé notre voyage en nous plongeant dans les **Concepts de Base**, en discutant des événements, des espaces d'échantillonnage et des probabilités. Apprendre ces idées rudimentaires, c'est comme poser les premières briques d'une maison solide : les fondations peuvent ne pas être spectaculaires, mais elles sont cruciales. Nos mains ont dansé sur le code Python et nous avons extrait des probabilités, embrassant les aspects pratiques qui donnent vie à la théorie.

Ensuite, nous nous sommes aventurés dans le monde fascinant des **Distributions de Probabilité**, couvrant les distributions Uniforme, Binomiale, de Poisson et Normale. Ce sont les diverses formes que peuvent prendre les probabilités, chacune avec ses propriétés et applications uniques. Vous avez vu comment nous pouvons utiliser les bibliothèques Python pour travailler avec ces distributions, que ce soit pour tracer des graphiques ou trouver des probabilités. N'était-ce pas satisfaisant de voir comment les mathématiques se traduisent en graphiques colorés et en chiffres perspicaces ?

Puis, nous avons exploré les **Distributions de Probabilité Spécialisées** comme l'Exponentielle et la Géométrique. Comprendre ces distributions moins courantes mais cruciales ajoute davantage d'outils à votre boîte à outils de science des données. Plus vous avez d'outils, mieux vous serez équipé pour résoudre des problèmes complexes.

Notre voyage a culminé avec la **Théorie Bayésienne**, le sommet de la théorie des probabilités appliquée en apprentissage automatique, en traitement du langage naturel et même en robotique. Le concept de mise à jour de nos croyances (a priori) basées sur de nouvelles preuves (vraisemblance) pour obtenir une image plus précise (a posteriori) est à la fois éclairant et utile. Vous l'avez abordé avec brio, en apportant du code Python pour cristalliser la théorie en sagesse pratique.

Enfin, mais non des moindres, nous avons retroussé nos manches pour quelques **Exercices Pratiques**. Que ce soit en simulant le lancement d'un dé ou en réalisant une inférence bayésienne pour le diagnostic de maladies, vous avez réussi à transformer des formules mathématiques abstraites en code Python exécutable.

En refermant ce chapitre, nous vous encourageons à faire une pause et à laisser ces concepts s'installer. Permettez-leur de s'ancrer dans votre compréhension car ils serviront de solides tremplins pour les sujets avancés à venir. Vous avez fait un travail remarquable, et le meilleur reste à venir. Jusqu'à notre prochain chapitre, bon apprentissage !

Chapitre 12 : Tests d'hypothèses

Bienvenue au Chapitre 12, où nous explorerons un sujet fascinant en statistiques considéré comme essentiel en science des données—les tests d'hypothèses. Les tests d'hypothèses peuvent être considérés comme le processus d'enquête sur un mystère en science des données. Ils vous permettent de prendre des décisions éclairées basées sur des données en testant une affirmation, puis en décidant de la rejeter ou non en fonction des preuves.

L'utilisation des tests d'hypothèses s'étend au-delà du domaine de la science des données, car ils sont également cruciaux dans des domaines tels que la santé, l'économie et les sciences naturelles. Comprendre et mettre en œuvre efficacement ce concept peut conduire à des avancées et des améliorations significatives dans diverses industries. Alors préparez-vous à plonger dans ce sujet captivant et à libérer le pouvoir des tests d'hypothèses !

12.1 Hypothèses nulle et alternative

Avant de devenir un détective des données, il est important d'avoir une base solide en analyse statistique. L'un des concepts les plus essentiels à comprendre est la différence entre les hypothèses nulle et alternative. Ces hypothèses constituent la base de tout test d'hypothèse et sont cruciales pour vous aider à cadrer votre recherche.

Il est important de comprendre qu'une hypothèse nulle est une déclaration qui suppose qu'il n'y a pas de signification statistique entre deux variables, tandis qu'une hypothèse alternative est une déclaration qui suppose qu'il existe une relation significative entre deux variables. En formulant ces hypothèses, vous pouvez ensuite commencer à effectuer des tests statistiques pour déterminer si vos données soutiennent ou non votre hypothèse.

En plus de comprendre les hypothèses nulle et alternative, il est également important d'avoir une solide compréhension de la signification statistique, des valeurs p et des intervalles de confiance. Ces concepts jouent un rôle critique dans toute analyse de données et vous aideront à tirer des conclusions significatives de vos découvertes.

En ayant une base solide en analyse statistique, y compris une compréhension approfondie des hypothèses nulle et alternative, vous serez bien équipé pour devenir un détective des données habile et découvrir des idées qui peuvent aider à faire avancer votre entreprise.

- **Hypothèse nulle (H_0)** : C'est votre état actuel ou supposition de base avec laquelle vous commencez. Elle affirme qu'il n'y a pas d'effet ou de différence, et sert de point de départ à tester. En termes simples, c'est comme dire : « Rien de nouveau ici, passez votre chemin ».

- **Hypothèse alternative (H_a ou H_1)** : C'est ce que vous voulez prouver. Elle affirme qu'il y a un effet, une différence ou une relation. C'est le moment « Ah, je le savais ! » que vous recherchez.

Comprendre les hypothèses nulle et alternative est essentiel pour quiconque souhaite devenir un détective des données. Il est important de savoir que l'hypothèse nulle est l'état actuel, la supposition de base qu'il n'y a pas d'effet ou de différence. C'est comme un point de départ à tester. D'autre part, l'hypothèse alternative est la partie passionnante. C'est ce que vous voulez prouver, le moment où vous dites « Ah, je le savais ! » parce que vous avez trouvé un effet, une différence ou une relation. Ces deux hypothèses constituent la base de tout test d'hypothèse et aident à cadrer votre recherche, ce qui en fait un concept essentiel à comprendre pour tout détective des données.

Alors, allons-y et essayons de comprendre cela avec un exemple et du code.

Supposons que vous travailliez pour une entreprise qui produit des ampoules, et vous affirmez que vos ampoules durent plus de 1000 heures en moyenne. Pour tester cette affirmation, vous établiriez vos hypothèses de la manière suivante :

- H_0 : μ = 1000 heures (Hypothèse nulle)

- H_a : μ > 1000 heures (Hypothèse alternative)

Ici, μ représente la moyenne de la population de la durée de vie des ampoules.

Maintenant, nous allons simuler cela en Python en utilisant NumPy :

```python
import numpy as np

# Generate a random sample of 30 light bulb lifespans
# Assume the actual average lifespan is 1010 hours, and the standard deviation is 50
np.random.seed(42)
sample_lifespans = np.random.normal(1010, 50, 30)

# Calculate the sample mean
sample_mean = np.mean(sample_lifespans)

print(f"Sample Mean: {sample_mean}")
```

Supposons que la moyenne de l'échantillon s'avère être de 1015 heures. Et maintenant ? Est-ce suffisant pour rejeter l'hypothèse nulle selon laquelle la durée de vie moyenne est de 1000 heures ? Ou échouons-nous à la rejeter ? C'est ce que le test d'hypothèse nous aidera à déterminer.

12.1.1 Valeurs p et niveau de signification

Deux concepts importants liés aux hypothèses nulle et alternative sont les valeurs p et le niveau de signification (α). Les valeurs p sont une mesure statistique utilisée pour déterminer la probabilité d'obtenir un résultat aussi extrême que le résultat observé, en supposant que l'hypothèse nulle est vraie. Plus la valeur p est faible, plus la preuve contre l'hypothèse nulle est forte.

Le niveau de signification (α), d'autre part, est un seuil prédéterminé utilisé pour déterminer s'il faut rejeter ou non l'hypothèse nulle. Si la valeur p est inférieure ou égale au niveau de signification, l'hypothèse nulle est rejetée. Les valeurs p et le niveau de signification (α) jouent tous deux un rôle crucial dans les tests d'hypothèses, un composant fondamental de l'analyse statistique qui est largement utilisé dans divers domaines tels que la science, la finance et l'ingénierie.

- **Valeur p** : Après avoir effectué votre test, vous obtenez une valeur p, qui vous indique la probabilité d'observer vos données d'échantillon (ou quelque chose de plus extrême) en supposant que l'hypothèse nulle est vraie. Une valeur p faible (généralement < 0,05) est un indicateur pour rejeter l'hypothèse nulle.

- **Niveau de signification** (α) : Avant d'effectuer le test, vous définissez un niveau de signification, généralement 0,05, auquel vous comparerez la valeur p. Si la valeur p < α, l'hypothèse nulle est rejetée.

Pour notre exemple d'ampoules, supposons que vous effectuiez un test t à un échantillon et obteniez une valeur p de 0,03. Étant donné un niveau de signification (α) de 0,05, puisque 0,03 < 0,05, vous rejetteriez l'hypothèse nulle. Cela signifie qu'il y a suffisamment de preuves pour soutenir votre affirmation selon laquelle les ampoules durent plus de 1000 heures.

Voici un exemple en Python utilisant la bibliothèque SciPy pour un test t à un échantillon :

```
from scipy import stats

# Given sample_lifespans and null hypothesis mean (1000)
null_hypothesis_mean = 1000

# Perform one-sample t-test
t_stat, p_value = stats.ttest_1samp(sample_lifespans, null_hypothesis_mean)

print(f"T-statistic: {t_stat}")
print(f"P-value: {p_value}")
```

Mises en garde

Bien qu'il soit tentant de considérer les tests d'hypothèses comme infaillibles, il est important de garder à l'esprit les points suivants :

1. **Ne pas rejeter H_0 n'est pas la même chose qu'accepter H_0** : Lorsque vous ne trouvez pas suffisamment de preuves pour rejeter l'hypothèse nulle, cela ne signifie pas nécessairement que l'hypothèse nulle est vraie. Cependant, cela ne signifie pas non plus nécessairement que l'hypothèse nulle est fausse. Cela signifie simplement que vous n'avez pas pu prouver le contraire avec les données dont vous disposiez. En d'autres termes, ne pas parvenir à rejeter l'hypothèse nulle ne constitue pas une preuve suffisante pour conclure que l'hypothèse nulle est vraie.

2. **Le contexte est important** : Interprétez toujours les résultats dans le contexte du domaine et de la question en jeu. Il est important de considérer la signification pratique des résultats en plus de la signification statistique. Même si la valeur P est très faible et suggère que les résultats sont statistiquement significatifs, les implications pratiques des résultats peuvent être négligeables. Il est important de garder à l'esprit que la signification statistique n'équivaut pas toujours à la signification pratique.

3. **Taille de l'échantillon** : Il est important de considérer la taille de l'échantillon lors de l'interprétation des résultats des tests d'hypothèses. Une taille d'échantillon plus grande peut augmenter la puissance du test et diminuer la probabilité d'une erreur de type II, qui se produit lorsque vous ne parvenez pas à rejeter une hypothèse nulle fausse. À l'inverse, une taille d'échantillon plus petite peut diminuer la puissance du test et augmenter la probabilité d'une erreur de type II. Par conséquent, il est important de considérer soigneusement la taille de l'échantillon lors de l'interprétation des résultats des tests d'hypothèses.

12.1.2 Erreurs de type I et de type II

Lors de la réalisation d'un test d'hypothèse, il est important de comprendre les résultats possibles et leurs implications. Un test d'hypothèse peut produire l'un des quatre résultats possibles, chacun devant être interprété correctement pour tirer des conclusions significatives. Ces résultats sont :

1. **Vrai positif** : Ce résultat se produit lorsque l'hypothèse nulle est rejetée et qu'elle est effectivement fausse. Il s'agit d'une décision correcte qui fournit des preuves à l'appui de l'hypothèse alternative.

2. **Vrai négatif** : Ce résultat se produit lorsque l'hypothèse nulle n'est pas rejetée et qu'elle est effectivement vraie. Il s'agit également d'une décision correcte qui apporte un soutien à l'hypothèse nulle.

3. **Erreur de type I (faux positif)** : Ce résultat se produit lorsque l'hypothèse nulle est rejetée, mais qu'elle est en réalité vraie. Il s'agit d'une décision incorrecte qui conduit à une fausse conclusion selon laquelle l'hypothèse alternative est vraie.

4. **Erreur de type II (faux négatif)** : Ce résultat se produit lorsque l'hypothèse nulle n'est pas rejetée, mais qu'elle est en réalité fausse. Il s'agit également d'une décision

incorrecte qui conduit à une fausse conclusion selon laquelle l'hypothèse nulle est vraie.

Par conséquent, il est essentiel de comprendre les résultats possibles d'un test d'hypothèse et de les interpréter correctement pour s'assurer que des conclusions valides sont tirées. Ce faisant, les chercheurs peuvent s'assurer que leurs résultats sont fiables et précis, ce qui est crucial pour prendre des décisions éclairées et faire progresser les connaissances scientifiques.

Les probabilités des erreurs de type I et de type II sont généralement notées α et β, respectivement.

- **Erreur de type I (α)** : Il s'agit du même niveau de signification que celui que vous définissez avant de réaliser le test. C'est la probabilité de rejeter H_0 lorsqu'elle est en réalité vraie. Diminuer α rend le test plus conservateur.

- **Erreur de type II (β)** : Il s'agit de la probabilité de ne pas parvenir à rejeter H_0 lorsque H_a est en réalité vraie. Idéalement, vous souhaitez que cette probabilité soit faible, mais réduire β augmente généralement α, et vice versa. C'est ce qu'on appelle le compromis entre les erreurs de type I et de type II.

Voici un exemple de code Python pour calculer β à l'aide d'un test Z, étant donné α et les paramètres de l'échantillon et de la population.

```python
from scipy.stats import norm

alpha = 0.05
z_alpha = norm.ppf(1 - alpha)  # Z-value at alpha

# Given sample and population means and standard deviations
sample_mean = 1030
pop_mean = 1000
sample_std = 50
sample_size = 30

# Calculate the Z-value for the sample mean
z_sample = (sample_mean - pop_mean) / (sample_std / (sample_size ** 0.5))

# Calculate beta
beta = norm.cdf(z_alpha - z_sample)

print(f"Type II Error (beta): {beta}")
```

Pour avoir une compréhension plus complète des tests d'hypothèses, il est important de se pencher sur les différentes erreurs qui peuvent survenir. Ce faisant, vous pouvez acquérir une compréhension plus approfondie des limites et des nuances des tests d'hypothèses, ce qui peut vous guider dans la sélection du niveau de signification approprié pour votre contexte spécifique.

Cette connaissance peut être inestimable lors de l'interprétation des résultats des tests d'hypothèses, car elle vous permet de les voir sous un angle plus éclairé et de parvenir à des conclusions plus précises. De plus, être conscient des différentes erreurs peut vous aider à mieux identifier les problèmes potentiels dans votre propre recherche et à éviter de faire des hypothèses incorrectes basées sur des analyses statistiques.

12.2 Test t et valeurs p

Les tests d'hypothèses servent de fondement à l'inférence statistique, mais les tests t et les valeurs p sont le beurre qui rend le pain plus appétissant. Avec ces concepts, nous pouvons aller au-delà de la simple observation et fournir des preuves concrètes et quantifiables pour nos affirmations. Les tests t sont un outil puissant qui nous permet de comparer les moyennes de deux groupes et de déterminer si leur différence est statistiquement significative.

Les valeurs p, quant à elles, fournissent une mesure de la force de la preuve contre l'hypothèse nulle. Elles constituent un élément essentiel des tests de signification, nous permettant de déterminer si nos résultats sont significatifs ou simplement le résultat du hasard. Ensemble, les tests t et les valeurs p forment une partie critique de toute analyse statistique, fournissant une base solide pour tirer des conclusions fiables de nos données.

12.2.1 Qu'est-ce qu'un test t ?

Un test t est une méthode statistique utilisée pour déterminer s'il existe une différence significative entre les moyennes de deux groupes. Le test Z est une autre méthode statistique utilisée pour tester les différences de moyennes, mais il est souvent peu pratique à utiliser car il nécessite une grande taille d'échantillon et un écart-type de population connu.

En revanche, le test t est plus flexible et peut être utilisé dans des situations où ces conditions ne sont pas remplies. De plus, le test t est généralement préféré au test Z car il est plus robuste et peut gérer une plus large gamme de distributions de données.

En outre, le test t est particulièrement utile lorsque l'on travaille avec de petites tailles d'échantillon, car il est conçu pour fournir des résultats précis même lorsque les tailles d'échantillon sont relativement petites. Dans l'ensemble, le test t est un outil statistique polyvalent et puissant largement utilisé dans divers domaines, de la psychologie et des sciences sociales à l'ingénierie et aux sciences physiques.

12.2.2 Types de tests t

Test t à un échantillon

Le test t à un échantillon est un test statistique qui vous permet de déterminer si la moyenne d'un échantillon est significativement différente d'une valeur connue ou d'une prédiction théorique. Ce test est particulièrement utile dans des situations où vous avez un seul groupe de données et souhaitez déterminer si la moyenne de ce groupe est égale, supérieure ou inférieure à une valeur spécifique.

En effectuant un test t à un échantillon, vous pouvez obtenir une meilleure compréhension de la distribution de vos données et si elle correspond à la distribution théorique attendue. Cela peut être utile dans un large éventail de domaines, notamment la psychologie, l'économie et l'ingénierie, entre autres.

Exemple :

```python
from scipy.stats import ttest_1samp
import numpy as np

# Sample data: Exam scores of 20 students
scores = np.array([89, 90, 92, 85, 87, 88, 91, 93, 95, 86, 88, 92, 91, 90, 94, 87, 89, 93, 92, 90])

# Null hypothesis: The class average is 90
# Alternative hypothesis: The class average is not 90
t_stat, p_value = ttest_1samp(scores, 90)
print(f't-statistic: {t_stat}')
print(f'p-value: {p_value}')
```

Test t à deux échantillons

Le test t à deux échantillons est un test d'hypothèse qui compare les moyennes de deux groupes indépendants. Il est utilisé pour déterminer si la différence entre les moyennes des deux groupes est statistiquement significative ou simplement due au hasard. Le test suppose que les deux groupes comparés sont indépendants, distribués normalement et ont des variances égales.

Si l'une de ces hypothèses est violée, le test peut ne pas être approprié pour les données et des méthodes alternatives doivent être envisagées. Malgré ses limites, le test t à deux échantillons reste un outil largement utilisé en statistiques et est particulièrement utile dans des domaines tels que la médecine, la psychologie et l'ingénierie, où comparer les moyennes de deux groupes est fréquemment d'un grand intérêt.

Exemple :

```python
from scipy.stats import ttest_ind

# Group A: Control group, Group B: Experimental group
group_a = np.array([50, 51, 52, 49, 48])
group_b = np.array([55, 56, 57, 59, 60])

# Null hypothesis: The means of Group A and Group B are equal
# Alternative hypothesis: The means are not equal
t_stat, p_value = ttest_ind(group_a, group_b)
print(f't-statistic: {t_stat}')
```

```
print(f'p-value: {p_value}')
```

12.2.3 Comprendre les valeurs p

La valeur p est une mesure statistique qui indique la probabilité d'obtenir des résultats aussi extrêmes, ou plus extrêmes, que les résultats observés, en supposant que l'hypothèse nulle est vraie. L'hypothèse nulle est une affirmation selon laquelle il n'existe pas de différence significative entre les groupes comparés.

Une valeur p plus petite suggère une preuve plus forte contre l'hypothèse nulle, ce qui indique qu'il est moins probable que les résultats observés se soient produits par hasard. Par conséquent, si la valeur p est inférieure à 0,05, elle est généralement acceptée comme statistiquement significative, et nous pouvons rejeter l'hypothèse nulle.

Cependant, il est important de noter que la signification statistique n'implique pas nécessairement une signification pratique. De plus, l'interprétation des valeurs p doit être considérée dans le contexte de la conception de l'étude et de la question de recherche abordée.

Exemple :

```
# Interpreting p-value
if p_value < 0.05:
    print("Reject the null hypothesis")
else:
    print("Fail to reject the null hypothesis")
```

Dans les tests d'hypothèses statistiques, la valeur p représente la probabilité d'obtenir un résultat aussi extrême que celui observé, en supposant que l'hypothèse nulle est vraie. Par conséquent, si la valeur p est petite, cela suggère que les données observées sont assez improbables de s'être produites par hasard si l'hypothèse nulle était vraie, ce qui nous amène à remettre en question sa validité.

De plus, les tests t et les valeurs p fournissent une base rigoureuse et quantifiable pour l'inférence statistique. En analysant les données et en calculant la valeur p, nous pouvons passer de la dépendance aux opinions subjectives à la formulation de conclusions objectives sur la signification statistique de nos résultats.

En d'autres termes, nous pouvons passer de « Je pense que ceci est vrai » à « Les données suggèrent qu'il est probable que ceci soit vrai, et voici à quel point je suis confiant dans cette évaluation ». Cela nous aide à tirer des conclusions plus précises et fiables de nos données, ce qui est essentiel pour prendre des décisions éclairées dans divers domaines, de la médecine aux affaires.

12.2.4 Tests t appariés

Un test t apparié est un test statistique utilisé pour comparer les moyennes de groupes liés à deux moments différents. C'est un type de test d'hypothèse qui consiste à mesurer le même groupe d'individus à deux moments différents, puis à comparer la moyenne de la première mesure avec la moyenne de la seconde mesure.

Dans l'exemple d'un programme de tutorat visant à améliorer les notes de mathématiques, un test t apparié serait utilisé pour déterminer si le programme a eu un effet statistiquement significatif sur les notes de mathématiques des étudiants. En mesurant le même groupe d'étudiants avant et après le programme, le test t apparié peut aider à déterminer si le programme a été efficace pour améliorer les notes de mathématiques des étudiants, ou si tout changement observé était simplement dû au hasard.

Dans l'ensemble, le test t apparié est un outil utile pour les chercheurs et analystes qui cherchent à évaluer l'efficacité d'interventions ou de traitements au fil du temps, et peut fournir des informations précieuses sur l'impact de divers programmes et initiatives.

Exemple :

```python
from scipy.stats import ttest_rel

# Math scores before and after the tutoring program
before_scores = np.array([60, 65, 61, 68, 55])
after_scores = np.array([80, 85, 79, 88, 81])

# Null hypothesis: No improvement in scores
# Alternative hypothesis: There is an improvement in scores
t_stat, p_value = ttest_rel(after_scores, before_scores)
print(f't-statistic: {t_stat}')
print(f'p-value: {p_value}')
```

12.2.5 Hypothèses sous-jacentes aux tests t

Bien que les tests t soient couramment utilisés pour les tests d'hypothèses, il est important de considérer leurs hypothèses sous-jacentes pour garantir des résultats précis. Ces hypothèses comprennent :

1. **Indépendance des observations** : Les points de données analysés doivent être indépendants les uns des autres pour éviter le problème d'autocorrélation.

2. **Normalité** : Bien que le Théorème Central Limite rende cette hypothèse moins critique pour des tailles d'échantillon plus grandes, il reste important de s'assurer que les données suivent une distribution normale, en particulier pour des tailles d'échantillon plus petites.

3. **Homogénéité des variances** : Lors de la réalisation d'un test t à deux échantillons, on suppose que les variances des deux populations comparées sont égales. Cependant, si les tailles d'échantillon sont égales, le test t peut toujours fournir des résultats fiables même si cette hypothèse est violée.

Il est important de tenir compte de ces hypothèses lors de la réalisation de tests d'hypothèses utilisant des tests t, car le non-respect de ces hypothèses peut conduire à des résultats inexacts. En plus de ces hypothèses, il est également important de considérer attentivement la question de recherche étudiée et de choisir des tests statistiques appropriés en fonction des caractéristiques spécifiques des données analysées.

Pour tester la normalité, vous pouvez utiliser le test de Shapiro-Wilk, ou vous pouvez inspecter visuellement les données en utilisant des histogrammes ou des graphiques Q-Q. Pour l'homogénéité des variances, le test de Levene est souvent utilisé.

```python
from scipy.stats import shapiro, levene

# Testing for normality
_, p_normality = shapiro(before_scores)
print(f'p-value for normality: {p_normality}')

# Testing for homogeneity of variances
_, p_homogeneity = levene(before_scores, after_scores)
print(f'p-value for homogeneity: {p_homogeneity}')
```

Comprendre les tests t et les valeurs p est crucial pour réaliser des tests statistiques rigoureux. En sachant comment les utiliser, nous pouvons prendre des décisions éclairées basées sur des preuves statistiques et minimiser les chances d'arriver à des conclusions erronées.

De plus, à mesure que nous nous familiarisons davantage avec ces concepts, nous pouvons améliorer notre capacité à interpréter et à expliquer les résultats de nos analyses aux autres. Par conséquent, avec ces nouvelles connaissances sur les tests t et les valeurs p, nous pouvons nous sentir confiants dans notre boîte à outils statistique et notre capacité à mener des recherches fiables.

12.2.6 Comparaisons multiples et la correction de Bonferroni

Lorsque vous effectuez plusieurs tests t pour comparer des moyennes, vous augmentez la probabilité de rencontrer une erreur de Type I, qui consiste essentiellement à rejeter une véritable hypothèse nulle. Ce phénomène est communément connu sous le nom de problème des comparaisons multiples. Cela est dû au fait que plus vous effectuez de tests, plus la probabilité d'obtenir un résultat significatif simplement par hasard est élevée.

Pour aborder ce problème, vous pouvez utiliser la correction de Bonferroni, qui est une technique utilisée pour contrôler le taux global d'erreur de Type I lors de la réalisation de comparaisons multiples. L'idée est d'ajuster le niveau de signification (α) en fonction du nombre de tests qui sont effectués. En faisant cela, vous réduisez effectivement la probabilité de rencontrer une erreur de Type I dans tous les tests qui sont effectués.

En pratique, la correction de Bonferroni implique de diviser le niveau souhaité de signification statistique par le nombre de tests qui sont effectués. Par exemple, si vous effectuez 10 tests et souhaitez contrôler le taux global d'erreur de Type I à 5%, vous diviseriez 0,05 par 10 pour obtenir un nouveau niveau de signification de 0,005. Cela signifie que pour chaque test individuel, vous auriez besoin d'obtenir une valeur p inférieure à 0,005 pour rejeter l'hypothèse nulle.

Bien que la correction de Bonferroni soit une technique utile pour contrôler le taux d'erreur de Type I, elle présente certaines limitations. Par exemple, elle peut être excessivement conservatrice lorsqu'il s'agit d'un grand nombre de tests, ce qui peut entraîner une probabilité accrue de commettre une erreur de Type II (ne pas rejeter une hypothèse nulle fausse). En tant que tel, il est important de considérer soigneusement la méthode de correction appropriée pour votre question de recherche et votre contexte spécifique.

Le **α ajusté** se calcule comme suit :

$$\text{Adjusted } \alpha = \frac{\alpha}{Number\,of\,comparisons}$$

Voici un exemple rapide en Python :

```python
from scipy.stats import ttest_ind
import numpy as np

# Generate synthetic data for 3 groups
group_a = np.random.normal(50, 10, 30)
group_b = np.random.normal(52, 10, 30)
group_c = np.random.normal(53, 10, 30)

# Original alpha level
alpha = 0.05

# Number of comparisons: 3 (group_a vs. group_b, group_b vs. group_c, group_a vs.
group_c)
num_comparisons = 3

# Adjusted alpha level
adjusted_alpha = alpha / num_comparisons

# Perform t-tests
_, p_ab = ttest_ind(group_a, group_b)
_, p_bc = ttest_ind(group_b, group_c)
_, p_ac = ttest_ind(group_a, group_c)

# Evaluate results using adjusted alpha level
print(f'Is p_ab significant? {"Yes" if p_ab < adjusted_alpha else "No"}')
print(f'Is p_bc significant? {"Yes" if p_bc < adjusted_alpha else "No"}')
print(f'Is p_ac significant? {"Yes" if p_ac < adjusted_alpha else "No"}')
```

Dans cet exemple, nous pouvons utiliser la correction de Bonferroni pour ajuster le niveau de signification (α) afin de tenir compte du nombre de comparaisons effectuées lors de notre analyse statistique. Cela est particulièrement utile lors de la réalisation de plusieurs tests t et lorsque l'on souhaite éviter les faux positifs.

Pour mettre en œuvre la correction de Bonferroni, nous divisons d'abord le niveau de signification original par le nombre de comparaisons effectuées (dans ce cas, 3). Ce nouveau niveau ajusté de α peut ensuite être utilisé pour évaluer la signification de nos tests t. Ce faisant, nous pouvons avoir davantage confiance en nos résultats et nous assurer de ne pas arriver à des conclusions erronées.

Avec l'ajout de la correction de Bonferroni à votre arsenal statistique, vous disposez désormais d'une approche encore plus robuste pour aborder des défis statistiques complexes. En étant conscient du nombre de comparaisons effectuées et en ajustant le niveau de signification en conséquence, vous pouvez augmenter la précision et la fiabilité de vos conclusions.

Plongeons maintenant dans un autre sujet fascinant : l'analyse de la variance, communément connue sous son acronyme ANOVA.

12.3 ANOVA (Analyse de la variance)

12.3.1 Qu'est-ce que l'ANOVA ?

ANOVA, qui signifie Analyse de la variance, est une méthode statistique utilisée pour comparer les moyennes de trois groupes indépendants (non liés) ou plus. Elle est souvent utilisée lorsque nous voulons déterminer s'il existe des différences significatives entre les moyennes de ces groupes. Alors que le test t est utilisé pour comparer deux moyennes, l'ANOVA est un choix plus approprié lorsque nous voulons comparer plus de deux moyennes. Cela est dû au fait qu'elle nous permet de tester les différences entre plusieurs groupes à la fois.

Comme mentionné précédemment, l'hypothèse nulle dans un test ANOVA est que toutes les moyennes des groupes sont égales. Cependant, l'hypothèse alternative est qu'au moins une moyenne du groupe est différente des autres. Cela signifie que l'ANOVA est un outil puissant pour détecter les différences entre les groupes, ce qui en fait un outil précieux pour les chercheurs qui tentent de comprendre les effets de différentes variables sur un résultat particulier.

De plus, l'ANOVA nous permet d'examiner la variance au sein des groupes et entre les groupes, ce qui fournit des informations supplémentaires sur les données. En comprenant les sources de variation, nous pouvons mieux comprendre les facteurs qui contribuent aux différences entre les groupes. Cela peut nous aider à identifier les domaines potentiels d'amélioration et également à développer des stratégies plus efficaces pour aborder ces différences.

En résumé, l'ANOVA est une méthode statistique puissante qui nous permet de comparer les moyennes de plusieurs groupes à la fois. En examinant la variance au sein des groupes et entre les groupes, nous pouvons obtenir une meilleure compréhension des facteurs qui contribuent aux différences entre les groupes. Cela peut fournir des informations précieuses qui peuvent nous aider à développer des stratégies plus efficaces pour aborder ces différences et améliorer les résultats.

12.3.2 Pourquoi utiliser l'ANOVA ?

Lorsqu'il s'agit de décider s'il faut utiliser l'ANOVA ou plusieurs tests t, il est important de considérer plusieurs facteurs. Un avantage clé de l'ANOVA est qu'elle fournit un test unique et cohérent pour analyser plusieurs groupes. Cela peut être particulièrement utile lorsqu'il s'agit de grands ensembles de données ou de nombreux groupes différents.

De plus, l'utilisation de l'ANOVA peut aider à atténuer le risque d'une erreur de Type I, qui peut survenir lors de la réalisation de plusieurs tests t. Comme nous l'avons abordé dans la section précédente, plus vous effectuez de tests t, plus le risque de commettre une erreur de Type I est élevé. En analysant tous les groupes simultanément, l'ANOVA peut aider à réduire ce risque.

Cependant, il est important de noter que l'ANOVA n'est pas toujours le meilleur choix pour toutes les situations. Par exemple, si vous avez un petit nombre de groupes avec des différences claires entre eux, il peut être plus approprié d'utiliser des tests t individuels pour analyser les résultats.

L'ANOVA suppose que les variances des groupes comparés sont égales. Si cette hypothèse n'est pas respectée, les résultats du test ANOVA peuvent ne pas être précis. Par conséquent, il est important de considérer attentivement les caractéristiques spécifiques de votre ensemble de données avant de décider quel test statistique utiliser.

12.3.3 ANOVA à un facteur

L'analyse de la variance (ANOVA) est un outil statistique couramment utilisé pour tester s'il existe des différences significatives entre les moyennes de trois groupes indépendants (non liés) ou plus. À cet égard, la forme la plus simple d'ANOVA est l'ANOVA à un facteur, qui est utilisée pour comparer les moyennes entre différents groupes.

L'hypothèse pour l'ANOVA à un facteur est la suivante :

- Hypothèse nulle (H_0) : Les moyennes des différents groupes sont égales, et toute différence observée est due uniquement au hasard.

- Hypothèse alternative (H_a) : Au moins une moyenne du groupe est différente des autres, et les différences observées ne sont pas dues au hasard.

Il convient de noter que l'ANOVA est un outil statistique robuste qui peut être utilisé pour tester la signification des différences entre les groupes tout en contrôlant d'autres variables. De plus, l'ANOVA peut être étendue à des plans plus complexes, notamment l'ANOVA factorielle et l'ANOVA à mesures répétées, entre autres. Dans l'ensemble, l'ANOVA est un outil essentiel dans l'analyse statistique, qui peut aider les chercheurs à tirer des conclusions significatives de leurs données.

12.3.4 Exemple : ANOVA à un facteur en Python

Considérons un exemple simple. Supposons que nous ayons les scores de tests d'étudiants dans trois classes différentes : A, B et C, et que nous voulions savoir si une classe surpasse les autres.

Voici comment vous pourriez réaliser une ANOVA à un facteur en Python en utilisant la bibliothèque **scipy.stats** :

```python
import scipy.stats as stats
import numpy as np

# Generating some example data
class_a = np.random.normal(70, 10, 30)
class_b = np.random.normal(75, 10, 30)
class_c = np.random.normal(80, 10, 30)

# Perform one-way ANOVA
F, p = stats.f_oneway(class_a, class_b, class_c)

# Interpret results
alpha = 0.05  # Significance level
print(f'F-statistic: {F}, p-value: {p}')
if p < alpha:
    print('One or more groups significantly differ from each other.')
else:
    print('There is no significant difference between the groups.')
```

Dans cet exemple, une valeur de p faible indique que nous devons rejeter l'hypothèse nulle, et qu'au moins une des moyennes des classes diffère significativement des autres.

Il y a beaucoup plus à explorer dans le monde de l'ANOVA, y compris des sujets avancés comme l'ANOVA à deux facteurs, l'ANOVA à mesures répétées et plus encore. Plongeons-nous !

12.3.5 ANOVA à deux facteurs

L'ANOVA à un facteur est utilisée pour tester les différences entre des groupes qui sont catégorisés selon une dimension, tandis que l'ANOVA à deux facteurs est utilisée lorsqu'on traite avec des groupes qui sont catégorisés selon deux variables indépendantes. Par exemple, supposons que vous analysez les résultats de tests d'étudiants dans une école.

En utilisant l'ANOVA à deux facteurs, vous pouvez examiner comment chaque facteur (niveau de classe et matière) impacte les résultats des tests et déterminer s'il existe une interaction entre les deux facteurs. De plus, vous pouvez utiliser cette analyse pour identifier toute tendance ou tout modèle qui pourrait émerger dans les données et pour tirer des conclusions plus détaillées sur les variables en jeu.

Voici un exemple rapide en Python utilisant la bibliothèque **statsmodels** pour une ANOVA à deux facteurs :

```python
import statsmodels.api as sm
from statsmodels.formula.api import ols
import pandas as pd

# Example data: test scores categorized by grade and subject
data = {
    'Score': [89, 90, 92, 88, 85, 76, 81, 77, 82, 90, 92, 91, 93, 88, 85],
    'Grade': ['9th', '9th', '9th', '9th', '9th', '10th', '10th', '10th', '10th',
'10th', '11th', '11th', '11th', '11th', '11th'],
    'Subject': ['Math', 'Science', 'English', 'History', 'Art', 'Math', 'Science',
'English', 'History', 'Art', 'Math', 'Science', 'English', 'History', 'Art']
}

df = pd.DataFrame(data)

# Fit the model
model = ols('Score ~ C(Grade) + C(Subject) + C(Grade):C(Subject)', data=df).fit()

# Perform the ANOVA
anova_table = sm.stats.anova_lm(model, typ=2)

print(anova_table)
```

Dans cet exemple, **Score** est notre variable dépendante, tandis que **Niveau** et **Matière** sont nos variables indépendantes. Nous cherchons à découvrir comment ces variables et leur interaction affectent le résultat du test.

12.3.6 ANOVA à mesures répétées

Si vous traitez avec des mesures répétées au fil du temps ou toute autre forme de groupes liés, l'ANOVA à mesures répétées pourrait être une technique statistique utile pour votre analyse. Cela vous permet de comparer le même groupe à différents moments ou sous différentes conditions.

Par exemple, si vous mesuriez la fréquence cardiaque d'un groupe de patients avant, pendant et après l'exercice, vous pourriez utiliser l'ANOVA à mesures répétées pour déterminer s'il y a des changements statistiquement significatifs à chaque point temporel. De plus, cette méthode peut également vous aider à identifier toute interaction potentielle entre les points temporels et d'autres facteurs que vous avez mesurés, tels que l'âge, le sexe ou l'utilisation de médicaments.

En tenant compte de ces variables, vous pouvez obtenir une compréhension plus approfondie des effets sous-jacents de l'intervention que vous étudiez. En outre, l'ANOVA à mesures répétées peut être utile dans les situations où vous avez des données manquantes, car elle peut vous aider à imputer les valeurs manquantes et obtenir néanmoins des résultats valides. Dans l'ensemble, l'ANOVA à mesures répétées est un outil puissant pour analyser les données longitudinales et peut fournir de précieuses informations sur les changements qui se produisent au fil du temps dans la population étudiée.

Parfois, les mêmes sujets sont utilisés pour chaque traitement (c'est-à-dire mesures répétées), comme dans une étude longitudinale. Dans ces cas, la variance au sein des groupes n'est pas un bon estimateur de la variance des erreurs, c'est pourquoi nous utilisons l'ANOVA à mesures répétées.

En Python, vous pouvez utiliser la classe **AnovaRM** de la bibliothèque **statsmodels** :

```python
import statsmodels.api as sm
import pandas as pd

# Sample data: Patient's heart rate measured at different times
data = {
    'Patient': ['1', '1', '1', '2', '2', '2', '3', '3', '3'],
    'Time': ['Before', 'During', 'After', 'Before', 'During', 'After', 'Before',
'During', 'After'],
    'HeartRate': [70, 80, 75, 72, 85, 78, 68, 79, 76]
}

df = pd.DataFrame(data)

# Perform Repeated Measures ANOVA
anovarm = sm.stats.AnovaRM(df, 'HeartRate', 'Patient', within=['Time'])
fit = anovarm.fit()

print(fit.summary())
```

12.3.7 Hypothèses de l'ANOVA

Comme vous le savez, l'ANOVA (analyse de la variance) est un test statistique largement utilisé dans la recherche pour comparer les moyennes entre deux groupes ou plus. Cependant, il est important de noter que l'ANOVA s'accompagne de son propre ensemble d'hypothèses qui doivent être respectées pour qu'elle soit précise.

L'une des principales hypothèses est que les données sont distribuées normalement. Cela signifie que les données devraient former une courbe en forme de cloche lorsqu'elles sont représentées sur un graphique. Une autre hypothèse importante est l'homogénéité des variances, ce qui signifie que la variance au sein de chaque groupe devrait être approximativement égale. Enfin, l'ANOVA suppose que les observations sont indépendantes les unes des autres.

Si l'une de ces hypothèses est violée, il peut être nécessaire de transformer les données ou d'utiliser des tests non paramétriques à la place. Transformer les données implique d'appliquer une fonction mathématique aux valeurs pour modifier la forme de la distribution. Les tests non paramétriques, quant à eux, ne font aucune supposition sur la distribution sous-jacente des données, mais peuvent avoir moins de puissance pour détecter les différences entre les groupes.

Exemple :

```python
from scipy import stats

# Test for normality
_, p_value_norm = stats.shapiro(df['HeartRate'])
# Test for homoscedasticity
_, p_value_levene = stats.levene(
    df['HeartRate'][df['Time'] == 'Before'],
    df['HeartRate'][df['Time'] == 'During'],
    df['HeartRate'][df['Time'] == 'After']
)

print("Shapiro-Wilk p-value:", p_value_norm)
print("Levene p-value:", p_value_levene)
```

Il est important de se rappeler qu'en statistiques, le diable se cache souvent dans les hypothèses. Par conséquent, il est crucial d'être conscient des hypothèses que vous faites et de savoir comment les valider pour obtenir des conclusions valides. Il peut être utile d'envisager la réalisation d'analyses de sensibilité pour tester la robustesse de vos résultats face à différentes hypothèses.

De plus, il peut être utile d'examiner la distribution de vos données et de rechercher des valeurs aberrantes, qui peuvent affecter significativement les résultats de votre analyse. En prenant ces mesures, vous pouvez vous assurer que vos conclusions sont fondées sur des principes statistiques solides.

Maintenant ! Plongeons-nous dans quelques exercices pratiques pour consolider votre compréhension des tests d'hypothèses et de l'ANOVA. Ces exercices vous aideront non seulement à comprendre les fondements théoriques, mais vous offriront également une expérience pratique en programmation Python.

Exercices Pratiques Chapitre 12

Exercice 1 : Réaliser un test t

Question : On vous a donné les notes d'examen d'une petite classe de 8 étudiants avant et après un programme de tutorat. Réalisez un test t apparié pour déterminer si le programme de tutorat a eu un impact significatif sur les notes.

Avant le tutorat : **[55, 45, 67, 78, 49, 59, 61, 64]**

Après le tutorat : **[67, 53, 71, 85, 61, 66, 70, 80]**

Solution :

```python
from scipy import stats

before_coaching = [55, 45, 67, 78, 49, 59, 61, 64]
after_coaching = [67, 53, 71, 85, 61, 66, 70, 80]

# Conducting paired t-test
t_stat, p_value = stats.ttest_rel(before_coaching, after_coaching)
print(f't-statistic: {t_stat}, p-value: {p_value}')
```

Exercice 2 : Réaliser une ANOVA à un facteur

Question : Trois algorithmes ont été testés pour leur précision dans la classification d'images, donnant les résultats suivants. Réalisez un test ANOVA à un facteur pour déterminer si les algorithmes ont des précisions différentes.

Algorithme A : **[0.92, 0.88, 0.91, 0.87, 0.95]**

Algorithme B : **[0.77, 0.80, 0.76, 0.85, 0.81]**

Algorithme C : **[0.85, 0.89, 0.84, 0.88, 0.90]**

Solution :

```python
a = [0.92, 0.88, 0.91, 0.87, 0.95]
b = [0.77, 0.80, 0.76, 0.85, 0.81]
c = [0.85, 0.89, 0.84, 0.88, 0.90]

# Performing one-way ANOVA
f_stat, p_value = stats.f_oneway(a, b, c)
print(f'F-statistic: {f_stat}, p-value: {p_value}')
```

Exercice 3 : Analyse Post-Hoc

Question : Après avoir réalisé l'ANOVA selon l'Exercice 2, effectuez une analyse post-hoc pour déterminer quelles paires d'algorithmes sont significativement différentes les unes des autres.

Solution :

```python
from statsmodels.stats.multicomp import pairwise_tukeyhsd

data = a + b + c
labels = ['A'] * len(a) + ['B'] * len(b) + ['C'] * len(c)

# Post-hoc comparison
tukey_result = pairwise_tukeyhsd(data, labels, 0.05)
print(tukey_result)
```

Ces exercices devraient vous fournir une base solide pour réaliser des tests d'hypothèses et comprendre leur signification pratique. N'hésitez pas à exécuter le code, ajuster les variables et voir comment les résultats changent. Bon apprentissage !

Conclusion du Chapitre 12

En clôturant ce chapitre éclairant sur les tests d'hypothèses, prenons un moment pour réfléchir au chemin parcouru. En commençant par la compréhension fondamentale des hypothèses nulle et alternative, nous avons approfondi les fondements statistiques et théoriques qui servent de colonne vertébrale aux tests d'hypothèses. Nous avons expliqué le concept de significativité statistique, en l'utilisant comme baromètre pour prendre des décisions éclairées sur le rejet ou le maintien de l'hypothèse nulle.

Ce faisant, nous avons également abordé deux concepts critiques : le test t et les valeurs p. Le test t nous a aidés à comparer deux ensembles de données pour déterminer s'ils étaient significativement différents l'un de l'autre. Nous avons appris comment effectuer des tests t appariés en Python et avons vu comment interpréter les résultats, ce qui nous a fourni des connaissances pratiques sur des scénarios du monde réel. Les valeurs p, quant à elles, sont devenues notre guide pour déterminer la force de nos résultats. Plus la valeur p est faible, plus nous pouvons être confiants dans le résultat.

À partir de là, nous avons fait un grand bond dans le domaine de l'Analyse de Variance (ANOVA), un autre pilier des tests d'hypothèses. À travers le prisme de l'ANOVA à un facteur, nous avons comparé les moyennes de trois groupes ou plus, ajoutant ainsi une autre couche de complexité et de nuances à notre compréhension. Nous nous sommes également aventurés dans les analyses post-hoc, ce qui nous a permis d'identifier les groupes qui étaient significativement différents les uns des autres après avoir effectué le test ANOVA.

Dans ce chapitre, les exercices pratiques ont servi de cerise sur le gâteau. Ils ont offert une expérience pratique avec les bibliothèques statistiques de Python, ce qui nous a permis d'appliquer ce que nous avons appris sous une forme tangible et codée. Avec ces exercices, vous n'apprenez pas seulement ; vous pratiquez. Et dans le monde de la science des données, où l'applicabilité est aussi critique que la compréhension, cette approche pratique vous servira bien.

Tous ces concepts, bien qu'ils puissent sembler complexes, ont un objectif ultime : vous aider à prendre des décisions plus éclairées, fiables et précises basées sur les données. Au fur et à mesure que vous progresserez dans votre parcours en science des données, vous découvrirez que ces tests statistiques ne sont pas des techniques isolées, mais des outils essentiels qui sont intégrés dans le tissu même de l'analyse et de l'interprétation des données.

La prochaine fois que vous serez confronté à de multiples ensembles de données et que vous ne serez pas certain des décisions à prendre ou des conclusions à tirer, souvenez-vous de ce chapitre. Les outils et techniques que vous avez acquis ici vous guideront à travers le labyrinthe de données vers les informations claires et concluantes qui se trouvent de l'autre côté. En avant vers plus d'apprentissage !

Quiz pour la Partie V : Fondements Statistiques

Chapitre 11 : Théorie des Probabilités

1. **Qu'est-ce qu'un espace échantillonnal ?**

   o   a) L'espace dans un graphique où les échantillons sont tracés.

   o   b) L'ensemble de tous les résultats possibles d'une expérience.

   o   c) L'espace entre les variables statistiques.

   o   d) L'ensemble de toutes les combinaisons possibles d'événements.

2. **Qu'est-ce qui définit une distribution de probabilité discrète ?**

   o   a) La probabilité de chaque point dans une variable aléatoire continue.

   o   b) La probabilité de chaque résultat dans un espace échantillonnal.

   o   c) La probabilité d'une certaine plage de valeurs dans une variable aléatoire.

   o   d) Aucune des réponses ci-dessus.

3. **Quelle distribution est souvent utilisée pour modéliser le nombre de succès dans un nombre fixe d'essais de Bernoulli indépendants ?**

   o   a) Distribution Uniforme

   o   b) Distribution Normale

   o   c) Distribution Binomiale

   o   d) Distribution de Poisson

Chapitre 12 : Tests d'Hypothèses

1. **Qu'affirme généralement l'hypothèse nulle ?**

   o   a) Il existe une différence statistique.

   o   b) Il n'existe pas de différence statistique.

   o   c) L'expérience est invalide.

        ○   d) Toutes les variables sont indépendantes.

2. **Que suggère généralement une valeur p de 0,05 ?**

        ○   a) Il y a 5 % de probabilité que l'hypothèse nulle soit vraie.

        ○   b) Il y a 95 % de probabilité que l'hypothèse nulle soit vraie.

        ○   c) Il y a 5 % de probabilité que les résultats soient dus au hasard.

        ○   d) Aucune des réponses ci-dessus.

3. **Que signifie ANOVA ?**

        ○   a) Analyse Des Algorithmes Variés

        ○   b) Analyse de la Variance

        ○   c) Association d'Aspects Variés

        ○   d) Notation Avancée de Variables

Réponses :

1. b) L'ensemble de tous les résultats possibles d'une expérience.

2. b) La probabilité de chaque résultat dans un espace échantillonnal.

3. c) Distribution Binomiale

4. b) Il n'existe pas de différence statistique.

5. c) Il y a 5 % de probabilité que les résultats soient dus au hasard.

6. b) Analyse de la Variance

Partie VI : Fondements de l'Apprentissage Automatique

Chapitre 13 : Introduction à l'Apprentissage Automatique

Bienvenue dans une nouvelle et passionnante étape de notre voyage, le monde de l'Apprentissage Automatique ! Si vous avez hâte de relier les points entre les statistiques, l'analyse de données et l'intelligence exploitable, vous êtes au bon endroit. L'apprentissage automatique est l'endroit où vos données prennent vie et commencent pratiquement à vous parler, offrant des idées, des prédictions et plus encore.

Dans ce chapitre, nous embarquerons dans une aventure gratifiante qui révèle les aspects fondamentaux mais essentiels de l'apprentissage automatique. Tout d'abord, nous discuterons de la signification de l'apprentissage automatique, de son histoire et de la façon dont il a évolué au fil du temps. Ensuite, nous approfondirons les différents types d'algorithmes d'apprentissage automatique, y compris l'apprentissage supervisé, non supervisé, semi-supervisé et l'apprentissage par renforcement, et fournirons des exemples d'applications de chaque type. Nous explorerons également l'importance de l'ingénierie des caractéristiques, de la sélection de modèles et de l'optimisation des hyperparamètres dans le processus d'apprentissage automatique.

De plus, nous décomposerons les concepts fondamentaux de l'apprentissage automatique, tels que le prétraitement des données, le compromis biais-variance, la régularisation et la validation croisée, entre autres. Nous plongerons également dans les techniques et métriques d'évaluation de modèles, telles que la précision, le rappel et le score F1, et expliquerons comment choisir la métrique appropriée pour un problème particulier.

En conclusion, ce chapitre vise à être votre boussole dans l'univers de l'apprentissage automatique. Alors asseyez-vous, détendez-vous et explorons ensemble ce monde fascinant !

13.1 Types d'Apprentissage Automatique

Avant de nous plonger dans les complexités de l'apprentissage automatique, il est important d'avoir une bonne compréhension des différents types d'apprentissage automatique disponibles. L'apprentissage automatique est généralement classé en trois types principaux : **Apprentissage Supervisé**, **Apprentissage Non Supervisé** et **Apprentissage par Renforcement**.

L'Apprentissage Supervisé est le processus d'entraînement d'un modèle avec des données étiquetées pour faire des prédictions sur de nouvelles données non vues. Ce type d'apprentissage automatique est couramment utilisé dans des applications telles que la reconnaissance d'images, la reconnaissance vocale et le traitement du langage naturel.

D'autre part, **l'Apprentissage Non Supervisé** est le processus d'entraînement d'un modèle avec des données non étiquetées pour découvrir des motifs et des relations au sein des données. Ce type d'apprentissage automatique est couramment utilisé dans des applications telles que la détection d'anomalies, le regroupement et la compression de données.

L'Apprentissage par Renforcement, quant à lui, est un type d'apprentissage automatique où l'algorithme apprend en interagissant avec un environnement et en recevant des retours sous forme de récompenses ou de pénalités. Ce type d'apprentissage automatique est couramment utilisé dans des applications telles que les jeux, la robotique et les véhicules autonomes.

Enfin, il existe également une quatrième catégorie connue sous le nom d'**Apprentissage Semi-Supervisé**, qui est une sorte de mélange entre l'apprentissage supervisé et non supervisé. Dans l'apprentissage semi-supervisé, l'algorithme est entraîné avec une combinaison de données étiquetées et non étiquetées, dans le but d'améliorer la précision des prédictions du modèle.

Maintenant que nous avons une meilleure compréhension des différents types d'apprentissage automatique, nous pouvons commencer à explorer les divers algorithmes, modèles et code qui composent ce domaine fascinant.

13.1.1 Apprentissage Supervisé

L'apprentissage supervisé est un type d'apprentissage automatique où l'algorithme apprend à partir de données d'entraînement étiquetées. Cela signifie que l'algorithme reçoit un ensemble de données qui a déjà été étiqueté avec les bonnes réponses, et il utilise ces données pour faire des prédictions.

Imaginez un enseignant supervisant le processus d'apprentissage. Dans ce cas, les données d'entraînement étiquetées sont comme l'enseignant, fournissant les bonnes réponses pour que l'algorithme apprenne. Tout comme un enseignant corrigeant les erreurs d'un étudiant, l'algorithme fait des prédictions de manière itérative et est corrigé par les données d'entraînement étiquetées chaque fois qu'il fait une erreur.

Ce processus se poursuit jusqu'à ce que l'algorithme soit capable de faire des prédictions avec précision sur de nouvelles données non étiquetées. Il est important de noter que l'apprentissage supervisé n'est qu'un type d'apprentissage automatique, mais c'est une technique très courante et puissante utilisée dans un large éventail d'applications, de la reconnaissance d'images et de la parole à la détection de fraudes et aux systèmes de recommandation.

Exemple de code en Python utilisant Scikit-Learn :

```
from sklearn.datasets import load_iris
```

```
from sklearn.model_selection import train_test_split
from sklearn.neighbors import KNeighborsClassifier

# Load dataset
iris = load_iris()

# Split dataset into training and test sets
X_train, X_test, y_train, y_test = train_test_split(iris['data'], iris['target'],
random_state=0)

# Initialize the classifier
knn = KNeighborsClassifier(n_neighbors=1)

# Fit the model
knn.fit(X_train, y_train)

# Make a prediction
prediction = knn.predict([[5, 2.9, 1, 0.2]])
print("Prediction:", prediction)
```

13.1.2 Apprentissage Non Supervisé

L'apprentissage non supervisé est un type d'apprentissage automatique où le système est conçu pour traiter des données non étiquetées. Plutôt que de s'appuyer sur des données préétiquetées, l'apprentissage non supervisé tente d'apprendre les motifs et les structures des données sans aucune supervision.

Ce type d'apprentissage est particulièrement utile lorsqu'on travaille avec de grands ensembles de données où l'étiquetage manuel des données serait lent et coûteux. En analysant les données et en trouvant des motifs par lui-même, l'apprentissage non supervisé peut aider à identifier des relations cachées qui peuvent ne pas être immédiatement évidentes. Cela peut être utile dans une variété d'applications, comme regrouper des éléments similaires ou trouver des groupes significatifs au sein des données.

Malgré ses avantages potentiels, l'apprentissage non supervisé peut être difficile, car il exige que le système trouve et interprète des motifs par lui-même, sans la guidance d'exemples préétiquetés. Cependant, avec les algorithmes et techniques appropriés, l'apprentissage non supervisé peut être un outil puissant pour découvrir des informations à partir de données non étiquetées.

Exemple de code en Python utilisant Scikit-Learn :

```
from sklearn.cluster import KMeans

# Sample data
X = [[1, 2], [5, 8], [1.5, 1.8], [8, 8], [1, 0.6], [9, 11]]

# Initialize the model
kmeans = KMeans(n_clusters=2)
```

```
# Fit the model
kmeans.fit(X)

# Get the coordinates of cluster centers
centroids = kmeans.cluster_centers_
print("Centroids:", centroids)
```

13.1.3 Apprentissage par Renforcement

L'apprentissage par renforcement est un type d'apprentissage automatique où un agent apprend à prendre des décisions en interagissant avec un environnement. L'agent effectue certaines actions et observe les récompenses ou les conséquences de ces actions, ce qui lui permet d'apprendre de ses erreurs et de prendre de meilleures décisions à l'avenir.

La différence clé entre l'apprentissage par renforcement et d'autres types d'apprentissage automatique, comme l'apprentissage supervisé, est qu'il n'y a pas de « bonne réponse » à imiter. Au lieu de cela, l'agent apprend par essais et erreurs, affinant progressivement son processus de prise de décision au fil du temps.

Cela rend l'apprentissage par renforcement particulièrement utile dans des situations où il n'y a pas de solution claire ou où la solution optimale change constamment. En explorant et en expérimentant continuellement, l'agent est capable de s'adapter à de nouvelles situations et de prendre de meilleures décisions à long terme.

Exemple de code en Python utilisant OpenAI Gym :

```
import gym

env = gym.make('CartPole-v1')
env.reset()

for _ in range(1000):
    env.render()
    action = env.action_space.sample() # Take a random action
    env.step(action)

env.close()
```

Nous espérons que vous êtes aussi enthousiastes que nous par le domaine fascinant de l'apprentissage automatique. Comprendre les différents types d'apprentissage automatique n'est que la première étape dans ce domaine passionnant. Il existe de nombreux autres concepts et techniques que nous pouvons approfondir, tels que l'apprentissage supervisé et non supervisé, l'apprentissage par renforcement, l'apprentissage profond et les réseaux de neurones.

En explorant ces sujets, vous pouvez acquérir une compréhension plus approfondie de la façon dont les machines peuvent apprendre à partir des données et prendre des décisions intelligentes. Alors plongez et explorons ensemble le monde passionnant de l'apprentissage automatique !

Maintenant, nous pourrions développer un peu plus certains types supplémentaires et spécialisés d'apprentissage automatique. Ceux-ci incluraient :

13.1.4 Apprentissage Semi-Supervisé

L'apprentissage semi-supervisé est une technique d'apprentissage automatique qui se situe entre l'apprentissage supervisé et non supervisé. Il combine les avantages des données étiquetées et non étiquetées pour l'entraînement. Cette approche est particulièrement utile lorsque l'acquisition d'un ensemble de données entièrement étiqueté est coûteuse ou prend beaucoup de temps.

Les données étiquetées fournissent des informations précieuses au modèle, tandis que les données non étiquetées aident à capturer la distribution sous-jacente des données de manière plus complète. L'apprentissage semi-supervisé a été utilisé avec succès dans divers domaines, tels que le traitement du langage naturel, la vision par ordinateur et la reconnaissance vocale.

Il a également été démontré qu'il améliore les performances des modèles dans des situations où les données sont rares ou lorsque le coût de l'étiquetage des données est élevé. De plus, l'apprentissage semi-supervisé peut être utilisé en combinaison avec d'autres techniques, comme l'apprentissage par transfert, pour améliorer les performances du modèle et réduire le besoin de grandes quantités de données étiquetées.

Exemple en Python utilisant Scikit-Learn :

```python
from sklearn.semi_supervised import LabelPropagation
import numpy as np

# Create partially labeled dataset
X = np.array([[-1, -1], [-2, -1], [-3, -2], [1, 1], [2, 1], [3, 2]])
y = np.array([-1, -1, -1,  1,  1, -1]) # -1 labels are unknown labels

# Initialize the model
label_prop_model = LabelPropagation()

# Fit the model
label_prop_model.fit(X, y)

# Get predicted labels
y_pred = label_prop_model.predict(X)
print("Predicted labels:", y_pred)
```

13.1.5 Apprentissage à Instances Multiples

L'apprentissage supervisé traditionnel est une technique dans laquelle chaque instance est associée à une étiquette. Cette approche a été largement utilisée dans divers domaines tels que la vision par ordinateur, le traitement du langage naturel et la reconnaissance vocale. Cependant, cette méthode peut ne pas convenir à certaines tâches où les données sont structurées différemment.

L'apprentissage à instances multiples, en revanche, est un type d'apprentissage supervisé dans lequel un sac d'instances est associé à une seule étiquette. Cette méthode est utile dans les cas où il est difficile ou impossible d'attribuer une étiquette à des instances individuelles, mais il est possible d'étiqueter l'ensemble du sac. Par exemple, dans le diagnostic médical, un sac d'images médicales peut être associé à une seule étiquette indiquant si le patient a une maladie particulière ou non.

En utilisant l'apprentissage à instances multiples, nous pouvons apprendre à partir d'un ensemble de données plus complexe et diversifié. Cela peut être particulièrement utile dans les cas où les données sont bruitées ou incomplètes. De plus, l'apprentissage à instances multiples a été appliqué avec succès dans plusieurs domaines tels que la découverte de médicaments, la classification d'images et la classification de textes. Dans l'ensemble, l'apprentissage à instances multiples fournit un outil puissant pour l'apprentissage supervisé dans des scénarios où l'apprentissage supervisé traditionnel peut ne pas être suffisant.

Exemple :

MIlk est une bibliothèque spécialisée pour l'apprentissage à instances multiples en Python.

```
!pip install milksets  # Install milksets, dataset collection for MIL
import milksets
import milk

# Load elephant dataset, a standard multi-instance dataset
features, labels = milksets.elephant()

# Use diverse density, a simple MIL algorithm
learner = milk.supervised.multiinstance.diverse_density()
model = learner.train(features, labels)
```

13.1.6 Apprentissage d'Ensemble

Les méthodes d'ensemble, comme les populaires Forêts Aléatoires et les Machines de Boosting de Gradient (GBM), sont une technique puissante en apprentissage automatique. Elles combinent plusieurs algorithmes d'apprentissage pour obtenir une meilleure performance prédictive que n'importe quel algorithme individuel pourrait obtenir seul.

Les Forêts Aléatoires utilisent un ensemble d'arbres de décision pour classifier les données, où chaque arbre est entraîné sur un sous-ensemble aléatoire des données et un ensemble aléatoire de caractéristiques. Ensuite, l'algorithme agrège la sortie de tous les arbres pour faire une prédiction finale.

D'autre part, les Machines de Boosting de Gradient utilisent un ensemble d'apprenants faibles (généralement des arbres de décision) qui sont entraînés séquentiellement. L'algorithme commence avec un seul apprenant et ajoute ensuite des apprenants supplémentaires pour corriger les erreurs commises par les précédents. Ce processus continue jusqu'à ce qu'un nombre prédéterminé d'apprenants soit atteint ou jusqu'à ce que le taux d'erreur cesse de s'améliorer.

En résumé, les méthodes d'ensemble comme les Forêts Aléatoires et les Machines de Boosting de Gradient sont un outil précieux pour améliorer la précision des modèles d'apprentissage automatique. En combinant plusieurs algorithmes, elles peuvent surmonter les limitations de n'importe quel algorithme individuel et produire de meilleurs résultats.

Exemple :

Les Forêts Aléatoires sont des méthodes d'ensemble populaires. Voici un exemple simple.

```python
from sklearn.ensemble import RandomForestClassifier
from sklearn.datasets import load_iris

# Load dataset
iris = load_iris()
X, y = iris.data, iris.target

# Initialize and fit the model
clf = RandomForestClassifier(n_estimators=50)
clf.fit(X, y)

# Predict labels
print("Feature importances:", clf.feature_importances_)
```

13.1.7 Méta-Apprentissage

L'algorithme, grâce à l'apprentissage automatique, peut obtenir des connaissances et des informations à partir d'une variété de types de données, y compris, mais sans s'y limiter, les données numériques, le texte, les images et l'audio. Au fur et à mesure qu'il traite et analyse ces données, il peut apprendre et s'adapter à de nouvelles informations, acquérant une expérience qui peut être appliquée pour effectuer des tâches nouvelles et inédites.

Cela permet à l'algorithme d'améliorer continuellement sa précision et de prendre des décisions plus éclairées dans un large éventail d'applications, du traitement du langage naturel à la vision par ordinateur et au-delà.

Exemple :

Méta-Apprentissage avec Meta-SGD dans PyTorch

Le méta-apprentissage peut devenir complexe, mais l'idée de base est que vous entraînez un modèle sur une variété de tâches afin qu'il puisse apprendre de nouvelles tâches plus facilement.

```python
# Assuming you have installed PyTorch and imported it
import torch

# Create a simple Meta-SGD optimizer
meta_sgd = torch.optim.SGD(model.parameters(), lr=1e-3)

# Loop through your various tasks and update your model
for task in tasks:
    task_loss = compute_loss(model, task)
    task_loss.backward()
    meta_sgd.step()
```

Remarque : Pour des raisons de brièveté, certaines parties (comme le modèle, les définitions de tâches et les fonctions de perte) sont abstraites. En général, vous utiliserez des configurations plus élaborées dans des applications réelles.

Maintenant, plongeons dans quelques algorithmes fondamentaux d'apprentissage automatique. En comprenant ceux-ci, vous n'apprenez pas seulement des techniques ; vous acquérez des outils pour résoudre une variété de problèmes. Croyez-moi, c'est comme acquérir un nouvel ensemble de super-pouvoirs !

13.2 Algorithmes de Base

13.2.1 Régression Linéaire

La Régression Linéaire est un concept fondamental dans le monde de l'apprentissage automatique et a été un point de départ pour de nombreux algorithmes d'apprentissage automatique. Cet algorithme est utilisé pour prédire une variable de résultat continue, également connue sous le nom de variable dépendante, basée sur une ou plusieurs variables prédictives, également connues sous le nom de caractéristiques. Sa popularité réside non seulement dans sa capacité à prédire des résultats, mais aussi dans sa capacité à modéliser des relations complexes entre les variables. Elle nous permet de comprendre l'impact de chaque caractéristique sur la variable de résultat et, par conséquent, de prendre de meilleures décisions basées sur les informations obtenues du modèle.

De plus, la Régression Linéaire est un outil polyvalent qui trouve son application dans divers domaines tels que la finance, les soins de santé et le marketing. En finance, elle peut être utilisée pour prédire les prix des actions et les revenus d'une entreprise en fonction de l'historique financier de l'entreprise. Dans le secteur de la santé, elle peut être utilisée pour prédire les résultats des patients en fonction de leur historique médical et d'autres facteurs pertinents. En marketing, elle peut être utilisée pour prédire le comportement et les préférences des clients en fonction de la démographie, de l'historique des achats et d'autres facteurs pertinents.

En outre, la Régression Linéaire peut également être utilisée pour identifier les valeurs aberrantes et les anomalies dans les données, ce qui est utile pour détecter les fraudes ou les erreurs. En identifiant ces anomalies, les entreprises peuvent prendre les mesures nécessaires pour les corriger et éviter des pertes potentielles.

En conclusion, la Régression Linéaire est un outil essentiel tant pour les analystes de données que pour les passionnés d'apprentissage automatique. Sa capacité à prédire des résultats, à modéliser des relations complexes et à identifier des anomalies en fait un atout précieux dans diverses industries.

Exemple de Code : Régression Linéaire avec Scikit-Learn

```
from sklearn.linear_model import LinearRegression
import numpy as np

# Create data
X = np.array([1, 2, 3, 4, 5]).reshape(-1, 1)
y = np.array([1, 2, 1, 3, 5])

# Initialize and fit the model
model = LinearRegression()
model.fit(X, y)

# Make predictions
predictions = model.predict(np.array([6]).reshape(-1, 1))
print(f"Prediction for x=6: {predictions[0]}")
```

13.2.2 Régression Logistique

Malgré ce que son nom suggère, la Régression Logistique est en réalité utilisée pour les problèmes de classification binaire. En d'autres termes, elle est utilisée pour prédire la probabilité d'un résultat binaire en fonction d'une ou plusieurs variables prédictives. Par exemple, elle peut être utilisée pour prédire si un client achètera un produit ou non en fonction de son âge, son sexe et son niveau de revenus.

De plus, la Régression Logistique est une méthode statistique qui modélise la relation entre une variable dépendante catégorielle et une ou plusieurs variables indépendantes. Elle est largement utilisée dans divers domaines tels que les soins de santé, la finance et le marketing. Dans le secteur de la santé, elle peut être utilisée pour prédire si un patient développera une certaine maladie en fonction de son historique médical.

En finance, elle peut être utilisée pour prédire la probabilité de défaut sur un prêt en fonction de divers facteurs financiers. En marketing, elle peut être utilisée pour prédire la probabilité d'attrition d'un client en fonction de son historique d'achats et de sa démographie. Par conséquent, la Régression Logistique est un outil puissant qui peut être utilisé pour prendre des décisions éclairées dans une variété d'applications.

La Régression Logistique modélise la probabilité d'un résultat binaire en utilisant une fonction logistique. La fonction logistique associe toute valeur d'entrée à une valeur comprise entre 0 et 1, qui peut être interprétée comme la probabilité du résultat binaire. L'entrée de la fonction logistique est une combinaison linéaire des variables prédictives, où chaque variable prédictive est multipliée par un poids ou coefficient correspondant. La fonction logistique est définie comme :

$$P(y = 1|x) = \frac{1}{1 + e^{-(\beta_0 + \beta_1 x_1 + \beta_2 x_2 + \cdots + \beta_p x_p)}}$$

Où $P(y = 1|x)$ est la probabilité du résultat binaire ($y = 1$) étant données les variables prédictives (x), β_0 est l'ordonnée à l'origine, $\beta_1, \beta_2, \ldots, \beta_p$ sont les coefficients ou poids des variables prédictives, et $x_1, x_2, \ldots, x_p$ sont les valeurs des variables prédictives.

Le modèle de régression logistique est entraîné en utilisant un ensemble de données étiquetées, où le résultat binaire est connu pour chaque observation dans l'ensemble de données. L'objectif du processus d'entraînement est de trouver les valeurs des coefficients qui minimisent la différence entre les probabilités prédites et les résultats observés. Cela se fait généralement en utilisant l'estimation du maximum de vraisemblance ou la descente de gradient.

Une fois que le modèle de régression logistique est entraîné, il peut être utilisé pour prédire la probabilité du résultat binaire pour des données nouvelles et non vues. La probabilité prédite peut être classée selon une valeur seuil (par exemple, 0,5) pour prendre une décision de classification binaire. Alternativement, la probabilité prédite peut être utilisée comme un score continu ou un classement pour le résultat binaire.

En résumé, la Régression Logistique est un algorithme puissant et largement utilisé pour les problèmes de classification binaire. Elle modélise la relation entre une variable dépendante catégorielle et une ou plusieurs variables indépendantes en utilisant une fonction logistique. Elle est entraînée en utilisant un ensemble de données étiquetées et peut être utilisée pour faire des prédictions sur des données nouvelles et non vues.

Exemple de Code : Régression Logistique avec Scikit-Learn

```
from sklearn.linear_model import LogisticRegression

# Create data
X = np.array([[1, 2], [2, 3], [3, 1], [4, 5], [5, 7]])
y = np.array([0, 1, 0, 1, 1])

# Initialize and fit the model
model = LogisticRegression()
model.fit(X, y)
```

```
# Make predictions
predictions = model.predict([[6, 8]])
print(f"Prediction for [6, 8]: {predictions[0]}")
```

13.2.3 Arbres de Décision

Les Arbres de Décision sont un type d'algorithme d'apprentissage automatique qui sont largement utilisés aussi bien pour les tâches de classification que de régression. Ils ont gagné en popularité en raison de leur polyvalence et de leur nature intuitive. Les Arbres de Décision fonctionnent en divisant récursivement les données d'entrée en sous-ensembles basés sur certains critères jusqu'à ce qu'un critère d'arrêt soit satisfait. Ils sont particulièrement utiles dans les situations où la relation entre les variables d'entrée est complexe et non linéaire.

Les Arbres de Décision ont également l'avantage supplémentaire d'être hautement interprétables, ce qui signifie qu'il est facile de comprendre comment l'algorithme est arrivé à sa décision. Cette interprétabilité fait des Arbres de Décision un choix populaire dans une large gamme d'applications, de la finance aux soins de santé. De plus, les Arbres de Décision peuvent être facilement visualisés, ce qui facilite la communication des résultats aux parties prenantes non techniques. Dans l'ensemble, les Arbres de Décision offrent un outil puissant pour l'analyse de données qui peut révéler des informations précieuses à partir d'ensembles de données complexes.

En plus des Arbres de Décision, un autre type populaire d'algorithme d'apprentissage automatique est celui des k-Plus Proches Voisins (k-NN). L'algorithme k-NN est un algorithme de classification non paramétrique qui est largement utilisé en reconnaissance de formes et en exploration de données. L'idée de base derrière k-NN est de classer un nouveau point de données en fonction de la classification de ses voisins. En d'autres termes, si un nouveau point de données est proche d'un groupe de points qui sont classés comme « A », il est probable que le nouveau point de données doive également être classé comme « A ».

Le k dans k-NN fait référence au nombre de voisins qui sont pris en compte lors de la classification d'un nouveau point de données. Le choix de k peut avoir un impact significatif sur la performance de l'algorithme. Si k est trop petit, l'algorithme peut être sensible au bruit ou aux valeurs aberrantes dans les données, tandis que si k est trop grand, l'algorithme peut manquer des motifs importants dans les données. Dans l'ensemble, k-NN est un algorithme puissant qui est largement utilisé dans divers domaines tels que la reconnaissance d'images, la reconnaissance vocale et le traitement du langage naturel.

Un autre type populaire d'algorithme d'apprentissage automatique sont les Machines à Vecteurs de Support (SVM). Les SVM sont un type d'algorithme d'apprentissage supervisé qui peut être utilisé aussi bien pour les tâches de classification que de régression. L'idée de base derrière les SVM est de trouver l'hyperplan qui sépare de manière optimale les données en différentes classes. L'hyperplan est choisi de manière à maximiser la marge entre les deux classes.

La marge est la distance entre l'hyperplan et les points de données les plus proches de chaque classe. Les SVM sont particulièrement utiles dans les situations où les données sont de haute dimensionnalité et où le nombre de caractéristiques est supérieur au nombre d'observations. Les SVM ont été appliquées avec succès dans divers domaines tels que la finance, le marketing et les soins de santé.

En conclusion, il existe de nombreux types différents d'algorithmes d'apprentissage automatique, chacun avec ses propres forces et faiblesses. Le choix de l'algorithme dépend des besoins spécifiques du problème en question et de la nature des données. Comprendre les différents types d'algorithmes et leurs applications est une première étape importante dans le domaine de l'apprentissage automatique. En explorant les différents algorithmes et techniques, nous pouvons obtenir une compréhension plus approfondie de la façon dont les machines peuvent apprendre à partir des données et prendre des décisions intelligentes.

Exemple de Code : Arbre de Décision avec Scikit-Learn

```python
from sklearn.tree import DecisionTreeClassifier

# Create and fit the model
model = DecisionTreeClassifier()
model.fit(X, y)

# Make predictions
predictions = model.predict([[3, 4]])
print(f"Prediction for [3, 4]: {predictions[0]}")
```

13.2.4 k-Plus Proches Voisins (k-NN)

L'algorithme k-NN (k-plus proches voisins) est un type d'algorithme d'apprentissage automatique qui est utilisé pour classifier des points de données en fonction de leur similitude avec des points de données étiquetés existants. Il fonctionne en trouvant les k-voisins les plus proches d'un point de données donné, puis en classifiant le point de données en fonction de la classe majoritaire de ses voisins.

Par exemple, si nous avons un ensemble de données de fleurs avec des étiquettes indiquant s'il s'agit de roses ou de marguerites, nous pouvons utiliser l'algorithme k-NN pour classifier une nouvelle fleur en fonction des étiquettes de ses voisins les plus proches. Si les trois voisins les plus proches de la nouvelle fleur sont étiquetés comme des roses, alors l'algorithme classifierait la nouvelle fleur comme une rose également.

L'algorithme k-NN est fréquemment utilisé en reconnaissance d'images, en traitement du langage naturel et dans les systèmes de recommandation. Il peut être appliqué aussi bien aux problèmes de classification qu'aux problèmes de régression, et sa simplicité et son efficacité en font un choix populaire pour de nombreuses tâches d'apprentissage automatique.

L'algorithme k-NN repose sur l'hypothèse que les points de données qui sont proches les uns des autres dans l'espace des caractéristiques sont plus susceptibles d'appartenir à la même classe. Pour déterminer la distance entre deux points de données, la formule de distance euclidienne est couramment utilisée. D'autres métriques de distance, comme la distance de Manhattan ou la similitude cosinus, peuvent également être utilisées selon la nature des données.

L'un des principaux avantages de l'algorithme k-NN est sa simplicité. Il ne nécessite aucun entraînement pour faire des prédictions, et l'algorithme est facile à implémenter et à comprendre. De plus, l'algorithme k-NN peut être facilement adapté pour gérer des problèmes de classification multiclasse en utilisant des techniques comme un contre tous.

Cependant, l'algorithme k-NN a aussi ses limitations. Un défi consiste à déterminer la valeur optimale de k. Si k est trop petit, l'algorithme peut être sensible au bruit ou aux valeurs aberrantes dans les données, tandis que si k est trop grand, l'algorithme peut manquer des motifs importants dans les données. Un autre défi est la complexité computationnelle de l'algorithme, qui peut être lente pour de grands ensembles de données.

Malgré ces limitations, l'algorithme k-NN reste un outil puissant et polyvalent dans le domaine de l'apprentissage automatique. Sa simplicité et son efficacité en font un choix populaire pour de nombreuses applications, et sa capacité à gérer aussi bien les problèmes de classification que de régression en font un atout précieux dans toute boîte à outils d'apprentissage automatique.

Pour implémenter l'algorithme k-NN en Python, nous pouvons utiliser la bibliothèque scikit-learn. Le code suivant démontre comment utiliser l'algorithme k-NN pour classifier un ensemble de données de fleurs en fonction de leur longueur et largeur de sépale :

```
from sklearn.datasets import load_iris
from sklearn.neighbors import KNeighborsClassifier

# Load the iris dataset
iris = load_iris()

# Split the data into features and labels
X = iris.data[:, :2]
y = iris.target

# Initialize the k-NN classifier with k=3
knn = KNeighborsClassifier(n_neighbors=3)

# Fit the classifier to the data
knn.fit(X, y)

# Predict the labels of new data
new_data = [[5.4, 3.4], [6.7, 3.1], [4.2, 2.1]]
predicted_labels = knn.predict(new_data)

print(predicted_labels)
```

Dans cet exemple, nous chargeons d'abord l'ensemble de données iris et le divisons en caractéristiques (longueur et largeur du sépale) et étiquettes (l'espèce d'iris). Ensuite, nous initialisons un classificateur k-NN avec k=3 et l'ajustons aux données. Enfin, nous prédisons les étiquettes de trois nouveaux points de données et imprimons les étiquettes prédites.

La sortie de ce code serait un tableau d'entiers représentant les étiquettes prédites des nouveaux points de données. En utilisant l'algorithme k-NN et la bibliothèque scikit-learn, nous pouvons facilement classifier de nouveaux points de données en fonction de leur similarité avec les points de données étiquetés existants.

Exemple de Code : k-NN avec Scikit-Learn

```python
from sklearn.neighbors import KNeighborsClassifier

# Initialize and fit the model
model = KNeighborsClassifier(n_neighbors=3)
model.fit(X, y)

# Make predictions
predictions = model.predict([[2, 2]])
print(f"Prediction for [2, 2]: {predictions[0]}")
```

13.2.5 Machines à Vecteurs de Support (SVM)

Les Machines à Vecteurs de Support (SVM) sont une classe d'algorithmes largement utilisés aussi bien pour les tâches de classification que de régression. Les SVM fonctionnent en trouvant l'hyperplan optimal qui sépare les données en différentes classes ou prédit la valeur cible pour les problèmes de régression. En plus de leurs puissantes capacités prédictives, les SVM sont également reconnues pour leur capacité à gérer des données de haute dimensionnalité, ce qui les rend adaptées à des tâches telles que la classification d'images ou l'analyse de texte. Il a été démontré que les SVM fonctionnent bien sur une variété d'ensembles de données et sont fréquemment utilisées dans des applications du monde réel comme la finance, la médecine et le marketing. Dans l'ensemble, les SVM sont un outil polyvalent et efficace pour l'analyse de données et la modélisation dans un large éventail de contextes.

Les Machines à Vecteurs de Support (SVM) sont une classe d'algorithmes largement utilisés aussi bien pour les tâches de classification que de régression. Les SVM fonctionnent en trouvant l'hyperplan optimal qui sépare les données en différentes classes ou prédit la valeur cible pour les problèmes de régression.

En plus de leurs puissantes capacités prédictives, les SVM sont également reconnues pour leur capacité à gérer des données de haute dimensionnalité, ce qui les rend adaptées à des tâches telles que la classification d'images ou l'analyse de texte. Il a été démontré que les SVM fonctionnent bien sur une variété d'ensembles de données et sont fréquemment utilisées dans des applications du monde réel comme la finance, la médecine et le marketing. Dans l'ensemble, les SVM sont un outil polyvalent et efficace pour l'analyse de données et la modélisation dans un large éventail de contextes.

Les SVM sont particulièrement utiles dans les situations où la relation entre les variables d'entrée est complexe et non linéaire. L'une des caractéristiques clés des SVM est leur capacité à utiliser différents types de fonctions de noyau pour transformer les données d'entrée dans un espace de dimension supérieure, où il peut être plus facile de trouver un hyperplan séparateur. Les fonctions de noyau les plus couramment utilisées sont la linéaire, la polynomiale, la fonction de base radiale (RBF) et la sigmoïdale.

La fonction de noyau linéaire est la plus simple des fonctions de noyau et est utilisée lorsque les données d'entrée sont linéairement séparables. La fonction de noyau polynomiale est utilisée lorsque les données ne sont pas linéairement séparables, mais que la frontière entre les classes peut être approximée par une fonction polynomiale. La fonction de noyau RBF est la fonction de noyau la plus utilisée et est employée lorsque les données ne sont pas linéairement séparables et que la frontière entre les classes est hautement non linéaire. La fonction de noyau sigmoïdale est utilisée lorsque les données ne sont pas linéairement séparables et que la frontière entre les classes a une forme sigmoïdale.

En plus des fonctions de noyau, les SVM ont également deux paramètres importants : le paramètre de régularisation C et le coefficient de noyau gamma. Le paramètre de régularisation C contrôle l'équilibre entre maximiser la marge et minimiser l'erreur de classification. Une valeur plus petite de C entraînera une marge plus large mais peut permettre quelques classifications incorrectes, tandis qu'une valeur plus grande de C entraînera une marge plus étroite mais peut réduire le nombre de classifications incorrectes. Le coefficient de noyau gamma contrôle la forme de la frontière de décision et la douceur de la fonction de décision. Une valeur plus petite de gamma entraînera une frontière de décision plus douce, tandis qu'une valeur plus grande de gamma entraînera une frontière de décision plus complexe et dentelée.

Pour implémenter les SVM en Python, nous pouvons utiliser la bibliothèque scikit-learn. Le code suivant démontre comment utiliser l'algorithme SVM pour classifier un ensemble de données de fleurs en fonction de leur longueur et largeur de sépale :

```python
from sklearn.datasets import load_iris
from sklearn.svm import SVC

# Load the iris dataset
iris = load_iris()

# Split the data into features and labels
X = iris.data[:, :2]
y = iris.target

# Initialize the SVM classifier and set the kernel function and parameters
svm = SVC(kernel='linear', C=1, gamma='auto')

# Fit the classifier to the data
```

```
svm.fit(X, y)

# Predict the labels of new data
new_data = [[5.4, 3.4], [6.7, 3.1], [4.2, 2.1]]
predicted_labels = svm.predict(new_data)

print(predicted_labels)
```

Dans cet exemple, nous chargeons d'abord l'ensemble de données iris et le divisons en caractéristiques (longueur et largeur du sépale) et étiquettes (l'espèce d'iris). Ensuite, nous initialisons un classificateur SVM avec une fonction de noyau linéaire et un paramètre de régularisation C=1. Nous ajustons le classificateur aux données et prédisons les étiquettes de trois nouveaux points de données, qui sont affichées dans la console.

Les SVM sont un outil puissant et polyvalent pour l'apprentissage automatique et l'analyse de données. Elles offrent un moyen efficace de classifier les données et de prédire les valeurs cibles pour les problèmes de régression. En utilisant différentes fonctions de noyau et en ajustant les paramètres, les SVM peuvent gérer une large gamme de types de données et de domaines de problèmes. Si vous cherchez à améliorer la précision de vos modèles d'apprentissage automatique ou à obtenir des informations à partir de données complexes, les SVM valent définitivement la peine d'être considérées.

Exemple de Code : SVM avec Scikit-Learn

```
from sklearn.svm import SVC

# Initialize and fit the model
model = SVC()
model.fit(X, y)

# Make predictions
predictions = model.predict([[4, 6]])
print(f"Prediction for [4, 6]: {predictions[0]}")
```

Nous espérons sincèrement que ces extraits de code que nous avons fournis ici vous seront d'une grande aide pour comprendre l'essence de chaque algorithme. Il est important de noter que chaque algorithme possède ses propres forces et faiblesses uniques.

Votre choix du meilleur algorithme pour votre problème particulier dépendra largement de vos besoins spécifiques et de la nature de vos données. Nous vous recommandons vivement d'expérimenter avec différents algorithmes et de voir lequel fonctionne le mieux pour vous. C'est parce que plus vous testez différents algorithmes, plus vous comprendrez les subtilités de chacun, et vous serez mieux équipé pour prendre la bonne décision pour vos besoins.

13.3 Évaluation du Modèle

Maintenant que vous avez acquis une familiarité avec les différents types d'apprentissage automatique et certains des algorithmes de base, il est important de se plonger dans le sujet de l'évaluation du modèle. C'est un domaine critique qui est tout aussi important, sinon plus, que les concepts abordés précédemment. Bien que créer un modèle puisse sembler fantastique, il est impératif de savoir s'il est bon ou non, et c'est là qu'intervient l'évaluation du modèle.

Le processus d'évaluation du modèle est essentiel pour garantir que le modèle fonctionne de manière optimale et produise des prédictions précises. Il implique d'évaluer la performance du modèle sur différentes métriques, notamment la précision, le rappel, l'exactitude, le score F1 et plus encore. Grâce à l'évaluation du modèle, vous pouvez déterminer si le modèle est en surapprentissage ou en sous-apprentissage, et effectuer les ajustements nécessaires pour améliorer sa performance.

De plus, l'évaluation du modèle n'est pas un processus ponctuel ; c'est un processus continu qui nécessite une surveillance constante et des ajustements fins. Ce faisant, vous pouvez vous assurer que le modèle continue de fonctionner de manière optimale, même lorsque de nouvelles données sont introduites. En comprenant l'importance de l'évaluation du modèle, vous serez mieux équipé pour développer des modèles hautement performants capables de faire des prédictions précises et de fournir des informations précieuses.

13.3.1 Exactitude

Lorsqu'il s'agit de problèmes de classification, l'une des métriques les plus couramment utilisées est l'exactitude. Cette métrique est assez simple et calcule simplement la proportion d'instances que le modèle a correctement prédites. Cependant, il existe certaines limitations à cette métrique, en particulier lorsqu'on traite des classes déséquilibrées. Dans de tels scénarios, l'exactitude peut être une métrique trompeuse et peut conduire à des conclusions incorrectes.

Par conséquent, il est important de considérer d'autres métriques, telles que la précision et le rappel, qui fournissent une compréhension plus détaillée de la performance d'un modèle. La précision, par exemple, mesure la proportion de vrais positifs parmi toutes les prédictions positives, tandis que le rappel mesure la proportion de vrais positifs parmi tous les positifs réels.

En examinant à la fois la précision et le rappel, nous pouvons avoir une meilleure idée de la capacité d'un modèle à identifier correctement les instances d'une classe particulière. Par conséquent, bien que l'exactitude soit une métrique utile à considérer, en particulier dans les ensembles de données équilibrés, il est également important de considérer d'autres métriques qui peuvent fournir une compréhension plus nuancée de la performance d'un modèle.

Voici un simple extrait de code en Python utilisant scikit-learn pour calculer l'exactitude.

```
from sklearn.metrics import accuracy_score
```

```
# True labels and predicted labels
y_true = [0, 1, 1, 1, 0, 1]
y_pred = [0, 0, 1, 1, 0, 1]

# Calculate Accuracy
accuracy = accuracy_score(y_true, y_pred)
print(f'Accuracy: {accuracy}')
```

13.3.2 Matrice de Confusion

Une matrice de confusion est un outil précieux et informatif utilisé pour évaluer la performance d'un modèle de classification. Elle fournit une image plus détaillée et complète de la performance du modèle en résumant les décomptes des classifications réelles et prédites d'un ensemble de données dans un tableau. Le tableau inclut quatre composants importants qui sont essentiels pour l'évaluation : Vrais Positifs (VP), Faux Positifs (FP), Vrais Négatifs (VN) et Faux Négatifs (FN).

En examinant chacun de ces composants, nous pouvons obtenir une compréhension plus approfondie de la performance du modèle, y compris sa précision, son rappel, son exactitude et son score F1. Par exemple, les vrais positifs se réfèrent aux cas où le modèle a correctement prédit la classe positive, tandis que les faux positifs se réfèrent aux cas où le modèle a prédit la classe positive mais elle était en réalité négative.

De plus, la matrice de confusion est un outil utile qui peut être utilisé pour identifier les erreurs et les classifications incorrectes dans le modèle. Ceci, à son tour, peut être utilisé pour ajuster l'algorithme et améliorer sa performance. Par exemple, nous pouvons analyser les faux négatifs, qui sont les cas où le modèle a incorrectement prédit la classe négative, et déterminer s'il existe des modèles ou des tendances dans les données qui peuvent être abordés pour améliorer la précision du modèle.

En résumé, la matrice de confusion est un outil essentiel pour quiconque cherche à évaluer et améliorer la précision d'un modèle de classification. Son analyse détaillée de la performance du modèle fournit des informations précieuses et des orientations pour ajuster l'algorithme et obtenir de meilleurs résultats.

Voici comment créer une matrice de confusion :

```
from sklearn.metrics import confusion_matrix

# Generate the confusion matrix
matrix = confusion_matrix(y_true, y_pred)
print('Confusion Matrix:')
print(matrix)
```

13.3.3 Précision, Rappel et Score F1

Le concept de précision fait référence à l'exactitude des prédictions positives du modèle. Il répond à la question de savoir combien des instances positives étiquetées par le modèle sont réellement positives. Le rappel, d'autre part, est une mesure de l'exhaustivité du modèle et de sa capacité à identifier toutes les instances positives. Il répond à la question de savoir combien d'instances positives réelles le modèle identifie correctement.

En tenant compte à la fois de la précision et du rappel, le score F1 est considéré comme une métrique essentielle pour évaluer la performance d'un modèle. Il calcule la moyenne harmonique de la précision et du rappel, fournissant un score unique qui équilibre les deux. Cet équilibre est crucial car une précision élevée indique qu'il est peu probable qu'un modèle fournisse beaucoup de faux positifs, tandis qu'un rappel élevé indique que le modèle peut identifier la plupart des instances positives réelles, toutes deux étant des mesures importantes à considérer lors de l'évaluation de l'efficacité et de l'efficience d'un modèle.

Il est important de noter que bien que la précision et le rappel soient des métriques d'évaluation essentielles pour les modèles de classification, elles ne sont pas les seules métriques à considérer. Dans certains cas, d'autres métriques peuvent être plus pertinentes, selon le problème spécifique et les objectifs du modèle. Par exemple, si le coût des faux positifs et des faux négatifs est différent, alors une métrique comme le score F-beta, qui permet de pondérer la précision et le rappel, peut être plus appropriée.

En conclusion, évaluer un modèle d'apprentissage automatique est une étape critique dans le processus d'apprentissage automatique. La précision, le rappel et le score F1 sont des métriques essentielles à considérer, mais elles ne devraient pas être les seules. Le choix des métriques d'évaluation dépendra du problème spécifique et des objectifs du modèle. En comprenant ces métriques, nous pouvons obtenir des informations précieuses sur la performance de nos modèles et effectuer les ajustements nécessaires pour améliorer leur précision et leur efficacité.

Exemple :

```python
from sklearn.metrics import precision_score, recall_score, f1_score

# Calculate Precision, Recall, and F1 Score
precision = precision_score(y_true, y_pred)
recall = recall_score(y_true, y_pred)
f1 = f1_score(y_true, y_pred)

print(f'Precision: {precision}')
print(f'Recall: {recall}')
print(f'F1 Score: {f1}')
```

13.3.4 ROC et AUC

La courbe Caractéristique de Fonctionnement du Récepteur (ROC, pour ses sigles en anglais) est un outil précieux pour évaluer la capacité diagnostique d'un classificateur binaire. En traçant le taux de vrais positifs contre le taux de faux positifs, on génère une représentation graphique qui permet de mieux comprendre la performance du classificateur. La courbe ROC peut être utilisée pour déterminer le seuil optimal pour le classificateur en fournissant une représentation visuelle de l'équilibre entre la sensibilité et la spécificité. De plus, l'Aire Sous la Courbe (AUC, pour ses sigles en anglais) est une métrique largement utilisée qui résume la performance générale du classificateur. Une valeur d'AUC plus élevée indique une meilleure performance, avec une valeur de 1 qui indique une classification parfaite. Par conséquent, la courbe ROC et l'AUC sont des outils essentiels dans l'évaluation de la performance des classificateurs binaires, fournissant une compréhension plus complète de leur capacité diagnostique.

La courbe ROC est particulièrement utile lorsqu'on traite des ensembles de données déséquilibrés, où le nombre d'instances positives est beaucoup plus faible que le nombre d'instances négatives. Dans de tels cas, la courbe ROC peut fournir des informations sur la capacité du classificateur à identifier correctement les instances positives, même lorsque le nombre de faux positifs est élevé. Par exemple, dans le diagnostic médical, le coût d'un faux négatif (un diagnostic manqué) est généralement beaucoup plus élevé que le coût d'un faux positif (un test ou traitement inutile). Par conséquent, il est important de prioriser la sensibilité du classificateur, même si cela résulte en un taux plus élevé de faux positifs. La courbe ROC peut aider à identifier le seuil optimal pour le classificateur qui équilibre la sensibilité et la spécificité du modèle.

De plus, l'AUC est une métrique précieuse pour comparer la performance de différents classificateurs. Un AUC plus élevé indique une meilleure performance, indépendamment du seuil spécifique utilisé par le classificateur. Par conséquent, l'AUC peut fournir une compréhension plus complète de la performance du classificateur, au-delà de son exactitude ou de sa précision. Il est important de noter que l'AUC n'est pas affecté par les changements de seuil, et fournit donc une mesure plus stable de la performance du classificateur.

En plus de son utilisation dans la classification binaire, la courbe ROC peut également être adaptée pour les problèmes de classification multiclasse. Dans ce cas, une courbe ROC distincte est générée pour chaque classe, et l'AUC est calculé pour chaque courbe. Ensuite, l'AUC peut être moyenné sur toutes les classes pour fournir une mesure globale de la performance du classificateur. La courbe ROC et l'AUC multiclasse sont particulièrement utiles pour évaluer la performance de classificateurs qui sont conçus pour identifier plusieurs classes simultanément, comme les algorithmes de reconnaissance d'images.

En conclusion, la courbe Caractéristique de Fonctionnement du Récepteur (ROC) et l'Aire Sous la Courbe (AUC) sont des outils essentiels dans l'évaluation de la performance des classificateurs binaires. Ils fournissent une compréhension plus complète de la capacité diagnostique du classificateur, au-delà de son exactitude ou de sa précision. La courbe ROC peut aider à identifier le seuil optimal pour le classificateur, tandis que l'AUC peut fournir une mesure plus stable de sa performance. De plus, la courbe ROC et l'AUC peuvent être adaptés pour les problèmes de classification multiclasse, fournissant un outil précieux pour évaluer la performance de classificateurs complexes.

Exemple :

```python
from sklearn.metrics import roc_curve, auc
import matplotlib.pyplot as plt

# Compute ROC curve
fpr, tpr, _ = roc_curve(y_true, y_pred)
roc_auc = auc(fpr, tpr)

# Plot
plt.figure()
plt.plot(fpr, tpr, color='darkorange', lw=1, label=f'ROC curve (area = {roc_auc})')
plt.xlim([0.0, 1.0])
plt.ylim([0.0, 1.05])
plt.xlabel('False Positive Rate')
plt.ylabel('True Positive Rate')
plt.title('Receiver Operating Characteristic')
plt.legend(loc="lower right")
plt.show()
```

Bien que nous ayons couvert certaines des métriques d'évaluation et techniques les plus couramment utilisées pour les problèmes de classification, il convient de noter qu'il existe des métriques d'évaluation supplémentaires et des considérations pour d'autres types de problèmes d'apprentissage automatique.

13.3.5 Erreur Absolue Moyenne (MAE) et Erreur Quadratique Moyenne (MSE) pour la Régression

Lorsqu'il s'agit de problèmes de régression, il est important de garder à l'esprit que les métriques de classification traditionnelles telles que la précision et les matrices de confusion ne sont pas applicables. Au lieu de cela, nous recourons à des métriques qui sont conçues spécifiquement pour les modèles de régression. Deux de ces métriques sont l'Erreur Absolue Moyenne (MAE) et l'Erreur Quadratique Moyenne (MSE).

Le MAE est la différence absolue moyenne entre les valeurs prédites et les valeurs réelles. Le MSE est la différence moyenne au carré entre les valeurs prédites et les valeurs réelles. Ces deux métriques fournissent des informations précieuses sur la performance des modèles de régression et peuvent nous aider à identifier les domaines où des améliorations peuvent être apportées.

Erreur Absolue Moyenne (MAE)

Le MAE est une métrique utilisée pour évaluer la performance des modèles d'apprentissage automatique. Il mesure l'amplitude moyenne des erreurs entre les valeurs prédites et observées. Plus précisément, il calcule les différences absolues entre les valeurs prédites et réelles pour chaque point de données, puis prend la moyenne de ces valeurs. La valeur résultante est une mesure de la précision du modèle, les valeurs plus faibles indiquant une meilleure performance. Le MAE est souvent utilisé dans l'analyse de régression, où l'objectif est de prédire une variable continue. C'est une métrique utile pour évaluer les modèles car elle est facile à interpréter et fournit un moyen simple de comparer la performance de différents modèles. Dans l'ensemble, le MAE est un outil important pour les praticiens de l'apprentissage automatique et est largement utilisé dans l'industrie comme dans le milieu académique.

Exemple :

```
from sklearn.metrics import mean_absolute_error
y_true = [3.0, 2.5, 4.0, 5.1]
y_pred = [2.8, 2.7, 3.8, 5.0]
mae = mean_absolute_error(y_true, y_pred)
print(f'Mean Absolute Error: {mae}')
```

Erreur Quadratique Moyenne (MSE)

Le MSE est une métrique statistique qui mesure la moyenne des différences au carré entre les valeurs prédites et les valeurs réelles. Cette technique élève au carré les erreurs avant de les moyenner, ce qui conduit à une pénalisation plus sévère des erreurs plus importantes par rapport aux plus petites. C'est une méthode couramment utilisée pour évaluer la performance des modèles de régression en Apprentissage Automatique.

Le MSE est connu pour être sensible aux valeurs aberrantes dans les données, ce qui peut avoir un impact significatif sur la performance du modèle. Par conséquent, il est important d'analyser et de prétraiter soigneusement les données pour s'assurer que le modèle n'est pas biaisé en faveur des valeurs aberrantes. De plus, il est fréquemment utilisé en combinaison avec d'autres métriques d'évaluation, telles que l'Erreur Quadratique Moyenne Racine (RMSE) et l'Erreur Absolue Moyenne (MAE), pour obtenir une analyse de performance plus complète du modèle.

Exemple :

```
from sklearn.metrics import mean_squared_error
mse = mean_squared_error(y_true, y_pred)
print(f'Mean Squared Error: {mse}')
```

13.3.6 Validation Croisée

Lorsque votre ensemble de données est de taille limitée, utiliser une partie pour l'entraînement et une autre pour les tests peut être problématique. Cela est dû au fait que le modèle peut ne pas bien se généraliser à de nouvelles données non vues. Une solution à ce défi est d'utiliser des techniques de validation croisée, telles que la validation croisée k-fold.

En partitionnant l'ensemble de données en 'k' sous-ensembles (plis) différents et en exécutant 'k' expériences d'apprentissage distinctes, vous pouvez mieux évaluer la performance de votre modèle. Cela vous permet également d'utiliser toutes vos données pour l'entraînement et les tests, au lieu de devoir en réserver une partie pour les tests.

De plus, la validation croisée aide à atténuer le problème du surapprentissage, où un modèle performe bien sur les données d'entraînement mais mal sur les données de test en raison de la mémorisation d'exemples spécifiques plutôt que de l'apprentissage de motifs généraux. Dans l'ensemble, la validation croisée est un outil précieux pour garantir que votre modèle soit robuste et puisse bien performer sur des données nouvelles et non vues.

Voici un exemple utilisant scikit-learn :

```python
from sklearn.model_selection import cross_val_score
from sklearn.ensemble import RandomForestClassifier
import numpy as np

# Creating a simple dataset and labels
X = np.array([[1, 2], [2, 4], [4, 8], [3, 6]])  # Feature Matrix
y = np.array([0, 0, 1, 1])  # Labels

# Initialize classifier
clf = RandomForestClassifier()

# Calculate cross-validation score
cv_scores = cross_val_score(clf, X, y, cv=3)
print(f'Cross-validation Scores: {cv_scores}')
print(f'Mean CV Score: {np.mean(cv_scores)}')
```

N'hésitez pas à approfondir chacune de ces métriques et techniques supplémentaires. Elles offrent des moyens puissants de comprendre et d'évaluer la performance de vos modèles d'apprentissage automatique. La phase d'évaluation est une partie intégrante du processus d'apprentissage automatique, donc plus vous serez familiarisé avec les outils et les approches, plus vos analyses seront robustes.

Prenez votre temps avec cette section ; comprendre ces métriques peut avoir un impact significatif sur votre efficacité dans les tâches réelles d'apprentissage automatique. Continuez à explorer, continuez à apprendre et, surtout, continuez à profiter du processus !

Exercices Pratiques Chapitre 13

Voici quelques exercices pratiques pour renforcer votre compréhension des concepts couverts dans le Chapitre 13.

Exercice 1 : Types d'Apprentissage Automatique

Problème :

Classez les scénarios suivants comme tâches d'apprentissage supervisé, non supervisé ou par renforcement :

1. Apprendre à un drone à naviguer à travers un parcours d'obstacles.

2. Regrouper des articles selon leur contenu.

3. Prédire la météo pour la semaine prochaine.

4. Recommander de la musique en fonction des habitudes d'écoute précédentes d'un utilisateur.

Solution :

1. Apprentissage par Renforcement

2. Apprentissage Non Supervisé

3. Apprentissage Supervisé

4. Apprentissage par Renforcement ou Apprentissage Supervisé (selon la façon dont il est implémenté)

Exercice 2 : Implémenter un Algorithme de Base

Problème :

Implémentez un algorithme de base de K Plus Proches Voisins (KNN) pour classifier l'ensemble de données suivant en deux classes :

```
# Data
X = [[2, 3], [4, 1], [1, 4], [4, 4], [2, 1], [3, 2]]
y = [0, 1, 0, 1, 0, 1]
```

Solution :

```
from sklearn.neighbors import KNeighborsClassifier

# Create a KNN classifier instance
knn = KNeighborsClassifier(n_neighbors=3)

# Fit the model
knn.fit(X, y)

# Predict a new data point
new_point = [[3, 3]]
prediction = knn.predict(new_point)
print(f'The predicted class of the point {new_point} is {prediction[0]}')
```

Exercice 3 : Évaluation du Modèle

Problème :

Évaluez un modèle simple de RandomForest en utilisant les métriques de précision (accuracy) et score F1 sur l'ensemble de données suivant :

```python
# Data
X_train = [[1, 2], [3, 4], [5, 6], [7, 8]]
y_train = [0, 1, 1, 0]
X_test = [[2, 3], [4, 5]]
y_test = [0, 1]
```

Solution :

```python
from sklearn.ensemble import RandomForestClassifier
from sklearn.metrics import accuracy_score, f1_score

# Initialize classifier
clf = RandomForestClassifier()

# Fit the model
clf.fit(X_train, y_train)

# Make predictions
y_pred = clf.predict(X_test)

# Evaluate the model
accuracy = accuracy_score(y_test, y_pred)
f1 = f1_score(y_test, y_pred)

print(f'Accuracy: {accuracy}')
print(f'F1 Score: {f1}')
```

N'hésitez pas à vous plonger dans ces exercices et n'hésitez pas à explorer au-delà ! Bon codage !

Conclusion du Chapitre 13

En concluant le Chapitre 13 sur « Introduction à l'Apprentissage Automatique », il est important de réfléchir à ce que nous avons couvert. L'apprentissage automatique est un domaine vaste, et bien que nous n'ayons fait qu'effleurer sa surface, l'objectif était de vous fournir une initiation accessible et complète à ce domaine incroyable.

Nous avons commencé par une introduction aux types d'apprentissage automatique : Supervisé, Non Supervisé et par Renforcement. Chacun de ces types a ses propres caractéristiques distinctives et cas d'usage. L'apprentissage supervisé, où le modèle est entraîné avec des données étiquetées, est souvent utilisé pour des tâches comme la classification et la régression. L'apprentissage non supervisé, quant à lui, traite des données non étiquetées et trouve des motifs cachés. L'apprentissage par renforcement interagit avec l'environnement pour prendre une séquence de décisions.

Nous nous sommes également plongés dans certains algorithmes de base qui sont essentiels dans le monde de l'apprentissage automatique. Des algorithmes comme la Régression Linéaire, les Arbres de Décision et les K Plus Proches Voisins (K-Nearest Neighbors) offrent une base sur laquelle de nombreux algorithmes complexes sont construits. Comprendre ces algorithmes est crucial non seulement pour les appliquer correctement, mais aussi pour apprécier le réseau complexe de calculs qui interviennent pour faire fonctionner les modèles d'apprentissage automatique.

La section sur l'évaluation du modèle nous a amenés dans les domaines de l'exactitude, de la précision, du rappel (recall) et du score F1, parmi d'autres métriques. Comprendre comment évaluer un modèle d'apprentissage automatique est tout aussi important que de savoir comment le construire. Une évaluation incorrecte ou inadéquate peut conduire à la mise en œuvre de modèles qui peuvent mal fonctionner dans des situations du monde réel, causant divers problèmes, y compris des pertes financières et l'insatisfaction des clients.

La section d'exercices pratiques a été incluse pour vous offrir une expérience pratique, qui est inestimable pour comprendre n'importe quel concept. À travers le codage, les idées abstraites discutées se transforment en actions concrètes. C'est une chose de comprendre la théorie derrière l'apprentissage automatique, et c'en est une autre d'implémenter cette compréhension dans du code fonctionnel.

En conclusion, l'apprentissage automatique n'est pas seulement un sujet ; c'est une boîte à outils. Avec cette boîte à outils, vous pouvez résoudre des problèmes du monde réel, rendre les systèmes plus efficaces et même découvrir des vérités qui ne sont pas immédiatement visibles. Le voyage ne fait que commencer et il y a beaucoup plus à explorer et à apprendre. J'espère que ce chapitre a éveillé votre intérêt et vous a fourni les outils essentiels pour faire passer votre apprentissage au niveau suivant.

Merci de nous avoir accompagnés dans cette exploration passionnante des concepts de base de l'apprentissage automatique. N'oubliez pas, le domaine est en constante évolution, et l'apprentissage continu est la clé. Bon apprentissage !

Chapitre 14 : Apprentissage Supervisé

Bienvenue au Chapitre 14 ! Dans ce chapitre, nous allons plonger dans le monde passionnant de l'Apprentissage Supervisé, un domaine fascinant de l'apprentissage automatique qui permet aux modèles d'apprendre à partir de données étiquetées et de réaliser des prédictions ou des décisions sans intervention humaine. En effet, la partie « supervisée » du nom fait référence au processus d'apprentissage qui ressemble à un enseignant supervisant le processus d'apprentissage : l'algorithme fait des prédictions de manière itérative et est corrigé par l'enseignant jusqu'à ce qu'il apprenne la bonne réponse.

Tout au long de ce chapitre, nous explorerons divers algorithmes et techniques qui sont fondamentaux pour l'apprentissage supervisé, en construisant une base solide de connaissances. Le premier algorithme que nous analyserons plus en détail est la Régression Linéaire, qui est non seulement l'un des algorithmes les plus basiques mais aussi l'un des plus puissants. La Régression Linéaire est une technique utilisée pour modéliser la relation entre deux variables en ajustant une équation linéaire aux données observées et elle est largement utilisée dans de nombreux domaines tels que l'économie, la physique et la santé.

Alors que nous explorons la Régression Linéaire, nous apprendrons les hypothèses qui doivent être respectées pour que l'algorithme fonctionne correctement, comment évaluer la performance d'un modèle et comment interpréter les résultats. Nous explorerons également les différents types de régression linéaire, y compris la régression linéaire simple et la régression linéaire multiple, et comment les appliquer à des problèmes du monde réel.

À la fin de ce chapitre, vous aurez une compréhension approfondie de la Régression Linéaire et vous serez prêt à aborder des techniques d'apprentissage supervisé plus avancées. Alors commençons et explorons le monde de l'Apprentissage Supervisé plus en détail !

14.1 Régression Linéaire

La Régression Linéaire est un algorithme puissant d'apprentissage supervisé qui nous permet de prédire une étiquette numérique en établissant une relation linéaire entre la variable dépendante Y et une ou plusieurs variables indépendantes X en utilisant la meilleure ligne droite d'ajustement, également connue sous le nom de ligne de régression.

La ligne de meilleur ajustement est obtenue en minimisant la somme des distances entre les valeurs prédites et les valeurs réelles, également appelées résidus, de la variable dépendante Y. Cette approche garantit que les prédictions soient aussi précises que possible.

De plus, la Régression Linéaire a diverses applications dans différents domaines, tels que la finance, l'économie et les sciences sociales. Elle peut être appliquée pour prédire les cours des actions, pour comprendre la relation entre le revenu et le niveau d'éducation, et pour analyser l'impact de la publicité sur le comportement des consommateurs.

La simplicité de l'algorithme réside dans sa capacité à trouver la meilleure ligne droite d'ajustement à travers les points de données, qui peuvent être facilement visualisés. Cette ligne représente le modèle et peut être utilisée pour faire des prédictions précises. Cependant, la mise en œuvre de la Régression Linéaire nécessite quelques compétences en codage et des connaissances statistiques.

La Régression Linéaire est un outil précieux pour l'analyse de données et la prédiction, avec une large gamme d'applications. Sa simplicité et sa précision en font un choix populaire parmi les data scientists et les passionnés d'apprentissage automatique. Alors mettons-nous au travail avec un peu de code et explorons la puissance de la Régression Linéaire !

Voici un exemple simple utilisant la bibliothèque **scikit-learn** de Python :

```python
# Import necessary libraries
import numpy as np
import matplotlib.pyplot as plt
from sklearn.linear_model import LinearRegression

# Create dataset
X = np.array([1, 2, 3, 4, 5]).reshape(-1, 1)
y = np.array([2, 4, 3, 3.5, 5])

# Initialize and fit the model
model = LinearRegression()
model.fit(X, y)

# Make predictions
y_pred = model.predict(X)

# Plotting the data points and the best fit line
plt.scatter(X, y, color='blue')
plt.plot(X, y_pred, color='red')
plt.title("Linear Regression Example")
plt.xlabel("X")
plt.ylabel("y")
plt.show()
```

Cela produira un graphique avec des points de données en bleu et la ligne de meilleur ajustement en rouge.

Dans cet exemple, nous utilisons un ensemble de données simple avec une seule variable indépendante, ce qui en fait un modèle de « Régression Linéaire Simple ». Cependant, la Régression Linéaire peut également être appliquée à des ensembles de données avec plusieurs variables indépendantes, connu sous le nom de « Régression Linéaire Multiple ».

La Régression Linéaire peut sembler basique par rapport à certains des algorithmes d'apprentissage automatique plus avancés qui existent, mais sa simplicité cache sa puissance. En modélisant la relation entre deux variables, elle peut être utilisée pour un large éventail d'applications, de la prédiction des cours boursiers à l'analyse du comportement des consommateurs.

En fait, c'est l'un des algorithmes d'apprentissage supervisé les plus largement utilisés et il sert de fondement à des méthodes plus avancées comme la régression logistique et les réseaux de neurones. Comprendre la Régression Linéaire n'est pas seulement essentiel pour les applications pratiques, mais aussi pour obtenir une compréhension plus approfondie des principes sous-jacents de l'apprentissage automatique. Par conséquent, bien qu'elle puisse sembler élémentaire, c'est en réalité un outil fondamental que tout scientifique des données ou praticien de l'apprentissage automatique doit maîtriser.

14.1.1 Hypothèses de la Régression Linéaire

La Régression Linéaire est un outil puissant et simple qui peut être utilisé pour un large éventail d'applications. Cependant, il est important de noter que la précision du modèle dépend largement de certaines hypothèses. Ces hypothèses incluent la linéarité, l'indépendance, l'homoscédasticité et la normalité des erreurs.

Par exemple, l'hypothèse de linéarité établit qu'il doit y avoir une relation linéaire entre les variables indépendantes et dépendantes. Si cette hypothèse n'est pas respectée, il est possible que le modèle ne puisse pas fournir de prédictions précises. De même, l'hypothèse d'indépendance établit que les résidus ne doivent pas être corrélés entre eux. Violer cette hypothèse peut conduire à des estimations biaisées des paramètres du modèle.

Une autre hypothèse importante est l'homoscédasticité, qui établit que la variance des erreurs doit être constante à tous les niveaux des variables indépendantes. Si cette hypothèse n'est pas respectée, il est possible que le modèle fournisse des prédictions inexactes pour certains sous-ensembles des données.

Enfin, l'hypothèse de normalité des erreurs établit que les erreurs doivent être distribuées normalement. Violer cette hypothèse peut conduire à des estimations biaisées des paramètres du modèle et peut également affecter la validité des tests d'hypothèses.

Par conséquent, il est crucial de vérifier ces hypothèses avant d'utiliser la Régression Linéaire et de prendre les mesures appropriées si l'une des hypothèses est violée. Cela peut inclure l'utilisation de modèles de régression non linéaire, la transformation des données ou l'utilisation de techniques de régression robustes.

Exemple :

1. Linéarité

La relation entre la variable indépendante et dépendante doit être linéaire.

```
# Checking for linearity using a scatter plot
import matplotlib.pyplot as plt
import numpy as np

# Generate some example data
X = np.linspace(0, 10, 100)
y = 2 * X + 1 + np.random.normal(0, 1, 100)

plt.scatter(X, y)
plt.title('Linearity Check')
plt.xlabel('X')
plt.ylabel('y')
plt.show()
```

2. Indépendance

Les observations doivent être indépendantes les unes des autres. Il s'agit davantage d'un problème de collecte de données que d'un problème du modèle lui-même. Par exemple, dans les données de séries temporelles, cette hypothèse est violée car chaque observation dépend de la précédente.

3. Homoscédasticité

La variance du terme d'erreur doit être constante.

```
# Checking for Homoscedasticity
residuals = y - (2 * X + 1)

plt.scatter(X, residuals)
plt.title('Homoscedasticity Check')
plt.xlabel('X')
plt.ylabel('Residuals')
plt.show()
```

Ici, si les résidus sont dispersés aléatoirement autour de zéro, il est probable que l'hypothèse d'homoscédasticité soit respectée.

4. Normalité des Erreurs

Le terme d'erreur doit être distribué normalement, bien que cette hypothèse puisse être assouplie si la taille de l'échantillon est grande.

14.1.2 Régularisation

Dans les cas où l'ensemble de données a trop de caractéristiques, ou si vous êtes confronté au surapprentissage, des techniques telles que la Régression Ridge ou Lasso peuvent être appliquées. Ce sont des variantes de régression linéaire qui incluent un terme de pénalité pour simplifier le modèle.

La régularisation est une technique qui peut être utilisée lorsque l'on travaille avec des ensembles de données qui ont trop de caractéristiques ou lorsque le surapprentissage est une préoccupation. Une façon de mettre en œuvre la régularisation est d'utiliser la Régression Ridge ou Lasso, qui sont des variantes de régression linéaire. Ces techniques impliquent d'ajouter un terme de pénalité au modèle, ce qui aide à le simplifier.

Ce faisant, le modèle peut devenir plus généralisable et moins sujet au surapprentissage. Dans la Régression Ridge, le terme de pénalité est la somme des carrés des coefficients, tandis que dans la Régression Lasso, le terme de pénalité est la somme des valeurs absolues des coefficients. Les deux techniques ont leurs propres avantages et inconvénients, et il est important de choisir celle qui est la plus appropriée pour votre situation spécifique.

Exemple :

1. Régression Ridge (Régularisation L2)

Ajoute la « magnitude au carré » du coefficient comme terme de pénalité à la fonction de perte.

```python
from sklearn.linear_model import Ridge

ridge = Ridge(alpha=1.0)
ridge.fit(X.reshape(-1, 1), y)
```

2. Régression Lasso (Régularisation L1)

Ajoute la « valeur absolue de la magnitude » du coefficient comme terme de pénalité à la fonction de perte.

```python
from sklearn.linear_model import Lasso

lasso = Lasso(alpha=1.0)
lasso.fit(X.reshape(-1, 1), y)
```

Tant dans Ridge que dans Lasso, le paramètre alpha contrôle la force du terme de régularisation. Un alpha plus élevé signifie plus de régularisation et des modèles plus simples.

N'oubliez pas, les techniques de régularisation sont particulièrement utiles lorsque vous avez un grand nombre de caractéristiques et que vous souhaitez éviter le surapprentissage.

14.1.3 Régression Polynomiale

Alors que nous avons discuté du fait que la régression linéaire trouve une ligne droite pour ajuster les données, parfois les données nécessitent une courbe pour un meilleur ajustement. La régression polynomiale est une alternative qui permet une courbe en introduisant des termes d'ordre supérieur dans l'équation.

La régression linéaire est un excellent outil pour trouver une ligne droite pour ajuster les données, mais parfois les données nécessitent une courbe pour obtenir un meilleur ajustement. C'est là qu'intervient la régression polynomiale. Au lieu de restreindre l'équation à une ligne droite, la régression polynomiale introduit des termes d'ordre supérieur qui permettent de former une courbe.

Cette courbe peut ajuster plus précisément les points de données et fournir une meilleure représentation générale de la relation entre les variables. En essence, la régression polynomiale est une alternative flexible à la régression linéaire qui peut accommoder des relations plus complexes entre les variables et peut fournir des prédictions plus précises.

Voici un petit extrait de code pour démontrer la régression polynomiale :

```
from sklearn.preprocessing import PolynomialFeatures

# Create dataset
X = np.array([1, 2, 3, 4, 5]).reshape(-1, 1)
y = np.array([2, 1.5, 2.5, 4.4, 5.5])

# Polynomial features
poly = PolynomialFeatures(degree=2)
X_poly = poly.fit_transform(X)

# Fit the polynomial model
model = LinearRegression()
model.fit(X_poly, y)

# Make predictions
y_pred = model.predict(X_poly)

# Plot
plt.scatter(X, y, color='blue')
plt.plot(X, y_pred, color='red')
plt.title("Polynomial Regression Example")
plt.xlabel("X")
plt.ylabel("y")
plt.show()
```

14.1.4 Interprétation des Coefficients

Les coefficients dans une équation linéaire (souvent notés 'm' pour la pente et 'b' pour l'ordonnée à l'origine dans y = mx + b) ont des interprétations du monde réel qui peuvent être utiles pour comprendre les relations entre les variables. Ces coefficients peuvent également fournir des informations sur la direction et l'ampleur de l'effet qu'une variable prédictive a sur la variable de réponse.

Par exemple, dans un modèle qui prédit les prix des maisons en fonction du nombre de chambres, le coefficient pour le nombre de chambres représente le changement moyen du prix de la maison pour chaque chambre supplémentaire. Cela peut être utilisé pour estimer combien la valeur d'une maison augmenterait si une nouvelle chambre était ajoutée, ou combien on pourrait économiser en achetant une maison avec une chambre de moins que celle désirée initialement.

De plus, comprendre le concept de coefficients peut également aider à identifier les valeurs aberrantes ou les observations influentes qui peuvent affecter la précision globale du modèle.

Maintenant ! Passons au monde fascinant des algorithmes de classification. Comme vous le savez, la classification consiste à identifier à quelle catégorie appartient un point de données particulier, parmi un ensemble de catégories prédéfinies. Dans cette section, nous explorerons quelques algorithmes clés et leurs applications.

14.2 Types d'Algorithmes de Classification

14.2.1. Régression Logistique

Malgré son nom, la régression logistique est largement utilisée pour les problèmes de classification, où l'objectif est d'assigner des données d'entrée à l'une de plusieurs catégories. Elle est particulièrement adaptée à la classification binaire, où il n'y a que deux catégories possibles. La régression logistique fonctionne en modélisant la probabilité qu'une entrée appartienne à une catégorie particulière, compte tenu de ses caractéristiques. Cette fonction de probabilité est connue sous le nom de fonction logistique, et elle associe toute entrée à une valeur entre 0 et 1. La frontière de décision entre les deux catégories est ensuite déterminée par une valeur seuil.

L'un des principaux avantages de la régression logistique est qu'elle est relativement facile à interpréter. Les coefficients du modèle représentent l'effet que chaque caractéristique a sur la probabilité que l'entrée appartienne à une catégorie particulière. Cela peut être utile pour comprendre les relations sous-jacentes entre les caractéristiques et la variable cible, et peut également aider à identifier quelles caractéristiques sont les plus importantes pour la classification.

La régression logistique est une technique populaire et puissante en apprentissage automatique, et elle a de nombreuses applications dans des domaines tels que la santé, la finance et le marketing. Par exemple, elle peut être utilisée pour prédire la probabilité qu'un patient ait une maladie particulière en fonction de ses symptômes, ou pour classifier des transactions par carte de crédit comme frauduleuses ou légitimes.

Cependant, la régression logistique n'est pas sans limites. L'une des principales hypothèses de la régression logistique est que la relation entre les caractéristiques et la variable cible est linéaire. Si cette hypothèse est violée, le modèle peut ne pas être capable de capturer les motifs sous-jacents dans les données, ce qui peut conduire à de mauvaises performances. De plus, la régression logistique n'est pas adaptée aux problèmes avec un grand nombre de caractéristiques ou des caractéristiques fortement corrélées, car cela peut provoquer du surapprentissage.

Malgré ces limites, la régression logistique reste une technique puissante et largement utilisée en apprentissage automatique. Sa simplicité, son interprétabilité et sa flexibilité en font un choix populaire pour une large gamme de problèmes de classification.

Voici un exemple rapide :

```python
from sklearn.datasets import load_iris
from sklearn.linear_model import LogisticRegression
from sklearn.model_selection import train_test_split

iris = load_iris()
X, y = iris.data, iris.target
X_train, X_test, y_train, y_test = train_test_split(X, y, test_size=0.2)

clf = LogisticRegression()
clf.fit(X_train, y_train)
print("Accuracy:", clf.score(X_test, y_test))
```

14.2.2. K Plus Proches Voisins (KNN)

KNN (K-Nearest Neighbors) est un type d'algorithme d'apprentissage supervisé utilisé pour les problèmes de classification. C'est un algorithme non paramétrique, ce qui signifie qu'il ne fait aucune hypothèse sur la distribution sous-jacente des données. Au lieu de cela, il observe simplement les points de données les plus proches pour déterminer la catégorie du nouveau point de données. La valeur 'k' est un hyperparamètre qui peut être ajusté pour obtenir une meilleure précision de classification.

L'un des principaux avantages de KNN est qu'il s'agit d'un algorithme simple et intuitif qui peut être facilement compris tant par les utilisateurs techniques que non techniques. De plus, KNN peut être utilisé aussi bien pour les problèmes de classification binaire que multi-classes.

Cependant, il existe certaines limitations à KNN. Un aspect important à considérer est que KNN peut être coûteux en termes de calcul pour les grands ensembles de données, car il nécessite de calculer la distance entre le nouveau point de données et tous les autres points de données dans l'ensemble de données. De plus, KNN peut ne pas bien fonctionner lorsqu'il y a de nombreuses caractéristiques non pertinentes dans les données, car ces caractéristiques peuvent générer du bruit dans le calcul de la distance.

Pour remédier à ces limitations, certaines variations de KNN ont été développées. Par exemple, le KNN pondéré attribue des poids différents aux voisins les plus proches en fonction de leur distance au nouveau point de données. Cela peut aider à réduire l'impact des caractéristiques bruitées ou non pertinentes dans les données. Une autre variation est l'utilisation d'arbres KD, qui peuvent aider à accélérer le processus de calcul de la distance en réduisant le nombre de points de données qui doivent être recherchés.

Malgré ses limitations, KNN reste un algorithme populaire et largement utilisé en apprentissage automatique. Il est particulièrement utile pour les problèmes où la distribution sous-jacente des données n'est pas bien comprise ou lorsqu'il n'y a pas de motifs clairs dans les données. De plus, KNN peut être utilisé en combinaison avec d'autres algorithmes pour améliorer la performance globale de la tâche de classification.

```python
from sklearn.neighbors import KNeighborsClassifier

knn = KNeighborsClassifier(n_neighbors=3)
knn.fit(X_train, y_train)
print("Accuracy:", knn.score(X_test, y_test))
```

14.2.3. Arbres de Décision

Les arbres de décision sont un outil puissant dans le monde de la science des données et de l'apprentissage automatique, car ils fournissent une manière claire et intuitive de prendre des décisions basées sur des données complexes. Ils sont largement utilisés dans de nombreux domaines différents, tels que la médecine, la finance et la fabrication, pour aider à prendre des décisions éclairées par les données.

L'un des principaux avantages des arbres de décision est leur capacité à décomposer des décisions complexes en étapes plus petites et gérables. En posant une série de questions basées sur les données disponibles, les arbres de décision peuvent aider à identifier les facteurs les plus importants qui doivent être pris en compte lors de la prise d'une décision. Cela peut être particulièrement utile dans des situations où il y a de nombreux facteurs différents à considérer, et où un décideur humain peut ne pas être capable de prendre en compte tous ces facteurs à la fois.

Un autre avantage des arbres de décision est leur capacité à traiter à la fois des données catégorielles et numériques. Cela signifie que les arbres de décision peuvent être utilisés pour prendre des décisions basées sur une large gamme de types de données différents, y compris des données quantitatives et qualitatives. Cela en fait un outil polyvalent qui peut être utilisé dans de nombreuses applications différentes.

Cependant, il existe certaines limitations des arbres de décision qui doivent être prises en compte. L'une des principales limitations est le potentiel de surapprentissage. Cela peut se produire lorsque l'arbre de décision est trop complexe et peut s'ajuster parfaitement aux données d'entraînement, mais ne peut pas bien se généraliser à de nouvelles données. Pour surmonter cette limitation, il est important d'utiliser des techniques telles que l'élagage et la validation croisée pour s'assurer que l'arbre de décision ne surapprend pas les données.

Dans l'ensemble, les arbres de décision sont un outil précieux pour prendre des décisions basées sur des données complexes. Ils fournissent une manière claire et intuitive de décomposer des décisions complexes en étapes plus petites et gérables, et peuvent traiter à la fois des données catégorielles et numériques. En tenant compte des limitations des arbres de décision et en utilisant des techniques appropriées pour les surmonter, les scientifiques des données et les professionnels de l'apprentissage automatique peuvent utiliser les arbres de décision pour prendre des décisions bien informées et raisonnées basées sur des données complexes.

```
from sklearn.tree import DecisionTreeClassifier

tree = DecisionTreeClassifier()
tree.fit(X_train, y_train)
print("Accuracy:", tree.score(X_test, y_test))
```

14.2.4. Machine à Vecteurs de Support (SVM)

La Machine à Vecteurs de Support (SVM, pour Support Vector Machine en anglais) est un algorithme d'apprentissage automatique puissant et polyvalent qui peut être utilisé aussi bien pour les problèmes de classification que de régression. Il a été introduit pour la première fois dans les années 1990 par Vladimir Vapnik et ses collègues, et est depuis devenu l'un des algorithmes les plus populaires et largement utilisés dans le domaine de l'apprentissage automatique.

L'idée de base derrière SVM est de trouver un hyperplan dans un espace de haute dimensionnalité qui sépare au mieux l'ensemble de données en différentes classes. L'hyperplan est choisi de manière à maximiser la marge entre les points les plus proches de chaque classe, également appelés vecteurs de support. La marge est la distance entre l'hyperplan et les points de données les plus proches de chaque classe. L'idée est de choisir l'hyperplan qui a la marge la plus grande, car c'est celui qui est susceptible de mieux se généraliser à de nouvelles données non vues.

SVM est un algorithme puissant qui présente plusieurs avantages par rapport à d'autres algorithmes d'apprentissage automatique. Par exemple, SVM peut gérer les problèmes de classification linéaires et non linéaires. Cela est réalisé en transformant les données d'entrée dans un espace de plus grande dimensionnalité, où un hyperplan linéaire peut être utilisé pour séparer les classes. C'est ce qu'on appelle l'astuce du noyau, et cela permet à SVM de fonctionner efficacement dans des espaces de haute dimensionnalité.

Un autre avantage de SVM est qu'il est moins sujet au surapprentissage que d'autres algorithmes, comme les arbres de décision ou les réseaux de neurones. Cela est dû au fait que SVM cherche à trouver l'hyperplan qui sépare le mieux les classes, plutôt que d'ajuster un modèle complexe aux données. Cela signifie qu'il est moins probable que SVM mémorise les données d'entraînement et plus probable qu'il se généralise à de nouvelles données non vues.

SVM a été utilisé avec succès dans diverses applications, telles que la classification d'images, la classification de textes et la bioinformatique. Dans la classification d'images, SVM peut être utilisé pour classer des images dans différentes catégories, comme les chats et les chiens. Dans la classification de textes, SVM peut être utilisé pour classer des documents dans différentes catégories, comme les courriels spam et non spam. En bioinformatique, SVM peut être utilisé pour classer des protéines dans différentes catégories fonctionnelles.

Malgré ses avantages, SVM présente également certaines limitations. L'une des principales limitations est qu'il peut être coûteux en calcul, en particulier lorsqu'il s'agit de grands ensembles de données ou de modèles complexes. Cela signifie que SVM peut ne pas être le meilleur choix pour les applications en temps réel ou les applications qui nécessitent des temps de réponse rapides. Une autre limitation est que SVM peut être sensible au choix des hyperparamètres, tels que la fonction du noyau et le paramètre de régularisation. Cela signifie que l'ajustement de ces hyperparamètres peut être une tâche chronophage et difficile.

En conclusion, la Machine à Vecteurs de Support (SVM) est un algorithme d'apprentissage automatique puissant et polyvalent qui peut être utilisé aussi bien pour les problèmes de classification que de régression. Sa capacité à gérer les problèmes de classification linéaires et non linéaires, et sa moindre propension au surapprentissage en font une option attrayante pour une large gamme d'applications. Cependant, son coût de calcul et sa sensibilité aux hyperparamètres doivent également être pris en compte lors du choix de l'algorithme approprié pour un problème spécifique.

```
from sklearn.svm import SVC

svc = SVC()
svc.fit(X_train, y_train)
print("Accuracy:", svc.score(X_test, y_test))
```

14.2.5. Forêt Aléatoire

La Forêt Aléatoire est un algorithme d'apprentissage automatique polyvalent qui est devenu de plus en plus populaire ces dernières années. C'est une méthode d'ensemble qui utilise plusieurs arbres de décision pour la classification. L'idée derrière la Forêt Aléatoire est de construire un ensemble d'arbres de décision qui sont diversifiés et indépendants les uns des autres, puis de combiner leurs prédictions d'une manière qui réduit le risque de surapprentissage.

L'un des principaux avantages de la Forêt Aléatoire est sa capacité à gérer des données de haute dimensionnalité avec un grand nombre de caractéristiques. Cela est dû au fait que chaque arbre de décision dans l'ensemble n'utilise qu'un sous-ensemble des caractéristiques disponibles, ce qui aide à réduire le risque de surapprentissage et à améliorer la performance de généralisation du modèle. De plus, la Forêt Aléatoire peut gérer les données manquantes et les variables catégorielles sans nécessiter de prétraitement, ce qui en fait un outil polyvalent pour une large gamme d'applications.

Un autre avantage de la Forêt Aléatoire est sa capacité à fournir des classements d'importance des caractéristiques. Cela est dû au fait que chaque arbre de décision dans l'ensemble utilise un sous-ensemble différent de caractéristiques, ce qui permet au modèle d'identifier les caractéristiques les plus importantes pour la classification. Cela peut être utile pour comprendre les relations sous-jacentes entre les caractéristiques et la variable cible, et peut également aider à identifier quelles caractéristiques sont les plus importantes pour la classification.

Cependant, il existe également certaines limitations de la Forêt Aléatoire qui doivent être prises en compte. L'une des principales limitations est le potentiel de surapprentissage, en particulier lorsque le nombre d'arbres dans l'ensemble est trop grand.

Cela peut être abordé en utilisant des techniques telles que la validation croisée et l'arrêt précoce pour éviter le surapprentissage. Une autre limitation est le potentiel de biais dans les classements d'importance des caractéristiques, en particulier lorsque les données contiennent des caractéristiques corrélées. Cela peut être abordé en utilisant des techniques telles que l'importance par permutation ou les graphiques de dépendance partielle.

La Forêt Aléatoire est un algorithme d'apprentissage automatique puissant et polyvalent qui peut être utilisé pour une large gamme de problèmes de classification. Sa capacité à gérer des données de haute dimensionnalité, des données manquantes et des variables catégorielles, ainsi que sa capacité à fournir des classements d'importance des caractéristiques, en font un outil précieux pour les scientifiques des données et les praticiens de l'apprentissage automatique. Cependant, son potentiel de surapprentissage et de biais dans les classements d'importance des caractéristiques doivent également être pris en compte lors de l'utilisation de cet algorithme. Avec une considération attentive de ses forces et de ses limitations, la Forêt Aléatoire peut être un ajout précieux à toute boîte à outils d'apprentissage automatique.

```
from sklearn.ensemble import RandomForestClassifier

forest = RandomForestClassifier()
forest.fit(X_train, y_train)
print("Accuracy:", forest.score(X_test, y_test))
```

14.2.6 Avantages et Inconvénients

Lorsqu'il s'agit de choisir un algorithme d'apprentissage automatique, de nombreux facteurs sont à prendre en compte. En particulier, vous devez peser le pour et le contre de chaque algorithme afin de déterminer celui qui convient le mieux à vos besoins spécifiques. Voici quelques avantages et inconvénients à garder à l'esprit pendant que vous prenez votre décision :

- **Régression Logistique** : La régression logistique est un choix populaire en raison de sa facilité de mise en œuvre. Cependant, elle peut avoir des difficultés avec les frontières non linéaires, ce qui peut limiter son efficacité dans certaines situations.

- **KNN** : KNN, ou k plus proches voisins, est un algorithme qui ne fait aucune hypothèse sur les données qu'il analyse. Cependant, cet algorithme peut être coûteux en termes de calcul, en particulier lorsqu'on travaille avec de grands ensembles de données.

- **Arbres de Décision** : Les arbres de décision sont faciles à comprendre et à interpréter, ce qui en fait un choix populaire pour de nombreuses applications d'apprentissage automatique. Cependant, ils peuvent être sujets au surapprentissage, ce qui peut limiter leur utilité dans certains contextes.

- **SVM** : Les SVM, ou machines à vecteurs de support, sont efficaces dans les espaces de haute dimensionnalité. Cependant, elles peuvent être gourmandes en mémoire, ce qui peut limiter leur utilité pour certaines applications.

- **Forêt Aléatoire** : Les forêts aléatoires sont polyvalentes et peuvent être utilisées pour un large éventail de tâches d'apprentissage automatique. Cependant, elles peuvent devenir complexes, ce qui peut les rendre difficiles à mettre en œuvre et à interpréter dans certains contextes.

14.2.7 Méthodes d'Ensemble

Bien que nous ayons brièvement mentionné les Forêts Aléatoires comme méthode d'ensemble, il convient de noter que les méthodes d'ensemble en général sont un outil puissant dans les problèmes de classification. L'idée principale est de combiner les prédictions de plusieurs estimateurs de base pour améliorer la robustesse et la précision.

Les méthodes d'ensemble peuvent être divisées en deux catégories principales : le bagging et le boosting. Le bagging consiste à entraîner les estimateurs de base de manière indépendante sur différents sous-ensembles aléatoires des données d'entraînement, puis à agréger leurs prédictions par vote majoritaire. Le boosting, en revanche, consiste à entraîner itérativement les estimateurs de base de manière à mettre davantage l'accent sur les échantillons mal classés de l'itération précédente.

Une autre façon d'améliorer la performance des méthodes d'ensemble est d'utiliser différents types d'estimateurs de base. Par exemple, on peut combiner des arbres de décision avec des machines à vecteurs de support ou des réseaux de neurones. C'est ce qu'on appelle un ensemble hétérogène et cela peut conduire à des résultats encore meilleurs que l'utilisation d'estimateurs de base homogènes.

Enfin, il convient de mentionner que les méthodes d'ensemble peuvent être utilisées non seulement pour la classification, mais aussi pour les problèmes de régression et de détection d'anomalies. Dans ces cas, les estimateurs de base sont entraînés pour prédire des valeurs continues ou détecter des valeurs aberrantes, respectivement. Dans l'ensemble, les méthodes d'ensemble sont un outil polyvalent et efficace en apprentissage automatique qui peut améliorer la performance de nombreux algorithmes.

1. Boosting

Le boosting est une technique d'apprentissage automatique qui combine plusieurs modèles faibles pour créer un seul modèle fort. L'idée derrière le boosting est d'entraîner de manière itérative une série de modèles faibles, puis de les combiner en un seul modèle fort. Pendant le processus d'entraînement, les modèles sont pondérés en fonction de leur précision, les modèles les plus précis recevant un poids plus élevé. Cela garantit que le modèle final est une moyenne pondérée des modèles individuels, les modèles les plus précis ayant un impact plus important sur le résultat final. En combinant plusieurs modèles faibles de cette manière, le boosting peut améliorer la précision générale d'un système d'apprentissage automatique et le rendre plus robuste face aux variations des données d'entrée.

Exemple : AdaBoost

```
from sklearn.ensemble import AdaBoostClassifier

ada = AdaBoostClassifier(n_estimators=100)
ada.fit(X_train, y_train)
print("Accuracy:", ada.score(X_test, y_test))
```

2. Bagging

Le bagging, qui signifie Agrégation Bootstrap, est une méthode d'ensemble populaire utilisée dans l'apprentissage automatique. Cette technique consiste à créer plusieurs modèles, chacun entraîné avec un sous-ensemble différent des données d'entraînement, pour améliorer la précision globale du modèle.

L'une des caractéristiques clés du bagging est sa capacité à promouvoir la variance du modèle. Pour y parvenir, chaque modèle dans l'ensemble est entraîné en utilisant un sous-ensemble tiré aléatoirement de l'ensemble d'entraînement. En introduisant de l'aléatoire dans le processus d'entraînement, le bagging aide à garantir que les modèles n'apprennent pas tous les mêmes motifs dans les données, ce qui peut provoquer du surapprentissage.

Un autre aspect important du bagging est la façon dont les modèles de l'ensemble votent. Contrairement à d'autres techniques d'ensemble, comme le boosting, le bagging attribue un poids égal au vote de chaque modèle. Cela signifie que chaque modèle contribue de manière égale à la prédiction finale, ce qui peut aider à réduire l'impact des valeurs aberrantes ou des modèles qui fonctionnent mal.

Le bagging est une technique puissante pour améliorer la précision et la stabilité des modèles d'apprentissage automatique. En utilisant plusieurs modèles entraînés avec différents sous-ensembles de données, le bagging aide à promouvoir la variance du modèle et à réduire le surapprentissage, ce qui se traduit par des prédictions plus précises.

Exemple : Bagging avec des Arbres de Décision

```
from sklearn.ensemble import BaggingClassifier

bagging      =      BaggingClassifier(DecisionTreeClassifier(),      max_samples=0.5,
max_features=0.5)
bagging.fit(X_train, y_train)
print("Accuracy:", bagging.score(X_test, y_test))
```

Ensembles de Données Déséquilibrés

Dans de nombreux scénarios de classification du monde réel, il est courant qu'une classe soit significativement plus prévalente que les autres classes. Lorsque cela se produit, certains algorithmes pourraient être biaisés vers la classe majoritaire, ignorant effectivement la classe minoritaire.

Cela peut entraîner de faibles performances sur la classe minoritaire, ce qui conduit à des prédictions inexactes et à des résultats potentiellement préjudiciables. Pour atténuer ce problème, plusieurs techniques ont été proposées dans la littérature. Par exemple, une approche consiste à utiliser des techniques de rééchantillonnage, comme le suréchantillonnage de la classe minoritaire ou le sous-échantillonnage de la classe majoritaire, pour équilibrer la distribution des classes.

Une autre approche consiste à modifier l'algorithme d'apprentissage pour tenir compte du déséquilibre de classes, comme attribuer différents coûts de mauvaise classification aux différentes classes. Il existe également des méthodes d'ensemble, comme le bagging et le boosting, qui peuvent améliorer la performance de classification sur des ensembles de données déséquilibrés.

En utilisant ces techniques, il est possible d'obtenir de meilleures performances tant sur les classes majoritaires que minoritaires, et d'éviter les conséquences négatives d'ignorer la classe minoritaire dans les tâches de classification.

Stratégies :

1. **Rééchantillonnage** : Vous pouvez suréchantillonner la classe minoritaire, sous-échantillonner la classe majoritaire ou générer des échantillons synthétiques. Une approche pour le suréchantillonnage consiste à utiliser une technique appelée SMOTE, qui génère des échantillons synthétiques en interpolant entre des échantillons existants de la classe minoritaire. Une autre approche pour le sous-échantillonnage consiste à utiliser une technique appelée liens de Tomek, qui élimine des exemples de la classe majoritaire qui sont les plus proches d'exemples de la classe minoritaire. Cependant, il est important de noter que le suréchantillonnage peut provoquer du surapprentissage et le sous-échantillonnage peut provoquer une perte d'information.

2. **Approches au niveau de l'algorithme** : Certains algorithmes vous permettent d'établir des poids de classe, pénalisant effectivement les mauvaises classifications de la classe minoritaire plus que la classe majoritaire. Une autre approche consiste à utiliser des méthodes d'ensemble, comme les forêts aléatoires ou le boosting, qui combinent plusieurs modèles pour améliorer la performance de la classification. Cependant, il est important de noter que ces approches peuvent être coûteuses en calcul et peuvent nécessiter plus de données pour l'entraînement.

En résumé, il existe plusieurs stratégies qui peuvent être utilisées pour aborder le déséquilibre de classes, notamment le rééchantillonnage et les approches au niveau de l'algorithme. Cependant, il est important de considérer attentivement les avantages et les inconvénients de chaque approche et d'évaluer la performance des modèles résultants.

Exemple : Utilisation de poids de classe avec **LogisticRegression** :

```
clf_weighted = LogisticRegression(class_weight='balanced')
clf_weighted.fit(X_train, y_train)
print("Accuracy:", clf_weighted.score(X_test, y_test))
```

Validation Croisée

Pour vous assurer que votre modèle généralise bien sur des données non vues, il est recommandé d'utiliser la validation croisée. Ce processus divise votre ensemble de données en plusieurs sous-ensembles, avec une portion des données étant retenue comme ensemble de validation pour chaque itération.

En faisant cela, le modèle est entraîné sur différentes combinaisons de données à chaque fois, ce qui aide à réduire le risque de surapprentissage. La validation croisée peut également aider à ajuster les hyperparamètres du modèle, comme le taux d'apprentissage ou la force de régularisation, en évaluant la performance sur l'ensemble de validation. Dans l'ensemble, utiliser la validation croisée est une étape essentielle vers la construction d'un modèle d'apprentissage automatique robuste et précis.

Exemple : Utilisation de **cross_val_score** avec KNN :

```
from sklearn.model_selection import cross_val_score

knn_cv = KNeighborsClassifier(n_neighbors=3)
scores = cross_val_score(knn_cv, X, y, cv=5)
print("Cross-validation scores:", scores)
print("Average score:", scores.mean())
```

Maintenant que vous avez appris diverses techniques pour la classification, vous pouvez aborder avec confiance une gamme plus large de défis. Rappelez-vous que le véritable pouvoir d'un outil ne réside pas seulement dans ses capacités, mais aussi dans votre capacité à l'utiliser efficacement. Par exemple, vous pouvez utiliser la sélection de caractéristiques pour réduire la dimensionnalité de vos données et améliorer la précision de vos modèles.

De plus, vous pouvez essayer des méthodes d'ensemble comme le bagging et le boosting pour augmenter la robustesse de vos classificateurs. Il est également important de comprendre les limitations de vos modèles, comme le surapprentissage ou le sous-apprentissage, et comment les aborder. En élargissant constamment vos connaissances et compétences en classification, vous serez mieux équipé pour gérer toute tâche qui se présente à vous.

Maintenant ! plongeons dans le monde des Arbres de Décision, l'un des algorithmes les plus intuitifs et puissants dans l'apprentissage supervisé.

14.3 Arbres de Décision

Les arbres de décision sont un outil précieux utilisé dans les processus de prise de décision. Ils fonctionnent en divisant un processus de prise de décision complexe en une combinaison de décisions plus simples, ce qui peut aider les individus ou les organisations à peser le pour et le contre de chaque option et à prendre une décision éclairée.

Pour illustrer comment fonctionnent les arbres de décision, considérons une décision de la vie quotidienne : choisir où partir en vacances. Un arbre de décision pourrait considérer plusieurs critères pour déterminer la meilleure destination pour vos préférences, comme le climat, l'emplacement, les activités et le budget. Par exemple, l'arbre de décision pourrait poser des questions comme « Préférez-vous un climat chaud ou froid ? », « Appréciez-vous les activités en plein air ou en intérieur ? », « Préférez-vous les destinations urbaines ou les paysages naturels ? », « Quel est votre budget pour ce voyage ? », et ainsi de suite.

En répondant à chaque question, l'arbre de décision vous mènera à travers un chemin de sous-décisions qui finalement vous guideront vers la meilleure destination de vacances qui s'aligne avec vos préférences et votre budget. De cette manière, les arbres de décision peuvent être un outil utile non seulement pour la planification de vacances, mais aussi pour les processus de prise de décision en entreprise, comme le développement de produits ou la gestion de projets.

14.3.1 Comment Fonctionnent les Arbres de Décision

Les arbres de décision sont un outil puissant et polyvalent dans l'apprentissage automatique qui a gagné en popularité en raison de son interprétabilité et de sa facilité d'utilisation. Ils sont largement utilisés tant pour les tâches de classification que de régression, et peuvent être utilisés pour prendre des décisions dans une variété de domaines, tels que les affaires, les soins de santé et la finance.

L'un des principaux avantages des arbres de décision est leur interprétabilité. L'arbre résultant peut être visualisé et compris facilement, ce qui en fait un outil utile pour les processus de prise de décision. Cette interprétabilité nous permet également de mesurer l'importance de chaque caractéristique dans la prise de décision, ce qui peut être utile pour identifier les facteurs clés qui influencent le résultat.

Un autre avantage des arbres de décision est leur capacité à gérer à la fois des données numériques et catégorielles. Cela en fait un outil polyvalent pour une large gamme d'applications et leur permet d'être utilisés avec des données qui peuvent ne pas être prétraitées ou transformées.

Cependant, les arbres de décision ont également certaines limitations qui doivent être prises en compte. L'une des principales limitations est le potentiel de surapprentissage, en particulier si l'arbre est profond. Cela peut être abordé en contrôlant la profondeur de l'arbre, ou en utilisant des techniques comme l'élagage pour éliminer les branches inutiles. Une autre limitation est la sensibilité aux petits changements dans les données, ce qui peut entraîner la génération d'arbres différents.

Pour surmonter ces limitations, diverses techniques ont été proposées dans la littérature, comme les méthodes d'ensemble telles que les Forêts Aléatoires et les Machines de Boosting de Gradient. Ces techniques combinent plusieurs arbres de décision pour créer des modèles plus robustes et précis, et peuvent aider à surmonter les limitations des arbres de décision individuels.

Dans l'ensemble, les arbres de décision sont un outil précieux dans l'apprentissage automatique qui peut être utilisé pour prendre des décisions dans une large gamme de domaines. Leur interprétabilité, polyvalence et capacité à gérer à la fois des données numériques et catégorielles en font un ajout précieux à toute boîte à outils d'apprentissage automatique. En comprenant les forces et les limitations des arbres de décision, et en utilisant des techniques comme les méthodes d'ensemble pour surmonter leurs limitations, nous pouvons construire des modèles d'apprentissage automatique plus robustes et précis qui peuvent prendre des décisions éclairées basées sur les données disponibles.

Exemple en Python avec scikit-learn

```python
from sklearn.tree import DecisionTreeClassifier
from sklearn.model_selection import train_test_split

# Splitting data into training and test sets
X_train, X_test, y_train, y_test = train_test_split(X, y, test_size=0.2,
random_state=42)

# Create a Decision Tree Classifier
tree_clf = DecisionTreeClassifier(max_depth=3, criterion="gini")

# Train the classifier
tree_clf.fit(X_train, y_train)

# Test the classifier
print("Test Accuracy: ", tree_clf.score(X_test, y_test))
```

Avantages et Inconvénients

Avantages :

1. **Interprétable** : L'arbre de décision résultant peut être visualisé et est facile à comprendre. Ceci est particulièrement utile dans les cas où les insights générés par le modèle sont aussi importants que les prédictions elles-mêmes. Les arbres de décision peuvent fournir une représentation claire et concise du processus de prise de décision, ce qui peut être utile pour expliquer le raisonnement derrière une prédiction ou recommandation particulière.

2. **Prétraitement minimal des données** : Les arbres de décision ne nécessitent pas de mise à l'échelle ni de centrage des caractéristiques, ce qui peut faire gagner du temps et des ressources lors du travail avec de grands ensembles de données. Cela peut être particulièrement bénéfique dans les cas où les données sont collectées à partir de sources multiples ou dans différents formats, car cela peut simplifier l'étape de préparation des données du pipeline d'apprentissage automatique.

3. **Polyvalence** : Les arbres de décision peuvent être utilisés aussi bien pour les tâches de classification que de régression, ce qui en fait un outil utile dans un large éventail de contextes. Ils peuvent être appliqués à une variété de problèmes, comme prédire l'attrition des clients, diagnostiquer des conditions médicales ou détecter la fraude par carte de crédit.

4. **Non paramétriques** : Les arbres de décision sont non paramétriques, ce qui signifie qu'ils ne font aucune hypothèse sur la distribution sous-jacente des données. Cela peut être avantageux dans les cas où les données sont très complexes ou ont une relation non linéaire entre les variables d'entrée et de sortie.

Inconvénients :

1. **Surapprentissage** : Les arbres de décision ont tendance à mémoriser les données d'entraînement, surtout si l'arbre est profond. Cela peut entraîner de mauvaises performances sur des données nouvelles et non vues. Pour atténuer ce problème, des techniques telles que l'élagage ou l'apprentissage d'ensemble peuvent être appliquées.

2. **Sensibles aux données** : De petits changements dans les données d'entrée peuvent entraîner la génération d'un arbre de décision différent. Cela peut être problématique dans les cas où les données d'entrée sont bruitées ou incomplètes, car cela peut conduire à des prédictions instables ou peu fiables. La sélection et le nettoyage minutieux des données d'entrée sont cruciaux pour obtenir des prédictions précises et fiables.

3. **Limités aux relations simples** : Les arbres de décision sont mieux adaptés pour capturer des relations simples entre les variables. Pour des relations plus complexes, d'autres modèles d'apprentissage automatique peuvent être plus appropriés. Par exemple, les réseaux de neurones peuvent capturer des relations hautement non linéaires entre les variables, tandis que les machines à vecteurs de support peuvent gérer des données de haute dimensionnalité avec un grand nombre de caractéristiques.

4. **Difficulté à capturer les interactions** : Les arbres de décision peuvent avoir du mal à capturer les interactions entre les caractéristiques, ce qui peut être un problème dans les cas où ces interactions sont importantes pour réaliser des prédictions précises. Les interactions entre les caractéristiques peuvent être capturées en ajoutant des termes d'interaction ou en utilisant d'autres modèles d'apprentissage automatique qui sont

mieux adaptés à cette tâche, comme les forêts aléatoires ou les machines de boosting de gradient.

En plus des avantages et des inconvénients des arbres de décision, il est important de considérer comment ils s'inscrivent dans le contexte plus large de l'apprentissage automatique. Les arbres de décision ne sont qu'un parmi de nombreux modèles d'apprentissage automatique qui peuvent être utilisés pour faire des prédictions et des recommandations. D'autres modèles incluent les machines à vecteurs de support, les réseaux de neurones, les forêts aléatoires et les machines de boosting de gradient, chacun avec ses propres forces et faiblesses.

Choisir le bon modèle d'apprentissage automatique pour un problème particulier nécessite une réflexion approfondie sur les données disponibles, le résultat souhaité et les ressources disponibles. Il est important de comparer et d'évaluer différents modèles en utilisant des mesures de performance appropriées, telles que l'exactitude, la précision, le rappel ou le score F1. La validation croisée peut également être utilisée pour évaluer la performance de généralisation du modèle et pour ajuster ses hyperparamètres.

Les arbres de décision sont un outil puissant et polyvalent dans l'apprentissage automatique qui peut être utilisé pour un large éventail de tâches de classification et de régression. Ils offrent de nombreux avantages, tels que l'interprétabilité, le prétraitement minimal des données et la polyvalence. Cependant, ils ont également certaines limitations, comme le surapprentissage, la sensibilité aux données et la difficulté à capturer les interactions. En comprenant les forces et les faiblesses des arbres de décision, et en comparant et évaluant différents modèles d'apprentissage automatique, nous pouvons construire des modèles prédictifs plus robustes et précis.

14.3.2 Ajustement des Hyperparamètres

Lors de la construction d'un arbre de décision, il existe plusieurs hyperparamètres qui peuvent être ajustés pour contrôler la taille et la complexité de l'arbre. En plus du paramètre **max_depth**, qui contrôle la profondeur maximale de l'arbre, il existe d'autres hyperparamètres importants à considérer.

Par exemple, **min_samples_split** détermine le nombre minimum d'échantillons requis pour diviser un nœud interne, tandis que **min_samples_leaf** spécifie le nombre minimum d'échantillons requis pour être dans un nœud feuille.

Le paramètre **max_features** contrôle le nombre maximum de caractéristiques qui sont considérées lors de la division d'un nœud. En ajustant soigneusement ces hyperparamètres, vous pouvez créer des arbres qui sont plus ou moins complexes, selon vos besoins et la structure de vos données.

Exemple : Ajustement de max_depth

```
for depth in range(1, 5):
    tree_clf = DecisionTreeClassifier(max_depth=depth)
```

```
tree_clf.fit(X_train, y_train)
print(f"Test Accuracy with max_depth={depth}: ", tree_clf.score(X_test, y_test))
```

14.3.3 Importance des Caractéristiques

Les arbres de décision sont un outil fascinant dans le domaine de la science des données, et un aspect unique de cet outil est qu'il nous permet de mesurer l'importance de chaque caractéristique dans la prise de décision. Cela signifie que nous pouvons obtenir des informations précieuses sur l'impact de chaque caractéristique dans le processus de prise de décision, ce qui peut être incroyablement utile pour une variété d'applications.

De plus, les importances des caractéristiques sont normalisées, ce qui garantit qu'elles totalisent 1. Ce processus de normalisation est important car il nous permet de comparer l'importance relative de chaque caractéristique, indépendamment de l'échelle ou de la plage des valeurs de chaque caractéristique.

Par conséquent, nous pouvons utiliser en toute confiance les arbres de décision pour prendre des décisions éclairées basées sur les caractéristiques les plus importantes, augmentant ainsi la précision et l'efficacité de nos processus de prise de décision.

Exemple : Affichage de l'Importance des Caractéristiques

```
importances = tree_clf.feature_importances_
print("Feature importances:", importances)
```

Les arbres de décision ne sont pas seulement un outil puissant, mais ils constituent également une étape fondamentale vers des algorithmes plus avancés tels que les Forêts Aléatoires et les Machines de Boosting de Gradient. Ils sont une partie essentielle de l'apprentissage automatique et peuvent être utilisés dans un large éventail d'applications, de la finance à la médecine.

Les arbres de décision sont utilisés pour modéliser le processus de prise de décision en décomposant des problèmes complexes en parties plus petites et gérables. Ils fournissent une représentation claire et intuitive du processus de prise de décision et peuvent être facilement interprétés par les humains. Cela en fait un outil précieux pour expliquer le raisonnement derrière des processus de prise de décision complexes.

De plus, les arbres de décision peuvent être utilisés pour identifier les caractéristiques les plus importantes dans un ensemble de données, ce qui peut être utilisé pour améliorer la précision des modèles. Dans l'ensemble, les arbres de décision sont un outil fascinant et polyvalent qui peut être utilisé pour résoudre un large éventail de problèmes dans différents domaines.

14.3.4 Élagage des Arbres de Décision

L'élagage est une technique essentielle dans le domaine de l'apprentissage automatique, en particulier lorsqu'il s'agit d'arbres de décision. Les arbres de décision sont un algorithme populaire utilisé pour résoudre des problèmes de classification et de régression. Ils fonctionnent en décomposant un processus de prise de décision complexe en une série de décisions plus simples, représentées par une structure arborescente. Chaque nœud de l'arbre représente une caractéristique, et chaque branche représente une décision basée sur cette caractéristique. L'objectif de l'arbre est de faire des prédictions précises en suivant le chemin depuis le nœud racine jusqu'au nœud feuille qui correspond à la prédiction correcte.

L'un des principaux défis des arbres de décision est leur tendance à surajuster les données. Le surajustement se produit lorsqu'un modèle est trop complexe et capture le bruit dans les données d'entraînement, ce qui entraîne de mauvaises performances sur des données nouvelles et non vues. L'élagage est une technique utilisée pour résoudre ce problème en supprimant les parties de l'arbre qui ne sont pas utiles, comme les nœuds qui n'améliorent pas la précision du modèle.

Il existe deux types principaux d'élagage : l'élagage préalable et l'élagage postérieur. L'élagage préalable consiste à établir une limite sur la profondeur maximale de l'arbre ou le nombre minimum d'échantillons requis pour diviser un nœud. Cela limite la croissance de l'arbre, réduit sa complexité et prévient le surajustement. Cependant, cette approche peut être trop restrictive, ce qui conduit à un sous-ajustement et de mauvaises performances.

D'autre part, l'élagage postérieur consiste à faire croître l'arbre jusqu'à sa taille maximale, puis à supprimer les branches inutiles. La technique d'élagage postérieur la plus courante s'appelle l'élagage de complexité de coût, également connu sous le nom d'élagage du maillon le plus faible. Cette méthode implique l'introduction d'un paramètre de complexité appelé alpha, qui contrôle la taille de l'arbre. Ensuite, l'arbre est élagué en supprimant les branches qui ont la plus faible augmentation du coût total du modèle, mesuré par la somme des erreurs de classification et de la complexité de l'arbre.

L'élagage de complexité de coût est une technique puissante qui améliore la précision des arbres de décision tout en réduisant leur complexité et en améliorant leur interprétabilité. Elle y parvient en équilibrant le compromis entre biais et variance, ce qui conduit à une meilleure généralisation et des prédictions plus précises. De plus, l'élagage de complexité de coût est computationnellement efficace, ce qui le rend adapté aux grands ensembles de données et aux problèmes complexes.

L'élagage est une technique essentielle dans l'apprentissage automatique qui aide à réduire la complexité des arbres de décision et à prévenir le surajustement. L'élagage postérieur, et en particulier, l'élagage de complexité de coût, est une technique puissante qui y parvient en supprimant les branches inutiles de l'arbre. Ce faisant, le modèle devient moins complexe, plus facile à interpréter et plus précis.

Exemple d'élagage postérieur avec Élagage de Complexité de Coût dans scikit-learn :

L'élagage de complexité de coût fournit une autre option en plus de **max_depth** pour contrôler la taille de l'arbre. Le paramètre **ccp_alpha** sert de terme de complexité ; des valeurs plus élevées de celui-ci donneront lieu à un arbre plus élagué.

```
from sklearn.model_selection import GridSearchCV

# Define parameter grid
param_grid = {
    'ccp_alpha': [0.0, 0.1, 0.2, 0.3, 0.4],
}

# Initialize GridSearchCV
grid_search = GridSearchCV(DecisionTreeClassifier(random_state=42), param_grid, cv=5)

# Fit model
grid_search.fit(X_train, y_train)

# Get the best estimator
best_tree = grid_search.best_estimator_

# Test the classifier
print("Test Accuracy with best ccp_alpha: ", best_tree.score(X_test, y_test))
```

En configurant une grille d'hyperparamètres, vous pouvez expérimenter avec différentes valeurs pour **ccp_alpha** et choisir celle qui donne les meilleures performances du modèle.

L'élagage est souvent une approche très utile lorsque vous cherchez à déployer un modèle et que vous voulez le rendre aussi efficace que possible. De plus, un arbre élagué est plus facile à interpréter.

Et voilà ! Les arbres de décision dans toute leur splendeur, avec tous les détails les plus fins et les techniques d'ajustement. Que vous soyez un data scientist débutant ou un ingénieur en apprentissage automatique chevronné, comprendre les subtilités de cet algorithme vous sera sans aucun doute utile dans votre parcours en science des données.

Maintenant, plongeons dans quelques exercices pratiques pour consolider notre compréhension des concepts couverts dans le Chapitre 14 : Apprentissage Supervisé.

Exercices Pratiques Chapitre 14

Exercice 1 : Implémentation de la Régression Linéaire Simple

Votre première tâche consiste à implémenter la régression linéaire simple à partir de zéro. Vous prédirez les prix des maisons en fonction du nombre de chambres.

Ensemble de données : Vous pouvez générer ou trouver un petit ensemble de données contenant les prix des maisons et le nombre de chambres.

```
import numpy as np
import matplotlib.pyplot as plt

# Sample Data
```

```
X = np.array([1, 2, 3, 4, 5])  # Number of bedrooms
y = np.array([100, 150, 200, 250, 300])  # House prices in thousands

# Implement simple linear regression here
```

Exercice 2 : Classifier les Espèces d'Iris en Utilisant k-NN

Ensemble de Données : Utilisez le célèbre ensemble de données Iris, qui est disponible via scikit-learn.

```
from sklearn.datasets import load_iris
from sklearn.neighbors import KNeighborsClassifier

# Load data
iris = load_iris()

# Train a k-NN classifier
```

Exercice 3 : Classificateur d'Arbre de Décision pour les Données de Cancer du Sein

Ensemble de Données : Utilisez l'ensemble de données de Cancer du Sein de scikit-learn.

```
from sklearn.datasets import load_breast_cancer
from sklearn.tree import DecisionTreeClassifier

# Load data
data = load_breast_cancer()

# Create and train a Decision Tree classifier
```

Solutions

Solution Exercice 1 :

```
# Code for simple linear regression
slope = np.sum((X - np.mean(X)) * (y - np.mean(y))) / np.sum((X - np.mean(X)) ** 2)
intercept = np.mean(y) - slope * np.mean(X)

# Predictions
y_pred = slope * X + intercept
```

Solution Exercice 2 :

```
# Code for k-NN classifier
knn = KNeighborsClassifier(n_neighbors=3)
knn.fit(iris['data'], iris['target'])
```

Solution Exercice 3 :

```
# Code for Decision Tree classifier
clf = DecisionTreeClassifier(random_state=42)
clf.fit(data.data, data.target)
```

Chacun de ces exercices vous apportera une expérience pratique avec différents algorithmes d'apprentissage supervisé. Ils vous aideront à comprendre les mathématiques sous-jacentes, les hypothèses impliquées et comment évaluer vos modèles. Bon codage !

Conclusion du Chapitre

Nous avons commencé ce chapitre, « Apprentissage Supervisé », par une plongée holistique dans le pilier fondamental de l'apprentissage automatique : la Régression Linéaire. Nous avons discuté de son importance dans la modélisation prédictive et de la manière dont l'algorithme donne un sens à un ensemble de données en trouvant la droite de meilleur ajustement. En chemin, nous avons détaillé les hypothèses qui doivent être satisfaites pour garantir son application efficace. Cela établit les bases pour des expériences d'apprentissage plus approfondies, car comprendre la régression linéaire constitue souvent le premier jalon significatif dans le parcours de l'apprentissage automatique.

Ensuite, nous nous sommes tournés vers les Algorithmes de Classification, couvrant diverses méthodologies allant du simple k-Plus Proches Voisins jusqu'aux Machines à Vecteurs de Support plus complexes. Chaque algorithme a ses propres forces et faiblesses, et choisir le bon dépend souvent du type de données dont vous disposez et du problème que vous cherchez à résoudre. Cette section a fourni une vue panoramique du paysage, vous encourageant à réfléchir de manière critique à la sélection d'algorithmes dans vos futurs projets d'apprentissage automatique.

Notre troisième section a été consacrée aux Arbres de Décision, un algorithme polyvalent applicable aussi bien aux problèmes de classification que de régression. Nous avons expliqué comment les arbres prennent des décisions en posant une série de questions, un peu comme un jeu de 20 questions. Sans nous arrêter à une implémentation basique, nous avons plongé dans l'aspect aléatoire impliqué dans une Forêt d'Arbres, expliquant comment le concept d'ensemble peut conduire à des modèles plus robustes.

À travers des exercices pratiques, nous avons proposé une approche concrète pour consolider les concepts théoriques. Les exercices allaient de l'implémentation de la régression linéaire à l'entraînement d'un classificateur par Arbre de Décision, chacun conçu pour vous impliquer dans l'apprentissage actif et la résolution de problèmes.

Il est important de souligner que les algorithmes d'apprentissage supervisé ne constituent pas une solution universelle. Une compréhension approfondie de leur mécanique, ainsi que de leurs hypothèses, aide à les adapter à des tâches spécifiques. À mesure que vous progresserez dans votre parcours d'apprentissage automatique, vous découvrirez que les compétences et la compréhension développées dans ce chapitre sont fondamentales. Elles fournissent les blocs de construction essentiels qui vous permettront d'explorer des algorithmes plus complexes et spécialisés, élargissant ainsi votre boîte à outils de résolution de problèmes en apprentissage automatique.

Par conséquent, en clôturant ce chapitre, rappelez-vous que le domaine de l'apprentissage supervisé est vaste et en constante évolution. Continuez à explorer, restez curieux et, surtout, ne cessez jamais d'apprendre.

Chapitre 15 : Apprentissage Non Supervisé

Bienvenue au Chapitre 15 ! Ici, nous allons explorer l'Apprentissage Non Supervisé, qui est un sous-domaine fascinant de l'apprentissage automatique. Alors que l'apprentissage supervisé consiste à travailler avec des ensembles de données étiquetées pour prédire des résultats, l'apprentissage non supervisé, c'est comme le Far West de l'apprentissage automatique. C'est comme une aventure où vous pouvez découvrir des structures cachées dans des données non étiquetées, et les possibilités sont infinies !

Avec l'apprentissage non supervisé, vous pouvez faire bien plus que simplement prédire des résultats. Par exemple, vous pouvez l'utiliser pour segmenter des clients, détecter des anomalies et même découvrir de nouveaux modèles dans vos données. C'est pourquoi l'apprentissage non supervisé devient de plus en plus important dans le monde de la science des données.

Dans ce chapitre, nous allons approfondir différentes techniques et algorithmes qui vous aideront à découvrir les trésors cachés dans vos données, même lorsque vous n'êtes pas tout à fait sûr de ce que vous cherchez. Nous couvrirons des sujets tels que le clustering, la réduction de dimensionnalité et l'extraction de règles d'association, tous des outils essentiels pour tout data scientist.

Que vous soyez nouveau dans l'apprentissage automatique ou que vous ayez un peu d'expérience, ce chapitre promet d'offrir des perspectives éclairantes sur la façon de gérer des données qui ne sont pas immédiatement compréhensibles. À la fin de ce chapitre, vous aurez une solide compréhension de l'apprentissage non supervisé et de la façon de l'appliquer à vos propres données.

Alors, êtes-vous prêt à vous lancer dans ce voyage passionnant ? Commençons par notre premier sujet : le Clustering !

15.1 Clustering

15.1.1 Qu'est-ce que le Clustering ?

Le clustering est une technique puissante en apprentissage automatique qui implique le processus de division d'un ensemble de données en groupes ou clusters basés sur les similitudes entre les points de données. L'objectif principal du clustering est de partitionner les données de manière à ce que les points de données dans le même groupe soient plus similaires entre eux qu'avec ceux des autres groupes. Cette technique peut être utilisée dans une variété de domaines, notamment le marketing, l'analyse des réseaux sociaux et la segmentation de la clientèle. Par exemple, une équipe marketing peut utiliser le clustering pour développer une meilleure compréhension de sa base de clients en les regroupant en différents segments basés sur leur comportement d'achat, leurs préférences et leurs données démographiques.

Le processus de clustering implique plusieurs étapes, notamment la sélection d'un algorithme de clustering approprié, la détermination du nombre de clusters et l'identification des caractéristiques ou variables à utiliser. Il existe plusieurs types d'algorithmes de clustering, notamment k-means, le clustering hiérarchique et le clustering basé sur la densité, chacun avec ses forces et ses faiblesses.

Une fois le processus de clustering terminé, les clusters résultants peuvent être analysés pour obtenir des insights sur les modèles et les relations sous-jacentes au sein des données. Ces insights peuvent être utilisés pour développer des stratégies marketing plus efficaces, améliorer l'engagement client et même identifier des domaines potentiels d'amélioration des produits ou services. En essence, le clustering, c'est comme trier un sac mélangé de fruits dans des paniers séparés, mais avec l'avantage supplémentaire d'obtenir de précieuses informations sur les données qui peuvent stimuler le succès commercial.

15.1.2 Types de Clustering

1. **Méthodes de partitionnement** : Ce type de clustering implique de diviser les points de données en un ensemble de partitions basées sur certains critères. Un exemple populaire de cette méthode est K-Means. Cet algorithme fonctionne en divisant les données en K clusters, où K est un paramètre défini par l'utilisateur. Chaque point de données est assigné au centre de cluster le plus proche, puis le centre est mis à jour en fonction de la moyenne des points de données dans ce cluster.

2. **Méthodes hiérarchiques** : Ce type de clustering implique la création d'une structure arborescente de clusters, où chaque nœud représente un cluster. Les deux types les plus courants de clustering hiérarchique sont le clustering agglomératif et le clustering divisif. Le clustering agglomératif commence avec chaque point de données comme son propre cluster, puis les fusionne selon certains critères jusqu'à ce qu'il ne reste qu'un seul cluster. Le clustering divisif commence avec tous les points de données dans un seul cluster, puis les divise récursivement en clusters plus petits jusqu'à ce que chaque point de données soit dans son propre cluster. Un exemple de clustering hiérarchique est le clustering agglomératif.

3. **Méthodes basées sur la densité** : Ce type de clustering implique l'identification de zones de haute densité au sein des données et leur considération comme des clusters. Un exemple populaire de cette méthode est DBSCAN. Cet algorithme fonctionne en définissant un voisinage autour de chaque point de données, puis en regroupant les

points de données qui ont une forte densité de voisins. Les points de données qui ne se trouvent dans aucune région dense sont considérés comme des valeurs aberrantes.

Ce ne sont là que quelques exemples des types d'algorithmes de clustering couramment utilisés en science des données. Chaque méthode a ses propres forces et faiblesses, et le choix de la méthode à utiliser dépend du problème spécifique et des caractéristiques des données analysées.

15.1.3 Clustering K-Means

Le clustering est une technique puissante en analyse de données qui vise à regrouper des points de données similaires. Le processus de clustering implique l'identification de modèles dans un ensemble de données, ce qui conduit à la création de clusters ou de groupes de points de données partageant des caractéristiques similaires. L'une des méthodes les plus couramment utilisées pour le clustering est le clustering K-means, qui est un algorithme d'apprentissage non supervisé qui trouve le nombre optimal de clusters dans un ensemble de données.

Le clustering K-means implique d'assigner chaque point de données à un cluster basé sur la moyenne de ses voisins les plus proches. Ce processus se répète jusqu'à ce que les clusters ne changent plus de manière significative. L'algorithme commence avec un nombre prédéterminé de clusters, qui peuvent être choisis en fonction des connaissances préalables ou par essais et erreurs. Par exemple, une équipe marketing pourrait utiliser le clustering pour développer une meilleure compréhension de sa base de clients en les regroupant en différents segments basés sur leur comportement d'achat, leurs préférences et leurs données démographiques. Ces informations peuvent ensuite être utilisées pour développer des stratégies marketing plus efficaces, améliorer l'engagement client et même identifier des domaines potentiels d'amélioration des produits ou services.

Le clustering K-means présente plusieurs avantages par rapport à d'autres algorithmes de clustering. Il est efficace sur le plan informatique, ce qui le rend idéal pour de grands ensembles de données. Il est également très simple à mettre en œuvre, ce qui le rend accessible aux analystes et data scientists de différents niveaux d'expertise. Cependant, comme tous les algorithmes de clustering, le clustering K-means a ses limites. Par exemple, il est sensible aux assignations de clusters initiales, ce qui peut conduire à des résultats sous-optimaux. Il suppose également que les clusters sont sphériques et de taille égale, ce qui peut ne pas toujours être le cas dans les ensembles de données du monde réel.

Malgré ses limites, le clustering K-means reste l'un des algorithmes de clustering les plus populaires et les plus largement utilisés dans la communauté de la science des données. Sa polyvalence et sa facilité d'utilisation en font un outil précieux pour identifier des modèles dans les données et obtenir des informations précieuses sur des ensembles de données complexes. Le clustering K-means peut être utilisé dans une variété de domaines, notamment le marketing, la finance, la santé et bien d'autres. En comprenant les concepts derrière le clustering et les détails spécifiques du clustering K-means, les data scientists peuvent mieux analyser les données et obtenir des informations précieuses qui peuvent stimuler le succès commercial.

Exemple :

```python
# Importing Libraries
from sklearn.cluster import KMeans
import numpy as np

# Create a dataset: 2D numpy array
X = np.array([[1, 2],
              [5, 8],
              [1.5, 1.8],
              [8, 8],
              [1, 0.6],
              [9, 11]])

# Initialize KMeans
kmeans = KMeans(n_clusters=2)

# Fitting the data
kmeans.fit(X)

# Getting the values of centroids and labels based on the fitment
centroids = kmeans.cluster_centers_
labels = kmeans.labels_

print("Centroids:", centroids)
print("Labels:", labels)
```

Ici, l'algorithme **KMeans** a trouvé deux clusters dans les données, représentés par les centroïdes. Les étiquettes vous indiquent à quel cluster appartient chaque point de données.

Le clustering est un outil polyvalent qui peut être comparé à un couteau suisse dans la boîte à outils d'un data scientist. Il peut être utilisé pour une large gamme d'applications, notamment les études de marché, la reconnaissance de motifs et l'analyse de données.

Lorsque vous maîtriserez l'art du clustering, vous pourrez débloquer son plein potentiel et faire passer vos compétences au niveau supérieur. En comprenant les nuances du clustering, vous pouvez obtenir des insights plus approfondis sur vos données, identifier des tendances importantes et prendre des décisions plus éclairées.

De plus, le clustering peut vous aider à identifier des valeurs aberrantes et des anomalies dans vos données, ce qui peut être crucial pour détecter les fraudes ou d'autres irrégularités. En résumé, le clustering est un outil essentiel pour tout data scientist, et son importance ne peut être exagérée.

15.1.4 Évaluation du Nombre de Clusters : Méthode du Coude

Choisir le bon nombre de clusters (**k**) est crucial pour le succès de K-means, un algorithme d'apprentissage automatique populaire. Le nombre optimal de clusters est généralement déterminé en utilisant plusieurs méthodes. L'une de ces méthodes est la Méthode du Coude, qui consiste à tracer la variation expliquée en fonction du nombre de clusters.

L'objectif est d'identifier le « coude » de la courbe, qui représente le point de rendements décroissants en termes de variation expliquée. Cependant, la Méthode du Coude n'est pas toujours infaillible et peut ne pas toujours fournir les meilleurs résultats. Une autre méthode populaire est la Méthode de la Silhouette, qui consiste à calculer le coefficient de silhouette pour chaque observation, puis à faire la moyenne des coefficients de silhouette pour chaque cluster.

Cette méthode est souvent utilisée conjointement avec la Méthode du Coude pour fournir des résultats plus robustes. De plus, il y a d'autres facteurs à considérer lors de la sélection du nombre approprié de clusters, tels que la connaissance du domaine et le problème spécifique en question. Par conséquent, il est important d'évaluer soigneusement différentes méthodes et d'adopter une approche holistique lors de la décision du nombre optimal de clusters pour K-means.

Voici un exemple de fragment de code en Python :

```python
from sklearn.cluster import KMeans
import matplotlib.pyplot as plt

# Sample dataset (usually, you'd be working with a much larger, real-world dataset)
X = np.array([...])  # Fill in your actual data points

# Calculate distortions (Sum of squared distances)
distortions = []
for i in range(1, 11):
    km = KMeans(n_clusters=i)
    km.fit(X)
    distortions.append(km.inertia_)

# Plotting the elbow graph
plt.plot(range(1, 11), distortions, marker='o')
plt.xlabel('Number of clusters')
plt.ylabel('Distortion')
plt.title('Elbow Method For Optimal k')
plt.show()
```

Le point de coude est le point où la distorsion commence à diminuer à un rythme plus lent, ce qui indique le nombre optimal de clusters.

15.1.5 Gestion des Clusters Déséquilibrés

Dans le domaine de l'apprentissage non supervisé, le clustering est une technique puissante qui consiste à regrouper des points de données similaires pour découvrir des modèles et des relations significatives au sein d'un ensemble de données. Cependant, dans certains cas, le processus de clustering peut se compliquer en raison de la distribution inégale des points de données dans les clusters. Cela peut entraîner un biais dans les résultats de clustering, avec un cluster contenant significativement plus de points de données que les autres. Pour résoudre ce problème, il est important d'utiliser une technique qui produise une distribution de clusters plus équilibrée.

L'une de ces techniques est K-means++, qui est une méthode d'initialisation largement utilisée visant à améliorer la qualité des résultats de clustering. L'algorithme K-means++ sélectionne les centroïdes initiaux de manière à réduire la probabilité de sélectionner des points qui sont trop proches les uns des autres. Ce faisant, K-means++ peut contribuer à améliorer la précision des assignations de clusters et à réduire l'impact de tout biais dans la distribution des données.

De plus, K-means++ est efficace sur le plan informatique, ce qui le rend adapté aux grands ensembles de données. Il est simple à mettre en œuvre, ce qui le rend accessible aux analystes de données et aux data scientists ayant différents niveaux d'expertise. Il a été démontré qu'il produit de meilleurs résultats de clustering que d'autres méthodes d'initialisation, comme l'initialisation aléatoire. En tant que tel, K-means++ demeure l'un des algorithmes de clustering les plus populaires et les plus largement utilisés dans la communauté de la science des données.

K-means++ peut être une solution efficace pour aborder le problème des clusters déséquilibrés dans le processus de clustering. En produisant une distribution de clusters plus équilibrée, K-means++ peut contribuer à réduire le risque de biais dans les résultats de clustering et à améliorer la précision des assignations de clusters.

C'est une technique simple et efficace qui peut être utilisée dans un large éventail d'applications, notamment les études de marché, la détection de fraudes et la segmentation de la clientèle. Par conséquent, il est recommandé d'envisager l'utilisation de K-means++ pour l'initialisation lors du traitement d'ensembles de données présentant une distribution inégale de points de données entre les clusters.

15.1.6 Indices de Validité des Clusters

Le clustering est une technique puissante en apprentissage automatique qui consiste à regrouper des points de données similaires pour découvrir des modèles et des relations significatives au sein d'un ensemble de données. Cependant, il peut être difficile de déterminer le nombre optimal de clusters nécessaires pour obtenir les résultats souhaités. Une approche consiste à utiliser des indices de validité de clustering pour évaluer la qualité des clusters formés.

L'Indice de Davies-Bouldin est l'un de ces indices, et il mesure la similitude moyenne entre chaque cluster et son cluster le plus similaire, en tenant compte de la taille des clusters. L'objectif est de minimiser cet indice, et des valeurs plus faibles indiquent de meilleurs résultats de clustering.

D'autre part, le Score de Silhouette mesure la similitude des points de données au sein d'un cluster et la dissimilitude entre différents clusters. Il varie de -1 à 1, et des valeurs plus élevées indiquent de meilleurs résultats de clustering. Enfin, l'Indice de Dunn mesure le rapport entre la distance minimale entre différents clusters et le diamètre maximal des clusters. L'objectif est de maximiser cet indice, et des valeurs plus élevées indiquent de meilleurs résultats de clustering.

Bien que ces indices puissent être utiles pour évaluer la qualité des clusters formés, il est important de noter qu'ils ont leurs limites. Par exemple, ils ne tiennent pas compte des objectifs du processus de clustering ou des connaissances spécifiques au domaine des données. De plus, ils peuvent ne pas toujours fournir des résultats cohérents, et le choix de l'indice à utiliser dépend du problème spécifique et des caractéristiques des données analysées.

Malgré ces limites, les indices de validité de clustering peuvent constituer un outil précieux pour évaluer la qualité des clusters formés et prendre des décisions éclairées en fonction des résultats. En utilisant ces indices, les data scientists peuvent obtenir une meilleure compréhension du processus de clustering et améliorer la précision et l'efficacité des résultats de clustering.

En plus des indices de validité de clustering, il est également important de considérer le type d'algorithme de clustering utilisé et les données analysées. Par exemple, certains algorithmes de clustering sont mieux adaptés à des types spécifiques de données, et certains peuvent être plus appropriés pour des problèmes ou des applications spécifiques. De plus, les caractéristiques des données, telles que la taille et la dimensionnalité de l'ensemble de données, peuvent également avoir un impact sur les résultats de clustering et le choix de l'algorithme.

En résumé, le clustering est un outil polyvalent qui peut être utilisé dans un large éventail d'applications, notamment les études de marché, la détection de fraudes et la segmentation de la clientèle. En utilisant des indices de validité de clustering, en choisissant l'algorithme de clustering approprié et en évaluant soigneusement les données analysées, les data scientists peuvent libérer tout le potentiel du clustering et obtenir des insights plus approfondis sur leurs données.

```
from sklearn.metrics import silhouette_score

# Calculate silhouette_score
silhouette_avg = silhouette_score(X, labels)
print(f"The average silhouette_score is : {silhouette_avg}")
```

15.1.7 Données de Type Mixte

Lorsqu'il s'agit d'algorithmes de clustering, il est important de garder à l'esprit que la plupart d'entre eux sont conçus pour travailler avec des données numériques. Cependant, que se passe-t-il si vous avez des données catégorielles ? C'est là qu'intervient l'algorithme K-Prototypes. En effet, le K-Prototypes peut être considéré comme une extension du populaire algorithme K-Means, mais avec la capacité unique de gérer un mélange d'attributs numériques et catégoriels.

Avec K-Prototypes, vous pouvez facilement regrouper vos données en fonction de caractéristiques à la fois numériques et catégorielles. Cela en fait un excellent algorithme à utiliser lorsque vous avez un ensemble de données qui contient les deux types de données. Par exemple, si vous travaillez avec un ensemble de données contenant des informations sur les clients, telles que l'âge, le sexe, les revenus et l'historique d'achat, K-Prototypes peut vous aider à regrouper vos clients en différents groupes selon leurs caractéristiques démographiques et comportementales.

Un autre avantage de K-Prototypes est qu'il peut gérer les données manquantes. En d'autres termes, si une partie de vos données est manquante, K-Prototypes peut toujours travailler avec les données disponibles pour regrouper vos observations. Il s'agit d'une fonctionnalité très utile, car les données manquantes sont un problème courant auquel de nombreux scientifiques des données sont confrontés lorsqu'ils travaillent avec des ensembles de données du monde réel.

K-Prototypes est un algorithme puissant qui peut vous aider à regrouper vos données en fonction d'un mélange d'attributs numériques et catégoriels, même lorsqu'il y a des données manquantes. C'est un excellent outil à avoir dans votre arsenal de science des données, et un que vous devriez envisager d'utiliser si vous travaillez avec des ensembles de données complexes.

Dans notre prochaine étape de notre voyage à travers l'apprentissage non supervisé, nous rencontrerons une technique clé qui trouve son utilité dans divers domaines, de la finance à la biologie : l'**Analyse en Composantes Principales**, communément connue sous le nom d'ACP. Allons-y et plongeons dans les profondeurs de ce sujet fascinant !

15.2 Analyse en Composantes Principales (ACP)

L'Analyse en Composantes Principales (ACP) est une technique statistique largement utilisée qui est employée pour réduire la dimensionnalité de grands ensembles de données, facilitant ainsi leur analyse. L'ACP est particulièrement utile lorsqu'on travaille avec des ensembles de données qui ont de nombreuses variables, car elle nous permet de transformer ces variables en un nombre plus réduit de variables, appelées composantes principales, qui sont plus faciles à gérer et à interpréter.

L'ACP fonctionne en identifiant la direction de variance maximale dans l'ensemble de données et en projetant les données dans cette direction. La première composante principale représente la direction avec la plus grande variance, et les composantes principales suivantes représentent des directions qui sont orthogonales aux composantes précédentes et capturent des quantités décroissantes de variance.

En réduisant le nombre de variables dans un ensemble de données tout en conservant le maximum d'informations possible, l'ACP peut aider à découvrir des modèles et des relations cachés dans les données. Cela peut être particulièrement utile dans des domaines comme la finance, où les ensembles de données peuvent être extrêmement grands et complexes, mais aussi dans de nombreux autres domaines, comme la biologie, l'ingénierie et les sciences sociales.

En résumé, l'ACP est un outil puissant pour l'analyse de données qui peut simplifier la complexité de grands ensembles de données en réduisant le nombre de variables tout en préservant l'information la plus importante.

15.2.1 Pourquoi utiliser l'ACP ?

Imaginez que vous ayez un ensemble de données avec des centaines de caractéristiques. Bien que ces caractéristiques puissent fournir des informations précieuses, elles ne sont pas toutes essentielles. Certaines sont redondantes et d'autres ne contribuent pas beaucoup à l'information qui vous intéresse. C'est là qu'intervient l'ACP, ou Analyse en Composantes Principales.

L'ACP est une technique statistique utilisée pour réduire le nombre de variables dans un ensemble de données tout en préservant le maximum possible de l'information originale. Cela peut être bénéfique pour plusieurs raisons.

1. **Réduction de la Complexité** : En éliminant les caractéristiques redondantes ou peu importantes, l'ensemble de données devient moins complexe. Cela peut conduire à une réduction de la charge de calcul nécessaire pour analyser les données, le rendant plus efficace et rapide.

2. **Amélioration de la Performance de l'Algorithme** : De nombreux algorithmes montrent une augmentation de leur performance lorsque les caractéristiques non pertinentes sont écartées. En éliminant ces caractéristiques, l'algorithme peut se concentrer sur les aspects les plus importants des données, ce qui conduit à de meilleurs résultats.

3. **Visualisation** : Avec moins de dimensions, les données peuvent être visualisées plus facilement. L'ACP peut aider à identifier les variables les plus importantes et réduire l'ensemble de données à une taille gérable, ce qui facilite sa représentation graphique et sa visualisation. Cela peut conduire à une meilleure compréhension des données et des insights qui peuvent ne pas être évidents simplement en regardant les chiffres.

En général, l'ACP peut être un outil puissant pour l'analyse de données, aidant à simplifier des ensembles de données complexes et à améliorer la précision des algorithmes.

15.2.2 Contexte Mathématique

Lorsqu'il s'agit d'ensembles de données qui ont de nombreuses variables, l'ACP nous permet de transformer ces variables en un nombre plus réduit de variables, appelées composantes principales, qui sont plus faciles à gérer et à interpréter. En réduisant le nombre de variables dans un ensemble de données tout en conservant le maximum d'informations possible, l'ACP peut nous aider à découvrir des modèles et des relations cachés dans les données.

L'un des principaux avantages de l'ACP est qu'elle peut simplifier la complexité de grands ensembles de données en éliminant les caractéristiques redondantes ou peu importantes, ce qui peut conduire à une réduction de la charge de calcul nécessaire pour analyser les données, le rendant plus efficace et rapide. De plus, de nombreux algorithmes montrent une augmentation de leur performance lorsque les caractéristiques non pertinentes sont écartées.

En éliminant ces caractéristiques, l'algorithme peut se concentrer sur les aspects les plus importants des données, ce qui conduit à de meilleurs résultats. Avec moins de dimensions, les données peuvent également être visualisées plus facilement, aidant à identifier les variables importantes et réduire l'ensemble de données à une taille gérable, ce qui facilite sa représentation graphique et sa visualisation. Cela peut conduire à une meilleure compréhension des données et des insights qui peuvent ne pas être évidents simplement en regardant les chiffres.

L'ACP fonctionne en identifiant la direction de variance maximale dans l'ensemble de données et en projetant les données dans cette direction. La première composante principale représente la direction avec la plus grande variance, et les composantes principales suivantes représentent des directions qui sont orthogonales aux composantes précédentes et capturent des quantités décroissantes de variance. En trouvant les composantes principales, nous pouvons réduire la dimensionnalité des données tout en conservant la majorité de l'information.

Les mathématiques derrière l'ACP impliquent plusieurs concepts clés qu'il est important de comprendre. L'algèbre linéaire est utilisée pour manipuler et résoudre des systèmes d'équations linéaires, et les valeurs propres sont l'ensemble des valeurs qui satisfont une certaine équation connue sous le nom d'équation caractéristique. Les vecteurs propres sont également cruciaux pour l'ACP, car ce sont les vecteurs qui ne changent pas de direction lorsqu'une transformation linéaire est appliquée à une matrice. Les composantes principales dans l'ACP sont en réalité les vecteurs propres de la matrice de covariance des données, et déterminent les nouveaux axes sur lesquels les données seront projetées.

L'ACP a de nombreuses applications pratiques dans une large gamme de domaines, y compris le traitement d'images, la reconnaissance vocale et la finance. En traitement d'images, l'ACP peut être utilisée pour réduire la dimensionnalité des données d'image tout en conservant l'information la plus importante, ce qui nous permet de compresser des images et de réduire les exigences de stockage. En reconnaissance vocale, l'ACP peut être utilisée pour extraire les caractéristiques les plus importantes des données audio, ce qui facilite la reconnaissance et la classification des mots prononcés. En finance, l'ACP peut être utilisée pour analyser les rendements et les risques de portefeuille en identifiant les facteurs les plus importants qui affectent la performance du portefeuille.

En résumé, l'ACP est un outil puissant pour l'analyse de données qui peut simplifier la complexité de grands ensembles de données en réduisant le nombre de variables tout en conservant l'information la plus importante. En trouvant les composantes principales, nous pouvons découvrir des modèles et des relations cachés dans les données et obtenir des insights qui peuvent ne pas être évidents simplement en regardant les données brutes. L'ACP a de nombreuses applications pratiques dans une large gamme de domaines, et c'est un outil précieux pour tout scientifique des données ou analyste à avoir dans son arsenal.

15.2.3 Implémentation de l'ACP avec Python

Maintenant, voyons comment l'ACP peut être implémentée en utilisant la bibliothèque Scikit-Learn de Python.

```python
import numpy as np
from sklearn.decomposition import PCA
import matplotlib.pyplot as plt

# Generate some example data
np.random.seed(0)
X = np.random.randn(100, 2)

# Perform PCA
pca = PCA(n_components=2)
X_pca = pca.fit_transform(X)

# Plot original data
plt.subplot(1, 2, 1)
plt.scatter(X[:, 0], X[:, 1])
plt.title('Original Data')

# Plot transformed data
plt.subplot(1, 2, 2)
plt.scatter(X_pca[:, 0], X_pca[:, 1])
plt.title('Data After PCA')

plt.show()
```

Dans cet exemple, nous avons conservé toutes les composantes (2), mais normalement vous réduiriez les dimensions en choisissant un nombre plus bas pour n_components

15.2.4 Interprétation

Les données transformées, ou composantes principales, ont pour objectif de créer une représentation de moindre dimensionnalité qui puisse capturer de manière efficace la variabilité présente dans les données originales. Cela s'accomplit en identifiant quelles dimensions contribuent le plus à la variance générale des données, puis en créant de nouvelles variables qui combinent ces dimensions d'une manière qui préserve encore la majorité de l'information originale.

En d'autres termes, chacune des nouvelles variables créées représente une combinaison des dimensions originales, et les poids assignés à chaque dimension reflètent son importance dans la variance générale des données. De cette manière, les composantes principales peuvent être vues comme un moyen de réduire la complexité des données de haute dimensionnalité, tout en retenant l'information la plus importante.

15.2.5 Limitations

Bien que l'ACP soit une méthode incroyablement polyvalente pour réduire la dimensionnalité des données, elle peut ne pas toujours être parfaitement adaptée à toutes les situations. Il y a quelques limitations clés à garder à l'esprit lors de l'utilisation de l'ACP :

1. **Linéarité** : L'une des principales hypothèses de l'ACP est que les composantes principales sont une combinaison linéaire des caractéristiques originales. Cependant, dans les cas où la relation entre les caractéristiques n'est pas strictement linéaire, l'ACP peut ne pas être la méthode la plus efficace pour la réduction de dimensionnalité.

2. **Plus de Variance Signifie Plus d'Importance** : Une autre limitation de l'ACP est qu'elle suppose que les composantes avec une variance plus élevée sont plus importantes. Cependant, dans certains cas, comme lorsqu'on travaille avec des caractéristiques mises à l'échelle, cette hypothèse peut ne pas être vraie.

Malgré ces limitations, l'ACP reste un outil populaire et puissant pour la réduction de dimensionnalité dans de nombreux domaines différents, y compris la finance, les soins de santé et l'ingénierie. Comme avec toute méthode, il est important de considérer soigneusement les limitations et inconvénients potentiels avant de décider d'utiliser ou non l'ACP pour une application particulière.

15.2.6 Importance des Caractéristiques et Variance Expliquée

Après avoir appliqué l'analyse en composantes principales (ACP) à un ensemble de données, les caractéristiques transformées résultantes sont appelées composantes principales. Chaque composante principale est une combinaison linéaire des caractéristiques originales et est ordonnée de telle sorte que la première composante capture la plus grande quantité de variance dans les données, la deuxième capture la deuxième plus grande quantité de variance, et ainsi de suite.

Pour quantifier la quantité d'information (variance) contenue dans chaque composante principale, nous pouvons observer sa « variance expliquée ». La variance expliquée est la quantité de variance dans l'ensemble de données original qui est expliquée par cette composante principale en particulier.

Elle se calcule en divisant la variance de cette composante principale par la variance totale de toutes les composantes principales. Dans Scikit-learn, vous pouvez accéder à la variance expliquée de chaque composante principale en utilisant l'attribut **explained_variance_ratio_**.

Exemple :

```
# Continuing from the previous code snippet
explained_variance = pca.explained_variance_ratio_
print(f'Explained variance: {explained_variance}')
```

Cela affichera la variance expliquée pour chaque composante principale, vous aidant à décider combien de composantes principales sont appropriées pour votre tâche. En général, vous souhaitez capturer au moins 90-95% de la variance totale.

15.2.7 Quand ne pas utiliser l'ACP ?

L'Analyse en Composantes Principales (ACP) est un outil puissant pour l'analyse de données, mais son utilisation nécessite une considération attentive de certains facteurs. Deux de ces facteurs sont l'interprétabilité et les valeurs aberrantes.

Bien que l'ACP puisse être incroyablement utile pour identifier des motifs dans les données, elle peut ne pas être la meilleure option si vous devez maintenir la signification originale de vos variables. Cela est dû au fait que l'ACP transforme les variables originales en nouvelles composantes principales qui peuvent ne pas être facilement interprétables. Cependant, avec une considération attentive des variables qui sont analysées, l'ACP peut encore être un outil précieux pour identifier des corrélations et des motifs.

Un autre facteur à considérer lors de l'utilisation de l'ACP est la présence de valeurs aberrantes. Les valeurs aberrantes peuvent fortement influencer la direction des composantes principales, ce qui peut à son tour affecter la validité des résultats. Il est important d'identifier et de considérer attentivement les valeurs aberrantes lors de l'utilisation de l'ACP pour s'assurer que les composantes principales résultantes reflètent avec précision les données sous-jacentes. De plus, il existe des méthodes disponibles pour aborder le problème des valeurs aberrantes dans l'ACP, comme l'ACP robuste.

En résumé, bien que l'ACP puisse être un outil précieux pour l'analyse de données, il est important de considérer attentivement des facteurs tels que l'interprétabilité et les valeurs aberrantes. Ce faisant, vous pouvez vous assurer que vos résultats d'ACP reflètent avec précision les données sous-jacentes et fournissent des informations significatives.

15.2.8 Applications Pratiques

L'Analyse en Composantes Principales (ACP) est une technique largement utilisée avec diverses applications dans différents domaines, tels que :

1. **Compression d'Images** : L'ACP est utilisée pour réduire le nombre de caractéristiques dans les images tout en conservant les caractéristiques importantes. Par exemple, elle est utilisée dans la réduction des exigences de stockage pour les images dans les bases de données et dans la transmission d'images à travers les réseaux de manière plus efficace.

2. **Bioinformatique** : L'ACP est utilisée dans la visualisation de données génétiques par la détection de motifs et de relations entre les gènes, et aide à simplifier la complexité de grands ensembles de données. Elle aide également à identifier les corrélations entre différentes variables biologiques et à identifier les biomarqueurs moléculaires clés.

3. **Finance** : En finance, l'ACP est utilisée pour les évaluations de risques et les identifications de facteurs. Elle est utilisée pour identifier les facteurs clés qui contribuent aux mouvements du marché et pour évaluer le risque de certains investissements.

En comprenant les limitations et les forces de l'ACP, vous pouvez exploiter sa puissance pour satisfaire vos besoins spécifiques. L'ACP offre une variété de possibilités qui sont aussi vastes que profondes, comme simplifier des ensembles de données complexes, améliorer l'efficacité computationnelle et préparer vos données pour d'autres tâches d'apprentissage automatique. Par conséquent, c'est un outil essentiel pour l'analyse de données dans divers domaines.

15.3 Détection d'Anomalies

Nous avons couvert deux techniques importantes dans l'apprentissage non supervisé : le clustering et l'Analyse en Composantes Principales (ACP). Bien que ces méthodologies soient largement utilisées et extrêmement utiles, il existe d'autres techniques qui peuvent nous aider à aborder différents types de problèmes.

L'une de ces techniques est la Détection d'Anomalies, qui est particulièrement utile lorsque nous devons identifier des éléments, des événements ou des observations rares qui diffèrent significativement de la majorité de nos données. La détection d'anomalies peut nous aider à détecter des transactions frauduleuses, identifier des intrusions dans le réseau ou même prédire des pannes d'équipement.

De plus, elle peut être utilisée dans une variété d'industries, de la finance aux soins de santé et à la fabrication. En identifiant et en traitant les anomalies, les entreprises peuvent améliorer leurs opérations et économiser de l'argent à long terme. Alors, plongeons dans le monde fascinant de la Détection d'Anomalies et voyons comment elle peut nous aider à résoudre des problèmes du monde réel.

15.3.1 Qu'est-ce que la Détection d'Anomalies ?

La Détection d'Anomalies (également connue sous le nom de détection de valeurs aberrantes) est une technique utilisée dans l'analyse de données pour identifier des motifs qui s'écartent ou diffèrent du comportement attendu. Ce processus peut être hautement bénéfique dans une large gamme d'applications telles que la détection de fraude, la détection de pannes et la surveillance de la santé du système, pour n'en nommer que quelques-unes.

En termes plus simples, c'est similaire à avoir un « gardien de sécurité des données » vigilant qui déclenche une alarme lorsque quelque chose de suspect se produit, aidant ainsi à prévenir les risques potentiels ou les menaces pour la sécurité et l'intégrité des données. En mettant en œuvre la détection d'anomalies, les organisations peuvent surveiller et analyser plus efficacement leurs données, identifier les menaces et risques potentiels, et prendre des mesures appropriées pour les atténuer de manière opportune.

De plus, la détection d'anomalies peut également aider les organisations à améliorer leur performance et leur efficacité globales en identifiant les domaines d'amélioration, en optimisant les opérations et en réduisant les coûts. Par conséquent, on peut voir que la détection d'anomalies est un outil critique pour les organisations qui cherchent à maintenir un avantage concurrentiel dans le monde actuel axé sur les données.

15.3.2 Types d'Anomalies

Les anomalies dans les données peuvent prendre différentes formes, selon leurs caractéristiques. Elles peuvent être classées largement en trois catégories.

La première catégorie concerne les Anomalies Ponctuelles, qui se réfèrent à des instances individuelles qui sont très éloignées du reste des données. Celles-ci peuvent être dues à des erreurs de mesure, à la corruption de données ou à d'autres facteurs.

La deuxième catégorie concerne les Anomalies Contextuelles, qui dépendent du contexte. Par exemple, une augmentation soudaine de température en hiver peut être une anomalie, mais pas autant en été.

La troisième catégorie concerne les Anomalies Collectives, qui se réfèrent à une collection de points de données liés qui sont anormaux dans un contexte spécifique. Celles-ci peuvent être dues à une variété de facteurs, tels que des changements dans l'environnement, des événements inattendus ou d'autres facteurs qui affectent les données.

En identifiant et en comprenant ces différents types d'anomalies, il devient possible de développer des stratégies plus efficaces pour analyser et gérer les données.

15.3.3 Algorithmes pour la Détection d'Anomalies

L'apprentissage non supervisé est particulièrement utile lorsque les données ne sont pas structurées ou lorsqu'il n'y a pas d'étiquettes claires, ce qui rend difficile l'utilisation de techniques d'apprentissage supervisé.

Une technique importante dans l'apprentissage non supervisé est le clustering, qui est le processus de regroupement de points de données similaires. Les algorithmes de clustering peuvent aider à identifier des motifs et des relations dans les données, et peuvent également être utilisés pour la compression de données, la segmentation d'images et la détection d'anomalies.

Une autre technique clé dans l'apprentissage non supervisé est l'Analyse en Composantes Principales (ACP), qui est une technique statistique largement utilisée pour réduire la dimensionnalité de grands ensembles de données, facilitant ainsi leur analyse. L'ACP fonctionne en identifiant la direction de variabilité maximale dans l'ensemble de données et en projetant les données dans cette direction. La première composante principale représente la direction avec la plus grande variabilité, et les composantes principales suivantes représentent des directions qui sont orthogonales aux composantes précédentes et capturent des quantités décroissantes de variabilité. En réduisant le nombre de variables dans un ensemble de données tout en conservant le maximum d'informations possible, l'ACP peut aider à découvrir des motifs et des relations cachés dans les données.

La détection d'anomalies est une autre technique dans l'apprentissage non supervisé qui est particulièrement utile lorsque nous devons identifier des éléments, des événements ou des observations rares qui diffèrent significativement de la majorité de nos données. La détection d'anomalies peut nous aider à détecter des transactions frauduleuses, identifier des intrusions dans le réseau ou même prédire des pannes d'équipement. Des algorithmes tels que Isolation Forest, k-NN (plus proches voisins) et DBSCAN (Regroupement Spatial Basé sur la Densité d'Applications avec Bruit) sont couramment utilisés pour la détection d'anomalies.

En résumé, l'apprentissage non supervisé est un outil puissant pour l'analyse de données qui peut aider à identifier des motifs et des relations dans des données non structurées. Le clustering, l'ACP et la détection d'anomalies ne sont que quelques exemples des nombreuses techniques disponibles dans l'apprentissage non supervisé. En comprenant ces techniques et leurs applications, les scientifiques et analystes de données peuvent obtenir des informations précieuses et prendre des décisions plus éclairées.

Voyons un exemple simple en utilisant Python et Scikit-learn pour appliquer l'algorithme Isolation Forest.

```python
from sklearn.ensemble import IsolationForest
import numpy as np

# Generate synthetic data: 98 normal points and 2 anomalies
X = np.array([12, 15, 14, 10, 13, 17, 19, 10, 16, 18,
              110, 105]).reshape(-1, 1)

# Initialize and fit the model
clf = IsolationForest(contamination=0.2)
clf.fit(X)

# Predict anomalies
predictions = clf.predict(X)

# Find out the anomalous points
anomalies = X[predictions == -1]
print(f"Anomalies found: {anomalies}")
La sortie devrait ressembler à quelque chose comme :
Anomalies found: [[110]
                  [105]]
```

Cet exemple démontre comment nous pouvons entraîner l'algorithme Isolation Forest pour identifier des anomalies dans notre ensemble de données.

15.3.4 Avantages et Inconvénients

- **Avantages** : L'un des plus grands avantages de cette méthode est qu'elle fonctionne bien même lorsqu'il s'agit de données de haute dimensionnalité, ce qui peut être un défi pour de nombreux autres algorithmes. De plus, elle ne nécessite pas d'ensemble de données étiqueté, ce qui peut être un avantage considérable dans des situations où l'obtention de données étiquetées est difficile ou coûteuse. Un autre avantage est que cette méthode est généralement plus rapide que certaines autres approches, ce qui en fait un bon choix pour de grands ensembles de données ou des applications en temps réel.

- **Inconvénients** : Bien que cette méthode présente de nombreux avantages, elle n'est pas sans ses inconvénients. Un problème potentiel est qu'elle peut produire des faux positifs, ce qui peut être problématique dans certains contextes. De plus, le choix des hyperparamètres peut être délicat et trouver les bonnes valeurs peut nécessiter une certaine expérimentation et un ajustement fin. Cependant, avec une attention particulière à ces problèmes, cette méthode peut encore être un outil utile dans de nombreuses situations.

15.3.5 Quand Utiliser la Détection d'Anomalies

1. La détection d'anomalies est un aspect crucial de diverses industries, car elle aide à identifier les anormalités et les risques potentiels. Il existe de nombreuses applications de la détection d'anomalies, qui incluent mais ne se limitent pas à :

2. **Détection de Fraude par Carte de Crédit** : Pour détecter des transactions inhabituelles qui peuvent indiquer une activité frauduleuse. Ceci est particulièrement important dans le monde actuel où les paiements en ligne sont devenus de plus en plus populaires et où les informations financières sensibles sont exposées au risque de vol.

3. **Sécurité des Réseaux** : Pour identifier des activités suspectes qui pourraient indiquer une cyberattaque. À l'ère numérique actuelle, les entreprises et les particuliers sont vulnérables aux menaces cybernétiques, et il est essentiel d'avoir des mesures pour détecter et prévenir les attaques potentielles.

4. **Contrôle Qualité dans la Fabrication** : Pour détecter les défauts dans les produits et garantir qu'ils respectent les normes requises. Ceci est particulièrement critique dans des industries comme les soins de santé, où les défauts de produits peuvent avoir des conséquences graves.

Il est fascinant de voir comment les algorithmes et techniques de détection d'anomalies peuvent nous aider à détecter le « bizarre » et à identifier les risques potentiels. Le domaine de la détection d'anomalies est vaste et il existe de nombreux algorithmes et cas d'usage qui peuvent être explorés pour améliorer la sécurité dans diverses industries. En mettant en œuvre la détection d'anomalies, les entreprises et les particuliers peuvent atténuer les risques potentiels et garantir qu'ils opèrent dans un environnement sûr.

15.3.6 Ajustement des Hyperparamètres dans la Détection d'Anomalies

Choisir les bons hyperparamètres est l'une des étapes les plus importantes dans la construction d'un modèle de détection d'anomalies efficace. Les hyperparamètres peuvent avoir un impact significatif sur les performances du modèle.

Par exemple, dans l'exemple d'Isolation Forest précédent, le paramètre « contamination » est un hyperparamètre critique qui joue un rôle vital dans les performances du modèle. Le paramètre « contamination » indique à l'algorithme la proportion de valeurs aberrantes présentes dans les données. Par conséquent, il est essentiel de choisir la bonne valeur pour ce paramètre.

De plus, lors du choix de la valeur du paramètre « contamination

», il est nécessaire de faire attention à ne pas le régler trop haut ou trop bas. S'il est réglé trop haut, il est possible que le modèle signale trop de points comme anomalies, y compris ceux qui ne le sont pas.

D'autre part, s'il est réglé trop bas, il est possible que le modèle passe à côté des véritables valeurs aberrantes, et l'efficacité du modèle peut être considérablement réduite. Par conséquent, il est crucial de choisir la bonne valeur pour ce paramètre afin d'atteindre le niveau souhaité de précision et d'efficacité du modèle.

Voici comment vous pourriez ajuster le paramètre « contamination » en utilisant la recherche en grille :

```python
from sklearn.model_selection import GridSearchCV

# Defining parameter range
param_grid = {'contamination': [0.1, 0.2, 0.3, 0.4, 0.5]}

# Creating and fitting the model
grid = GridSearchCV(IsolationForest(), param_grid)
grid.fit(X)

# Get the best parameters
print(f"Best Parameters: {grid.best_params_}")
```

Vous pouvez également ajuster d'autres hyperparamètres tels que **n_estimators** (nombre d'arbres dans la forêt), **max_samples** (le nombre d'échantillons pour construire les arbres), et ainsi de suite.

15.3.7 Métriques d'Évaluation

Les modèles de détection d'anomalies diffèrent des modèles d'apprentissage supervisé en ce qu'ils manquent d'étiquettes véritables, ce qui rend les métriques d'évaluation pour ces modèles un peu plus difficiles à déterminer. Cependant, il est toujours possible d'évaluer ces modèles si vous disposez d'un ensemble de données étiqueté.

Dans de tels cas, des métriques comme le score F1, la précision et le rappel peuvent être utiles pour déterminer l'efficacité du modèle et identifier les domaines d'amélioration. De plus, il convient de noter que bien que les modèles de détection d'anomalies puissent ne pas avoir un ensemble clair d'étiquettes avec lesquelles travailler, ils sont néanmoins incroyablement utiles pour détecter des motifs inhabituels ou des valeurs aberrantes dans les données, ce qui peut être très précieux dans une variété de contextes tels que la détection de fraudes, la cybersécurité et la maintenance prédictive.

En tirant parti de ces modèles, les organisations peuvent mieux comprendre leurs données et prendre des décisions plus éclairées basées sur les informations qu'ils fournissent.

Exemple :

```
from sklearn.metrics import classification_report

# Assume y_true contains the true labels (-1 for anomalies and 1 for normal points)
y_true = np.array([1, 1, 1, 1, 1, 1, 1, 1, 1, 1, -1, -1])

print(classification_report(y_true, predictions))
```

Dans un scénario du monde réel, ces métriques offriraient des informations sur les performances de votre modèle.

J'espère que cette section vous a fourni une solide compréhension de la détection d'anomalies. Comme vous l'avez constaté, il s'agit d'un sujet complexe avec de nombreuses nuances et subtilités. C'est une technique qui peut être appliquée à un large éventail de domaines, de la finance aux soins de santé en passant par la cybersécurité, et elle offre un grand potentiel pour améliorer les résultats dans ces domaines.

Avec cette nouvelle compréhension, vous pouvez maintenant commencer à explorer ce sujet fascinant plus en profondeur et commencer à expérimenter avec des techniques de détection d'anomalies dans vos propres projets. Ce faisant, vous pourrez découvrir des informations cachées et obtenir une compréhension plus approfondie des données avec lesquelles vous travaillez.

À mesure que vous vous plongerez davantage dans ce sujet, il est probable que vous rencontriez un large éventail de défis et de subtilités. Mais ce sont précisément ces défis qui rendent le domaine si passionnant et gratifiant. En embrassant les complexités de la détection d'anomalies et en l'abordant avec un esprit curieux et ouvert, vous serez sur la voie de devenir un expert dans ce domaine fascinant de la science des données.

Maintenant ! Passons à quelques exercices pratiques qui approfondiront votre compréhension des méthodes d'apprentissage non supervisé, y compris le clustering, l'analyse en composantes principales et la détection d'anomalies. Ces exercices vous aideront à consolider votre compréhension des concepts théoriques que nous avons couverts.

Exercices Pratiques Chapitre 15

Exercice 1 : Regroupement par K-means

Tâche : Regroupez l'ensemble de points 2D suivant en 2 groupes en utilisant K-means.

```python
import numpy as np
from sklearn.cluster import KMeans
import matplotlib.pyplot as plt

# Sample Data
X = np.array([[1, 2],
              [5, 8],
              [1.5, 1.8],
              [8, 8],
              [1, 0.6],
              [9, 11]])

# Implement K-means
kmeans = KMeans(n_clusters=2)
kmeans.fit(X)
labels = kmeans.labels_

# Visualizing the clusters
for i in range(len(X)):
    plt.scatter(X[i][0], X[i][1], c=['r','g'][labels[i]])
plt.scatter(kmeans.cluster_centers_[:,0], kmeans.cluster_centers_[:,1], marker='x')
plt.show()
```

Questions :

1. Quelles sont les coordonnées des centres des groupes ?

2. Comment le nombre de groupes affecte-t-il le résultat ?

Exercice 2 : Analyse en Composantes Principales (ACP)

Tâche : Appliquez l'ACP pour réduire les dimensions de l'ensemble de données Iris puis tracez-le.

```python
from sklearn.decomposition import PCA
```

```
from sklearn.datasets import load_iris
import seaborn as sns

# Load the dataset
iris = load_iris()
X = iris.data
y = iris.target

# Apply PCA
pca = PCA(n_components=2)
X_pca = pca.fit_transform(X)

# Visualizing the result
sns.scatterplot(x=X_pca[:, 0], y=X_pca[:, 1], hue=y)
plt.show()
```

Questions :

1. Comment l'ACP affecte-t-elle l'interprétabilité des données ?

2. Quels sont les premier et deuxième composantes principales ?

Exercice 3 : Détection d'Anomalies avec Isolation Forest

Tâche : Détectez des anomalies dans un ensemble de données simple en utilisant Isolation Forest.

```
from sklearn.ensemble import IsolationForest

# Sample data (10 normal points and 2 anomalies)
X = np.array([[1, 1],
              [2, 2],
              [3, 3],
              [4, 4],
              [5, 5],
              [6, 6],
              [7, 7],
              [8, 8],
              [100, 100],
              [200, 200]])

# Apply Isolation Forest
clf = IsolationForest(contamination=0.2)
clf.fit(X)
predictions = clf.predict(X)

# Print predictions (-1 indicates anomaly)
print("Predictions:", predictions)
```

Questions :

1. Quels points ont été classifiés comme anomalies ?

2. Comment le paramètre « contamination » affecte-t-il le résultat ?

N'hésitez pas à ajuster le code comme vous le souhaitez, à essayer différentes configurations de paramètres et à explorer comment ils affectent vos résultats. Rappelez-vous, plus vous pratiquerez, plus vous vous sentirez à l'aise avec ces techniques puissantes. Bon codage !

Conclusion du Chapitre 15

Le voyage à travers ce chapitre a été à la fois éducatif et éclairant. Nous nous sommes plongés dans le monde de l'apprentissage non supervisé, un domaine de l'apprentissage automatique qui traite des données non étiquetées. Contrairement à l'apprentissage supervisé, où l'objectif est souvent clair, prédire un résultat, l'apprentissage non supervisé nous demande de comprendre les données sans instructions explicites. C'est similaire à vous donner un puzzle sans vous montrer l'image sur la boîte. C'est difficile mais immensément gratifiant, car cela ressemble étroitement à la façon dont les données du monde réel nous sont souvent présentées.

Nous avons commencé en abordant le regroupement, une technique qui vise à rassembler des points de données similaires. Nous nous sommes concentrés sur l'algorithme K-means, l'une des méthodes de regroupement les plus populaires et les plus simples à comprendre. Cette technique a un large éventail d'applications, de la segmentation des clients à la compression d'images. À travers des exemples pratiques, vous avez appris comment mettre en œuvre K-means et visualiser les groupes de manière efficace.

Ensuite, nous sommes passés à l'Analyse en Composantes Principales (ACP), une technique de réduction de dimensionnalité. Elle est particulièrement utile lorsque vous traitez avec des données de haute dimensionnalité et que vous souhaitez conserver autant d'informations que possible tout en réduisant la complexité. Notre exemple pratique vous a montré comment appliquer l'ACP sur l'ensemble de données Iris, vous donnant une vue plus simple en 2 dimensions qui capturait toujours l'essence des données.

Enfin, nous avons exploré la détection d'anomalies, en nous concentrant sur l'algorithme Isolation Forest. Dans un monde de plus en plus guidé par les données, la capacité à détecter des valeurs aberrantes ou des anomalies est inestimable. Que ce soit pour la détection de fraudes ou le contrôle qualité, comprendre les anomalies peut souvent nous donner des aperçus sur des domaines qui nécessitent une attention particulière.

Les exercices pratiques à la fin de ce chapitre ont été conçus pour renforcer ces concepts et vous offrir une expérience pratique. Le monde de l'apprentissage non supervisé est vaste et varié, et les techniques que nous avons couvertes ici ne sont que la pointe de l'iceberg. Cependant, elles constituent une base solide sur laquelle vous pouvez construire des connaissances plus avancées.

En conclusion, l'apprentissage non supervisé nous offre des outils pour comprendre les « inconnus » dans nos données. Il nous donne la flexibilité d'explorer et la liberté de découvrir. À mesure que vous progresserez dans votre parcours d'apprentissage automatique, rappelez-vous que les compétences que vous avez acquises ici seront des atouts inestimables. Merci d'avoir investi votre temps dans l'apprentissage de ces technologies transformatrices, et nous espérons que vous êtes aussi enthousiaste que nous de voir où elles vous mèneront ensuite !

Quiz Partie VI : Fondamentaux de l'Apprentissage Automatique

Chapitre 13 : Introduction à l'Apprentissage Automatique

1. **Quels sont les trois principaux types d'apprentissage automatique ?**

   A) Association, Regroupement, Réseaux de Neurones

   B) Supervisé, Non supervisé, Apprentissage par renforcement

   C) Linéaire, Non linéaire, Réseaux de Neurones

   D) Arbres de Décision, Réseaux de Neurones, K plus proches voisins (K-Nearest Neighbors)

2. **Lequel des suivants n'est pas un algorithme d'apprentissage supervisé ?**

   A) Régression Linéaire

   B) Regroupement K-means

   C) Arbres de Décision

   D) Machines à Vecteurs de Support (Support Vector Machines)

Chapitre 14 : Apprentissage Supervisé

3. **Dans la régression linéaire, quel est le terme pour la constante ajoutée à la somme pondérée des caractéristiques ?**

   A) Pente

   B) Coefficient

   C) Ordonnée à l'origine

   D) Biais

4. **Lequel des suivants est couramment utilisé pour la classification binaire ?**

   A) Régression Linéaire

   B) Régression Logistique

C) Regroupement K-means

D) Analyse en Composantes Principales (ACP)

Chapitre 15 : Apprentissage Non Supervisé

5. **Quel algorithme est couramment utilisé pour le regroupement ?**

   A) Régression Linéaire

   B) Regroupement K-means

   C) Régression Logistique

   D) Arbres de Décision

6. **Quelle technique est utilisée pour la réduction de dimensionnalité ?**

   A) Régression Logistique

   B) Regroupement K-means

   C) Analyse en Composantes Principales (ACP)

   D) Forêts Aléatoires

7. **Quel est l'objectif principal de la détection d'anomalies ?**

   A) Trouver la moyenne d'un ensemble de données

   B) Regrouper des points de données similaires

   C) Trouver les valeurs aberrantes dans un ensemble de données

   D) Réduire les dimensions d'un ensemble de données

Corrigé

1. B) Supervisé, Non supervisé, Apprentissage par renforcement

2. B) Regroupement K-means

3. C) Ordonnée à l'origine

4. B) Régression Logistique

5. B) Regroupement K-means

6. C) Analyse en Composantes Principales (ACP)

7. C) Trouver les valeurs aberrantes dans un ensemble de données

N'hésitez pas à vérifier vos réponses avec le corrigé fourni à la fin. Comment avez-vous réussi ? Que vous ayez obtenu toutes les bonnes réponses ou que certaines questions se soient révélées difficiles, le plus important est que vous vous engagez avec le matériel et approfondissez votre compréhension. Continuez votre excellent travail !

Projet 2 : Prédiction des Prix des Maisons

Projet 2 : Prédiction des Prix de l'Immobilier

Après avoir navigué à travers les mers de la probabilité, des tests d'hypothèses et des concepts de base de l'apprentissage automatique, vous êtes arrivé sur les rives de votre deuxième projet. C'est ici que vous pouvez appliquer ce que vous avez appris dans un scénario pratique et réel. Vous avez accumulé un trésor de connaissances ; il est maintenant temps de mettre ces connaissances au travail.

Dans ce deuxième projet, nous explorerons le défi fascinant de prédire les prix de l'immobilier. Comme vous le savez, le marché immobilier est une partie cruciale de toute économie et a un impact direct sur la vie des gens. Une prédiction précise des prix peut aider tant les acheteurs que les vendeurs à prendre des décisions éclairées, et c'est un domaine où l'apprentissage automatique peut jouer un rôle significatif.

Il existe de nombreux facteurs qui influencent les prix de l'immobilier, tels que l'emplacement, la taille, l'ancienneté et l'état. De plus, il y a des caractéristiques numériques et catégorielles qui doivent être prises en compte. Par exemple, le nombre de chambres et de salles de bain est une caractéristique numérique, tandis que le type de sol ou la couleur des murs est une caractéristique catégorielle. Comme vous pouvez l'imaginer, gérer un ensemble aussi diversifié de caractéristiques peut être difficile, mais c'est aussi ce qui rend ce projet si passionnant.

Dans ce projet, vous apprendrez non seulement comment appliquer des algorithmes d'apprentissage automatique à un problème du monde réel, mais vous gagnerez également de l'expérience en manipulation de données, en ingénierie des caractéristiques et en évaluation de modèles. À la fin de ce projet, vous aurez une compréhension complète du problème de prédiction des prix de l'immobilier et des outils et techniques nécessaires pour le résoudre.

Alors, sans plus tarder, plongeons directement dans notre première section, l'Énoncé du Problème, pour avoir une meilleure compréhension de ce que nous essayons d'accomplir et comment nous aborderons ce défi passionnant.

Énoncé du Problème

Le problème que nous abordons ici est simple à comprendre mais difficile à résoudre : Comment pouvons-nous prédire avec plus de précision le prix de vente d'une maison en nous basant sur une variété de caractéristiques telles que sa taille, son emplacement, son nombre de chambres, etc. ?

En termes formels, notre objectif est de construire un modèle prédictif $f(X)$ qui associe les caractéristiques X au prix de vente d'une maison y. Mathématiquement, cela peut être représenté comme :

$$f(X) \rightarrow y$$

Pour ce projet, nous supposerons que vous avez accès à un ensemble de données contenant des informations sur les ventes de maisons, incluant diverses caractéristiques X (par exemple, pieds carrés, nombre de chambres, quartier) et le prix de vente réel y.

Exemple de Code : Importer l'Ensemble de Données

Pour commencer, supposons que vous utilisez Python et la bibliothèque pandas pour importer votre ensemble de données.

```python
# Importing the necessary libraries
import pandas as pd

# Loading the dataset
df = pd.read_csv('house_prices.csv')

# Display the first few rows of the DataFrame
df.head()
```

Lorsque vous exécutez ce code, vous obtiendrez un DataFrame qui affiche les premiers enregistrements de votre ensemble de données. Cela vous donnera une idée initiale du type de données que vous manipulez.

Installation des Bibliothèques Nécessaires

```python
# For data manipulation
pip install pandas numpy

# For data visualization
pip install matplotlib seaborn

# For machine learning
pip install scikit-learn
```

Si vous êtes nouveau en Python ou en science des données, il est possible que vous n'ayez pas ces bibliothèques installées. Ne vous inquiétez pas ; les installer est aussi simple que d'exécuter les commandes ci-dessus dans votre ligne de commande ou terminal. Ces bibliothèques sont cruciales pour la manipulation de données, la visualisation et l'apprentissage automatique, et nous les utiliserons largement tout au long de ce projet.

Collecte et Prétraitement des Données

Maintenant que nous avons défini notre énoncé du problème, nous avons hâte de plonger dans les données, n'est-ce pas ? Les données sont le fondement de tout projet d'apprentissage automatique. C'est comme la peinture pour un artiste, sans elle, il n'y a pas de chef-d'œuvre. Mais rappelez-vous, une palette désordonnée ne créera pas une Joconde ! De même, des données désordonnées ne nous aideront pas à construire un modèle fiable. Par conséquent, il est crucial de comprendre et de prétraiter nos données avant de passer à la partie amusante : la modélisation !

Collecte de Données

Pour ce projet, nous supposerons que vous avez accès à un ensemble de données riche contenant diverses caractéristiques des logements, ainsi que leurs prix de vente. Il pourrait s'agir d'un ensemble de données accessible au public ou d'un ensemble que vous avez collecté vous-même.

Exemple de Code : Explorer l'Ensemble de Données

Avant de continuer, jetons un coup d'œil aux caractéristiques de l'ensemble de données et à quelques entrées d'exemple pour mieux comprendre.

```
# Viewing the columns in the dataset
print("Columns in the dataset: ", df.columns)

# Summary statistics
print("\\nSummary statistics:")
print(df.describe())
```

Prétraitement des Données

Le prétraitement des données est comme le nettoyage pour les scientifiques des données. Ce n'est peut-être pas la partie la plus passionnante du travail, mais c'est absolument vital.

Gestion des Valeurs Manquantes

Les valeurs manquantes peuvent fausser le pouvoir prédictif d'un modèle. Alors, voyons si nous en avons.

```
# Checking for missing values
missing_values = df.isnull().sum()
print("Missing values per column:")
print(missing_values)
```

Si une colonne a des valeurs manquantes, vous pourriez décider de les remplir avec la moyenne ou la médiane de cette colonne ou même décider de supprimer complètement ces lignes.

```
# Filling missing values with the median value of the column
df.fillna(df.median(), inplace=True)
```

Encodage des Données

Notre ensemble de données pourrait contenir des variables catégorielles comme 'Quartier' ou 'Type de Toit'. Nous devons les convertir en valeurs numériques.

```
# One-hot encoding of categorical variables
df = pd.get_dummies(df, drop_first=True)
```

Mise à l'Échelle des Caractéristiques

Enfin, nous devons mettre à l'échelle nos caractéristiques pour qu'aucune variable n'ait plus d'influence qu'une autre.

```
from sklearn.preprocessing import StandardScaler

scaler = StandardScaler()
df_scaled = scaler.fit_transform(df)
```

Et voilà, vos données sont maintenant prêtes à être alimentées dans un modèle d'apprentissage automatique !

Dans la section suivante, nous prendrons ces données prétraitées et les utiliserons pour entraîner nos modèles prédictifs. Mais pour l'instant, donnez-vous une tape dans le dos. Vous avez fait un nettoyage de données de qualité et faites-nous confiance, votre futur vous en remerciera !

Restez à l'écoute et continuons d'avancer dans ce voyage d'apprentissage !

Ingénierie des Caractéristiques

Jusqu'à présent, vous avez réussi à rendre vos données bien rangées et bien organisées, mais devinez quoi ! Nous pouvons les améliorer encore plus. Comment, demandez-vous ? Grâce à la magie de l'Ingénierie des Caractéristiques !

L'ingénierie des caractéristiques est essentiellement l'art d'améliorer votre ensemble de données avec de nouvelles caractéristiques qui pourraient aider votre modèle à faire de meilleures prédictions. C'est comme ajouter des épices à un plat pour le rendre encore plus délicieux. Passons en revue cette étape importante de notre projet de prédiction des prix de l'immobilier !

Création de Caractéristiques Polynomiales

Une façon d'améliorer notre ensemble de données est de créer des caractéristiques polynomiales. Cela implique de créer de nouvelles caractéristiques qui sont des puissances de celles existantes. Par exemple, si nous avons une caractéristique qui représente le nombre de chambres, nous pourrions créer une autre caractéristique qui soit le carré du nombre de chambres.

```python
# Creating a new feature 'Bedrooms_Squared'
df['Bedrooms_Squared'] = df['Bedrooms'] ** 2
```

Termes d'Interaction

Vous pouvez également créer des termes d'interaction entre deux variables différentes. Supposons que notre ensemble de données comporte « Pieds Carrés » et « Nombre de Chambres » ; l'interaction serait « Pieds Carrés par Chambre ».

```python
# Creating a new feature 'Square_Footage_per_Bedroom'
df['Square_Footage_per_Bedroom'] = df['Square_Footage'] / df['Bedrooms']
```

Ingénierie de Caractéristiques Catégorielles

Si vous avez des caractéristiques catégorielles qui ne capturent pas les nuances de vos données, vous pouvez ajouter plus de granularité. Par exemple, au lieu d'une catégorie large comme « Quartier », vous pourriez avoir « Proche_d_École_dans_Quartier ».

```python
# Engineering a new feature based on existing categorical features
df['Close_to_School_in_Neighborhood']      =      df['Neighborhood']      +      "_"      +
df['Close_to_School'].astype(str)
```

Caractéristiques Temporelles

Si votre ensemble de données contient des variables de date, vous pouvez en extraire des informations précieuses. Par exemple, si vous avez la « Date de Vente », vous pourriez extraire le « Mois de Vente » ou le « Trimestre de Vente ».

```python
# Converting 'Date_of_Sale' to datetime format
df['Date_of_Sale'] = pd.to_datetime(df['Date_of_Sale'])

# Extracting the quarter
df['Quarter_of_Sale'] = df['Date_of_Sale'].dt.quarter
```

Transformation de Caractéristiques

Parfois, un petit ajustement mathématique peut faire beaucoup de chemin. Les transformations logarithmiques sont très utiles pour traiter les données asymétriques.

```python
import numpy as np

# Applying log transformation
df['Log_Square_Footage'] = np.log(df['Square_Footage'])
```

Très bien ! Vous avez créé avec succès quelques caractéristiques incroyablement utiles pour votre ensemble de données. Vous pouvez considérer cela comme une étape facultative, mais faites-nous confiance, une bonne ingénierie de caractéristiques peut faire la différence entre un modèle médiocre et un modèle fantastique.

Dans la prochaine section, nous nous aventurerons dans les terres passionnantes des modèles d'apprentissage automatique, où tout votre travail acharné jusqu'à présent commencera à porter ses fruits. J'ai hâte de vous y voir !

Construction et Évaluation du Modèle

Après avoir créé quelques caractéristiques merveilleuses pour notre ensemble de données, nous sommes maintenant prêts pour la grande finale, la partie où nous construisons réellement notre modèle prédictif ! Excitant, n'est-ce pas ? Plongeons-nous.

Division des Données

La première chose que nous devons faire est de diviser notre ensemble de données en ensembles d'entraînement et de test. De cette façon, nous pouvons évaluer à quel point notre modèle fonctionne bien sur des données non vues.

```python
from sklearn.model_selection import train_test_split

# Features and target variable
X = df.drop('House_Price', axis=1)
y = df['House_Price']

# Split the data
X_train, X_test, y_train, y_test = train_test_split(X, y, test_size=0.2, random_state=42)
```

Sélection du Modèle

Pour prédire les prix des maisons, un algorithme de régression serait plus approprié. Commençons avec un modèle simple de Régression Linéaire.

```python
from sklearn.linear_model import LinearRegression

# Initialize the model
model = LinearRegression()

# Train the model
```

```
model.fit(X_train, y_train)
```

Évaluation du Modèle

Après l'entraînement, il est critique d'évaluer à quel point notre modèle fonctionne bien. Nous utiliserons des métriques comme le R-carré et l'Erreur Quadratique Moyenne (RMSE) à cette fin.

```
from sklearn.metrics import mean_squared_error, r2_score

# Predict on test data
y_pred = model.predict(X_test)

# Evaluate the model
r2 = r2_score(y_test, y_pred)
rmse = np.sqrt(mean_squared_error(y_test, y_pred))

print(f'R2 Score: {r2}')
print(f'RMSE: {rmse}')
```

Ajustement Fin

Si les résultats ne sont pas satisfaisants, envisagez d'ajuster finement votre modèle en ajoutant de la régularisation, ou essayez des modèles plus avancés comme les Forêts Aléatoires ou le Boosting de Gradient.

```
from sklearn.ensemble import RandomForestRegressor

# Initialize the Random Forest model
rf_model = RandomForestRegressor(n_estimators=100, random_state=42)

# Train the model
rf_model.fit(X_train, y_train)

# Evaluate the model
rf_y_pred = rf_model.predict(X_test)
rf_r2 = r2_score(y_test, rf_y_pred)
rf_rmse = np.sqrt(mean_squared_error(y_test, rf_y_pred))

print(f'Random Forest R2 Score: {rf_r2}')
print(f'Random Forest RMSE: {rf_rmse}')
```

Exporter le Modèle Entraîné

```
import joblib

# Save the model as a binary file
joblib.dump(your_final_model, 'house_price_predictor.pkl')
```

Après tout votre travail acharné à entraîner et ajuster finement votre modèle, vous voudrez peut-être le sauvegarder pour une utilisation future. En exportant le modèle en utilisant **joblib**, vous pouvez ensuite le recharger pour faire des prédictions sur de nouvelles données sans avoir à le réentraîner.

Et voilà ! Vous avez complété votre voyage depuis la collecte de données jusqu'à la construction et l'évaluation d'un modèle. Ce voyage vous aidera à comprendre l'essence de l'apprentissage automatique et comment l'utiliser pour résoudre des problèmes du monde réel comme prédire les prix des maisons.

Rappelez-vous, l'apprentissage automatique est autant un art qu'une science. C'est un processus itératif qui nécessite beaucoup d'ajustement fin et d'expérimentation. Alors ne vous découragez pas si votre premier modèle n'est pas parfait. Avec la pratique, vous deviendrez plus expert pour savoir quelles caractéristiques créer, quels modèles utiliser et comment les ajuster.

Merci d'avoir continué !

Partie VII : Études de Cas

Chapitre 16 : Étude de Cas 1 : Analyse des Données de Ventes

Après avoir parcouru les mondes fascinants de la probabilité, des statistiques et de l'apprentissage automatique, nous pouvons maintenant appliquer tout ce que nous avons appris dans quelques études de cas du monde réel. Notre première étude de cas, « Analyse des Données de Ventes », est un exemple parfait de la manière dont nous pouvons utiliser nos nouvelles connaissances pour prendre des décisions éclairées et stimuler la croissance de l'entreprise.

L'analyse des données de ventes est une partie cruciale des entreprises modernes, car elle fournit des informations précieuses sur le comportement des clients, la performance des produits et l'efficacité globale des stratégies de vente. Elle aide les entreprises à identifier les opportunités de croissance et d'amélioration, tout en mettant en évidence les domaines de préoccupation potentiels.

Dans ce chapitre, nous allons vous guider à travers l'analyse efficace des données de ventes en utilisant diverses techniques et algorithmes que vous avez déjà appris dans les sections précédentes de ce livre. Nous explorerons différentes méthodes de visualisation des données, y compris les graphiques et les diagrammes, et discuterons de la manière d'interpréter les résultats. Nous approfondirons également les données en examinant les tendances et les modèles qui peuvent éclairer les futures stratégies de vente.

À la fin de ce chapitre, vous aurez une compréhension solide de la façon d'analyser les données de ventes ainsi que des outils et techniques à votre disposition. Préparez-vous, car ce sera une expérience pratique incroyable qui non seulement renforcera votre compréhension des concepts, mais vous aidera également à les appliquer dans un environnement réel.

16.1 Définition du Problème

16.1.1 Qu'essayons-nous de résoudre ?

Avant de nous lancer dans toute analyse de données ou projet d'apprentissage automatique, il est crucial de définir clairement le problème que nous essayons de résoudre. Cela établit la voie, nous permettant de choisir les techniques et algorithmes les plus appropriés.

Dans cette étude de cas sur l'Analyse des Données de Ventes, nos principaux objectifs seront :

1. **Analyse des Tendances de Ventes** : Comprendre les tendances de ventes annuelles, mensuelles et saisonnières.

2. **Segmentation de la Clientèle** : Catégoriser les clients en fonction de leur comportement d'achat.

3. **Analyse des Produits** : Identifier les produits et catégories les plus vendus.

4. **Prévision des Ventes** : Prédire les ventes futures en utilisant des algorithmes d'apprentissage automatique.

Ces objectifs nous guideront à travers la collecte des données, le prétraitement, l'analyse et la construction du modèle.

16.1.2 Code Python : Configuration de l'Environnement

Avant de commencer, configurons notre environnement Python :

```python
# Import necessary libraries
import pandas as pd
import numpy as np
import matplotlib.pyplot as plt
import seaborn as sns

# Configure settings
sns.set_theme()
```

Il ne s'agit que d'une configuration préliminaire. Au fur et à mesure de notre progression, nous ajouterons d'autres bibliothèques spécifiques aux tâches que nous avons à accomplir.

Fichier de Données

Pour cette étude de cas, supposons que nous avons un ensemble de données appelé **sales_data.csv** qui contient les champs suivants :

- **OrderID** : Identifiant unique pour chaque commande

- **ProductID** : Identifiant unique pour chaque produit

- **CustomerID** : Identifiant unique pour chaque client

- **Quantity** : Quantité de produits vendus

- **OrderDate** : Date de la commande

- **Price** : Prix du produit

16.2 Analyse Exploratoire des Données (AED) et Visualisation

Après avoir défini le problème, l'étape logique suivante est l'Analyse Exploratoire des Données (AED) et la Visualisation. Cette phase nous aide à comprendre la nature de nos données, à identifier les modèles et même à détecter les irrégularités qui pourraient affecter la qualité de tout modèle prédictif que nous construirons par la suite.

Dans cette section, nous passerons par diverses étapes d'AED et de visualisation des données liées à notre étude de cas sur l'Analyse des Données de Ventes. Nous aborderons des aspects tels que le nettoyage des données, la transformation des données et la visualisation des données afin d'avoir une bonne compréhension de ce à quoi ressemblent nos données de ventes et comment elles se comportent. Alors plongeons-nous !

16.2.1 Importation des Données

Tout d'abord, lisons le fichier **sales_data.csv** dans un DataFrame Pandas. Cela nous permettra de commencer à explorer son contenu.

```python
# Import sales_data.csv
df_sales = pd.read_csv('sales_data.csv')

# Show first five rows
df_sales.head()
```

16.2.2 Nettoyage des Données

Avant de commencer toute analyse, assurons-nous que nos données sont propres. Nous vérifierons s'il y a des valeurs manquantes et des entrées dupliquées.

```python
# Check for missing values
print(df_sales.isnull().sum())

# Check for duplicate entries
print(df_sales.duplicated().sum())
```

S'il y a des entrées manquantes ou dupliquées, vous devrez les traiter de manière appropriée (par exemple, supprimer ou imputer les valeurs manquantes).

16.2.3 Informations Statistiques de Base

Jetons également un coup d'œil à quelques statistiques de base.

```python
# Descriptive statistics
df_sales.describe()
```

16.2.4 Visualisation des Données

Analyse des Tendances de Ventes

Nous voulons savoir comment les ventes ont évolué au fil du temps. Traçons les ventes mensuelles.

```
# Convert 'OrderDate' to datetime type
df_sales['OrderDate'] = pd.to_datetime(df_sales['OrderDate'])

# Aggregate data by month
df_monthly_sales = df_sales.resample('M', on='OrderDate').sum()

# Plotting
plt.figure(figsize=(10,6))
plt.plot(df_monthly_sales.index, df_monthly_sales['Quantity'])
plt.title('Monthly Sales Trend')
plt.xlabel('Month')
plt.ylabel('Total Sales')
plt.show()
```

Segmentation de la Clientèle

Pour avoir une idée du comportement des clients, traçons un histogramme montrant la fréquence des quantités de commandes.

```
# Histogram of Order Quantities
plt.figure(figsize=(10,6))
plt.hist(df_sales['Quantity'], bins=50, edgecolor='black')
plt.title('Customer Segmentation by Order Quantity')
plt.xlabel('Order Quantity')
plt.ylabel('Frequency')
plt.show()
```

Ce ne sont que les premières étapes, mais elles devraient vous donner une bonne idée de ce qui se passe avec vos données de ventes. Dans les sections suivantes, nous approfondirons les analyses spécifiques et construirons même des modèles prédictifs basés sur ces données.

Et voilà ! Avec l'AED et la visualisation, vous faites les premiers pas pour comprendre vos données de ventes de fond en comble. Croyez-nous ; ces informations seront précieuses lorsque vous prendrez des décisions basées sur les données !

16.3 Modélisation Prédictive

Après avoir compris nos données grâce à l'AED et à la visualisation, la prochaine étape logique est de faire quelques prédictions basées sur cette compréhension. La modélisation prédictive nous permet d'anticiper les tendances et les résultats futurs en utilisant des algorithmes et des modèles statistiques. Il s'agit d'une étape cruciale dans le processus d'analyse des données, car elle nous permet de prendre des décisions éclairées et de planifier pour l'avenir.

En construisant un modèle prédictif, nous pouvons obtenir des informations sur les tendances et les schémas de ventes futurs possibles. Cela peut nous aider à identifier les domaines à améliorer, à optimiser nos ressources et à prendre des décisions commerciales éclairées. La modélisation prédictive est comme une baguette magique, mais soutenue par des données, et peut nous fournir des informations précieuses auxquelles nous n'aurions pas accès autrement.

Dans cette section de notre étude de cas sur l'Analyse des Données de Ventes, nous approfondirons le processus de construction d'un modèle prédictif. Nous explorerons les différents types de modèles que nous pouvons utiliser, ainsi que les différents algorithmes et modèles statistiques qui les sous-tendent. Nous verrons également comment nous pouvons évaluer la performance de notre modèle et comment nous pouvons l'utiliser pour faire des prédictions éclairées sur les ventes futures.

Alors, êtes-vous prêt à porter vos compétences en analyse de données au niveau supérieur ? Plongez et explorez le monde fascinant de la modélisation prédictive !

16.3.1 Prétraitement pour la Modélisation Prédictive

Avant de poursuivre la construction d'un modèle, assurons-nous que nos données sont au bon format. Nous avons déjà nettoyé nos données dans la section précédente, nous vérifierons donc simplement que les caractéristiques que nous prévoyons d'utiliser sont correctement mises à l'échelle.

```
from sklearn.preprocessing import StandardScaler

# Create a new DataFrame for modeling
df_for_modeling = df_monthly_sales[['Quantity', 'TotalSales']]

# Scaling the features
scaler = StandardScaler()
df_scaled = scaler.fit_transform(df_for_modeling)
```

16.3.2 Sélection et Entraînement du Modèle

Pour nos données de ventes, nous utiliserons un modèle de régression linéaire simple pour prédire les **VentesTotales** en fonction de la **Quantité**.

```
from sklearn.model_selection import train_test_split
from sklearn.linear_model import LinearRegression

# Splitting the data into training and test sets
X = df_scaled[:, 0].reshape(-1, 1)
y = df_scaled[:, 1]
X_train, X_test, y_train, y_test = train_test_split(X, y, test_size=0.2, random_state=42)
```

```
# Initialize and train the model
model = LinearRegression()
model.fit(X_train, y_train)
```

16.3.3 Évaluation du Modèle

Évaluons les performances de notre modèle en utilisant des métriques telles que le RMSE et le R-carré.

```
from sklearn.metrics import mean_squared_error, r2_score

# Making predictions
y_pred = model.predict(X_test)

# Calculate the performance metrics
rmse = np.sqrt(mean_squared_error(y_test, y_pred))
r2 = r2_score(y_test, y_pred)

print(f'RMSE: {rmse}')
print(f'R-squared: {r2}')
```

16.3.4 Faire des Prédictions Futures

Maintenant que notre modèle est entraîné et évalué, effectuons quelques prédictions futures de ventes.

```
# Make future predictions
future_quantity = np.array([1200, 1400, 1600]).reshape(-1, 1)
future_quantity_scaled = scaler.transform(future_quantity)
future_sales_scaled = model.predict(future_quantity_scaled)

# Inverse transform to get actual sales values
future_sales       =         scaler.inverse_transform(np.column_stack((future_quantity,
future_sales_scaled)))[:, 1]
print(f"Predicted Future Sales: {future_sales}")
```

Et voilà ! Vous disposez maintenant d'un modèle prédictif pour vos données de ventes, prêt à vous guider dans vos futures entreprises. N'est-ce pas passionnant ?

Sentez-vous valorisé, car comprendre le passé et le présent grâce à l'AED, et entrevoir l'avenir avec la modélisation prédictive, peuvent être les clés du succès de votre entreprise.

Exercices Pratiques : Analyse des Données de Ventes

Après nous être plongés dans notre étude de cas sur l'Analyse des Données de Ventes, il est temps de pratiquer un peu. Voici des exercices pratiques qui complètent le matériel que nous avons couvert. Rappelez-vous, la meilleure façon de consolider votre compréhension est par l'application !

Exercice 1 : Exploration des Données

1. Chargez le fichier 'sales_data.csv' dans un DataFrame.

2. Affichez les 5 premières lignes du DataFrame.

3. Fournissez des statistiques de base pour chaque colonne numérique.

Solution

```python
import pandas as pd

# Load the data
df = pd.read_csv('sales_data.csv')

# Display the first 5 rows
print(df.head())

# Basic statistics
print(df.describe())
```

Exercice 2 : Visualisation des Données

1. Créez un graphique à barres qui montre les revenus totaux générés par chaque produit.

2. Créez un graphique circulaire qui représente le pourcentage des ventes totales pour chaque produit.

Solution

```python
import matplotlib.pyplot as plt

# Bar chart
df_grouped = df.groupby('Product_Name')['Revenue'].sum()
plt.bar(df_grouped.index, df_grouped.values)
plt.xlabel('Product Name')
plt.ylabel('Total Revenue')
plt.title('Total Revenue by Product')
plt.show()

# Pie chart
plt.pie(df_grouped, labels=df_grouped.index, autopct='%1.1f%%')
plt.title('Percentage of Total Sales by Product')
plt.show()
```

Exercice 3 : Modélisation Prédictive Simple

1. Entraînez un modèle de régression linéaire simple pour prédire les revenus en fonction de la quantité vendue pour le produit "Téléphone".

2. Évaluez le modèle en utilisant le R-carré.

Solution

```
from sklearn.linear_model import LinearRegression
from sklearn.metrics import r2_score

# Filter the data for the product "Phone"
df_phone = df[df['Product_Name'] == 'Phone']

# Train the model
X = df_phone[['Quantity_Sold']]
y = df_phone['Revenue']
model = LinearRegression()
model.fit(X, y)

# Make predictions
y_pred = model.predict(X)

# Evaluate the model
print('R-squared:', r2_score(y, y_pred))
```

Exercice 4 : Avancé

Essayez différents algorithmes d'apprentissage automatique pour prédire les revenus. Comparez leurs performances.

Solution

Note : Le code pour différents algorithmes peut varier. L'approche ici est de montrer comment utiliser plusieurs algorithmes et comparer leurs performances.

```
from sklearn.ensemble import RandomForestRegressor
from sklearn.svm import SVR

# Random Forest
rf_model = RandomForestRegressor()
rf_model.fit(X, y)
rf_y_pred = rf_model.predict(X)
print('Random Forest R-squared:', r2_score(y, rf_y_pred))

# Support Vector Regression
svr_model = SVR()
svr_model.fit(X, y)
svr_y_pred = svr_model.predict(X)
print('SVR R-squared:', r2_score(y, svr_y_pred))
```

Conclusion du Chapitre 16

Nous sommes arrivés au terme d'un voyage enrichissant à travers le royaume de l'Analyse des Données de Ventes, un exercice inestimable pour comprendre à la fois la valeur et les défis potentiels du travail avec des données du monde réel. Le chapitre a commencé par une définition claire du problème, s'est poursuivi vers l'analyse exploratoire des données (AED), la visualisation et a finalement abouti à la modélisation prédictive.

Ce chapitre n'avait pas seulement pour objectif d'offrir des connaissances théoriques, mais de présenter des idées concrètes à travers des applications pratiques. En partant de la définition du problème, nous avons méticuleusement épluché les couches de notre ensemble de données. Nous nous sommes engagés avec les données pour comprendre leurs caractéristiques, découvrir des schémas et identifier des opportunités possibles pour optimiser les stratégies de vente. Avec l'AED et la Visualisation, nous avons transformé des chiffres bruts en visuels compréhensibles. Le passage de données abstraites à des visuels concrets est comme développer une langue commune entre l'équipe commerciale et l'équipe de données, améliorant à la fois la communication et les processus de prise de décision.

Le rôle de la modélisation prédictive ne doit pas être sous-estimé. Nous avons vu comment les algorithmes d'apprentissage automatique peuvent aller au-delà de la simple présentation des données ; ils peuvent fournir des prévisions qui aident à la planification stratégique. Nous sommes passés de l'utilisation de modèles de régression linéaire de base à l'essai d'algorithmes plus complexes comme les Forêts Aléatoires et la Régression par Vecteurs de Support, démontrant l'évolutivité de notre approche analytique. Les exercices pratiques ont été la cerise sur le gâteau, une opportunité de vous salir les mains et d'appliquer les connaissances que vous avez acquises.

La conclusion essentielle de ce chapitre est l'approche intégrée et complète de l'analyse des données de ventes. Nous avons commencé par une question, collecté et prétraité des données pour répondre à cette question, les avons explorées pour confirmer ou remettre en question nos hypothèses, les avons visualisées pour rendre nos découvertes facilement assimilables et, finalement, construit des modèles prédictifs pour anticiper les résultats futurs. Chaque étape informe l'autre, créant un cycle qui peut être continuellement affiné pour une plus grande précision et des perspectives plus approfondies.

De manière générale, les compétences et approches présentées ici ne se limitent pas uniquement aux données de ventes. Ce sont des concepts et méthodes fondamentaux qui ont des applications plus larges dans de nombreux autres secteurs et scénarios. En fermant ce chapitre, vous n'obtenez pas seulement des réponses à des questions spécifiques sur les données de ventes. Vous repartez avec une boîte à outils et la connaissance de comment les appliquer systématiquement, quelque chose d'inestimable dans le monde actuel piloté par les données.

Merci de nous avoir accompagnés dans cette aventure passionnante. Plus vous appliquerez ces leçons, plus vous deviendrez compétent. En avant vers le prochain chapitre !

Chapitre 17 : Étude de cas 2 : Analyse des sentiments sur les réseaux sociaux

Nous sommes ravis de vous accueillir dans un autre chapitre captivant de notre voyage à travers le monde de l'analyse de données. Cette fois, nous plongeons dans le domaine infiniment fascinant de l'analyse des sentiments sur les réseaux sociaux. Si vous êtes curieux de savoir comment l'opinion publique est mesurée sur les plateformes de réseaux sociaux, ou si vous vous êtes déjà demandé comment les entreprises comprennent le sentiment des clients à travers des tweets, des commentaires ou des publications, alors vous êtes au bon endroit.

Les réseaux sociaux ont radicalement transformé la façon dont nous communiquons, non seulement avec nos amis et notre famille, mais aussi avec les entreprises et les institutions. Ils constituent une mine de données inestimable qui ne demande qu'à être exploitée. Ce chapitre vise à vous guider à travers les étapes de collecte, d'analyse et d'interprétation des données des réseaux sociaux pour comprendre l'humeur et le sentiment des gens. Nous le ferons en construisant un projet complet à partir de zéro, en vous fournissant des applications concrètes des concepts que vous avez appris.

Alors, ne perdons pas plus de temps et plongeons-nous dedans.

17.1 Collecte de données

Lorsqu'il s'agit d'analyse des sentiments, la première étape et la plus importante est de collecter des données. La qualité et la fiabilité de vos données peuvent faire ou défaire votre analyse. Les plateformes de réseaux sociaux comme Twitter, Facebook et Reddit sont d'excellentes sources pour collecter des données textuelles que nous pouvons analyser afin de déterminer le sentiment.

Pour commencer, concentrons-nous sur la collecte de données à partir de Twitter. Twitter fournit une API qui permet aux utilisateurs d'accéder aux tweets de manière programmatique. Vous pouvez obtenir des tweets contenant des mots-clés spécifiques, provenant d'utilisateurs spécifiques, et bien plus encore.

Pour utiliser l'API de Twitter, vous devrez d'abord créer un compte développeur, puis créer une application pour obtenir des identifiants d'API. Vous utiliserez ces identifiants pour vous authentifier et accéder aux données de Twitter.

Voici un exemple simple utilisant la bibliothèque **tweepy** de Python pour obtenir des tweets liés au mot-clé « Python » :

```python
# Install the tweepy library
!pip install tweepy

import tweepy

# Set up API credentials
consumer_key = "your_consumer_key_here"
consumer_secret = "your_consumer_secret_here"
access_token = "your_access_token_here"
access_token_secret = "your_access_token_secret_here"

# Authenticate
auth = tweepy.OAuthHandler(consumer_key, consumer_secret)
auth.set_access_token(access_token, access_token_secret)

# Create API object
api = tweepy.API(auth)

# Collect tweets
tweets = api.search(q="Python", count=10)

# Print tweets
for tweet in tweets:
    print(f"{tweet.user.name} said: {tweet.text}\\n")
```

Ce script récupérera et affichera les 10 derniers tweets contenant le mot-clé "Python". Vous pouvez spécifier d'autres paramètres de recherche selon les besoins de votre projet.

Avant de continuer, vous devez comprendre les conditions d'utilisation de l'API et les données que vous collectez. Assurez-vous de respecter la vie privée des utilisateurs et de suivre toutes les directives établies par les fournisseurs de données.

Dans la prochaine section, nous analyserons le nettoyage de ces données et les préparerons pour l'analyse des sentiments. Mais pour l'instant, prenez le temps d'exécuter ce script, d'explorer l'API de Twitter et de réfléchir aux autres données qui pourraient être utiles pour votre analyse.

N'est-ce pas incroyable comment quelques lignes de code peuvent ouvrir un trésor d'informations ? Restez à l'écoute pour la suite !

17.2 Prétraitement de texte

Fantastique ! Maintenant que vous avez collecté vos données avec succès, l'étape cruciale suivante est le prétraitement de texte. Vous voyez, les données textuelles brutes peuvent souvent être désordonnées et remplies d'informations non pertinentes. Les nettoyer et les transformer dans un format plus facile à comprendre pour une machine est essentiel pour une analyse des sentiments précise.

L'objectif principal du prétraitement de texte est de réduire la complexité du texte tout en conservant ses caractéristiques essentielles. Cela implique diverses techniques telles que la tokenisation, la racinisation, la lemmatisation, l'élimination des mots vides, entre autres.

Poursuivons avec notre exemple d'analyse des sentiments sur Twitter. Une fois que vous avez les tweets, vous remarquerez peut-être qu'ils contiennent des mentions, des URL et des caractères spéciaux qui ne seront pas utiles pour comprendre le sentiment. Notre première tâche est de nettoyer les tweets.

17.2.1 Nettoyage des tweets

Pour nettoyer les tweets, vous pouvez utiliser la bibliothèque **re** de Python pour supprimer les caractères indésirables. Voici comment vous pouvez nettoyer un tweet :

```
import re

def clean_tweet(tweet):
    return ' '.join(re.sub("(@[A-Za-z0-9]+)|([^0-9A-Za-z \\t])|(\\w+:\\/\\/\\S+)", " ", tweet).split())

# Example usage
tweet = "@someone I love Python! <http://example.com> #PythonRocks"
cleaned_tweet = clean_tweet(tweet)
print(cleaned_tweet)
```

La sortie sera : "J'adore Python"

17.2.2 Tokenisation

La tokenisation est une étape incroyablement importante dans le traitement du langage naturel. Ce processus implique de prendre un texte et de le diviser en morceaux plus petits, appelés tokens. Ces tokens peuvent être des mots, mais ils peuvent aussi être des phrases, des nombres ou même des signes de ponctuation.

En décomposant un texte de cette manière, il devient plus facile d'analyser et de traiter l'information qu'il contient. Cela peut être particulièrement utile dans de nombreuses applications, comme les moteurs de recherche, les chatbots et les outils d'analyse de sentiments. De plus, la tokenisation est souvent une étape clé dans d'autres tâches de traitement du langage naturel, comme l'étiquetage des parties du discours ou la reconnaissance d'entités nommées.

Vous pouvez utiliser la bibliothèque **nltk** pour cela.

```
from nltk.tokenize import word_tokenize
```

```
# Example usage
tokens = word_tokenize(cleaned_tweet.lower())  # Lowercasing for uniformity
print(tokens)
Sortie : ['me', 'encanta', 'python']
```

17.2.3 Suppression des mots vides

Dans le traitement du langage naturel, la suppression des mots vides tels que 'est', 'le', 'et', etc., est une technique courante utilisée pour réduire la dimensionnalité des données textuelles tout en conservant l'information la plus pertinente. Ces mots sont souvent appelés mots fonctionnels ou grammaticaux et n'apportent généralement pas beaucoup de sens à l'analyse de texte.

Cependant, il est important de noter que dans certains contextes, ces mots peuvent avoir une valeur sémantique significative et ne doivent pas être supprimés. Par conséquent, il est essentiel de considérer attentivement les objectifs spécifiques de l'analyse de texte et le contexte dans lequel les données ont été générées avant de décider de supprimer ou non les mots vides.

Vous pouvez les supprimer pour réduire la dimensionnalité.

```
from nltk.corpus import stopwords

stop_words = set(stopwords.words('english'))

filtered_tokens = [word for word in tokens if word not in stop_words]
print(filtered_tokens)
```

Sortie : ['encanta', 'python']

Maintenant, vous pouvez utiliser ces tokens traités pour effectuer une analyse de sentiments, mais nous y reviendrons plus tard.

Ce ne sont que les bases ; le prétraitement de texte peut être beaucoup plus complexe selon le problème que vous résolvez. Cependant, maîtriser ces fondamentaux vous donnera une base solide sur laquelle construire.

Qu'en pensez-vous ? Simple, mais puissant, n'est-ce pas ? La prochaine section vous présentera les techniques d'analyse de sentiments, le cœur de cette étude de cas. Alors restez à l'écoute pour cette aventure !

17.3 Analyse de Sentiments

Félicitations d'être arrivé jusqu'ici ! Vous avez réussi à compléter la première étape de l'analyse de texte, qui consiste à nettoyer et prétraiter vos données. Maintenant, il est temps de passer à la partie passionnante : l'Analyse de Sentiments. Cette technique puissante vous permettra d'obtenir des informations sur les émotions et opinions exprimées dans le texte que vous avez collecté sur les réseaux sociaux.

Le processus d'Analyse de Sentiments implique de catégoriser la polarité d'un texte donné comme positive, négative ou neutre. Pour y parvenir, plusieurs modèles d'apprentissage automatique peuvent être employés. Cependant, afin de simplifier, commençons par le Classificateur de Naive Bayes, qui est un modèle convivial pour les débutants.

Une fois que vous avez vos données propres et prétraitées, vous pouvez passer à l'étape suivante de l'Analyse de Sentiments, qui consiste à entraîner votre modèle en utilisant un ensemble de données de textes pré-étiquetés comme positifs, négatifs et neutres. Après l'entraînement, vous pouvez tester la précision de votre modèle en utilisant un ensemble de données de test distinct. Vous pouvez également affiner le modèle avec des caractéristiques supplémentaires ou utiliser des algorithmes d'apprentissage automatique plus avancés pour améliorer sa précision.

En analysant le sentiment, vous pourrez comprendre les opinions, sentiments et émotions de votre audience, ce qui peut vous aider à prendre des décisions plus éclairées concernant votre entreprise. Alors, préparez-vous à vous embarquer dans un voyage passionnant d'Analyse de Sentiments et à explorer le merveilleux monde de l'analyse de texte !

17.3.1 Classificateur Naive Bayes

Naive Bayes est un algorithme d'apprentissage automatique largement utilisé pour les tâches de classification de texte dans le traitement du langage naturel. L'algorithme est basé sur le théorème de Bayes, qui est un théorème statistique fournissant un moyen de calculer la probabilité d'un événement en se basant sur la connaissance préalable des conditions qui pourraient être liées à l'événement. Naive Bayes suppose que les caractéristiques du texte sont indépendantes les unes des autres, ce qui en fait un algorithme simple et efficace pour les tâches de classification.

La bibliothèque **nltk** de Python fournit une implémentation simple de l'algorithme Naive Bayes pour la classification de texte, ce qui en fait un choix populaire parmi les développeurs. La bibliothèque offre également une large gamme d'outils pour le traitement du langage naturel, tels que la tokenisation, la racinisation et la lemmatisation, qui peuvent être combinés avec Naive Bayes pour des applications plus avancées. Dans l'ensemble, Naive Bayes est un algorithme puissant qui offre une solution simple et efficace pour les tâches de classification de texte, et c'est un excellent outil à avoir dans votre boîte à outils d'apprentissage automatique.

Tout d'abord, vous devriez diviser votre ensemble de données en ensembles d'entraînement et de test :

```
from sklearn.model_selection import train_test_split

X = ["Your cleaned tweet 1", "Your cleaned tweet 2", ...]
y = ["positive", "negative", ...]  # Labels should match with X
```

```python
X_train, X_test, y_train, y_test = train_test_split(X, y, test_size=0.2)
Maintenant, entraînez un Classificateur Naive Bayes :
from nltk.classify import NaiveBayesClassifier
from nltk.corpus import stopwords

# Transform each tweet into a feature dictionary
stop_words = set(stopwords.words('english'))

def extract_features(tweet):
    features = {}
    words = tweet.split()
    for word in words:
        if word not in stop_words:
            features[word] = True
    return features

training_data = [(extract_features(tweet), label) for tweet, label in zip(X_train,
y_train)]

classifier = NaiveBayesClassifier.train(training_data)
Vous pouvez tester le modèle en utilisant l'ensemble de données de test :
# Classify new tweets
test_data = [extract_features(tweet) for tweet in X_test]
predictions = [classifier.classify(features) for features in test_data]

# Evaluate the model
from sklearn.metrics import accuracy_score
print("Accuracy:", accuracy_score(y_test, predictions))
```

Voilà ! Vous avez mis en marche votre modèle d'analyse de sentiments. À partir de là, vous pourriez essayer des modèles plus avancés, comme les SVM ou les réseaux neuronaux, et également ajuster vos caractéristiques pour obtenir de meilleures performances.

N'oubliez pas, la qualité de votre analyse de sentiments dépend souvent non seulement de l'algorithme mais aussi de la qualité de votre prétraitement et des caractéristiques que vous choisissez d'inclure. Vous avez acquis les outils pour expérimenter et vous améliorer, alors n'hésitez pas à essayer de nouvelles choses pendant que vous continuez à apprendre.

C'est tout pour cette étude de cas ! Vous avez maintenant une bonne compréhension de la façon de collecter des données sur les réseaux sociaux, de les prétraiter et d'analyser le sentiment. N'est-ce pas passionnant de voir comment ces pièces individuelles s'assemblent pour former une solution complète ?

Exercices Pratiques

Fantastique ! Vous venez de parcourir une étude de cas complexe mais fascinante sur l'analyse des sentiments sur les réseaux sociaux. Il est maintenant temps de mettre la main à la pâte avec quelques exercices pratiques qui consolideront votre compréhension. Prenez votre clavier et commençons !

Exercice 1 : Collecte de Données

Collectez 50 tweets contenant le hashtag **#Python**. Vous pouvez le faire manuellement ou via une API.

Solution :

```python
# Note: You'll need Twitter API credentials for this
import tweepy

consumer_key = 'your_consumer_key'
consumer_secret = 'your_consumer_secret'
access_token = 'your_access_token'
access_token_secret = 'your_access_token_secret'

auth = tweepy.OAuthHandler(consumer_key, consumer_secret)
auth.set_access_token(access_token, access_token_secret)

api = tweepy.API(auth)

tweets = api.search(q='#Python', count=50)
for tweet in tweets:
    print(tweet.text)
```

Exercice 2 : Prétraitement de Texte

Supprimez les mots vides et les caractères spéciaux des tweets collectés dans l'Exercice 1.

Solution :

```python
from nltk.corpus import stopwords
import re

stop_words = set(stopwords.words('english'))

def clean_text(text):
    text = re.sub('[^a-zA-Z]', ' ', text)
    text = text.lower().split()
    text = [word for word in text if not word in stop_words]
    return ' '.join(text)

cleaned_tweets = [clean_text(tweet.text) for tweet in tweets]
```

Exercice 3 : Analyse de Sentiments avec Naive Bayes

Utilisez le modèle Naive Bayes que vous avez construit précédemment dans le chapitre pour classifier les sentiments des tweets nettoyés.

Solution :

```
# Use the previously defined `extract_features` and `classifier`
test_data = [extract_features(tweet) for tweet in cleaned_tweets]
predictions = [classifier.classify(features) for features in test_data]

# Display the results
for i, (tweet, sentiment) in enumerate(zip(cleaned_tweets, predictions)):
    print(f"Tweet {i+1}: {tweet} -> Sentiment: {sentiment}")
```

N'hésitez pas à revenir à ces exercices chaque fois que vous avez besoin d'une révision ou d'une pratique supplémentaire. Ils abordent les étapes critiques dans la mise en place et la réalisation de l'analyse de sentiments. Bon codage !

Conclusion du Chapitre 17

Quel voyage nous avons fait ensemble dans le Chapitre 17, en plongeant dans le monde fascinant de l'Analyse de Sentiments sur les Réseaux Sociaux ! Nous avons pris un concept, l'analyse de sentiments, qui semble superficiellement simple mais qui est chargé de complexités et de nuances, et nous l'avons transformé en un projet tangible que vous pouvez reproduire et développer.

En commençant par l'étape fondamentale de la Collecte de Données, nous avons illustré comment extraire des tweets par programmation, qui servent de matière première pour notre analyse. Notre voyage nous a ensuite menés au Prétraitement de Texte, où nous avons poli nos données brutes pour les préparer pour le grand moment. Nous avons discuté de la tokenisation, de la suppression des caractères spéciaux et des mots vides, des actions qui peuvent sembler mineures mais qui jouent un rôle énorme dans la performance des modèles d'apprentissage automatique.

Et, bien sûr, nous avons terminé sur une note élevée avec l'Analyse de Sentiments, la pièce maîtresse de ce chapitre. Nous avons élaboré sur la construction et le réglage fin d'un classificateur Naive Bayes, un algorithme simple mais puissant pour les tâches de classification de texte. La capacité d'analyser le texte et de lui donner un sens, de détecter le sentiment derrière des chaînes de caractères, est quelque chose qui ne cesse d'étonner et qui deviendra sans doute plus crucial dans un monde de plus en plus numérisé.

Les exercices pratiques ont ajouté une couche supplémentaire d'interaction et d'apprentissage, vous encourageant à appliquer ce que vous avez lu. Ce faisant, nous apprenons davantage, et ces exercices étaient conçus pour vous offrir à la fois le défi et la pratique nécessaires pour consolider vos compétences.

Si ce chapitre nous a appris quelque chose, c'est que le monde de l'apprentissage automatique est plein d'opportunités pour donner un sens à un monde de plus en plus complexe. Il a également illustré le concept de transformer des données brutes, apparemment chaotiques, en informations structurées et significatives. Dans un monde inondé de données, cette compétence n'est pas optionnelle ; elle est nécessaire.

Merci de nous avoir accompagnés dans cette entreprise intellectuellement gratifiante. Que vous soyez étudiant, professionnel ou simplement quelqu'un de curieux à propos de la science des données, nous espérons que ce chapitre a été aussi enrichissant pour vous qu'il l'a été pour moi de l'écrire. En avant pour plus d'apprentissage et pour déchiffrer le monde qui nous entoure !

Quiz Partie VII : Études de Cas

Voici un questionnaire pour renforcer les concepts clés présentés dans la Partie VII : Études de Cas. Ce questionnaire est conçu pour tester votre compréhension et votre application des sujets couverts, notamment l'Analyse des Données de Ventes et l'Analyse des Sentiments sur les Réseaux Sociaux.

Chapitre 16 : Étude de Cas 1 - Analyse des Données de Ventes

1. **Quelles sont les étapes clés de l'EDA (Analyse Exploratoire des Données) ?**

   o A) Nettoyage des Données

   o B) Visualisation des Données

   o C) Ingénierie des Caractéristiques

   o D) Toutes les réponses ci-dessus

2. **Quel algorithme d'apprentissage automatique est souvent utilisé pour prédire les données de ventes de séries temporelles ?**

   o A) K Plus Proches Voisins (K-Nearest Neighbors)

   o B) ARIMA

   o C) Machines à Vecteurs de Support (Support Vector Machines)

   o D) Naive Bayes

3. **Quel est l'objectif principal de la modélisation prédictive dans le contexte des données de ventes ?**

   o A) Classifier les ventes

   o B) Regrouper les ventes

   o C) Prédire les ventes futures

   o D) Visualisation des données

Chapitre 17 : Étude de Cas 2 - Analyse des Sentiments sur les Réseaux Sociaux

1. **Qu'est-ce que la tokenisation dans le contexte du prétraitement de texte ?**

- ○ A) Convertir le texte en majuscules
- ○ B) Diviser le texte en mots individuels ou sous-mots
- ○ C) Supprimer les caractères spéciaux du texte
- ○ D) Traduire le texte dans une autre langue

2. **Quel algorithme est couramment utilisé pour l'analyse des sentiments ?**
   - ○ A) Régression Linéaire (Linear Regression)
   - ○ B) Naive Bayes
   - ○ C) K Plus Proches Voisins (K-Nearest Neighbors)
   - ○ D) ARIMA

3. **Pourquoi la collecte de données est-elle importante dans l'analyse des sentiments sur les réseaux sociaux ?**
   - ○ A) Pour avoir suffisamment de données pour l'entraînement
   - ○ B) Pour mieux comprendre l'audience
   - ○ C) Pour identifier les caractéristiques clés pour l'entraînement du modèle
   - ○ D) Toutes les réponses ci-dessus

Réponses :

1. D) Toutes les réponses ci-dessus
2. B) ARIMA
3. C) Prédire les ventes futures
4. B) Diviser le texte en mots individuels ou sous-mots
5. B) Naive Bayes
6. D) Toutes les réponses ci-dessus

Projet Final : Construction d'un Système de Recommandation

Projet 3 : Projet Final : Construction d'un Système de Recommandation

Jusqu'à présent, vous avez complété un large éventail de sujets et avez navigué avec succès à travers plusieurs défis complexes. Tout au long de ce parcours d'apprentissage enrichissant, vous vous êtes engagé activement et avez démontré une persévérance exceptionnelle et un enthousiasme inébranlable, pour lesquels nous exprimons notre plus sincère gratitude.

Dans le but de vous offrir une expérience culminante complète, nous avons développé méticuleusement ce Projet Final exclusivement pour vous. Le projet se concentre sur la création d'un système de recommandation de pointe, qui est l'une des applications les plus captivantes et omniprésentes dans le domaine de l'apprentissage automatique.

Les systèmes de recommandation jouent un rôle intégral dans la fonctionnalité de nombreuses plateformes avec lesquelles nous interagissons quotidiennement ; pensez simplement à Netflix, Amazon ou Spotify. Ces systèmes analysent minutieusement de vastes ensembles de données pour fournir des recommandations personnalisées de produits, de films ou de chansons qui s'alignent parfaitement avec les préférences individuelles. Maintenant, tournons les projecteurs vers vous : comment aimeriez-vous vous lancer dans le voyage passionnant de créer votre propre système de recommandation ? Cela ne semble-t-il pas incroyablement excitant ?

Énoncé du Problème

Objectif

L'objectif de ce projet est de construire un Système de Recommandation qui suggère des produits aux utilisateurs en fonction de leur interaction historique avec des éléments dans une boutique en ligne. Le système doit être capable de faire des recommandations personnalisées, ainsi que des recommandations générales des meilleurs N.

Pourquoi ce Problème ?

Les systèmes de recommandation sont un composant critique de nombreuses entreprises en ligne. Ils aident à stimuler l'engagement des utilisateurs, à augmenter les ventes et à améliorer la satisfaction des clients. Ils sont également intellectuellement intrigants et couvrent une large gamme de techniques d'apprentissage automatique.

Métriques d'Évaluation

Nous évaluerons le système en nous basant sur :

1. **Précision@k** : La fraction d'éléments recommandés qui sont pertinents.
2. **Rappel@k** : La fraction d'éléments pertinents qui sont recommandés.
3. **Score F1** : La moyenne harmonique de la Précision et du Rappel.

Exigences de Données

Pour ce projet, nous utiliserons un ensemble de données hypothétique appelé **product_interactions.csv** qui contient les colonnes suivantes :

- **user_id** : Identifiant unique pour les utilisateurs.
- **product_id** : Identifiant unique pour les produits.
- **interaction_type** : Type d'interaction (par exemple, vue, ajout au panier, achat).
- **timestamp** : L'heure de l'interaction.

Voici un petit extrait de code pour générer quelques données d'exemple.

```python
import pandas as pd
import numpy as np

# Generating some sample data
np.random.seed(0)
n = 1000  # Number of interactions
user_ids = np.random.choice(range(1, 11), n)  # 10 users
product_ids = np.random.choice(range(1, 21), n)  # 20 products
interaction_types = np.random.choice(['view', 'add_to_cart', 'purchase'], n)
timestamps = pd.date_range("2021-01-01", periods=n, freq="H")

# Creating DataFrame
df = pd.DataFrame({
    'user_id': user_ids,
    'product_id': product_ids,
    'interaction_type': interaction_types,
    'timestamp': timestamps
})

# Save as CSV
df.to_csv('product_interactions.csv', index=False)

df.head()
```

N'est-ce pas passionnant ? Prenez une grande respiration, faites travailler vos muscles de programmation et embarquons-nous dans ce projet final. Vous pouvez le faire !

Collecte et Prétraitement des Données

Maintenant que vous êtes familiarisé avec le problème que nous voulons résoudre, mettons un peu les mains dans la pâte avec les données ! La collecte et le prétraitement des données sont des étapes essentielles qui posent les fondations pour tout projet d'apprentissage automatique. Si vous pensez à l'apprentissage automatique comme à la cuisine, les données sont votre ingrédient clé ! Plus la qualité est bonne, plus le résultat sera savoureux !

Collecte de Données

Dans un scénario du monde réel, la collecte de données impliquerait de rassembler des données provenant de diverses sources telles que des bases de données, des journaux ou des APIs externes. Pour notre projet final, nous avons fourni un ensemble de données appelé **product_interactions.csv**. Ce fichier contient les interactions des utilisateurs avec différents produits, comme nous l'avons discuté dans la section Énoncé du Problème.

Vous pouvez lire cet ensemble de données dans un DataFrame en utilisant l'extrait de code suivant :

```python
import pandas as pd

# Read the CSV file into a DataFrame
df = pd.read_csv('product_interactions.csv')

# Show the first few rows of the DataFrame
df.head()
```

Prétraitement des Données

Analyse Exploratoire des Données (AED)

Avant de nous plonger dans les étapes de prétraitement réelles, il est essentiel de prendre un moment pour examiner minutieusement la nature de nos données. Ce faisant, nous pouvons obtenir une compréhension complète de leurs caractéristiques uniques, y compris leur structure, leurs types et leurs motifs.

Cette analyse préliminaire nous fournira des informations précieuses qui nous guideront tout au long du processus de prétraitement et nous permettront de prendre des décisions éclairées.

```python
# Show summary statistics
df.describe(
```

```python
# Check for missing values
df.isnull().sum()
```

Nettoyage des Données

1. **Gestion des Valeurs Manquantes** : Lorsque vous travaillez avec un ensemble de données qui contient des valeurs manquantes, il est important d'aborder ce problème. Une approche consiste à imputer les valeurs manquantes, ce qui implique d'estimer ou de compléter les données manquantes en fonction des informations disponibles. Une autre option est de supprimer les observations ou variables avec des valeurs manquantes de l'ensemble de données. Cela garantit que l'analyse est effectuée avec des données complètes et fiables. La gestion appropriée des valeurs manquantes est cruciale pour éviter des résultats biaisés ou inexacts dans votre analyse.

```
# In our case, let's assume we have no missing values.
```

2. **Convertir les Types de Données** : Une étape importante consiste à vérifier que les types de données utilisés dans votre programme sont dans le format correct. Cela est crucial car cela vous permet de vous assurer que les données qui sont traitées sont compatibles avec les opérations et fonctions que vous prévoyez d'utiliser. En confirmant les types de données, vous pouvez éviter des erreurs ou incohérences potentielles qui pourraient découler de formats de données incompatibles. Prendre le temps de valider et de convertir les types de données selon vos attentes peut considérablement améliorer la précision et la fiabilité de votre programme.

```
# Convert 'timestamp' to datetime object
df['timestamp'] = pd.to_datetime(df['timestamp'])
```

Ingénierie des Caractéristiques

Bien que notre ensemble de données soit relativement simple, dans des projets du monde réel, vous pourriez souhaiter envisager la possibilité de dériver de nouvelles caractéristiques à partir de celles existantes pour améliorer encore davantage les performances de votre modèle. Cela peut être accompli par l'introduction de variables supplémentaires qui capturent des idées et des motifs significatifs, fournissant ainsi à votre modèle une compréhension plus profonde des données.

Par exemple, en plus des caractéristiques existantes, vous pourriez créer une nouvelle caractéristique qui représente le jour de la semaine en fonction de l'horodatage. Ce faisant, vous pouvez explorer l'hypothèse selon laquelle les interactions des utilisateurs pourraient présenter des variations selon le jour de la semaine, ce qui pourrait potentiellement offrir de précieuses connaissances et améliorations dans les prédictions de votre modèle.

```
# Extract day of week from timestamp
df['day_of_week'] = df['timestamp'].dt.dayofweek
```

Normalisation ou Standardisation des Données

Étant donné que nous traitons principalement des données catégorielles dans notre cas, il n'est pas nécessaire de normaliser ou de standardiser les caractéristiques numériques. Cependant, il est important de noter que cette étape peut être nécessaire pour d'autres projets où les caractéristiques numériques jouent un rôle significatif.

Et voilà ! Nos données sont maintenant propres, ordonnées et prêtes pour un peu de magie d'apprentissage automatique ! Le voyage dans lequel vous vous embarquez est très ambitieux mais extrêmement gratifiant. S'il vous plaît, continuez votre travail exceptionnel ; vous faites des progrès fantastiques !

Maintenant, poursuivons notre voyage passionnant vers la création d'un système de recommandation. À ce stade, vous avez collecté et prétraité avec succès vos données. Travail exceptionnel ! La prochaine étape cruciale est la Construction du Modèle. C'est la phase où la magie se développe ; en utilisant vos données, vous construirez un modèle capable de recommander des produits aux utilisateurs en fonction de leurs interactions passées.

Construction du Modèle

Dans le vaste et toujours changeant domaine des systèmes de recommandation, il existe de nombreuses approches que vous pouvez explorer pour améliorer les expériences des utilisateurs et générer des recommandations personnalisées. Parmi les méthodes populaires figurent le filtrage collaboratif, le filtrage basé sur le contenu et les modèles hybrides qui combinent les forces des deux.

Pour ce projet, nous plongerons dans le monde fascinant du filtrage collaboratif, en utilisant les puissantes capacités de la bibliothèque **scikit-surprise** de Python. En tirant parti du filtrage collaboratif, nous pouvons efficacement apparier les utilisateurs ayant des goûts et préférences similaires, leur fournissant ainsi des suggestions personnalisées qui s'alignent avec leurs intérêts uniques et leurs préférences.

Installation et Importation des Bibliothèques

Tout d'abord, installez les packages nécessaires :

```
pip install numpy pandas scikit-surprise
```

Maintenant, importons les bibliothèques :

```
from surprise import Reader, Dataset, SVD
from surprise.model_selection import cross_validate
import pandas as pd
```

Préparation des Données pour le Modèle

La bibliothèque **scikit-surprise** fournit des méthodes pratiques de chargement de données qui sont entièrement compatibles avec les DataFrames de Pandas. Cette compatibilité permet une intégration transparente et une manipulation facile des données. Avec ces méthodes de chargement de données intégrées, les utilisateurs peuvent charger rapidement leurs données dans la bibliothèque et commencer leur analyse sans aucun problème.

En tirant parti de la puissance des DataFrames de Pandas, la bibliothèque **scikit-surprise** garantit que les utilisateurs disposent d'une large gamme de capacités de manipulation de données à leur disposition, ce qui leur permet d'explorer et d'analyser leurs données de manière plus approfondie et informative.

Chargeons nos données :

```
# Read the dataset
df = pd.read_csv('product_interactions.csv')

# Define the reader object and parse the dataframe
reader = Reader(rating_scale=(1, 5))
data = Dataset.load_from_df(df[['user_id', 'product_id', 'rating']], reader)
```

Construction du Modèle SVD

La Décomposition en Valeurs Singulières (SVD) est largement reconnue comme l'un des algorithmes les plus efficaces et utilisés pour le filtrage collaboratif. Elle a gagné une popularité significative et est considérée comme une méthode privilégiée pour les systèmes de recommandation en raison de sa capacité à prédire avec précision les préférences des utilisateurs en fonction du comportement passé.

En décomposant la matrice de notations utilisateur-élément en trois matrices, la SVD peut capturer des facteurs latents qui peuvent révéler des modèles et des relations cachées entre les utilisateurs et les éléments. Cette approche complète permet à la SVD de fournir des recommandations hautement personnalisées, ce qui en fait un outil précieux pour améliorer l'expérience utilisateur et augmenter l'engagement des clients.

Construisons et évaluons notre modèle SVD :

```
# Create an SVD model object
model = SVD()

# Cross-validate the model
cv_results = cross_validate(model, data, measures=['RMSE', 'MAE'], cv=5, verbose=True)
```

Cela affichera l'Erreur Quadratique Moyenne Racine (RMSE) et l'Erreur Absolue Moyenne (MAE) pour notre modèle, moyennées sur une validation croisée à 5 plis.

Réalisation de Prédictions

Enfin, faisons quelques recommandations :

```python
# Fit the model to the dataset
trainset = data.build_full_trainset()
model.fit(trainset)

# Making predictions for a user (let's say user_id=1)
user_id = 1
preds = []

for product_id in df['product_id'].unique():
    pred_rating = model.predict(user_id, product_id).est
    preds.append((product_id, pred_rating))

# Sort predictions and pick top 5
top_5_preds = sorted(preds, key=lambda x: x[1], reverse=True)[:5]

print("Top 5 product recommendations for user 1: ", [x[0] for x in top_5_preds])
```

Et voilà ! Vous venez de construire votre propre système de recommandation de produits.

Rappelez-vous, ce modèle est relativement basique mais sert de point de départ robuste. Au fur et à mesure que vous en apprendrez davantage sur vos données et vos exigences, vous pourrez ajuster le modèle ou même essayer d'autres algorithmes avancés.

N'est-ce pas merveilleux de voir comment des lignes de code peuvent se transformer en systèmes intelligents qui peuvent faciliter nos vies ? Au fur et à mesure que vous poursuivrez votre parcours en Ingénierie de l'IA, ce n'est qu'un des nombreux projets fascinants que vous rencontrerez. Si vous avez apprécié cela, assurez-vous de consulter nos autres livres et le complet « Parcours en Ingénierie de l'IA » qui comprend une variété de sujets pour améliorer encore vos compétences.

Maintenant, menons ce projet à son aboutissement avec la phase d'Évaluation et de Déploiement. Vous avez défini votre problème, collecté et prétraité les données, et même construit un modèle fonctionnel. Quelle est la suite ? Eh bien, avant que votre système de recommandation ne soit en ligne, vous devez évaluer rigoureusement sa performance et le préparer pour son déploiement. Plongez-y.

Évaluation et Déploiement

Évaluation du Modèle

Tout d'abord, vous devez évaluer dans quelle mesure votre modèle fonctionne. Si vous vous souvenez, nous avons utilisé des métriques telles que le RMSE (Erreur Quadratique Moyenne Racine) et le MAE (Erreur Absolue Moyenne) lors de la validation croisée. Ces métriques peuvent vous donner une idée quantitative de la performance de votre modèle. Une valeur plus petite de RMSE ou MAE signifie généralement de meilleures recommandations, mais ce n'est pas la seule métrique que vous devez considérer.

En plus de ces métriques, il est important de considérer d'autres facteurs qui peuvent indiquer le succès de votre système de recommandation. Par exemple, vous pourriez également examiner les Indicateurs Clés de Performance (KPI) liés à l'entreprise pour évaluer l'impact de votre système. Ces KPI pourraient inclure une augmentation des ventes, un engagement client accru ou même une augmentation des avis et notations des clients après la mise en œuvre de votre système de recommandation. En examinant ces métriques supplémentaires, vous pouvez obtenir une compréhension plus complète de l'efficacité et de la valeur de votre modèle dans un scénario réel.

Considérations de Déploiement

Déployer un système de recommandation implique plusieurs étapes :

1. **Fréquence de Mise à Jour des Données :** À quelle fréquence votre modèle sera-t-il mis à jour ? Sera-t-il mis à jour quotidiennement, ou sera-t-il mis à jour en temps réel ou plus fréquemment ?

2. **Évolutivité :** L'évolutivité est un aspect important à considérer lors de l'évaluation de votre modèle. Elle fait référence à la capacité de votre modèle à gérer efficacement l'augmentation des volumes de données et des demandes des utilisateurs à mesure que votre système se développe. Cela signifie que votre modèle doit pouvoir accueillir de plus grandes quantités de données et traiter efficacement un plus grand nombre de demandes d'utilisateurs sans compromettre la performance ou la stabilité. S'assurer que votre modèle est évolutif est crucial pour une expérience utilisateur fluide et sans problème, en particulier à mesure que votre application ou système devient plus populaire et connaît une croissance en termes de données et d'interactions utilisateurs. Dans quelle mesure votre modèle gère-t-il l'augmentation des volumes de données et des demandes des utilisateurs ?

3. **Disponibilité des Ressources :** Quelles ressources informatiques sont actuellement disponibles pour exécuter ce modèle ? Il est important de considérer les divers facteurs qui peuvent impacter la disponibilité de ces ressources, tels que la puissance de traitement de votre ordinateur, la quantité de mémoire dont vous disposez et la vitesse de votre connexion Internet. Avoir une compréhension claire des ressources disponibles vous aidera à planifier et à exécuter le modèle de manière efficace et opportune.

Voici un exemple simplifié de la façon dont vous pourriez déployer votre modèle en utilisant Flask, un framework web léger de Python :

```
from flask import Flask, request, jsonify
app = Flask(__name__)
```

```python
# Load pre-trained model here

@app.route('/recommend', methods=['GET'])
def recommend():
    user_id = request.args.get('user_id', default=1, type=int)

    # Predictions code from the previous section
    preds = []
    for product_id in df['product_id'].unique():
        pred_rating = model.predict(user_id, product_id).est
        preds.append((product_id, pred_rating))

    top_5_preds = sorted(preds, key=lambda x: x[1], reverse=True)[:5]

    return jsonify({"recommendations": [x[0] for x in top_5_preds]})

if __name__ == '__main__':
    app.run(debug=True)
```

Pour exécuter cette application Flask, enregistrez le code dans un fichier, par exemple **app.py**, et exécutez-le. Ensuite, vous pouvez effectuer des requêtes HTTP GET vers **http://localhost:5000/recommend?user_id=1** pour obtenir des recommandations pour l'utilisateur 1.

Surveillance Continue

Une fois déployé, votre système nécessite une surveillance régulière pour détecter toute dégradation des performances et effectuer des ajustements basés sur les données du monde réel.

Et voilà pour votre troisième projet ! Félicitations pour avoir construit et presque déployé votre propre Système de Recommandation ! Ce projet de synthèse représente une grande étape dans votre parcours en tant qu'Ingénieur IA, et il est essentiel de se rappeler que l'apprentissage ne s'arrête pas là. Au fur et à mesure que les technologies évoluent, vos compétences doivent évoluer également. Si vous avez trouvé ce projet enrichissant, nos autres livres et le « Parcours en Ingénierie de l'IA » constituent d'excellentes étapes suivantes pour approfondir davantage l'IA et ses applications.

Vos blocs de code ont le potentiel de transformer la façon dont les gens font leurs achats, effectuent des recherches et même socialisent. N'est-ce pas incroyable ? Vous avez de nombreux autres projets éclairants devant vous !

Partie VIII : Conclusion

Chapitre 18 : Meilleures Pratiques et Conseils

Nous sommes extrêmement enthousiastes de commencer cette dernière phase de notre exploration dans le domaine de la science des données et de l'apprentissage automatique. Permettez-nous de vous présenter la Partie VIII : Conclusion, et plus précisément, le Chapitre 18 : Meilleures Pratiques et Conseils.

L'objectif principal de ce chapitre est de consolider toutes les connaissances que vous avez acquises jusqu'à présent et de vous équiper de conseils pratiques pour améliorer vos projets et tâches quotidiennes. Nous explorerons un large éventail de meilleures pratiques, de conseils précieux et une sélection d'outils qui peuvent améliorer considérablement l'efficacité, l'organisation et l'impact de votre travail. Alors, sans plus attendre, commençons notre voyage vers le premier sujet.

18.1 Organisation du Code

Ah, l'organisation du code, quelque chose d'apparemment si simple, mais souvent négligé dans le tourbillon des échéances de projet. Une organisation appropriée du code ne concerne pas seulement l'esthétique ; il s'agit d'efficacité, de collaboration et même de votre réputation professionnelle.

Avec un code bien organisé, vous facilitez la lecture, la compréhension et la collaboration sur vos projets pour les autres (et pour votre futur vous). Voici quelques points clés à considérer :

18.1.1 Structure de Dossiers

Pour commencer, il est vivement recommandé de commencer par organiser méticuleusement votre projet dans une structure de dossiers bien pensée et logique. Cette approche remplit un double objectif : premièrement, elle vous permet de naviguer sans effort dans votre projet, ce qui vous permet de localiser et d'accéder rapidement aux fichiers ou ressources souhaités ; et deuxièmement, elle facilite énormément la collaboration avec tout membre de l'équipe ou collaborateur potentiel, car il leur sera beaucoup plus facile de comprendre et de contribuer à votre projet lorsque l'organisation est claire et cohérente.

Un projet de base en science des données pourrait avoir la structure de dossiers suivante :

```
Project_Name/
```

```
|-- data/
|   |-- raw/
|   |-- processed/
|-- notebooks/
|-- src/
|   |-- __init__.py
|   |-- utils.py
|-- README.md
```

- **data/** : Où vous stockez les ensembles de données, divisés en données brutes et traitées.

- **notebooks/** : Pour les notebooks Jupyter utilisés dans l'analyse exploratoire des données.

- **src/** : Code source de votre projet, organisé en plusieurs fichiers Python si nécessaire.

- **README.md** : Un fichier markdown qui explique le projet, comment le configurer, etc.

18.1.2 Nomenclature des Fichiers

Lors de la sélection des noms de fichiers, il est important de choisir des noms descriptifs et faciles à comprendre. Cela peut être réalisé en utilisant des traits de soulignement pour séparer les mots et les rendre plus lisibles.

Par exemple, au lieu d'opter pour un nom générique comme **fn1.py**, il est beaucoup plus bénéfique d'utiliser un nom comme **pretraitement_des_donnees.py**, qui indique clairement le but du fichier et fournit des informations utiles aux autres qui pourraient le rencontrer.

18.1.3 Commentaires de Code et Documentation

N'oubliez pas de commenter votre code généreusement mais aussi de manière significative. Les commentaires ne doivent pas seulement expliquer le « quoi », mais aussi le « pourquoi » derrière certaines décisions ou approches. Cela aidera les autres à comprendre votre processus de réflexion et facilitera leur travail avec votre code.

De plus, assurez-vous de maintenir un commentaire d'en-tête au début de chaque fichier. Ce commentaire doit fournir un bref aperçu du but du fichier et de ses fonctionnalités principales. Cela servira de guide utile pour toute personne devant naviguer dans votre code.

En suivant ces pratiques, vous pouvez améliorer la lisibilité et la maintenabilité de votre code, ce qui facilitera la compréhension et la collaboration sur vos projets pour les autres (y compris votre futur vous).

```
# utils.py
"""
This file contains utility functions for data preprocessing.
"""
```

```python
def remove_outliers(data):
    """
    Remove outliers from the data.
    """
    # Your code here
```

18.1.4 Format Cohérent

Pour garantir la cohérence de vos pratiques de codage, il est essentiel de suivre un guide de style comme PEP 8 pour Python. Ce guide fournit des directives exhaustives sur divers aspects du codage, y compris l'indentation, la longueur de ligne et les conventions de nommage des variables. En adhérant à un guide de style, vous améliorez non seulement la lisibilité de votre code, mais vous favorisez également la maintenabilité et la collaboration au sein de votre équipe de développement.

La cohérence dans le style de codage favorise une apparence cohésive et professionnelle de votre base de code, ce qui facilite sa compréhension et sa maintenance à long terme. De plus, elle aide à minimiser les erreurs et les bogues potentiels qui peuvent survenir en raison de pratiques de codage incohérentes. Par conséquent, il est vivement recommandé d'incorporer un guide de style comme PEP 8 dans votre flux de travail de développement et de le suivre avec diligence pour des pratiques de codage optimales.

```python
# Good
def calculate_average(numbers):
    return sum(numbers) / len(numbers)

# Bad
def calculateAverage(numbers):
    return sum(numbers)/len(numbers)
```

En mettant en œuvre ces meilleures pratiques, vous ne faites pas que « faire le ménage » ; vous préparez le terrain pour des projets robustes, évolutifs et collaboratifs. Alors, prenez quelques instants pour vous organiser ; cela en vaudra la peine à long terme.

18.2 Documentation

Maintenant que vous êtes familiarisé avec l'organisation de votre code, parlons de quelque chose d'aussi essentiel mais souvent négligé : la documentation. Il ne s'agit pas seulement d'ajouter des commentaires ici et là dans votre code.

Une documentation appropriée va au-delà de simples commentaires et joue un rôle crucial dans le processus de développement. Tout comme un bon roman, elle raconte une histoire captivante sur votre projet, fournissant des idées et un contexte précieux. Elle aide les autres à comprendre facilement votre code, le rendant accessible et modifiable, non seulement par vous mais aussi par toute personne qui s'engage avec votre travail.

En documentant efficacement votre code, vous vous assurez que votre projet est bien documenté et pérenne. Décomposons cela, d'accord ?

18.2.1. Commentaires de Code

Bien que les commentaires dans votre code puissent sembler anodins, ils peuvent sauver des vies plus tard. Les commentaires fournissent un contexte et peuvent vous aider, vous et les autres, à comprendre le « pourquoi » derrière le code. De plus, les commentaires servent de forme de documentation, vous permettant d'expliquer votre processus de réflexion et votre raisonnement.

Cela peut être particulièrement précieux lorsque vous revisitez votre code à l'avenir. Alors, rappelez-vous toujours d'écrire des commentaires non seulement pour « les autres », mais aussi pour votre « futur vous », qui pourrait ne pas se souvenir de tous les détails complexes et des décisions prises pendant le processus de développement.

Voici un bref exemple en Python :

```python
def add_numbers(a, b):
    """
    Adds two numbers and returns the sum.
    Args:
        a (int/float): The first number
        b (int/float): The second number
    Returns:
        int/float: The sum of the two numbers
    """
    return a + b  # Summing up the two numbers
```

18.2.2. Fichier README

Le fichier README est la « page d'accueil » de votre projet. Il doit être rédigé dans un simple fichier Markdown (.md) et stocké dans le répertoire racine de votre projet. Un README comprend souvent :

- Titre du Projet
- Brève Description
- Instructions d'Installation
- Exemple d'Utilisation

Voici un petit exemple :

```markdown
# My Data Science Project

## Description
This project aims to predict XYZ using ABC algorithms.
```

```
## Installation
Run `pip install -r requirements.txt`

## Usage
To run the project, execute `python main.py`
```

18.2.3. Outils de Génération de Documentation

Il existe plusieurs outils disponibles pour générer de la documentation basée sur les commentaires dans votre code. Pour C/C++, vous pouvez utiliser Doxygen, qui peut générer automatiquement une belle documentation HTML ou PDF. De même, pour Python, vous pouvez utiliser Sphinx, qui offre également la possibilité de générer de la documentation HTML ou PDF. Sphinx utilise reStructuredText comme langage de balisage, qui est connu pour sa puissance et sa simplicité. L'une des forces de Sphinx est son ensemble d'analyse et de traduction, le Docutils, qui améliore ses fonctionnalités.

Voici comment vous pouvez utiliser Sphinx en Python :

Tout d'abord, installez Sphinx :

```
pip install Sphinx
```

Ensuite, exécutez Sphinx pour créer votre documentation :

```
sphinx-quickstart
```

18.2.4. Documentation en Ligne

Parfois, lorsque vous travaillez sur votre code, vous pouvez rencontrer des fonctions ou des classes complexes qui pourraient bénéficier d'un contexte supplémentaire fourni directement dans le code. C'est là que la documentation en ligne devient incroyablement utile.

En ajoutant des commentaires ou des explications à côté de votre code, vous pouvez apporter de la clarté et des orientations à vous-même et aux autres développeurs qui pourraient lire ou travailler sur le code à l'avenir. La documentation en ligne sert d'outil précieux pour garantir que les complexités et les nuances de votre code sont bien documentées et facilement compréhensibles, ce qui facilite la maintenance et la modification de la base de code par d'autres.

```python
def complex_function(x, y):
    # Step 1: Do this
    temp = x + y

    # Step 2: Do that
    temp = temp * y

    # Step 3: Return result
```

```
return temp
```

La documentation est votre meilleure amie lorsque vous vous replongez dans un projet après un certain temps, et c'est le premier endroit où vos collègues chercheront pour comprendre votre travail. Gardez-la claire, maintenez-la à jour et rappelez-vous, l'objectif est de simplifier, non de compliquer.

Conclusion

Quel merveilleux voyage cela a été, depuis les humbles débuts de la syntaxe Python jusqu'aux sommets vertigineux des modèles d'apprentissage automatique, et depuis les structures de données fondamentales jusqu'aux projets complexes d'ingénierie de l'intelligence artificielle ! Si vous avez suivi depuis le début, félicitez-vous. Vous avez investi du temps et des efforts pour acquérir des compétences qui ne sont pas seulement tendance, mais aussi profondément transformatrices.

Le Chemin Parcouru

Ce livre a adopté une approche par couches, conçue comme un crescendo dans une composition musicale, chaque chapitre s'appuyant sur le précédent. En commençant par les bases de la programmation Python, nous avons couvert des éléments fondamentaux tels que les types de données, les boucles et les fonctions. Puis nous nous sommes rapidement aventurés sur des terrains plus complexes de la programmation orientée objet et des structures de données comme les listes, les dictionnaires et les ensembles. Mais à quoi sert la programmation si elle ne résout pas de problèmes du monde réel ? Par conséquent, nous avons dirigé notre attention vers les bibliothèques de manipulation de données comme Pandas et les outils de visualisation de données comme Matplotlib et Seaborn.

Une fois équipé de ces compétences rudimentaires mais vitales, nous avons élevé votre voyage pour inclure le web scraping et l'automatisation, des compétences qui sont incroyablement précieuses à l'ère numérique actuelle. Sans nous arrêter là, nous avons plongé dans les algorithmes fondamentaux qui alimentent le moteur de recherche Google que vous utilisez tous les jours et les méthodes de chiffrement qui maintiennent vos données en sécurité.

Finalement, vous êtes arrivé au sommet : l'Apprentissage Automatique et l'IA. Vous n'avez pas seulement effleuré la surface ; vous êtes allé en profondeur. Apprentissage supervisé, apprentissage non supervisé, systèmes de recommandation : ce ne sont plus de simples mots à la mode pour vous ; ce sont des outils dans votre boîte à outils. Et quelle meilleure façon de maîtriser ces outils qu'en les mettant en œuvre dans des projets ? À travers des projets pratiques, vous avez appris l'application concrète de ces outils, qui est tout aussi importante que la compréhension de la théorie qui les sous-tend.

La Transformation

Si vous avez codé, vous n'avez pas seulement lu un livre, vous avez vécu une transformation. Chaque ligne de code que vous avez écrite était un coup de pinceau dans votre chef-d'œuvre de compréhension, chaque projet une étape importante dans votre voyage. Maintenant, vous n'êtes plus un simple consommateur passif de technologie ; vous êtes un créateur actif, un résolveur de problèmes. Vous avez la capacité de manipuler des données, de créer des visualisations perspicaces, d'extraire des informations précieuses du web, d'automatiser des tâches banales et, plus important encore, de construire des systèmes intelligents qui apprennent des données.

Et Maintenant ?

L'apprentissage ne s'arrête pas ici ; il ne s'arrête jamais. La technologie, en particulier dans le domaine de l'IA, est en constante évolution. Les algorithmes deviennent obsolètes, de nouvelles bibliothèques sont développées et les paradigmes changent. L'apprentissage continu n'est pas seulement une option ; c'est une nécessité. Dans ce contexte, nous recommandons vivement nos autres livres et notre complet « Parcours d'Ingénierie de l'IA », qui comprend un ensemble étendu de ressources conçues pour vous maintenir à la pointe de ce domaine.

La Vue d'Ensemble

Alors que vous poursuivez ce voyage, rappelez-vous toujours les implications éthiques de ce que vous construisez. Avec le pouvoir de l'IA vient une grande responsabilité. La transparence, la confidentialité des données et l'équité ne sont pas de simples ajouts facultatifs ; ce sont des nécessités. Efforcez-vous toujours de construire des systèmes inclusifs et qui cherchent à faire du monde un meilleur endroit, une ligne de code à la fois.

Une Note Personnelle

Enfin, un livre est un dialogue, une rue à double sens. Bien que nous ayons écrit, votre participation active, votre volonté de vous asseoir et de coder, votre curiosité d'approfondir et votre persévérance à résoudre des problèmes ont contribué à l'utilité que vous avez tirée de ce texte. Sans vous, ces pages ne seraient que de l'encre et du papier. Alors, merci de nous avoir accompagnés dans ce voyage et d'être une partie intégrante de ce livre.

En conclusion, les pages se sont peut-être terminées, mais votre voyage ne l'est pas. Il y a un monde là-bas rempli de problèmes qui doivent être résolus, de questions qui doivent être répondues et de mystères qui doivent être élucidés. Et vous savez quoi ? Vous êtes équipé pour les affronter. Voici à un avenir de curiosité sans fin, d'apprentissage infini et de codage impactant !

Merci d'avoir lu, et que votre code s'exécute toujours sans erreurs !

Mes meilleurs vœux, Équipe de Cuantum Technologies

Où continuer ?

Si vous avez terminé ce livre et que vous avez soif de nouvelles connaissances en programmation, nous aimerions vous recommander d'autres ouvrages de notre société de logiciels que vous pourriez trouver utiles. Ces livres couvrent un large éventail de sujets et sont conçus pour vous aider à continuer à développer vos compétences en programmation.

- **"ChatGPT API Bible : Maîtriser la programmation Python pour l'IA conversationnelle"** : Un guide pratique, étape par étape, pour utiliser ChatGPT, couvrant tout, de l'intégration de l'API à l'ajustement du modèle pour des tâches ou secteurs spécifiques.
- **"Traitement du langage naturel avec Python : Créez votre propre chatbot de service client"** : Cet ouvrage approfondi explore le traitement du langage naturel (NLP). Il simplifie des concepts complexes grâce à des explications claires et des exemples intuitifs.
- **"Analyse de données avec Python"** : Python est un langage puissant pour l'analyse de données, et ce livre vous aidera à en exploiter tout le potentiel. Il aborde le nettoyage, la manipulation et la visualisation des données, avec des exercices pratiques pour mettre en œuvre vos apprentissages.
- **"Apprentissage automatique avec Python"** : L'apprentissage automatique est l'un des domaines les plus passionnants de l'informatique, et ce livre vous initiera à la création de vos propres modèles avec Python. Il couvre des sujets tels que la régression linéaire, la régression logistique et les arbres de décision.
- **"Maîtriser ChatGPT et le prompt engineering"** : Ce livre vous propose un parcours complet dans le monde du prompt engineering, en couvrant les bases des modèles linguistiques d'IA jusqu'aux stratégies avancées et applications concrètes.

Tous ces ouvrages sont conçus pour vous aider à approfondir vos compétences en programmation et votre maîtrise du langage Python. Nous croyons que la programmation est une compétence qui s'apprend et se développe avec le temps, et nous nous engageons à fournir des ressources pour vous aider à atteindre vos objectifs.

Nous aimerions également profiter de cette occasion pour vous remercier d'avoir choisi notre société de logiciels comme guide dans votre parcours d'apprentissage. Nous espérons que ce livre de Python pour débutants vous a été utile, et nous avons hâte de continuer à vous fournir des ressources de qualité dans le futur. Si vous avez des suggestions ou des retours concernant nos futurs livres ou ressources, n'hésitez pas à nous contacter. Nous serions ravis d'avoir de vos nouvelles !

En savoir plus sur nous

Chez Cuantum Technologies, nous sommes spécialisés dans le développement d'applications web qui offrent des expériences créatives et répondent à des problèmes concrets. Nos développeurs possèdent une expertise dans un large éventail de langages et frameworks, notamment Python, Django, React, Three.js et Vue.js, entre autres. Nous explorons en permanence de nouvelles technologies et techniques pour rester à la pointe de l'industrie, et nous sommes fiers de notre capacité à créer des solutions adaptées aux besoins de nos clients.

Si vous souhaitez en savoir plus sur Cuantum Technologies et les services que nous proposons, veuillez visiter notre site web à l'adresse suivante : www.cuantum.tech/books. Nous serions ravis de répondre à vos questions et de discuter de la manière dont nous pouvons vous accompagner dans vos projets de développement logiciel.

www.cuantum.tech

www.ingramcontent.com/pod-product-compliance
Lightning Source LLC
Chambersburg PA
CBHW080132220326
41598CB00032B/5037